"十三五"普通高等教育应用型规划教材

ERP原理与应用

主编 陈 丰 毛华扬 黄继平

PRINCIPLES AND
APPLICATIONS OF ERP

中国人民大学出版社
· 北京 ·

前　言

ERP 是建立在信息技术基础上，利用现代企业的先进管理思想，为企业提供决策、计划、控制与经营业绩评估的全方位、系统化的管理平台。随着对 ERP 各类人才的需求与日俱增，ERP 已成为许多高校经济管理、信息管理、计算机应用及其他相关专业各层次学生学习的重要内容。

本书以金蝶 K/3 ERP 系统 V14.0 版本为基础，以重庆两江科技有限公司实例数据为载体，将复杂的企业运作过程合理地细分为多个业务实验，将 ERP 系统的相关原理与业务实验相融合，采用先理论后实践的方式，通过实践让学生掌握软件操作技能，并结合 ERP 理论对实验结果进行分析验证，帮助学生理解 ERP 软件中蕴含的管理原理。同时，结合教学需要，本书的内容由易到难、层层递进，让学生在实践中逐渐深入理解 ERP 的原理和方法，熟练掌握工具，将理论和实践有机地结合。

本书共 13 章。第 1 章介绍 ERP 的基本概念、发展历程及结构原理；第 2 章介绍金蝶 K/3 系统的总体架构、功能模块及应用的基本流程；第 3 章介绍账套管理、用户管理及账套维护；第 4 章介绍账套初始化、系统参数设置、公共基础资料设置、账套期初数据录入和启用业务系统；第 5 章介绍生产数据管理的内容，着重介绍了工作中心、工艺路线和物料清单的设置；第 6 章介绍主生产计划，并结合 ERP 的理论对主生产计划的运算结果进行验证分析；第 7 章介绍粗能力需求计划，它用于验证主生产计划是否可行；第 8 章介绍 ERP 最主要的物料需求计划，并结合 ERP 的理论对物料需求计划的运算结果进行验证分析；第 9 章介绍细能力需求计划，它用于验证物料需求计划是否可行；第 10～13 章主要介绍采购管理、生产任务管理、销售管理、库存和存货核算管理等模块的相关功能。每章包括业务概述、相关业务流程、实验内容和课后复习题等部分。每个实验都包括实验资料和操作指导等内容。本书既有深入浅出的理论讲解，又有基于 ERP 系统的操作过程介绍，重点突出，讲解详细，具有很强的可读性和操作性。

本书既可以作为高等院校有关 ERP 原理与应用课程的教学用书，也可以供读者自学使用。使用对象为希望了解信息化应用的高等院校工商管理、会计学、信息管理与信息系统等专业的学生和教师。

在本书编撰过程中，作者应用并借鉴了大量的国内外优秀的教材、著作、学术论文和网上的资料，在此向这些文献与资料的作者表示感谢。由于作者水平有限，书中难免有疏漏和不当之处，敬请专家、同行和广大读者批评指正。联系邮箱为 chenfeng@cqut.edu.cn。

本书所使用或涉及的相关软件和商标归所属公司，案例中使用的人名、公司名均为虚构。

感谢金蝶国际软件集团有限公司（www.kingdee.com）给予支持和帮助。

目　录

第 1 章 Chapter 1 ERP 概述

1.1 ERP 的概念与意义

企业资源计划（enterprise resources planning，ERP）是目前世界上最流行、应用最广泛的企业计算机管理系统。它的产生、发展和演变体现了信息技术和管理理论与企业管理实践的结合过程。自 20 世纪 60 年代至今，ERP 已经发展成为蕴含最先进的企业管理思想、最佳业务实践的企业信息化集成方案。

1.1.1 ERP 的基本概念

20 世纪 90 年代初，美国著名的 IT 分析公司——加特纳集团公司（Gartner Group Inc.）根据当时计算机信息处理技术的发展和企业对供应链管理的需求，对进入信息时代以来制造业管理信息系统的发展趋势和即将发生的变革做了预测，提出了 ERP 的概念。该公司给出的 ERP 的定义是：用于描述下一代制造商业系统和制造资源计划（manufacture resource planning，MRPⅡ）的一种软件。它包含客户机/服务器架构，使用图形用户接口，应用开放系统制作。除了已有的标准功能，它还包括其他特性，如品质、过程运作管理以及调整报告等。这一概念迅速为全世界商业企业所接受，现已成为现代企业管理理论之一。世界 500 强企业中有 80%都在用 ERP 软件进行决策和管理日常工作流程，其功效可见一斑。接下来，我们通过家庭请客吃饭的案例来解读 ERP 的概念。

一天中午，丈夫在外给家里打电话。

丈夫："亲爱的老婆，晚上我想带几个同事回家吃饭可以吗？"（订货意向）

妻子："当然可以，来几个人，几点来，想吃什么菜？"

丈夫："6个人，我们晚上7点左右回来，准备些酒、烤鸭、番茄炒蛋、凉菜、蛋花汤……你看可以吗？"（商务沟通，价格-商务谈判到最后的结果称为订单）

妻子："没问题，我会准备好的。"（订单确认）

妻子记录下菜单（主生产计划），具体要准备的菜：鸭、酒、番茄、鸡蛋、调料……（物料清单），发现需要：1只鸭，5瓶酒，4个番茄……（物料清单展开），炒蛋需要6个鸡蛋，蛋花汤需要4个鸡蛋（共用物料）。

打开冰箱一看（库房），只剩下2个鸡蛋（缺料）。

来到自由市场，妻子："请问鸡蛋怎么卖？"（采购询价）

小贩："1个1元，半打5元，1打9.5元。"

妻子："我只需要8个，但这次买1打。"（经济批量采购）

妻子："这有一个坏的，换一个。"（验收、退料、换料）

回到家中，准备洗菜、切菜、炒菜……（工艺路线），厨房里有燃气灶、微波炉、电饭煲……（工作中心），妻子发现拔鸭毛最费时间（瓶颈工序，关键工艺路线），用微波炉自己做烤鸭可能来不及（产能不足），于是决定从餐厅买现成的（产品委外）。

下午6：30，一切准备就绪，可烤鸭还没送来，妻子急忙打电话询问："我是李太太，订的烤鸭怎么还没送来？"（采购委外单跟催）

餐厅主管："不好意思，送货的人已经走了，可能是堵车吧，马上就会到。"（确认采购在途）

门铃响了，"李太太，这是您要的烤鸭。请在单上签字。"（验收、入库、转应付账款）

…………

我们可以将上面请客吃饭的情形用图1-1表示出来。

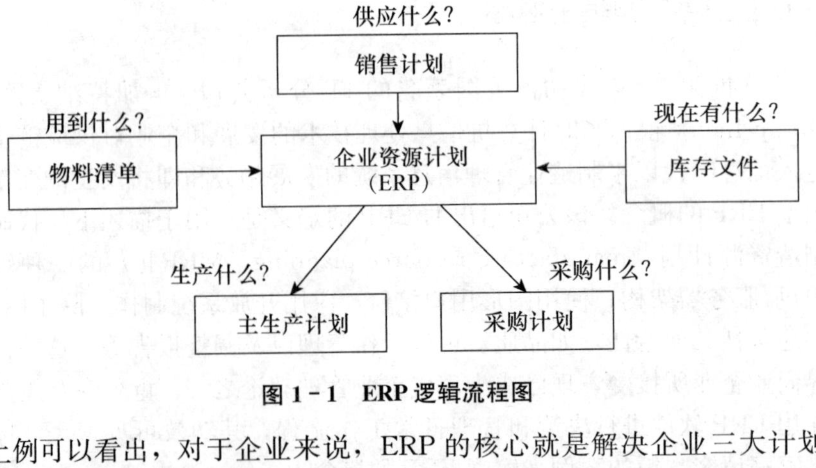

图1-1 ERP逻辑流程图

由上例可以看出，对于企业来说，ERP的核心就是解决企业三大计划即销售计划、主生产计划和采购计划的平衡，它是MRPⅡ的下一代企业信息系统，其主要内涵是打破企业壁垒，把信息集成的范围扩大到企业的上下游，管理整个供应链，实现供应链的制造。

近年来，针对 ERP 的研究不断深入，可从管理思想、软件产品、管理系统三个层次给出 ERP 的定义，如图 1－2 所示。

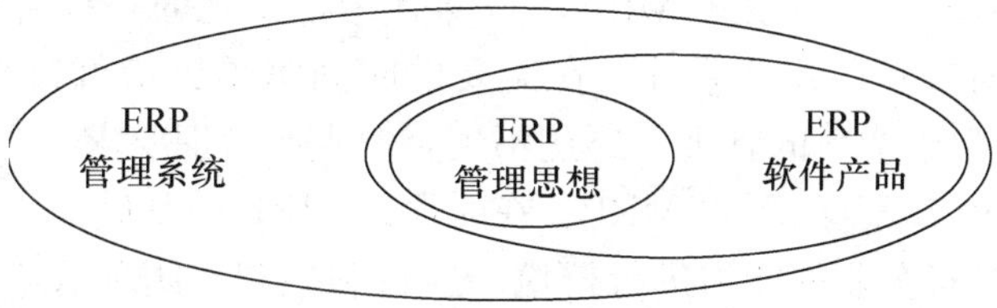

图 1－2　ERP 概念层次图

1. 管理思想层次

ERP 是一种先进的管理思想，是由加特纳集团公司提出的一整套企业管理系统体系标准，是在 MRPⅡ的基础上进一步发展而成的面向供应链（supply chain）的管理思想。

2. 软件产品层次

ERP 是一款软件产品，综合应用了客户机/服务器体系、关系数据库结构、面向对象技术、图形用户界面、第四代语言（4GL）、网络通信等信息产业成果，以 ERP 管理思想为灵魂。

3. 管理系统层次

ERP 是一套完整的管理系统，是整合了企业管理理念、业务流程、基础数据、人力物力并集计算机硬件和软件于一体的企业资源管理系统。

综上所述，ERP 是企业一体化管理系统。ERP 系统应用信息技术将企业的资金流、物资流、信息流等进行有效的集成，使其协调运作，实现整个系统工作绩效的最优化，其核心的管理理念就是实现对企业整个供应链的有效管理。所以说，ERP 不仅是一种软件，而且是一种管理工具。ERP 系统集先进的信息技术与管理思想于一身，成为现代企业的运行模式，反映时代对企业合理调配资源、最大化地创造社会财富的要求，成为企业在信息时代生存和发展的基石。

1.1.2　ERP 的形成历程

ERP 从 20 世纪 40 年代产生至今，经历了几十年的发展历程。它作为当今国际上最先进的企业管理模式，在体现世界最先进的企业管理理论的同时，也提供了企业信息化集成的最佳解决方案。它把企业的物流、资金流、信息流统一起来进行管理，以求最大限度地利用企业现有资源，实现企业经济效益的最大化。

ERP 的形成与发展经历了五个阶段：

第Ⅰ阶段——订货点法。它是一种以统计方式来控制库存，即当物料的实际库存量降低到订货点时，按规定的订货数量提出订货的一种库存控制方法，其最大的缺陷是没有按照物料实际需求的时间和数量来确定订货日期和订货数量。

第Ⅱ阶段——时段式 MRP。60 年代中期出现的一种管理技术与方法。它是一个生产计划与库存管理系统，在需要的时间里得到恰好需要的物料数量。时段式 MRP 只局限于物料的管理，还达不到企业生产管理要求。

第Ⅲ阶段——闭环式 MRP。在时段式 MRP 的基础上，增加对投入与产出的控制，也就是对企业的能力进行校检、执行和控制。闭环式 MRP 认为，只有在考虑能力的约束或者对能力提出需求计划，并满足能力需求的前提下，物料需求计划才能保证物料需求的执行和实现。在这种思想的要求下，企业必须对投入与产出进行控制，也就是对企业的能力进行校检和控制。

第Ⅳ阶段——制造资源计划（MRPⅡ）。以闭环式 MRP 为核心，将 MRP 的信息共享程度扩大，使生产、销售、财务、采购、工程等环节紧密结合在一起，共享有关数据，组成了一个全面生产管理的集成优化模式。它是对一个企业的所有资源编制计划并进行监控与管理的一种科学方法。

第Ⅴ阶段——企业资源计划（ERP）。将企业的“三流”资源，即物流资源、资金流资源和信息流资源进行全面集成管理，从而使企业更加灵活、柔性地开展各项业务活动，在激烈的市场竞争中取得竞争优势。

在 ERP 的发展历程中，所经历的各阶段具有向上兼容性，即第Ⅱ阶段与第Ⅰ阶段的关系是：时段式 MRP 包含了订货点法的所有功能，时段式 MRP 是订货点法的提升和扩展。同样，第Ⅲ阶段与第Ⅱ阶段的关系、第Ⅳ阶段与第Ⅲ阶段的关系、第Ⅴ阶段与第Ⅳ阶段的关系也是如此。稍后会详细介绍各阶段的管理方法。

1.1.3 ERP 给企业带来的效益

国内外的经验表明，应用 ERP 系统可以为企业带来多方面的效益。但是推行 ERP 系统究竟给企业带来什么好处？这是每个企业的高层领导在决定采用 ERP 模式之前都会关心的问题。ERP 带来的效益可以分为定量和定性两方面。

1. 定量的效益

定量的效益有很多，据美国生产与库存控制协会统计，使用 ERP 系统可以为企业带来如下效益：

（1）降低库存投资。这里所说的库存包括原材料、在制品和产成品的库存。在使用 ERP 系统之后，由于有了需求计划，可以在恰当的时间得到恰当的物料，因而不必保有很多库存。据统计，在使用 ERP 系统之后，可使库存资金占用减少 15%～40%，库存周转次数增加 50%～200%，库存盘点误差减少，控制在 1%～2%。

（2）提高生产率。使用 ERP 系统之后，减少了生产过程中的物料短缺，进而减少了生产和装配过程的中断，使生产率得到提高。有资料表明，生产线生产率平均提高 5%～10%，装配线生产率提高 25%～40%，加班时间减少 50%～90%。

（3）降低成本。ERP 把供应商视为自己的外部工厂，通过采购计划法与供应商建立长期稳定、双方受益的合作关系。采购计划法既可提高采购效率，又可降低采购成本。由于生产周期缩短、库存减少，成本可下降 7%～12%，利润增加5%～10%。

（4）提高客户服务水平。ERP 系统作为计划、控制和通信工具，可使市场销售和生产制造部门在决策时以及日常活动中有效地相互配合，从而缩短生产提前期，迅速响应客户需求并按时交货。一般按期交货履约率可达 90%以上。

（5）ERP 系统同财务系统集成，可减少财务收支上的差错或延误，减少经济损失。可准确核算成本，迅速报价，赢取市场业务。

2. 定性的效益

定性的效益主要有：

（1）企业领导和各级管理人员可随时掌握市场销售、生产和财务等方面的运行状况，不断改善经营决策，提高企业的应变能力和竞争地位。

（2）采用计算机处理业务数据，数据处理量大幅增加，处理速度加快，而且企业的决策有了及时、全方位的数据作为依据。

（3）由于进行了有关 ERP 的各种培训和业务操作，业务人员的素质普遍提高。

（4）管理人员从日常事务中解脱出来，致力于实质性的管理工作，实现规范化管理。

（5）由于及时调整业务操作需求和上下流程的约束，企业员工的全局观明显增强，工作主动性提高。

（6）企业还可以取得一定的市场宣传效益，产生一定的社会效益（源于市场合作关系）。

1.1.4 ERP 的管理思想

ERP 的核心管理思想就是实现对整个供应链的有效管理，主要体现在以下三个方面。

1. 对整个供应链资源进行管理

在知识经济时代，仅靠企业自己的资源不可能有效地参与市场竞争，还必须把经营过程中的有关各方（如供应商、制造工厂、分销网络、客户等）纳入一个紧密的供应链，以有效地安排企业的产、供、销活动，满足企业利用全社会一切市场资源快速高效地进行生产经营的需求，进一步提高效率并在市场上获得竞争优势。换句话说，现代企业的竞争不是单个企业之间的竞争，而是企业供应链之间的竞争。

ERP 系统实现了对整个企业供应链的管理，适应了企业在知识经济时代市场竞争的需要。

2. 精益生产、同步工程和敏捷制造

ERP 系统支持对混合型生产方式的管理，其管理思想表现在两个方面：一是精益生产（lean production）的思想，它是由美国麻省理工学院提出的一种企业经营战略体系。即企业按大批量生产方式组织生产时，把客户、销售代理商、供应商、协作单位纳入生产体系，企业同销售代理商、客户和供应商已不再是简单的业务往来关系，而是利益共享的合作伙伴关系。这种合作伙伴关系组成了一个企业供应链，这就是精益生产的核心思想。二是敏捷制造（agile manufacturing）的思想。当市场发生变化，企业有特定的市场和产品需求时，企业的基本合作伙伴不一定能满足新产品开发生产的要求，这时，企业会组织一个由特定的供应商和销售渠道组成的短期或一次性供应链，形成虚拟工厂，把供应商和协作单位看成是企业的一个组成部分，运用同步工程组织生产，用最短的时间将新产品打入市场，时刻保持产品的高质量、多样化和灵活性，这就是敏捷制造的核心思想。

3. 事先计划与事中控制

ERP 系统中的计划体系主要包括：主生产计划、物料需求计划、能力计划、采购计划、销售执行计划、利润计划、财务预算和人力资源计划等。这些计划功能与价值控制功能完全集成到供应链系统中。

另外，ERP 系统通过定义与事务处理（transaction）相关的会计核算科目和核算方式，在事务处理发生的同时自动生成会计核算分录，保证了资金流与物流的同步记录和数据的一致性，实现根据财务资金现状追溯资金的来龙去脉，进而追溯所发生的相关业务活动，改变了资金信息滞后于物料信息的状况，便于实现事中控制和实时决策。

此外，计划、事务处理、控制与决策功能都在整个供应链的业务处理流程中实现，要求在每个流程的业务处理过程中最大限度地发挥每个人的工作潜能与责任心，流程与流程之间则强调人与人之间的合作精神，以便在有机组织中充分发挥每个人的主观能动性与潜能。实现企业管理从高耸式组织结构向扁平式组织结构的转变，加快企业对市场动态变化的响应速度。总之，借助 IT 技术的飞速发展与应用，ERP 系统可以将先进的管理思想变成可实施应用的计算机软件系统。

1.2 ERP 的基本原理

1.2.1 生产管理概述

ERP 起源于制造业，因此要理解 ERP 的基本原理，应该对制造业中的生产管理有所了解。本节主要介绍制造业管理的一些基本知识。

1. 生产管理的概念

制造性生产是通过物理和（或）化学作用将有形输入转化为有形输出的过程。例如，通过锯、切削加工、装配、焊接、弯曲、裂解、合成等物理或化学过程，将有形材料转化为有形产品就属于制造性生产。通过制造性生产能够产生自然界原来没有的物品。

生产管理是围绕生产而开展的一切管理活动。从广义上来说，生产管理就是企业对所有与生产产品或提供服务有关的活动的管理。生产管理的主要任务是根据销售系统的市场需求或生产计划对生产进行合理的安排，以满足客户的需要。

2. 生产管理的职能

在一个企业中，生产管理主要的职能是负责制造产品或提供服务。按照经典管理理论，生产管理的职能是指一个组织在生产领域所进行的各项管理工作。生产管理的职能只局限于企业内部，是按照既定的经营管理决策和计划组织企业内部活动的综合性职能，它以提高生产效率、增加产量、提高质量、降低消耗等为目的，是内向的执行性职能。生产管理职能的工作对象是各项生产活动，可细分为计划、组织和控制三大职能。

（1）计划职能。对各种资源在时间和空间上进行分配和安排，规划各种活动的目标和具体进度。

（2）组织职能。对企业生产过程中所需的各种资源，根据生产计划进行调配、组织，为生产运作的顺利进行做好前期准备工作。

（3）控制职能。对计划的执行过程适时控制和调整，以保证生产计划的完成。

三项职能是相辅相成的，形成了一个有机结合的整体。计划为组织和控制活动提供了依据，组织和控制活动又为计划的实现提供了保证。

3. 制造业生产类型

根据加特纳集团公司的 ERP 软件供应商指南中的分类，制造业生产类型可按生产过程的组织方式和技术分为两大类：离散型和连续型，这又可细分为四种，即按库存生产（make to stock，MTS）、按订单生产（make to order，MTO）、按订单装配（assemble to order，ATO）、按订单设计（engineer to order，ETO）。

（1）离散型生产和连续型生产。离散型生产是指物料离散地按一定工艺顺序运动，在运动中不断改变形态和性能，最后形成产品的生产。如轧钢和汽车制造，轧钢是由一种原材料（钢锭）轧制成多个产品（板材、型材和管材）；汽车制造是由多种零件组成一种产品。像汽车制造这样的离散型生产又称加工装配式生产。机床、汽车、柴油机、家具、电子设备、计算机等产品的制造，都属于加工装配式生产。在加工装配式生产过程中，产品是由离散的零部件装配而成的。这一特点使得构成产品的零部件可以在不同地区甚至不同国家制造。加工装配式生产的组织十分复杂，是生产管理研究的重点。

连续型生产是指物料均匀、连续地按一定工艺顺序运动，在运动中不断改变形态和性能，最后形成产品的生产。连续型生产又称流程式生产，如化工（塑料、药品和肥料等）、炼油、冶金、食品和造纸等。

（2）制造业的生产计划方式。根据顾客对产品的不同需求，可将企业的生产计划方式（又称销售环境或制造环境）分为按订单生产、按订单装配、按订单设计和按库存生产等四种，不同的销售环境中会有不同的主生产计划对象、生产计划方法与管理控制方法。

①按订单生产（MTO），是指按客户的订单、销售合同来组织安排生产。在面向订单生产的环境中，产品的设计工作已经完成，而生产用的物料尚未订购。全部交货提前期（可以简单理解为交货需要的时间）包括物料采购时间和生产时间。标准型号规格的电机、通用机械的生产是典型的按订单生产类型。

②按订单装配（ATO），是指订单上所需要的最终产品是由库存中现有的零部件组装而成的，它往往用于系列可选产品的订货生产。这些零部件一般是通用的零部件，并且在客户订货之前就计划、生产并存入仓库。收到客户订单后，安排总装计划（final assembly schedule，FAS），把它们装配成最终产品。计算机和轿车是典型的按订单装配商品。

③按订单设计（ETO），是指在接到客户订单后，按客户的订单要求专门进行设计和组织生产。整个交货提前期包括设计时间、物料采购时间和生产时间。主要适用于生产结构复杂的产品，如航天、造船、电梯、专用测试设备、锅炉等。

④按库存生产（MTS），是指在收到客户订单之前就已经开始组织生产。典型的情况是，产品放在仓库里等待客户订单。这种方式下，交货提前期短，交货准时可靠。日用消费品、药品、卷烟的生产都是按库存生产类型。

一个企业中可能同时存在几种不同的销售环境。事实上，对于一种产品而言，销售环境的表现形式与它所处的产品生命周期的不同阶段有关。在产品投入期，一般是针对某个用途或客户设计的，属于ETO性质；产品逐渐发展，进入成长期，客户也渐增，就形成MTO环境；产品进一步发展并形成系列，可满足市场多方面的需求，将形成ATO环境；当产品进入成熟期，需求大增，形成MTS环境；待产品进入衰退期，需求减少，只有少量订货，又可能回到MTO环境。以上情况可用图1－3表示。企业必须明了自己产品的生命周期，在生命周期的不同阶段销售环境会发生变化，企业的销售策略和计划方法也要随之改变。

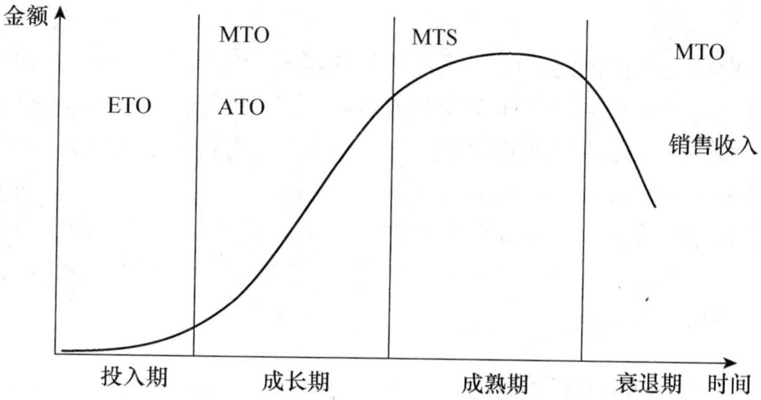

图 1-3　产品生命周期与生产计划方式

1.2.2　物料的概念

在 ERP 系统中，物料（item/material/part）是一个重要的概念。物料是指为了产品销售，所有需要列入计划、控制库存、控制成本的一切物的统称。它与习惯上所称的原材料和零件不同，包括原材料、配方成分、配套件、标准件、毛坯、副产品、联产品、在制品、产成品甚至设备备件、工艺装备或某些能源，是组成物料清单的最基本元素。

绝大多数物料可以是库存型的，也可以是非库存型的，如电能或某种形式的虚拟件；不论是否可以库存，都要列入计划并计算成本。总之，物料是计划的对象，也是库存和计算制造成本的对象。

从管理的角度看，物料的管理特性主要体现在三个方面。

1. 相关性

从供应链的概念来看，任何一种物料都是由于有某种需求而存在的，没有需求的物料就没有生产或保存的必要。一种物料的消耗受另一种物料的需求量制约，如购买原材料是为了加工零件，而生产零件又是为了装配产品。ERP 理念的基本出发点就是平衡供需关系。

从大范围来讲，一个企业的原材料是另一个企业的产品，一个企业的产品又是另一个企业的原材料，无数的供需关系联系到一起形成供应链或供需网。

只有当市场有需求时，企业生产的产品才有价值。这种相关需求不但有品种、规格、性能、质量和数量的要求，而且有时间和空间的要求。

2. 流动性

既然任何物料都是由于有某种需求而存在的，它就必然处于经常流动的状态，而不应当在某个地点长期滞留。物料的相关性必然形成物料的流动性，不流动的物料只能是一种没有需求的积压浪费。通过物料的流动性来检查物料在相关性上存在的问题，是物料管理或物流管理的一项重要内容。

3. 价值

物料是有价值的。库存或存货是流动资产，要占用资金：而资金又是有时间价值的，使用了资金就应体现资金成本，要产生利润。因此，不仅要把库存物料看成是一种资产，还要看到它也是一种“负债”(尤其是超储物料)；它占用了企业本来可以用于其他方面获取利润的资金，应当计算机会成本。产品研发人员需要知道每个零部件的价值，从设计源头把住成本关，这也是价值工程学要求做的分析工作。

只有理解了物料的这些管理特性，才能应用好 ERP 系统，做好计划管理、物料管理和成本管理。

1.2.3 订货点法

18 世纪工业革命发生后，人类进入工业经济时代，社会经济的主体是制造业。工业经济时代的竞争就是产品生产成本上的竞争，规模化大生产（mass production）是降低生产成本的有效方式。由于生产的发展和技术的进步，大生产给制造业带来了许多困难，主要表现在：生产所需的原材料不能准时供应或供应不足；零部件生产不配套，且积压严重；产品生产周期过长且难以控制，劳动生产率下降；资金积压严重，周转期长，资金使用效率降低；市场和客户需求的变化使得企业经营计划难以适应。总之，降低成本的关键在于解决库存积压与短缺之间的矛盾。如何提高库存物料的可控性是当时管理学亟待解决的重大问题。

20 世纪 40 年代初，西方经济学家通过对库存物料随时间的推移而被使用和消耗的规律的研究，提出了订货点法及其理论。订货点法指的是对于某种物料或产品，由于生产或销售的原因而逐渐减少，当库存量降至某一预先设定的点时，即开始发出订单（采购单或加工单）来补充库存，直至发出的订单所订购的物料（产品）在库存量降至安全库存时刚好到达仓库，补充前一时期的消耗，此预先设定的数值点即订货点。订货点法也称安全库存法。安全库存是指为应对由于供需波动所产生的意外需求而设置的库存量。从订单发出到所订货物收到这段时间称为订货提前期。订货点法如图 1-4 所示。

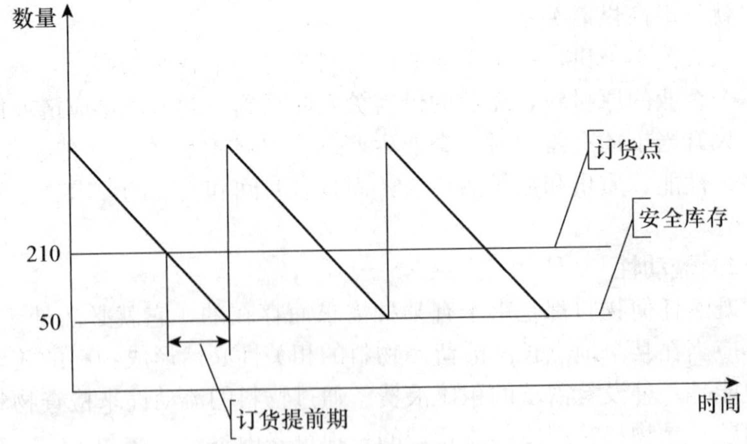

图 1-4 订货点法

订货点的计算公式如下：

订货点＝单位时区的需求量×订货提前期＋安全库存量

例 1－1

物料方木的需求量为每周 80 件，订货提前期为 2 周，并保持 50 件的安全库存量，则该物料的订货点计算如下：

订货点＝80×2＋50＝210(件)

即当该物料的现有库存小于 210 件时，就必须进行新的订货，以保持足够的库存来支持新的需求。

订货点法基于以下假设：

(1) 假定库存物料的需求是常数，即需求是连续的，库存消耗是稳定的。

(2) 对多项库存设定一个固定的安全库存，不考虑需求的变化与库存物料之间的联系。

(3) 提前期是常数，不考虑需求期的变化。

在以上假设条件下，订货点法用于库存管理会出现以下问题：

(1) 订货点法面向的是相互独立的有需求的物料，即认为库存物料是孤立的，每个物料可独立确定需求量和需求期。这适用于库存中的某些物料，如最终产品和备件、备品等。然而生产库存中主要是原材料、坯料、零件、组件和部件等，它们的需求量和需求期是相互牵制的。订货点法认为库存物料全部是独立的，自然会导致库存计划与控制上的不合理。

(2) 订货点法的需求量和需求期是通过对库存历史数据的预测得到的，只有当这些规律在未来还会重演时，预测才有意义。然而，实际情况并非如此，这种使用历史数据的库存管理方法必然会带来较大的误差。

(3) 订货点法假定需求是连续的，并按以往的平均消耗率间接地提出需求时间，保证库存在任何时刻都维持在一定水平。一旦库存低于订货点，就立即补充。其订货时间往往较需求时间提前，再加上有安全库存，使仓库在实际需求发生以前就有大的存货。

(4) 为装配产品，要求部件、组件、零件和原材料等各库存项目的数量必须配套。否则，即使每个库存项目的供货率有保证，也不能保证总供货率是准确的。例如，用 10 个零件装配成一件产品，每个零件的供货率都是 95%，但联合供货率只有 0.95×0.95×…＝0.59≈0.6 即 60%，可见按订货点法计划与控制库存，想要在总装时不发生短缺或者不突击加班，只能看运气。

因此，用订货点法来处理相关需求问题是一种很不合理、很不经济且效率极低的方法。它容易导致库存量过大，需要的物料未到，不需要的物料先到，各种所需物料不配套等问题。

订货点法尽管有上述不足，但应用广泛，直至 20 世纪 60 年代中期 MRP 法出现才被取代。

1.2.4 时段式 MRP

1957 年，美国生产与库存控制协会成立，开始进行生产与库存控制方面的研究与理论传播。其物料需求计划委员会主席约瑟夫·奥利基（Joseph Orlicky）从分析产品结构入手，在 1965 年提出把产品中各种物料分为独立需求和相关需求两种类型，进而提出按需用时间的先后（也就是需求的优先级）及提前期（生产周期或采购周期）的长短分时段确定各个物料需求量的物料需求计划（即时段式 MRP 或基本 MRP）解决方案。时段式 MRP 是在订货点法的基础上提出的生产、库存管理理论与方法。随着 20 世纪 60 年代计算机的商业化应用，第一套时段式 MRP 系统管理软件面世，应用于企业物料管理。

在本节，首先介绍几个基本概念，然后讲解 MRP 的原理。

1. 产品结构

任何制造业的产品都可以按照从原材料到成品的实际加工装配过程，划分层次，建立上下层物料的从属关系和数量关系，确定产品结构。产品结构描述某一成品由哪些原材料或半成品组成，并说明彼此间的组合过程。如图 1－5 所示，方桌 X 由 1 件半成品桌面 A、4 件半成品桌腿 B 及 1 套原材料 E（螺钉、胶、油漆）组成；1 件半成品桌面 A 由 1 件半成品面板 C 及 4 件半成品面框 D 组成，1 件半成品桌腿 B 由 0.2m^3 原材料方木 R 组成；1 件半成品面板 C 由 1.0m^2 原材料板材 O 组成，1 件半成品面框 D 由 0.2m^3 原材料方木 R 组成。依据组成关系，X 为 A，B，E 的母件，A，B，E 为 X 的子件；B 为 R 的母件，R 为 B 的子件；A 为 C 和 D 的母件，C 和 D 为 A 的子件；C 和 D 分别为 O 和 R 的母件，O 和 R 则分别为 C 和 D 的子件。方桌 X 之上再无母件，X 可称为成品，A，B，C 和 D 为自制或委外的半成品，E，R，O 则为采购件，采购件不可能是母件。在图 1－5 中，某物料的阶码是指该物料在产品结构中相对于最终产品的层级，如方桌为最终产品，它的阶码为 0，而桌面的阶码为 1，面板的阶码为 2，等等。

方桌这类产品的产品结构是一个上小下宽的正锥形树状结构，其顶层“方桌”是出厂产品，属于企业营销部门的业务（也是生产部门的最后一道装配或包装工序）；各分枝最底层物料均为采购的原材料或配套件，是企业供应部门的业务；介于其间的是加工制造件或装配组件，是生产部门的业务。我们把由市场（企业外部）决定性能规格和需求量的物料称为独立需求件，也就是说，独立需求件不是企业所能决定的（例如成品方桌或维修件）；把由出厂产品决定性能规格和需求量及需求时间的各种加工和采购物料称为相关需求件，也就是说，这些物料的需求受独立需求件的制约。例如，若客户订单是 100 件方桌，则独立需求是 100 件方桌，由于生产 1 件方桌需要 4 件桌腿，因此由这 100 件方桌产生的相对于桌腿的相关需求为 400 件桌腿。

由于产品构成的层次性，其生产和组装存在一定顺序。假设生产方桌的各层零

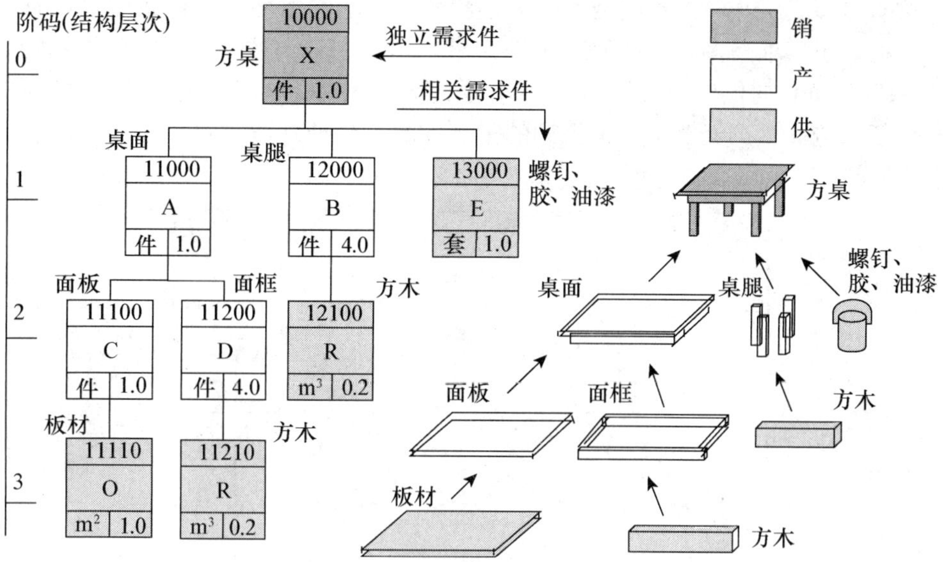

图 1－5　方桌产品结构图

部件的制造/采购时间周期如表 1－1 所示。

表 1－1　　产品加工周期

产品结构层次	物料名称	构成数量	采购提前期（天）	加工提前期（天）
0	方桌	1.0 件	—	2
1	桌面	1.0 件	—	4
1	桌腿	4.0 件	—	2
1	螺钉、胶、油漆	1.0 套	5	—
2	面板	1.0 件	—	3
2	面框	4.0 件	—	2
2	方木	0.2 m^3	20	—
3	板材	1.0 m^2	12	—
3	方木	0.2 m^3	20	—

如果我们把结构层次的坐标换成时间坐标，产品结构各个方框之间的连线代表生产周期和采购周期，得到的是时间坐标上的产品结构图，如图 1－6 所示。现在，我们可以根据需求的优先顺序（完工日期或需用日期的先后），按照加工或采购周期的长短，以需用日期为基准倒排计划，这种方法称作反向排程。假设某客户 12 月 31 日有一笔订单，要交货 100 件方桌，由表 1－1 可知，用桌面、桌腿、螺钉、胶和油漆进行最后的总装需要 2 天，则最迟必须在 12 月 29 日准备好，否则将不能按时交货；继续倒排计划，知道最迟必须在 12 月 27 日准备好 100×4×0.2＝80m^3 方木（方木加工成桌腿需要 2 天，1 件方桌需要 4 件桌腿，1 件桌腿需要 0.2m^3 方

木），此处 $80m^3$ 方木只是毛需求，若考虑方木的库存情况，我们可以计算出对方木的真正需求是多少，即计算出净需求；由于采购方木需要 20 天，因此必须提前到 12 月 7 日向供应商下订单。MRP 通过时间坐标上的产品结构用一种新的概念说明了制造业生产经营中经常提到的量（即数量）期（即时间）标准。

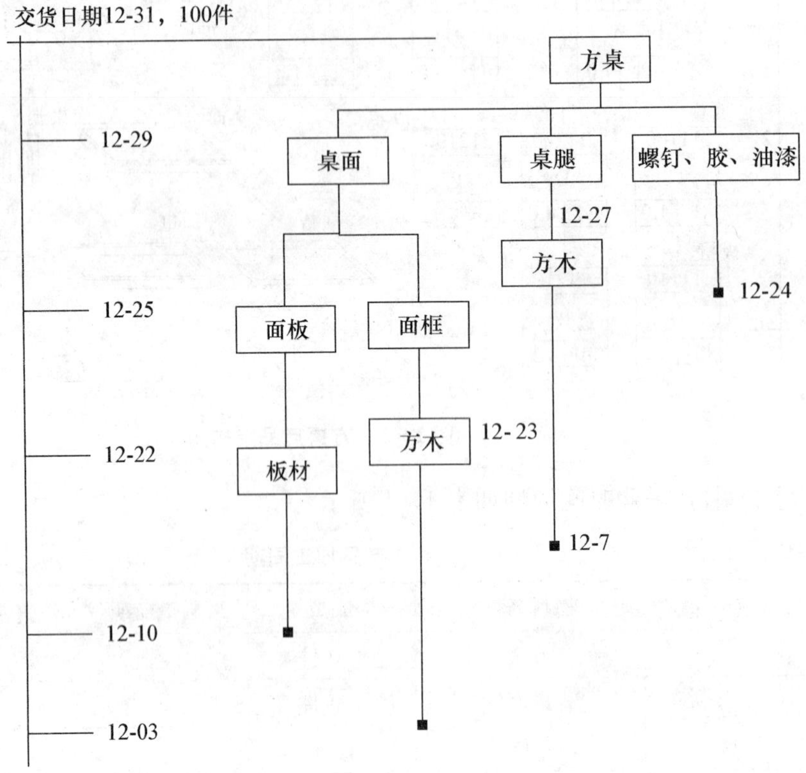

图 1－6　时间坐标上的产品结构图

时间坐标上的产品结构图相当于关键路线法中的网络计划图，累计提前期最长的一条线相当于产品生产周期中的关键路线，它把企业的销产供物料的数量和所需时间的信息集成起来，是物料需求计划基本原理的核心。图 1－6 中最长的加工路线（方桌→桌面→面框→方木）决定了产品的加工周期为 2＋4＋2＋20＝28 天，即从采购原材料到最终生产出方桌，至少需要 28 天。

2. 提前期与累计提前期

每一个物料从开始到完成的期间称作提前期（lead time）。何谓开始时间？就采购件而言，开始时间是指将采购订单发给供应商的时间；就自制件而言，则是生产订单的开工时间。何谓完成时间？就采购件而言，完成时间是指完成验收入库的时间；就自制件而言，则是指完工入库的时间。提前期可按物料是采购件还是加工件分为采购提前期和加工提前期。

在产品结构中，将某一物料本身的提前期加上其子件的提前期，就等于该物料的累计提前期（accumulative lead time）。但是如果该物料的子件不止一个，而这些子件的提前期各不相同，则选子件中最长的一个提前期加上该物料本身的提前期，作为它的累计提前期。

物料的累计提前期表示为了提供该物料而必须花费的总的工作时间。例如，假设 A 产品的累计提前期为 8 天，如果销售部门需要出货（假设没有现货），那么必须在 8 天前通知生产及采购部门，否则来不及生产而无法准时出货。当然，在交货提前期比产品的累计提前期短时，业务部门应该先以销售预测值通知生产和供应单位，使其能够提早进行相关的制造和采购工作。

3. 计划的时间三要素

编制计划离不开时间因素，MRP 作为一种动态的优先级计划，在时间因素上有着与传统人工管理完全不同的新概念，时间三要素就是其中之一。三要素指的是计划期、时段、时区与时界。

（1）计划期。MRP 系统把时间看成是绵延不断的长河，从对计划的预见性和控制全流程来考虑计划期的长短，不受统计、报告、结算规定的年、季、月的束缚。

不同产品从接到客户订单开始到交付的周期是不同的。生产豆奶，采购加生产的周期不到一周。生产远洋货轮，需要一年以上。为了控制产品生产全过程，计划的跨度应覆盖产品的全周期（即总提前期）。因此，不同产品计划期的长短要依制造周期而变，它是一个变量。如果全过程是跨年度的，计划期就需要超过一年，不受年计划的局限。

（2）时段。MRP 系统把年、季、月、周、日、小时、分钟等不同的时间跨度统称为时段。

划分时段是为了区别优先级，实现优先级计划的人工管理往往只说明一项合同是在某个月份交货。在这个月里，可能有几十上百份合同要完成，因此要说明先后顺序或再分成上旬、中旬、下旬。如果还要细分到周或天甚至小时，数据的处理量就会变得非常大，不是人工管理所能承受的。

在做能力计划时，在一个跨度较长的时段（如年度）中，能力往往总体上可以满足总的负荷需求，但如果把时段划细，就可能在某个时段出现超负荷，在其他时段出现任务不足。人工管理的数据处理能力是有限的，划分优先顺序时比较粗放，使能力资源难以得到合理利用，造成生产不均衡、不能按期交货、库存资金占用过大和资源利用不合理。

有了时段的概念，才能实现优先级计划，合理利用有限的内外部资源，保证生产均衡有序，提高企业合同交付的履约率。

（3）时区与时界。信息化管理虽然能够迅速响应市场的变化，但也要保持生产计划的相对稳定（尤其是近期），以利于生产正常有序。为此，MRP 系统在处理主生产计划的过程中，把产品的计划期划分成 3 个时间区段（时区），计划若有变动，先要看看是落在哪个时区，再分析变动带来的影响和代价，建立规范化的计划变动审批程序，以保持计划的相对稳定。

图 1－7 展示了时间三要素。

起点（当期） 需求时界 计划时界

总装提前期 → 累计提前期（采购+加工） → 计划期 →

时区	1	2	3
时段	1 2 3	4 5 6 7 8 9	10 11 12 …
需求依据	订单/合同	合同及预测的取舍	预测
订单状态	下达	下达及确认	计划
计划变动难易	难、代价大	系统不能自动更改，必须人工干预，改动代价大	系统可以自动更改
变动审批权	公司级经理	部门级经理	计划员

图 1－7　时间三要素

先来看计划期。为了简化，图 1－7 仅标示了 12 个时段，实际上还可以无限延伸。在 MRP 系统中，可以用多个页次（画面）来标示计划，如果受页数限制（比如每页 10 个时段，共 5 页），可以加大远期时段的天数（如 2 周或一个月）。

再来看时段。图 1－7 中的时段长度是周，标示一周最后一天的日期。

最后来看时区与时界。近期第 1 时区（需求时区）的长度相当于产品的总装提前期，第 1、第 2 时区之间的分界日期称为需求时界。早于这个时界的计划已经下达，订单状态是“下达”。由于产品已经在进行总装，计划变动会造成严重损失，因此一般不允许在这个时区内变动计划。如果确有必要，必须经公司级经理审批。

第 1、第 2 时区长度之和相当于累计提前期，即采购提前期和加工提前期的累计值。第 2、第 3 时区之间的分界日期称为计划时界。在第 2 时区（计划时区）范围内，订单状态是“确认”，系统不能自动更改计划，对系统自动运算有一定约束，如有变动，要通过主管计划员判断后确认，防止系统运行时因自动随意调整造成混乱，同时也体现管理以人为本的精神，说明 MRP 系统在正常情况下遵守业务规则时是“自动”运行的，有例外情况还要由人来判断。

计划时界以外都属于第 3 时区（预测时区），订单状态是“计划”。若需求有变化，由于还没有进入累计提前期的范围，计划还没有执行，在运行 MRP 系统时计划可以自行按运算规则调整和变动，不受约束。

4. 物料需求计划的逻辑流程

物料需求计划（MRP）在产品结构的基础之上，运用网络计划原理，根据产品结构各层次物料的从属关系和数量关系，以每个物料为计划对象，以完工日期为时间基准倒排计划，并根据各物料的采购/加工提前期确定物料的投入出产数量与日期。通俗地讲，MRP 是一种既降低库存又不出现物料短缺的计划方法，其逻辑流程如图 1－8 所示。

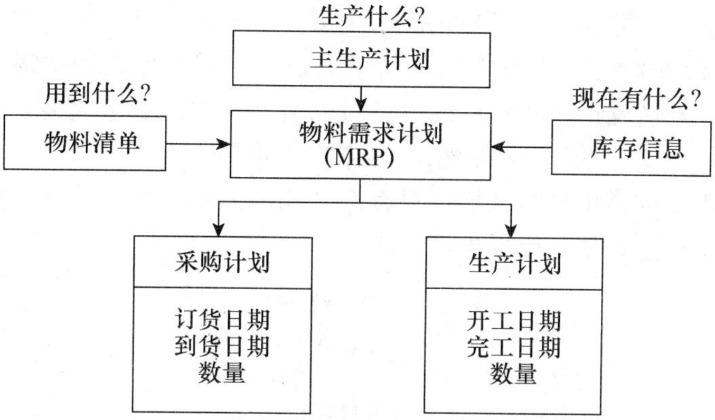

图 1-8　MRP 逻辑流程图

从逻辑流程图来看，MRP 主要回答了四个问题：

(1) 生产什么?

(2) 用到什么?

(3) 现在有什么?

(4) 还缺什么? 什么时候下达采购或加工计划?

这四个问题是任何制造企业在编制计划时都要回答的问题，被人们称为“制造业的通用公式”。第一个问题指的是为了满足市场（或客户）需求需要出厂的产品，是独立需求件。产品的出厂计划是根据销售合同或市场预测，由主生产计划确定的。第二个问题指的是产品结构或某些在制造过程中必需的资源（如能源、工具等），由产品信息或物料清单来回答。物料清单是计算机可识别的产品结构数据文件，是 MRP 的主导文件。第三个问题由库存信息或物料的可用量来回答。物料的可用量不同于人工管理的库存台账，它是一种动态信息。

主生产计划、物料清单和库存信息是运行 MRP 的三项基本输入数据，它们都是人工管理中不曾用到的新概念。其中，主生产计划是最关键的输入信息，它必须能够准确地反映市场需求，它决定了物料需求计划的必要性、可行性和稳定性；另外两项是计算需求数量和时间的基础数据，它们的准确性直接影响 MRP 的运算结果。

(1) 主生产计划。MRP 的三项主要输入中，首先要输入的是主生产计划（master production schedule，MPS）。MPS 以出厂产品为对象，按每一种产品分别显示计划报表。主生产计划主要标明要生产哪些最终产品，何时需要，以及需要量等，是按产品的品种、型号、规格规定它们在每一周期内的出产数量和出产时间的计划，是外部需求与 MRP 系统的接口，同时也是 MRP 的驱动源。主生产计划的基本格式如表1-2 所示。

MPS 的生成主要根据预测和合同信息，如表 1-2 中未来第 1 周（2/28 至 3/5）客户合同量的需求为 12 件方桌，而根据以往的销售数据用一定的模型推算出来的预测量为 5 件方桌。需求时界为 3，表明未来第 1 周到第 3 周之间的需求数据是不允许变动的，即冻结，因为它们已经进入了方桌的总装阶段，计划变动会造成严重损失；计划时界为 8，表明第 4 周至第 8 周的需求数据确实需要变动，但须经主管计划员判断后确认，防止系统运行时因自动随意调整造成混乱；而第 8 周之后的计划还是一种“计划”订单状态，可以根据需要变动。表 1-2 中黑体的数字是根据一定的规则推算出来的（推算过程在“物料需求计划的展开”中介绍），为 MRP 产生的重要信息，用于指导生产管理。

表 1-2　　方桌的主生产计划

物料号：10000　　计划日期：2/28　　计划员：张三
物料名称：方桌　　安全库存量：5
提前期：1 周　　批量：10　　需求时界：3
现有库存量：8　　批量增量：10　　计划时界：8

时段	当期	1	2	3	4	5	6	7	8	9
		3-5	3-12	3-19	3-26	4-2	4-9	4-16	4-23	4-30
预测量		5	5	5	5	5	5	5	5	5
合同/订单量		12	8		2	7	6		13	5
毛需求量		**12**	**8**		**5**	**7**	**6**	**5**	**13**	**5**
计划接收量		*10*								
预计可用库存量	现有量 8	**6**	**8**	**8**	**13**	**6**	**10**	**5**	**12**	**7**
净需求量			**7**		**2**		**5**		**13**	
计划产出量			*10*		*10*		*10*		*20*	
计划投入量		*10*		*10*		*10*		*20*		

注：表中黑体为推算结果，斜体为预期数据，本书其他表中表示方式同此。

MPS 报表有横式和竖式两种格式，横式报表说明需求计算的来龙去脉，竖式报表说明供应数量和时间与需求数量和时间的对应关系。表 1-2 是一种 MPS 横式报表。

MPS 报表与传统的手工计划报表有一些不同之处。首先，由于它要提供每种出厂产品的各种相关信息，因此一张报表只说明一种产品的计划（当然，也可以在此基础上开发能列出各个时间段各种产品的出厂计划表，但信息的重点内容会有变化）。其次，在表的上端横向显示的时间段是可以根据管理的需要人为设定的，可以是周，也可以是日、月、季、年，还可以开始几个时间段是周，接下来的时间段是月，然后是季；不断向前推移，体现滚动计划的精神，可以非常灵活地应用。

MPS 是沟通企业的前方（市场、销售）和后方（制造、供应）的重要环节。在 MPS 报表上，有来自市场、销售部门的预测和合同信息，有系统按照设定的规则计算出的毛需求、净需求、计划投入量、计划产出量，有系统根据初始库存及各个时段的净需求与产出的余额计算得出的各个时段的库存量，有系统根据某时段的计划产出量以及下一次计划产出之前各时段合同总量计算得出的各个时段的可供销售量，信息量相当丰富。MPS报表体现了信息的集成，是前方（市场、销售）、后方（制造、供应）各部门经常查阅的管理文件。

（2）物料清单。MRP的第二项主要输入是产品信息。描述产品结构的方法有产品结构树和物料清单（bill of materials，BOM）。为了便于计算机识别，必须把用图表达的产品结构转换成数据格式，这种用数据格式来描述产品结构的文件就是物料清单。物料清单与产品结构图所说明的内容是一致的。在计算机辅助企业管理的过程中，物料清单是最重要的基础数据，是企业各项业务数据共享和信息集成的基础和关键。BOM是在物料主文件的基础上建立的管理文件。物料主文件是描述物料各种管理属性和业务参数的管理文档，也可称为物料主记录或物料档案。一种物料可以用于不同的产品，但档案只有一份。物料主文件中主要包括设计管理、物料管理、计划管理、销售管理、成本管理、质量管理等相关信息。

表1-3显示了方桌的BOM的基本内容。利用BOM可以准确地计算相关需求的信息，其中所包含的物料可分为两类：一类是自制项目，另一类是采购项目（包括所有的原材料、外购件和委外加工件）。MRP展开后，自制项目的物料需求计划便形成相应的生产作业计划，采购项目的物料需求计划形成相应的采购供应计划。

表1-3　　方桌的物料清单

阶码	物料编码	物料名称	计量单位	单位用量	来源	提前期（天）
0	10000	方桌（X）	件	1	自制	2
1	.11000	桌面（A）	件	1	自制	4
2	..11100	面板（C）	件	1	自制	3
3	...11110	板材（O）	m^2	1	采购	12
2	..11200	面框（D）	件	4	自制	2
3	...11210	方木（R）	m^3	0.2	采购	20
1	.12000	桌脚（B）	件	4	自制	2
2	..12100	方木（R）	m^3	0.2	采购	20
1	.13000	螺钉、胶和油漆（E）	套	1	采购	5

对制造业来讲，BOM在ERP系统中是一种非常重要的管理文件，系统要通过它识别企业所生产的所有产品，企业几乎所有主要的业务部门都要用到它。BOM如同一个管理枢纽，把各个部门的业务有机地联系在一起。BOM主要有设计BOM和制造BOM两种，此外还有计划BOM、成本BOM等。设计BOM是一种设计文件，通常是从设计功能结构的角度来定义产品结构，而制造BOM是一种管理文件，它从实际的制造过程出发来定义产品结构。制造BOM的最原始的出处是产品设计图纸，但它又不同于图纸上的零件明细表。首先，它是用数据报表形式来表达产品结构，依据的是产品实际加工装配一直到包装的顺序，而不是设计图纸上所标明的顺序（两者有时截然不同），列出了结构层次和相关数量。其次，它包括出厂

产品不可缺少的一切物料，远远超出零件明细表的内容（零件明细表往往仅列出图纸上出现的物料）。此外，它还说明了哪些物料是自制的，哪些是采购的，说明了物料的有效期、成品率及提前期，说明了物料的 ABC 分类等计划管理和物料管理所需要的信息。制造 BOM 是管理文件而不是技术文件，准确性非常关键。

（3）库存信息。MRP 的第三项主要输入是库存信息。MRP 中有关库存状态的数据主要有两部分：一部分是静态的数据，在运行 MRP 之前就已确定，如物料的编号、描述、提前期、安全库存等；另一部分是动态的数据，如总需求量、库存量、净需求量、计划发出（订货）量等。MRP 运行时，不断变化的是动态数据。下面对 MPS/MRP 运算中要用到的库存信息（参见表 1－2）进行说明。

1）预测量。指通过销售预测确定的某时段的市场需求。需求日期为销售预测单上的需求日期。

2）合同/订单量。指由客户下达订单确定的需求量，是总的订单数减去已出库的数量（即未完成订单的数量）。需求日期以销售订单上建议的交货日期为准。

3）毛需求量。如果是产品级物料（即独立需求件），则总需求由 MPS 决定；如果是零件级物料（即相对需求件），则总需求来自上层物料（母件）的计划发出订货量。

在 MPS 中，毛需求量包括订单、预测单对物料的独立需求。如何把预测量和订单量组合得出毛需求量？在各个时区的取舍方法是不同的。一般的方法为：

预测时区：毛需求量＝预测量

计划时区：毛需求量＝Max（预测量，合同量）

需求时区：毛需求量＝合同量

表 1－4 显示了 MPS 中毛需求量的计算。

表 1－4　　MPS 中毛需求量的计算（表 1－2 的前 3 行）

时段	当期	1	2	3	4	5	6	7	8	9
		3-5	3-12	3-19	3-26	4-2	4-9	4-16	4-23	4-30
预测量		5	5	5	5	5	5	5	5	5
合同/订单量		12	8		2	7	6		13	5
毛需求量		**12**	**8**		**5**	**7**	**6**	**5**	**13**	**5**

表 1－4 中，未来第 1 周至第 3 周为需求时区，毛需求量等于合同量；第 4 周至第 8 周为计划时区，毛需求量取每个时段的预测量和合同量中最大者，如第 4 周的预测量为 5，大于合同量 2，故第 4 周的毛需求量为 5；第 9 周之后为预测时区，毛需求量等于预测量。对于大多数 ERP 软件来说，毛需求量的计算方法可由用户根据需要灵活设置。

在 MRP 中，子件物料毛需求量的计算公式如下：

毛需求量＝物料的母件的计划投入量×子件的用量

4）安全库存量。指库存的最低量。设置安全库存旨在预防需求或供应方面难以预料的波动，避免造成生产或供应中断，缓解用户需求与工厂之间、供应商和工厂之间、制造和装配之间的矛盾。

5）计划接收量。指在将来某个时段的入库量。它来源于正在执行的采购订单或生产订单。

6）预计可用库存量：从现有库存中扣除了预留给其他用途的已分配量，可以用于下一时段净需求计算的那部分库存。它与现有量（即当前库存量，是仓库中实际存放的可用库存量）不是同一个概念。计算公式如下：

$$\begin{matrix}\text{预计可用}\\\text{库存量}\end{matrix}=\left(\begin{matrix}\text{上个时段末的}\\\text{可用库存量}\end{matrix}+\begin{matrix}\text{本时段}\\\text{计划接收量}\end{matrix}+\begin{matrix}\text{本时段}\\\text{计划产出量}\end{matrix}\right)-\begin{matrix}\text{本时段}\\\text{毛需求量}\end{matrix}$$

7）净需求量。指任意给定的计划周期内某物料的实际需求数量。毛需求量指“需要多少”，而净需求量指“还缺多少”。计算公式如下：

$$\begin{matrix}\text{净需}\\\text{求量}\end{matrix}=\begin{matrix}\text{本时段}\\\text{毛需求量}\end{matrix}+\begin{matrix}\text{安全}\\\text{库存量}\end{matrix}-\left(\begin{matrix}\text{上个时段末的}\\\text{可用库存量}\end{matrix}+\begin{matrix}\text{本时段}\\\text{计划接收量}\end{matrix}\right)$$

若计算值≤0，则说明该时段的库存足够满足需求，不产生净需求。

若计算值>0，则说明该时段的库存不能满足需求，净需求=计算值。

这种从毛需求到净需求的计算方法称为净需求计算法（netting）。如果在运算 MPS 或 MRP 的过程中产生了净需求，则像启动了触发器一样启动了 MPS/MRP 的批量排产过程。

8）计划产出量。当净需求量为正时，就需要接收一个订货量，以弥补净需求。在实际计划生产或订货时，不仅要满足净需求量，而且要符合订货倍数和订货批量。订货倍数是指由于物料包装、容器等条件的限制，必须按计量单位的某一倍数订货。例如，一箱啤酒有 12 瓶，如果需求物料的单位是瓶，但是供应商只以箱为单位供货，那么在采购啤酒时要折算到箱。订货批量是指由于生产或订货成本、运输成本等原因，在下达生产或订货订单时，每批订货量不能少于某个阈值，否则，物料的运输与订货费用不经济。

常用的批量规则有：

①直接批量。完全根据净需求量决定 MPS/MRP 的计划产出量，即计划产出量=净需求量。

②固定批量。每次 MPS/MRP 的计划产出量是相同的某常量的倍数，计算公式如下：

$$\text{计划产出量}=N\times\text{批量}$$

$$\text{满足：计划产出量}\geqslant\text{净需求量}>(N-1)\times\text{批量，}N\text{ 为整数}$$

如果净需求量小于批量，则按批量计算；如果净需求量大于批量，则按批量的倍数计算。例如，若批量为 10，净需求量≤10，计划产出量一律取 10；若净需求量为 15，大于批量，超出部分按批量增量递增，计划产出量取 20。

9）计划投入量。计划投入量与计划产出量相等（为了简化问题，在此忽略生产过程中的有关损耗系数，如组装废品系数、零件废品系数、材料损耗率等），但是时间上提前一个时间段，即考虑订货提前期。订货日期是计划产出日期减去订货提前期。

物料有废品率或损耗率时，系统会自动计算增补量，并加到计划投入量中。此时，计划投入量会大于计划产出量。

以上各种物料的数量均按各个时段分别计算。另外，有的系统设计的库存状态数据可能包括一些辅助数据项，如订货情况、盘点记录、尚未处理的订货、需求的变化等。

（4）物料需求计划的展开。

在了解MRP的三项主要输入后，让我们来看看它是怎样展开计算的。前面已经提到MPS是MRP的驱动源，MPS的计划对象为独立需求物料，如方桌就是MPS的计划对象，方桌的产品结构树中的其他物料则是MRP的计划对象，因此，在介绍MRP的展开过程之前，先介绍MPS的推算过程。

例1-2

方桌的基础数据如表1-5所示，需求数据如表1-4所示，采用固定批量法，试进行MPS的推算。

表1-5　方桌的基础数据

物品编码	物品名称	所属类型	计量单位	安全库存	现有量	物品来源	计划策略	需求时界	计划时界	标准批量	批量增量	提前期
10000	方桌	产成品	件	5	8	自制	MPS	3	8	10	10	1周

MPS的基本处理逻辑如图1-9所示，MPS的展开计算如表1-6所示。

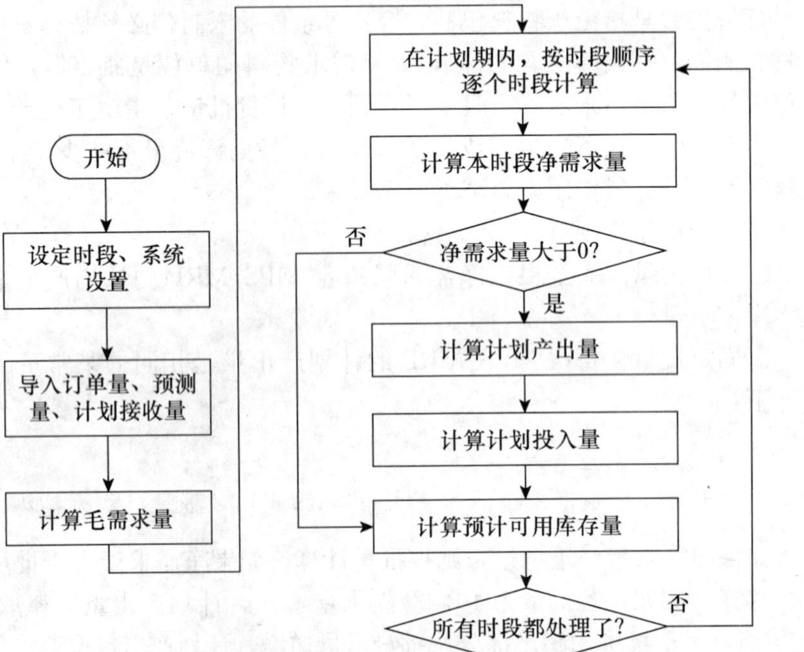

图1-9　MPS的处理逻辑

表 1-6　　MPS 展开实例

时段	当期	1	2	3	4	5	6	7	8	9
		3-5	3-12	3-19	3-26	4-2	4-9	4-16	4-23	4-30
预测量		5	5	5	5	5	5	5	5	5
合同量		12	8		2	7	6		13	5
毛需求量		**12**	**8**		**5**	**7**	**6**	**5**	**13**	**5**
计划接收量		*10*								
预计可用库存量	现有量 8	**6**	**8**	**8**	**13**	**6**	**10**	**5**	**12**	**7**
净需求量			**7**		**2**		**5**		**13**	
计划产出量			*10*		*10*		*10*		*20*	
计划投入量		*10*		*10*		*10*		*20*		

推算过程如下：

(1) 根据前面确定 MPS 毛需求量的规则确定第 1 时段至第 11 时段的毛需求量。

(2) 第 1 时段，毛需求量为 12，安全库存为 5，现有量为 8，计划接收量为 10，则根据净需求量的公式得：

$$\begin{aligned}\text{净需求量} &= \begin{array}{c}\text{本时段}\\\text{毛需求量}\end{array} + \begin{array}{c}\text{安全}\\\text{库存量}\end{array} - \left(\begin{array}{c}\text{上个时段末的}\\\text{可用库存量}\end{array} + \begin{array}{c}\text{本时段}\\\text{计划接收量}\end{array}\right)\\ &= 12+5-(8+10)=-1\end{aligned}$$

对于第 1 时段来说，上个时段末的可用库存量即现有量 8。

由于净需求量小于 0，不需要启动 MPS 排产计划，本时段的计划产出量为 0，接下来计算到第 1 时段末可用的库存量：

$$\begin{aligned}\begin{array}{c}\text{预计可用}\\\text{库存量}\end{array} &= \left(\begin{array}{c}\text{上个时段末的}\\\text{可用库存量}\end{array} + \begin{array}{c}\text{本时段}\\\text{计划接收量}\end{array} + \begin{array}{c}\text{本时段}\\\text{计划产出量}\end{array}\right) - \begin{array}{c}\text{本时段}\\\text{毛需求量}\end{array}\\ &= (8+10+0)-12=6\end{aligned}$$

因此，在第 1 时段的预计可用库存量项目中填入 6。进入第 2 时段的计算。

(3) 第 2 时段，毛需求量为 8，安全库存为 5，上个时段末的可用库存量（即第 1 时段末的可用库存量）为 6，没有计划接收量，则根据净需求量的公式得：

$$\begin{aligned}\text{净需求量} &= \begin{array}{c}\text{本时段}\\\text{毛需求量}\end{array} + \begin{array}{c}\text{安全}\\\text{库存量}\end{array} - \left(\begin{array}{c}\text{上个时段末的}\\\text{可用库存量}\end{array} + \begin{array}{c}\text{本时段}\\\text{计划接收量}\end{array}\right)\\ &= 8+5-(6+0)=7\end{aligned}$$

净需求量大于 0，则在第 2 时段的净需求量项目中填入 7，同时将触发 MPS 的排产计划；由于批量为 10（净需求量 7<批量 10），则确定第 2 时段的计划产出量为 10 以补足短缺；由于方桌的提前期为 1 周（即 1 个时段的时间），为了在第 2 时段产出 10 件方桌，生产计划应该提前到第 1 时段就开始下达（即倒排计划），因此确定在第 1 时段的计划投入量为 10（见表 1-6）。

第 2 时段末可用的库存量为：

$$\text{预计可用库存量}=\left(\text{上个时段末的可用库存量}+\text{本时段计划接收量}+\text{本时段计划产出量}\right)-\text{本时段毛需求量}$$
$$=(6+0+10)-8=8$$

因此，在第 2 时段的预计可用库存量项目中填入 8。进入第 3 时段的计算。

(4) 按图 1－9 的处理逻辑进行其余各时段的计算，最后的推算结果如表 1－6 所示。

接下来我们介绍 MRP 的推算过程。MRP 的推算是按产品结构层次，从上到下逐层进行。对于每一层，确定毛需求量，再根据在制品数、库存情况计算净需求量，若有必要，还需把净需求量按照批量调整为生产或采购计划订货量，其处理逻辑如图 1－10 所示。

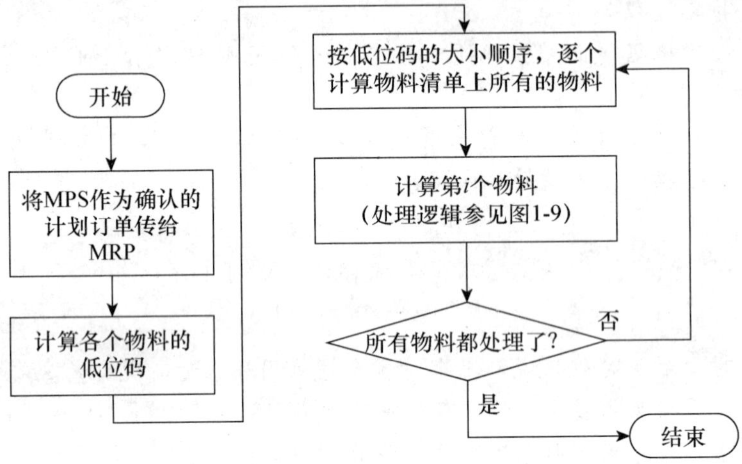

图 1－10　MRP 的处理逻辑

图 1－10 中涉及有关 MRP 推算的非常重要的一个概念：低位码（low level code，LLC）。它和图 1－5 中出现的阶码不同，物料的阶码是指该物料在产品结构中相对于最终产品的层级。物料的低位码是 MRP 系统分配给物料清单上的每个物料一个从 0 至 N 的数字码，一个物料只能有一个低位码。在产品结构中，最上层的低位码为 0，下一层的低位码则为 1，依此类推。当同一物料在多个产品中所处的产品结构层次不同或在同一产品结构中处于不同层次时，则取处在最低层的阶码作为该物料的低位码，即取层次最低、数字最大的阶码。比如方桌产品结构中的方木，出现在同一产品结构的不同层次，母件为桌腿的方木的阶码为 2，而母件为面框的方木的阶码为 3，但方木的低位码只有一个，即为 3。

从图 1－10 可以看出，MRP 的推算过程实际上有内外两层循环，外层循环是按低位码从小到大的顺序来处理每个物料，内层循环的处理逻辑与 MPS 的处理逻辑基本相同，所不同的是 MRP 的计划对象是相关需求件，某时段下层物料的毛需求量是根据上层物料在该时段的计划投入量和上下层之间的数量关系计算的，与预测或合同没有直接关系，计算公式如下：

MRP 物料的毛需求量＝物料的母件的计划投入量×子件的用量

MRP 物料的需求时间＝物料的母件的计划投入量所在的时段

例 1－3

方桌 BOM 中物料的基础数据如表 1－7 所示，没有计划接收量，采用固定批量法，试对下列物料进行 MRP 的推算。

表 1－7　方桌的基础数据

低位码	物品编码	物品名称	所属类型	计量单位	安全库存	现有量	物品来源	计划策略	标准批量	批量增量	提前期
1	11000	桌面 A	半成品	件	3	15	自制	MRP	10	10	1 周
1	12000	桌腿 B	半成品	件	0	43	自制	MRP	10	10	1 周
2	11200	面框 D	半成品	件	10	177	自制	MRP	20	20	1 周
3	12100	方木 R	采购件	m^3	4	40	外购	MRP	10	10	3 周

在例 1－2 中已经推算出方桌的主生产计划，知道了各个时段的计划投入量，接下来可按照低位码从小到大的顺序推算各个物料，MRP 的展开计算如表 1－8 所示。

表 1－8　MRP 展开实例

低位码	物料号	时段	当期	1	2	3	4	5	6	7	8	9
				3-5	3-12	3-19	3-26	4-2	4-9	4-16	4-23	4-30
0	X	计划投入量		*10*		*10*		*10*		*20*		*10*
1	A	毛需求量		*10*		*10*		*10*		*20*		*10*
		计划接收量										
		预计可用库存量	现有量 15	**5**	**5**	**5**	**5**	**5**	**5**	**5**	**5**	**5**
		净需求量				**8**		**8**		**18**		**8**
		计划产出量				*10*		*10*		*20*		*10*
		计划投入量			*10*		*10*		*20*		*10*	
1	B	毛需求量		*40*		*40*		*40*		*80*		*40*
		计划接收量										
		预计可用库存量	现有量 43	**3**	**3**	**3**	**3**	**3**	**3**	**3**	**3**	**3**
		净需求量				**37**		**37**		**77**		**37**
		计划产出量				*40*		*40*		*80*		*40*
		计划投入量			*40*		*40*		*80*		*40*	

续前表

低位码	物料号	时段	当期	1	2	3	4	5	6	7	8	9
				3-5	3-12	3-19	3-26	4-2	4-9	4-16	4-23	4-30
2	D	毛需求量			*40*		*40*		*80*		*40*	
		计划接收量										
		预计可用库存量	现有量177	**177**	**137**	**137**	**97**	**97**	**17**	**17**	**17**	**17**
		净需求量									**33**	
		计划产出量									*40*	
		计划投入量								*40*		
3	R	毛需求量			*8*		*8*		*16*	*8*	*8*	
		计划接收量										
		预计可用库存量	现有量40	**40**	**32**	**32**	**24**	**24**	**8**	**10**	**12**	**12**
		净需求量								**4**	**2**	
		计划产出量								*10*	*10*	
		计划投入量					*10*	*10*				

1. 桌面A，低位码为1

推算过程如下：

(1) 确定各个时段的毛需求量，MRP中，相关物料的毛需求量的计算公式如下：

$$\text{毛需求量}=\text{物料的母件的计划投入量}\times\text{子件的用量}$$

如由表1-6可知，在第1个时段，桌面A的母件即方桌的计划投入量为10，由方桌的产品结构/物料清单可知制造1件方桌需要1件桌面，因此桌面的毛需求量=10×1=10，同时可以确定桌面的需求时间就是方桌的计划投入时间，也就是第1时段。同理，可以计算出其余时段的毛需求量。

(2) 第1时段，毛需求量为10，安全库存为3，现有量为15，计划接收量为0，则根据净需求量的公式得：

$$\begin{aligned}\text{净需求量}&=\begin{array}{c}\text{本时段}\\\text{毛需求量}\end{array}+\begin{array}{c}\text{安全}\\\text{库存量}\end{array}-\left(\begin{array}{c}\text{上个时段末的}\\\text{可用库存量}\end{array}+\begin{array}{c}\text{本时段}\\\text{计划接收量}\end{array}\right)\\&=10+3-(15+0)=-2\end{aligned}$$

由于净需求量小于0，不需要启动MRP排产计划，本时段的计划产出量为0，接下来计算到第1时段末可用的库存量：

$$\begin{array}{c}\text{预计可用}\\\text{库存量}\end{array}=\left(\begin{array}{c}\text{上个时段末的}\\\text{可用库存量}\end{array}+\begin{array}{c}\text{本时段}\\\text{计划接收量}\end{array}+\begin{array}{c}\text{本时段}\\\text{计划产出量}\end{array}\right)-\begin{array}{c}\text{本时段}\\\text{毛需求量}\end{array}$$

$=(15+0+0)-10=5$

因此，在第1时段的预计可用库存量项目中填入5。进入第2时段的计算。

（3）第2时段没有毛需求量，不会启动MRP排产计划，则第1时段末的可用库存5将一直保存到第2时段末，故在第2时段的预计可用库存量项目中填入5。

（4）第3时段，毛需求量为10，安全库存为3，上个时段末的可用库存量（即第2时段末的可用库存量）为5，没有计划接收量，则根据净需求量的公式得：

$$净需求量=\begin{matrix}本时段\\毛需求量\end{matrix}+\begin{matrix}安全\\库存量\end{matrix}-\left(\begin{matrix}上个时段末的\\可用库存量\end{matrix}+\begin{matrix}本时段\\计划接收量\end{matrix}\right)$$
$$=10+3-(5+0)=8$$

净需求量大于0，则在第3时段的净需求量项目中填入8，同时将触发MRP的排产计划；由于批量为10（净需求量8<批量10），则确定第3时段的计划产出量为10；由于桌面的提前期为1周（即1个时段的时间），为了在第3时段产出10件桌面，生产计划应该提前到第2时段就开始下达，因此确定在第2时段的计划投入量为10（见表1-8）。

第3时段末可用的库存量为：

$$\begin{matrix}预计可用\\库存量\end{matrix}=\left(\begin{matrix}上个时段末的\\可用库存量\end{matrix}+\begin{matrix}本时段\\计划接收量\end{matrix}+\begin{matrix}本时段\\计划产出量\end{matrix}\right)-\begin{matrix}本时段\\毛需求量\end{matrix}$$
$$=(5+0+10)-10=5$$

因此，在第3时段的预计可用库存量项目中填入5。进入第3时段的计算。

（5）按MRP的处理逻辑进行桌面其余各时段的计算，最后的推算结果如表1-8所示。

2. 桌腿B，低位码为1

推算过程如下：

（1）确定各个时段的毛需求量，如由表1-8可知，在第1个时段，桌面A的母件即方桌的计划投入量为10，由方桌的产品结构/物料清单可知制造1件方桌需要4件桌腿，因此桌面第1时段的毛需求量$=10\times4=40$。同理，可以计算出其余时段的毛需求量。

（2）桌腿的推算过程类似于桌面，在此省略，结果见表1-8。

3. 面框D，低位码为2

推算过程如下：

（1）确定各个时段的毛需求量，如由表1-8可知，在第2个时段，面框的母件桌面A的计划投入量为10，由方桌的产品结构/物料清单可知制造1件桌面需要4件面框，面框第2时段的毛需求量$=10\times4=40$。同理，可以计算出其余时段的毛需求量。

（2）面框的推算过程类似于桌面，在此省略，结果见表1-8。

4. 方木R，低位码为3

推算过程如下：

(1) 确定各个时段的毛需求量，由方桌的产品结构/物料清单可知方木的母件有2个，分别是桌腿和面框，单位用量都是0.2m³。由表1-8可知，桌腿在第2，4，6和8时段分别有计划投入量40，40，80和40，面框在第7时段的计划投入量为40，则综合得到方木的毛需求，即第2，4，6，7和8时段的毛需求量分别为8，8，16，8，8。

(2) 方木的推算过程类似于桌面，在此省略，结果见表1-8。

5. MRP的性质与特点

MRP的原理源于企业生产管理实践，没有复杂的数学理论，只是直观的流程图解，很容易理解。一方面，它从分析制造业的产品结构出发，建立时间坐标上的产品结构，提出了新的期、量标准概念；另一方面，它按照制造业的通用公式进行逻辑运算。这是MRP最基本的出发点。

MRP的特点是由其原理决定的。既然强调时间坐标，就意味着按照需求（交货）时间的先后顺序制定的计划是一种优先级计划。为了分辨优先顺序，时间段必须细化到周甚至天，这是一种分时段的计划。为了快速响应市场，它必须是一种能借助计算机的强大功能进行快速修订的计划。

为了正常运行MRP系统，需要准确把握市场需求，制定稳定的主生产计划，且计划期要长于总生产提前期，否则无法根据MRP展开的结果进行采购。

1.2.5 闭环式MRP

时段式MRP对物料的生产管理与库存控制从理论上看似十分完美。根据主生产计划可以推算出相关物料在各时段的需求量，为生产与采购任务下达提供科学的依据。但是，在实际生产过程中条件是变化的，如企业的制造工艺、生产设备及生产规模是发展变化的。时段式MRP制定的采购计划可能受供货能力或运输能力的限制而无法保证物料的及时供应。另外，如果制定的生产计划未考虑生产能力，那么在执行时可能出现偏差。因此，利用时段式MRP制定的生产计划与采购计划往往不可行。其信息是单向的，与管理思想不一致，管理信息必须是闭环的信息流，由输入至输出再循环影响输入端，形成信息回路。

为了解决上述矛盾，20世纪70年代中期，时段式MRP发展成闭环式MRP系统。闭环式MRP系统是一个结构完整的生产资源计划及执行控制系统，它必须对根据市场预测和销售订单生成的主生产计划进行生产能力负荷分析，若主生产计划可行，再生成物料需求计划和生产作业计划。

1. 闭环式MRP的原理与结构

MRP系统的正常运行需要有一个现实可行的主生产计划。它除了要反映市场需求和合同订单外，还必须满足企业的生产能力约束条件。因此，除了编制资源需求计划（或称为粗能力需求计划）外，我们还要制定能力需求计划，对各个工作中心的能力进行平衡。只有在采取措施做到能力与资源均满足负荷需求时，才能开始执行计划。

要保证实现计划就要控制计划，执行 MRP 时要用派工单来控制加工的优先级，用采购单来控制采购的优先级。这样，时段式 MRP 系统进一步发展，把能力需求计划和执行及控制计划的功能也包括进来，形成一个环形回路，也就是闭环式 MRP，如图 1－11 所示。

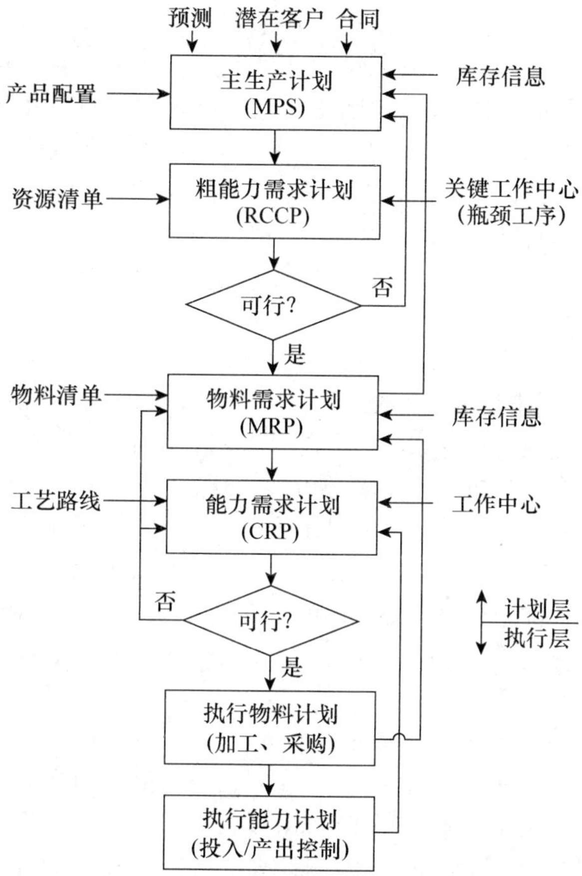

图 1－11 闭环式 MRP 逻辑流程图

闭环式 MRP 体现了一个完整的计划与控制系统，它把需求与能力结合起来，实现有效的控制。一个生产管理软件最基本的模块配置应当能实现闭环式 MRP 系统，从而把计划的稳定性、灵活性和适应性统一起来。从闭环式 MRP 的逻辑流程图可以看出，它在两个方面弥补了时段式 MRP 的不足。

（1）能力计划。在每一个需求计划层同时进行能力计划；对应于 MPS 层次，进行粗能力需求计划，对应于 MRP 层次，进行细能力需求计划（或称能力需求计划）。

粗能力需求计划的输入项是生产产品所需的资源清单（资源清单的主要内容是列出少数关键工作中心以及加工产品及零部件使用这些关键工作中心的时间段和小

时数）和关键工作中心能够提供的能力（各个时段的小时数）。在粗能力需求计划阶段我们要用到约束理论，找出制约产出量的瓶颈工序。

只有通过了粗能力需求计划运算，证实主生产计划是可行的，方可进入物料需求计划层次。物料需求计划需要通过能力需求计划来验证。能力需求计划的输入项是所有物料的工艺路线（工艺路线主要说明使用各工作中心的时间段和小时数）和所使用的工作中心的平均可用能力。在多数情况下，如果粗能力需求计划已经把所有瓶颈工序都考虑了，可以不再进行能力需求计划。

（2）反馈信息。闭环式 MRP 弥补了时段式 MRP 的另一个不足，增加了反馈信息。由 MRP 产生的计划经能力计划落实后，可以下达执行。执行的结果可以从两方面来核实：一是物料计划的执行情况，如采购件是否按时到货，加工件是否按时完成。二是能力计划的执行情况，工作中心的预计可用能力是否实现，是预计不准还是出现故障。如果计划的执行情况未能满足或不符合计划要求，必须把实际执行的信息反馈给计划部门，经调整、修订后再下达执行。这就是说，闭环式 MRP 验证了供应是否满足需求；如果有问题，则及时反馈修正，使需求计划正常执行。这样，既有自上而下的计划信息，又有自下而上的执行信息，形成一个闭环的信息流和业务流。

2. 能力需求计划

（1）粗能力需求计划与能力需求计划。在闭环式 MRP 系统中，把关键工作中心的负荷平衡称为粗能力需求计划（rough-cut capacity planning，RCCP），它的对象为独立需求件，主要面向的是主生产计划；把全部工作中心的负荷平衡称为能力需求计划（capacity requirement planning，CRP），或称细能力需求计划，它的计划对象为相关需求件，主要面向的是 MRP。由于 MRP 和 MPS 之间存在内在的联系，因此粗能力需求计划与能力需求计划之间也是一脉相承的，而后者正是在前者的基础上进行计算的。

（2）能力需求计划的依据。

1）工作中心。它是各种生产或加工能力单元和成本计算单元的统称。对于工作中心，统一用工时来量化其能力的大小。

2）工作日历。这是用于编制计划的特殊形式的日历，由普通日历除去每周双休日、假日、停工和其他不生产的日子，并将日期表示为顺序形式而形成。

3）工艺路线。这是一种反映制造某项物料的加工方法及加工次序的文件。它说明加工和装配的工序顺序、每道工序使用的工作中心、各项时间定额、委外加工工序的时间和费用等。

4）由 MRP 输出的零部件作业计划。

（3）能力需求计划的计算逻辑。为了进一步理解能力需求计划的必要性，我们先来看看能力需求计划与物料需求计划的关系，如图 1－12 所示。物料需求计划的计划对象是物料，而且是针对每一个物料制定计划。不同的物料有不同的工艺路线，不同的工艺路线上的不同工序极可能使用同一个工作中心。如果几个物料需要在同一时间段使用同一个工作中心，这个工作中心就有可能超负荷，成为制约生产的瓶颈。虽然这种问题在物料需求计划阶段还没有暴露，但必须制定能力需求计划。

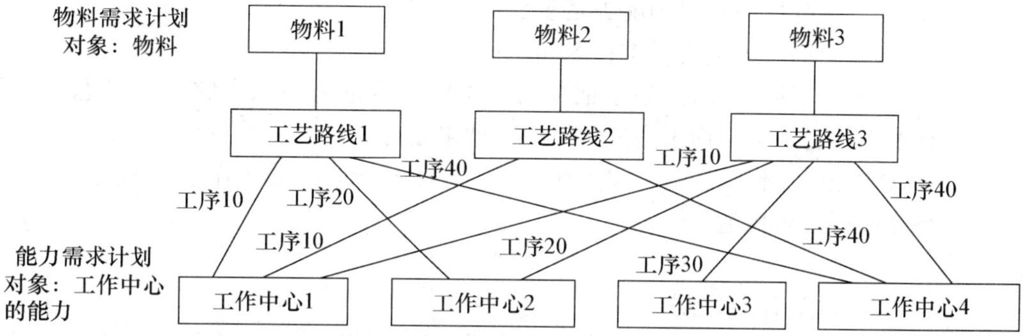

图 1－12　物料需求计划与能力需求计划

每一个物料有一条工艺路线，一条工艺路线有若干工序，每一个工序对应一个工作中心。根据物料需求计划，可得出所有物料在各个时间段使用每个工作中心所占用的小时数，绘制成工作中心的负荷图，制定能力需求计划。能力需求计划主要是通过人机对话的方式来平衡需求与能力，其逻辑流程如图 1－13 所示。

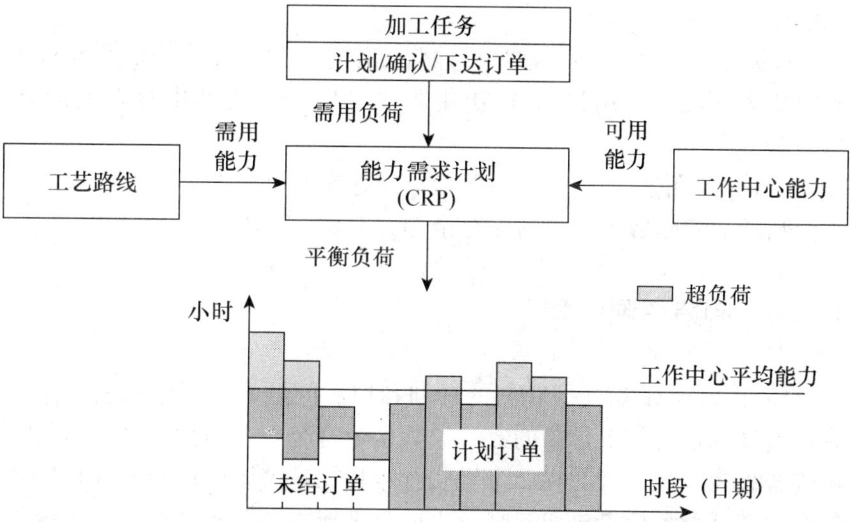

图 1－13　能力需求计划逻辑流程图

能力需求计划的对象是工作中心（能力单元）的能力，它的运行就是把使用同一能力单元的物料负荷与该能力单元的可用能力进行对比，把超负荷时段的负荷调整到低负荷时段，使各个时段工作中心的负荷不出现超载或趋于平衡，从而使物料需求计划可行。

物料需求计划的对象是物料，物料是具体的、可见的；而能力需求计划的对象是工作中心的能力，受生产效率、人员变动、设备完好率的影响，不确定因素比较多，比较抽象。能力需求计划的逻辑流程图与物料需求计划的逻辑流程图有相似之处，也要回答以下几个问题：

1）生产什么？何时生产？

2）使用什么工作中心？负荷（需用能力）是多少？

3）工作中心的可用能力是多少？

4）分时段的能力需求情况如何？

总之，能力需求计划是把物料需求转化为能力需求；它不但考虑 MRP 订单，还要考虑已下达但尚未完成的订单（即未结订单）所需的负荷。另外，它还要结合工作中心的工作日历，考虑工作中心的停工及维系等非工作日，确定各工作中心在各个时段的可用能力。

3. 现场作业控制

各工作中心能力与负荷需求基本平衡后，接下来就要具体组织生产活动，使各种资源既能合理利用又能按期完成各项订单任务，并将生产活动的实际情况及时反馈到系统中，以便根据实际情况进行调整与控制，这就是现场作业控制。它的工作内容一般包括以下四个方面：

（1）车间订单下达。这是指核实 MRP 生成的计划订单，并转换为下达订单。

（2）作业排序。这是指从工作中心的角度控制加工工件的作业顺序或作业优先级。

（3）投入产出控制。这是一种监控作业流（正在作业的车间订单）通过工作中心的技术方法。利用投入/产出报告，可以分析生产中存在的问题，采取相应的措施。

（4）作业信息反馈。这主要是指跟踪作业订单在制造过程中的运动，收集各种资源消耗的实际数据，更新库存余额并完成 MRP 的闭环。

1.2.6 制造资源计划

闭环式 MRP 解决了物料的计划和控制问题，实现了物料信息的集成，但是没有说明计划执行结果带来的经济效益是否符合企业的总体经营目标。而经营效益是用资金来表示的，因此在 20 世纪 80 年代初，美国生产与库存控制协会提出把物料信息与资金财务信息集成起来，也就是把成本和财务系统纳入系统，实现物料与资金的信息集成。

于是，在 80 年代，人们把生产、财务、销售、工程技术、采购等各个子系统集成为一个一体化的系统，称为制造资源计划（MRP）系统，为了与物料需求计划（MRP）区别开而记为 MRPⅡ。

1. MRPⅡ的原理与逻辑

MRPⅡ的基本思想就是把企业作为一个有机整体，从整体最优的角度出发，通过运用科学方法对企业各种制造资源和产、供、销、财各个环节有效地计划、组织和控制，使它们协调发展并充分发挥作用。

MRPⅡ的逻辑流程图如图 1－14 所示。

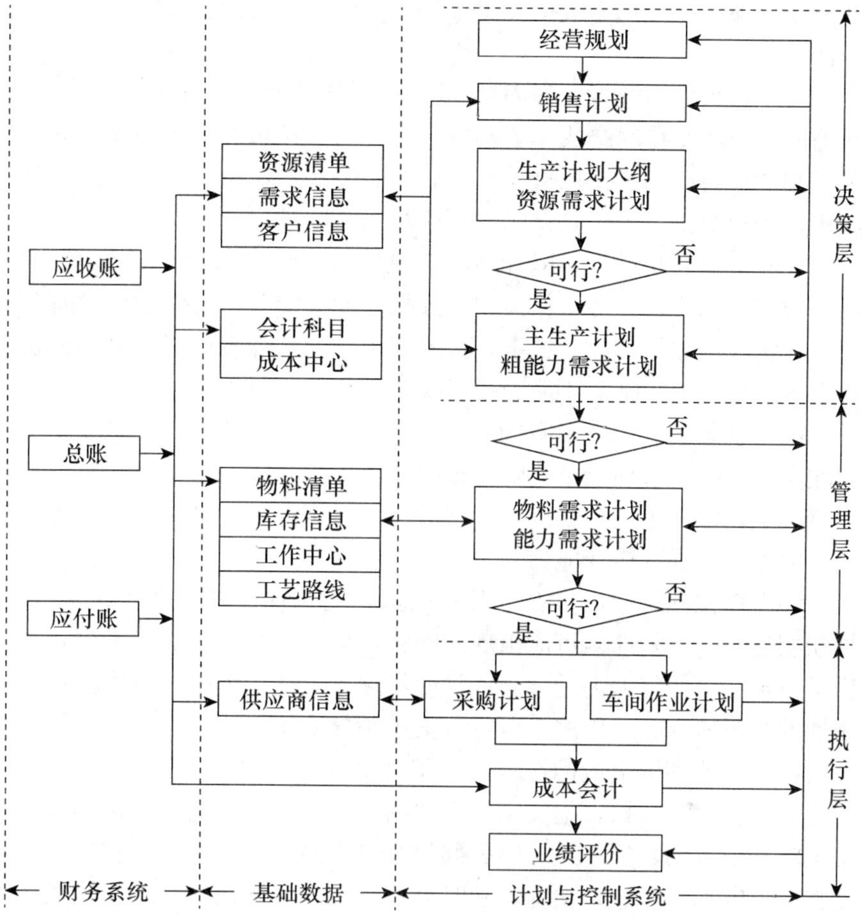

图 1－14 MRPⅡ逻辑流程图

在流程图的右侧是计划与控制系统，包括决策层、管理层和执行层，可以理解为经营计划管理的流程。中间是基础数据，存储在计算机系统的数据库中，并且反复调用。这些数据信息的集成把企业各个部门的业务联系起来，可以理解为计算机数据库系统。左侧是主要的财务系统，这里只列出应收账、总账和应付账。流程图最后一个框是业绩评价，即对 MRPⅡ系统的成绩和效果进行评议，以便进一步改进和提高。各条连线表明信息的流向及相互之间的集成关系。

2. MRPⅡ管理模式的特点

MRPⅡ的特点可以从以下几个方面来说明，每一个特点都涉及管理模式的变革和人员素质或行为变革，这些特点是相辅相成的。

（1）计划的一贯性与可行性。MRPⅡ是一种计划主导型管理模式，计划层次从宏观到微观、从战略到技术、由粗到细逐层优化，但始终保证与企业经营战略目标一致。它把通常的三级计划管理统一起来，计划编制工作集中在厂级职能部门，车间班组只能执行计划、调度和反馈信息。计划下达前反复验证和平衡生产能力，并根据反馈信息及时调整，处理好供需矛盾，保证计划的一贯性、有效性和可执行性。

（2）管理的系统性。MRPⅡ是一项系统工程，它把企业所有与生产经营直接相关的部门的工作联结成一个整体，各部门都从系统整体出发做好本职工作，每个员工都知道自己的工作质量与其他职能的关系。这只有在“一个计划”下才能成为系统，条块分割、各行其是的局面应被团队精神取代。

（3）数据共享性。MRPⅡ是一种制造企业管理信息系统，企业各部门都依据同一数据信息进行管理，任何一种数据变动都能及时反馈给所有部门，做到数据共享；在统一的数据库的支持下，按照规范化的处理程序进行管理和决策，改变了过去那种信息不通、情况不明、盲目决策、相互矛盾的现象。

（4）动态应变性。MRPⅡ是一个闭环系统，它要求跟踪、控制和反馈不断变化的实际情况，管理人员可随时根据企业内外环境条件的变化迅速作出响应，及时调整决策，保证生产正常进行。它可以及时掌握各种动态信息，保持较短的生产周期，因而有较强的应变能力。

（5）模拟预见性。MRPⅡ具有模拟功能。它可以解决“如果–那么”问题，预见在相当长的计划期内可能出现的问题，事先采取措施消除隐患，而不是等问题发生了再花几倍的精力去处理。这将使管理人员从忙碌的事务中解脱出来，致力于实质性的分析研究，提供多个可行方案供领导决策。

（6）物流和资金流的统一。MRPⅡ包含成本会计和财务功能，可以由生产活动直接产生财务数据，把实物形态的物料流动直接转换为价值形态的资金流动，保证生产和财务的数据一致。财务部门及时得到资金信息用于控制成本，通过资金流动状况反映物料和经营情况，随时分析企业的经济效益，参与决策，指导和控制经营和生产活动。

以上特点表明，MRPⅡ是一个比较完整的生产经营管理计划体系，是实现制造企业整体效益的有效管理模式。

1.2.7 企业资源计划

1. ERP的出现

随着市场全球化和大型企业的多元化经营，以及精益生产、敏捷制造、约束理论、供应链管理等先进管理思想的诞生，主要侧重于企业的人、财、物等内部资源管理的MRPⅡ系统已经不能满足大型企业的管理需求。为了迅速响应需求并组织供应以满足全球市场竞争的要求，这些企业迫切需要扩大管理系统的功能，把“前端办公室”（市场与客户）和“后端办公室”（供应商与外包商）的信息都纳入信息化管理系统，扩大信息集成的范围，以应对经济全球化的挑战。在这一背景下，MRPⅡ进一步发展为面向有效管理和利用整个供应链资源的新一代信息化管理系统——企业资源计划（ERP）。

1990年前后，ERP逐渐取代了MRPⅡ，成为主流的企业管理软件系统。

ERP系统是指建立在信息技术基础上，以系统化的管理思想为企业决策层及员工提供决策运行手段的管理平台。ERP系统集信息技术与先进的管理思想于一身，成为现代企业的运行模式，反映时代对企业合理调配资源、最大化创造社会财富的要求，成为企业在信息时代生存发展的基石。

从管理系统的角度给出的定义为：ERP是整合企业管理理念、业务流程、基础数据、人力物力，并集计算机硬件和软件于一体的企业资源管理系统。厂房、生产线、加工设备、检测设备、运输工具等都是企业的硬件资源，人力、管理、信誉、融资能力、组织结构、员工的工作热情等都是企业的软件资源。ERP系统的管理对象便是上述各种资源及生产要素。运用ERP，能使企业及时高效地完成客户的订单，最大限度地发挥这些资源的作用，并根据客户订单及生产状况作出调整资源的决策。

2. ERP的工作原理

将ERP经营业务充分简化，以信息流、工作流、资金流、物流、增值流抽象出ERP的工作原理图，如图1-15所示。

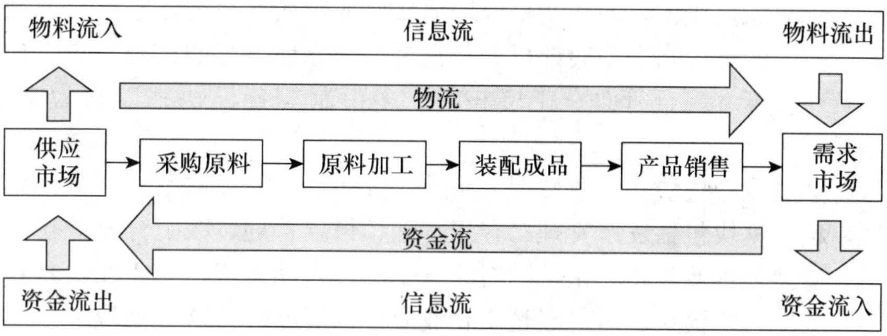

图1-15 ERP工作原理图

图1-15简单反映了ERP理论所表示的企业生产经营运作过程：客户将对产品的需求传递给企业的销售部门；销售部门将客户的需求传递给企业的生产部门安排和组织生产；生产部门将生产所需的原料需求信息传递给企业的采购部门；采购部门将企业的原料需求传递给供应商；供应商将原料供给企业，企业将原料投入生产，生产出产品销售给客户。在整个过程中还贯穿着财务和成本管理，客户的资金流向企业，企业将资金投入销售、生产和采购等事项，企业还将一些资金作为原料货款付给供应商。这是一个企业的简单运作过程，实际状况由于受各种内外部环境的影响要复杂得多。

3. ERP的主要功能模块

ERP将企业所有资源进行集成管理，简单地说是将企业的三大流——物流、资金流和信息流进行全面一体化管理。它的功能模块不同于MRP或MRPⅡ的模块，不仅可用于生产企业的管理，而且可用于其他类型的组织（如非营利性公益机构）进行资源计划和管理。下面以典型的生产企业为例介绍ERP的功能模块。

在企业中，管理主要包括三方面的内容：生产控制、物流管理和财务管理。这三大系统本身就是集成体，互相之间有相应的接口，能够很好地整合在一起来对企业进行管理。另外，随着企业对人力资源管理日益重视，有越来越多的企业将人力资源管理作为ERP系统的一个重要组成部分，稍后也会对这一功能进行简要介绍。

（1）财务管理模块。企业的财务管理做到清晰分明极其重要，因此，在ERP中这个模块不可或缺。ERP中的财务管理模块与一般的财务软件不同，作为ERP系统的一部分，它和系统的其他模块有相应的接口，能够相互集成，比如：它可将由生产活动、采购活动输入的信息自动计入财务管理模块生成总账、会计报表，取消了输入凭证的烦琐过程，几乎完全替代传统的手工操作。一般的ERP软件的财务管理模块包括会计核算与财务管理两部分。

1）会计核算。会计核算主要是记录、核算、反映和分析资金在企业经济活动中的变动过程及其结果。具体包括：

①总账模块。它的功能是处理记账凭证输入、登记，输出日记账、一般明细账及总分类账，编制主要会计报表。它是整个会计核算的核心，应收账、应付账、固定资产核算、现金管理、工资核算、多币制等各模块都以它为中心来互相传递信息。

②应收账模块。应收账是指企业应收的由于商品赊欠而产生的正常客户欠款账。这一模块包括发票管理、客户管理、付款管理、账龄分析等功能。它和客户订单、发票处理业务相联系，同时将各个事件自动生成记账凭证，导入总账。

③应付账模块。应付账是指企业应付购货款等。这一模块包括发票管理、供应商管理、支票管理、账龄分析等功能。它能够和采购模块、库存模块完全集成，替代过去烦琐的手工操作。

④现金管理模块。它主要涉及对现金流入流出的控制以及对零用现金及银行存款的核算，包括对硬币、纸币、支票、汇票和银行存款的管理。它在ERP中提供票据维护、票据打印、付款维护、银行清单打印、付款查询、银行查询和支票查询等和现金有关的功能。此外，它还和应收账、应付账、总账等模块集成，自动产生凭证，过入总账。

⑤固定资产核算模块。它的功能是完成对固定资产的增减变动以及折旧有关基金计提和分配的核算工作。它能够帮助管理者了解固定资产的现状，采用该模块提供的各种方法管理资产，进行相应的会计处理。它的具体功能有：登录固定资产卡片和明细账，计算折旧，编制报表，以及自动编制转账凭证，导入总账。它和应付账、成本、总账等模块集成。

⑥多币制模块。这是为了适应当今企业国际化经营，对外币结算业务的要求增

多而产生的。多币制将企业整个财务系统的各项功能以各种币制来表示和结算，客户订单、库存管理及采购管理等也能使用多币制进行交易管理。多币制和应收账、应付账、总账、客户订单、采购等各模块都有接口，可自动生成所需数据。

⑦工资核算模块。它的功能是自动进行企业员工的工资结算、分配、核算以及各项相关经费的计提。它能够录入工资、打印工资清单及各类汇总报表，计算计提各项与工资有关的费用，自动生成凭证，导入总账。这一模块和总账、成本等模块集成。

⑧成本模块。它依据产品结构、工作中心、工序、采购等信息进行产品的各种成本的计算，以便进行成本分析和规划。

2）财务管理。财务管理的功能主要是基于会计核算的数据加以分析，进行相应的预测、管理和控制活动。它侧重于财务计划、控制、分析和预测。

①财务计划。根据前期财务分析作出下期的财务计划、预算等。

②财务分析。提供查询功能，通过用户定义的差异数据的图形显示进行财务绩效评估、账户分析等。

③财务决策。财务管理的核心部分，中心内容是作出有关资金的决策，包括资金筹集、投放及资金管理。

（2）生产控制模块。这一部分是 ERP 系统的核心，它将企业的整个生产过程有机地结合在一起，使企业能够有效降低库存，提高效率。同时，原本分散的生产流程自动连接，使生产能够前后连贯地进行，不会出现生产脱节进而延误交货时间。

生产控制管理是一种以计划为导向的先进的生产管理方法。企业首先确定一个总生产计划，再经过系统层层细分，下达到各部门去执行。生产部门据此生产，采购部门据此采购，等等。

1）主生产计划。它是根据生产计划、预测和客户订单的输入来安排将来的各周期中提供的产品种类和数量，将生产计划转变为产品计划，在平衡了物料和能力的需求后，精确到时间、数量的详细的进度计划。它是企业在一段时期内活动的安排，比较稳定。

2）物料需求计划。在主生产计划决定生产多少最终产品后，再根据物料清单把企业所要生产产品的数量转变为所需生产零部件的数量，并对照现有的库存量，得到还需加工多少、采购多少的最终数量。这就是各部门真正执行的计划。

3）能力需求计划。它是在得出初步的物料需求计划之后，将所有工作中心的总工作负荷与工作中心的能力平衡后所产生的详细工作计划，用来确定生成的物料需求计划是不是企业生产能力上可行的需求计划。能力需求计划是一种短期的、当前实际应用的计划。

4）车间控制。这是随时间的推移而变化的动态作业计划，它将作业分配到各个车间，再进行作业排序、作业管理和作业监控。

5）制造标准。在编制计划的过程中需要许多基本生产信息，这些基本信息就是制造标准，零件、产品结构、工序和工作中心等都用唯一的代码在计算机中识别。

①零件代码。为对物料资源加强管理，对每种物料给予唯一的代码以便识别。

②物料清单。定义产品结构的技术文件，用来编制各种计划。

③工序。描述加工步骤及制造和装配产品的操作顺序。它包含加工工序顺序，指明各道工序的加工设备及所需的额定工时和工资等级等。

④工作中心。由使用相同或相似工序的设备和劳动力组成的，从事生产进度安排、核算能力、计算成本的基本单位。

(3) 物流管理模块。

1) 分销管理。销售的管理是从产品的销售计划开始，对所销售产品、销售地区、销售客户等各种信息的管理和统计，并可对销售数量、金额、利润、绩效、客户服务作出全面的分析。分销管理模块大致有三方面的功能。

①客户信息的管理和服务。它能建立客户信息档案，进行分类管理，为客户提供有针对性的服务，以最高效率地保留老客户、争取新客户。值得一提的是ERP与CRM（即客户关系管理）的结合将大幅增加企业的效益。

②销售订单的管理。销售订单是ERP的入口，所有的生产计划都是根据它下达并进行排产的。销售订单的管理贯穿产品生产的整个流程，具体包括：

- 客户信用审核及查询（对客户信用分级，以审核订单交易）；
- 产品库存查询（决定是否要延期交货、分批发货或用代用品发货等）；
- 产品报价（为客户提供不同产品的报价）；
- 订单输入、变更及跟踪（订单输入后的变更、修正及跟踪分析）；
- 交货期的确认及交货处理（确定交货期和发货事务安排）。

③销售的统计与分析。系统根据销售订单的完成情况，依据各种指标作出统计，比如客户分类统计、销售代理分类统计等，再根据这些统计结果对企业实际销售效果进行评价。

- 销售统计。根据销售形式、产品、代理商、地区、销售人员、金额、数量等分别进行统计。
- 销售分析。包括对比目标、同期比较和订货发货分析，从数量、金额、利润及绩效等方面进行相应的分析。
- 客户服务。包括客户投诉记录及原因分析。

2) 库存控制。控制存储物料的数量，可保证以稳定的物流支持正常的生产，同时最少占用资本。库存控制系统是一种相关的、动态的及真实的系统，它能够满足相关部门的需求，随时间变化动态地调整库存，精确地反映库存现状。这一系统的功能又涉及：

①为所有的物料建立库存，决定何时订货，同时作为采购部门采购、生产部门制定生产计划的依据。

②收到订购物料，经过质量检验入库，生产的产品也同样要经过检验入库。

③收发料的日常业务处理工作。

3）采购管理。采购管理要确定合理的订货量、优秀的供应商并保持最佳的安全储备，能够随时提供订购、验收的信息，跟踪和催促外购或委外加工的物料，保证货物及时到达。建立供应商档案，用最新的成本信息来调整库存的成本。具体包括：

①供应商信息查询（查询供应商的能力、信誉等）。

②催货（对外购或委外加工的物料进行跟催）。

③采购与委外加工统计（统计、建立档案，计算成本）。

④价格分析（分析原料价格，调整库存成本）。

（4）人力资源管理模块。以往的ERP系统基本上都是以生产制造及销售过程（供应链）为中心，因此，长期以来将与制造资源有关的资源作为企业的核心资源来管理。但近年来，人力资源越来越受到企业的关注，被视为企业的资源之本。在这种情况下，人力资源管理作为一个独立的模块加入ERP系统，和ERP中的财务、生产系统组成了一个高效的、高度集成的企业资源系统。它与传统方式下的人事管理有着根本的不同。

1）人力资源规划的辅助决策。对于有关企业人员和组织结构的多种方案，可进行模拟比较和运行分析，并辅之以图形便于直观评估，帮助管理者作出最终决策。

构建职务模型，包括职位要求、升迁路径和培训计划。根据担任该职位的员工的资格和条件，系统会针对员工提出一系列的培训建议；一旦机构改组或职位变动，系统会提出一系列的职位变动或升迁建议。

进行人员成本分析，可以对过去、现在、将来的人员成本作出分析及预测，并通过ERP的集成环境为企业成本分析提供依据。

2）招聘管理。人才是企业最重要的资源。只有拥有优秀的人才，才能保证企业持久的竞争力。招聘系统一般从以下几个方面提供支持：

①进行招聘过程的管理，优化招聘过程，减少工作量。

②对招聘的成本进行科学管理，降低招聘成本。

③为选聘人员的岗位提供辅助信息，并有效地帮助企业挖掘人才。

3）工资核算。

①能根据公司跨地区、跨部门、跨工种的不同薪资结构及处理流程制定与之相适应的薪资核算方法。

②与时间管理直接集成，能够及时更新，实现员工薪资核算的动态化。

③具有回算功能。通过和其他模块的集成，自动根据要求调整薪资结构及数据。

4）工时管理。

①根据本国或当地的日历，安排企业的运作时间以及劳动力的作息时间表。

②运用远端考勤系统，将员工的实际出勤状况记录到主系统中，并将与员工薪资、奖金有关的时间数据导入薪资系统和成本核算系统。

5）差旅核算。系统能够自动控制从差旅申请、差旅批准到差旅报销整个流程，并且通过集成环境将核算数据导入财务成本核算模块。

4. ERP管理模式的特点

（1）数据的高度共享性。ERP是一个信息集成的管理系统，企业各部门都使用同一个数据库提供的信息，所有数据来源唯一，并按规范化的程序进行处理和管理，从而明确数据责任，提高信息透明度，保证信息及时、准确、完整。

（2）管理的系统性。ERP是整个企业内外部信息的管理系统，把企业所有与生产经营活动直接相关的部门的工作连成了一个整体，每个部门的工作都是整个系统的有机组成部分，而不是各部门各自为政形成“信息孤岛”。

（3）计划的一贯性与可行性。ERP系统是从MRPⅡ系统扩展而来的，以MRP Ⅱ为核心。这是一种以计划与控制为主导的管理模式，以追求企业整体效益最大化为出发点。计划层次从宏观到微观，从粗到细，始终与企业经营目标保持一致。在每一层计划下达前都必须对需求与供给、能力与负荷进行反复验证，使下达的计划可行，从而保证计划的一贯性和可行性。

（4）动态应变性。ERP是信息管理（处理）系统，它要求全体员工树立信息意识，及时准确地把变动的数据输入系统，并跟踪、控制、反馈不断变化的实际情况，使企业管理者及时掌握企业内外部环境和条件的变化，提高应变能力，迅速作出响应，以满足变化的市场需求，保证生产计划正常进行。

（5）信息流与工作流顺畅，物流和资金流信息同步。作为新一代管理信息系统，通过业务流程重组，ERP系统可以由生产经营活动直接生成财务数据，把实物形态的物料流动直接转变为价值形态的资金流动，保证生产数据与财务数据的一致性。财务人员及时准确地得到生产经营的资金信息后，用来控制和指导物流，分析经济效益，提供决策依据。

1.3 ERP的发展趋势

ERP代表了当代先进的企业管理模式与技术，能够帮助企业提高整体管理效率和市场竞争力，在国内外得到了广泛推广和应用。随着信息技术、先进制造技术的不断发展，企业对于ERP的需求日益增加，进一步促进了ERP技术向新一代ERP或后ERP发展。

推动ERP发展的因素很多，比如：全球化市场的发展与多企业合作生产经营方式的出现，使得ERP支持异地企业运营、异种语言操作和异种货币交易；企业过程重组及协作方式的变化，使得ERP支持基于全球范围的可重构过程的供应链及供应网络结构；制造商需要应对新生产与经营方式的灵活性与敏捷性，使得ERP越来越灵活地适应有多种生产方式的管理模式；越来越多的流程应用于工业企业，也促进了ERP的发展。另外，计算机新技术的不断出现将为ERP提供越来越灵活、功能强大的软硬件平台，多层分布式结构、面向对象技术、中间件技术与互联网的发展会使 ERP 的功能与性能迅速增强。ERP 市场的巨大需求将刺激 ERP 软件业快速发展。

1.3.1　未来 ERP 技术的发展方向和趋势

（1）ERP 与客户关系管理（customer relationship management，CRM）进一步整合。ERP 将更加面向市场和面向顾客，通过基于知识的市场预测、订单处理与生产调度、约束调度功能等进一步提高企业在全球化市场环境下的优化能力；ERP 进一步与 CRM 结合，实现市场、销售、服务的一体化，使 CRM 的前台客户服务与 ERP 的后台处理过程集成，为客户提供个性化服务，提高顾客满意度。

（2）ERP 与电子商务、供应链管理和协同商务（collaborative commerce）进一步整合。ERP 将面向协同商务，支持企业与贸易共同体的业务伙伴、客户之间的协作，支持数字化的业务交互过程；ERP 的供应链管理功能将进一步加强，并通过电子商务进行企业供需协作，如汽车行业要求 ERP 的销售和采购模块支持以电子商务或电子数据交换实现客户或供应商之间的电子订货和销售开单过程；ERP 将支持企业面向全球化市场环境，建立供应商、制造商与分销商之间基于价值链共享的新型伙伴关系，并使企业在协同商务中做到过程优化、计划准确、管理协调。

（3）ERP 与产品数据管理（product data management，PDM）整合。PDM 将企业产品设计和制造全过程的各种信息、产品不同设计阶段的数据和文档组织在同一环境中。近年来，软件商纷纷在 ERP 系统中增加 PDM 功能或实现与 PDM 系统的集成，增加了对设计数据、过程、文档的应用和管理，减少了 ERP 庞大的数据管理和数据准备工作量，并加强了企业管理系统与计算机辅助设计、计算机辅助制造系统的集成，进一步提高了企业的系统集成度和整体效率。

（4）ERP 与制造执行系统（manufacturing executive system，MES）整合。为了增强对生产过程的控制，ERP 将与制造执行系统、车间作业控制（shop floor control，SFC）更紧密地结合，形成实时的 ERP/MES/SFC 系统。该趋势在流程工业企业的管控一体化系统中体现得最为明显。

（5）ERP 与工作流管理系统进一步整合。全面的工作流规则保证与时间相关的业务信息能够自动地在正确的时间传送到指定的地点。ERP 的工作流管理功能将进一步增强，实现企业的人员、财务、制造与分销之间的集成，并能支持企业经营过程的重组，也使 ERP 的功能可以扩展到办公自动化和业务流程控制。

（6）加强数据仓库和联机分析处理功能。为使企业高层领导加强管理与决策，ERP 将数据仓库、数据挖掘和联机分析处理等功能加以集成，为用户提供企业级宏观决策的分析工具集。

（7）ERP 系统实现动态可重构性。为了适应企业的过程重组和业务变化，人们越来越多地强调 ERP 系统的动态可重构性。为此，ERP 系统的动态建模工具、快速配置工具、界面封装技术和软构件技术等均被采用。ERP 系统还引入了新的模块化软件、业务应用程序接口、逐个更新模块增强系统等概念，将功能组件分割成更细的构件以便进行系统动态重构。

（8）ERP 系统实现核心技术和集成技术。ERP 将采用客户机/服务器、浏览器/服务器分布式结构、多数据库集成与数据仓库、可扩展标记语言（XML）、面向对象方法和互联网/外联网、软构件与中间件技术等实现核心技术，并采用企业应用集成（EAI）应用服务器、XML 等作为集成平台与技术。ERP 的不断发展与完善最终将促进基于互联网/外联网的支持全球化企业合作与敏捷虚拟企业运营的集成化经营管理系统的产生和发展。

1.3.2 新一代 ERP 的主要特点

目前，关于未来 ERP 的说法甚多，如 e-ERP、后 ERP、iERP、ERPⅡ等，这些是人们站在不同角度对 ERP 的发展方向和趋势的描述。加特纳集团公司给 ERPⅡ下的定义为：ERPⅡ是通过支持和优化公司内部、公司之间的协作和财务过程，以创造客户和股东价值的一种商务战略和面向具体行业领域的一套应用系统。

根据 ERP 管理思想与管理软件系统的发展过程与趋势，新一代 ERP 应当具有以下主要特点：

（1）管理思想的先进性与适应性。新一代 ERP 应当在继承当前 ERP 管理思想的基础上，不断吸纳最新的先进的管理思想或模式，如敏捷制造与敏捷虚拟企业组织管理模式、供应链环境下的精良生产管理模式、基于电子商务的企业协同管理模式、跨企业的协同项目管理模式等，并将其管理思想与 ERP 业务处理模式结合。此外，新一代 ERP 应具有针对不同国情的管理模式适应性，例如针对未完成工业化的发展中国家，应当采用针对性较强的改进型 ERP 管理模式，如基于主动动态成本控制的 ERP 模式、基于时间-成本双主线的新型 ERP 模式、基于资金流模型的 ERP 模式等。

（2）电子商务环境下的企业间协同性。在信息时代，制造业的竞争已从单一企业间的竞争转变为跨企业的生产体系间的竞争。企业正在把基于内部功能最优化的垂直一体化组织转变为更灵活的以核心能力为基础的实体组织，并努力使企业在供应链和价值网络中找到最佳定位。这种定位不仅与 B2B 和 B2C 电子商务相关，还可能涉及协同商务过程。新一代 ERP 应当支持这种扩展型企业在电子商务环境下的企业间协同运营与运作。

（3）面向企业商务过程的功能可扩展性。新一代 ERP 将越来越面向企业的商务过程和产品全生命周期的相关过程与资源的管理，其业务领域与功能不断扩充。新一代 ERP 除了具有传统的制造、财务、分销等功能外，还将不断吸纳新的功能，如产品数据管理（PDM）、客户关系管理（CRM）、供应链管理（SCM）、电子商务、制造执行系统（MES）、决策支持系统（DSS）、数据仓库与联机分析处理（OLAP）、办公自动化（OA）等，从而构成功能强大的集成化企业管理与决策信息系统。因此，新一代 ERP 应当具有很好的功能可扩展性。

（4）基于工作流的管理过程性。随着ERP业务领域与功能的不断扩充，ERP系统将十分庞大和繁杂，加强业务处理过程的管理非常必要。新一代ERP将以工作流引擎作为业务处理的核心机制，成为集成的、基于规则的、自动和连贯的ERP工作管理程序，保证企业内外部物流、信息流、价值流与责任流的有机集成。与此同时，采用工作流模型及其管理引擎也有利于新一代ERP系统实现可定义、可配置与可重构性。

（5）基于知识的管理智能性。随着ERP系统从管理执行层向管理决策层的渗透，新一代ERP将通过集成数据仓库、数据挖掘和联机分析处理、商务智能、决策支持等加强对企业知识的管理功能，把企业高层领导从规模庞大的数据中解脱出来；通过构成集综合查询、报表和联机分析处理于一体的智能决策信息系统，帮助企业家进行宏观决策和经营决策。

（6）基于软构件的系统动态可变性。与ERP功能不断扩展的趋势相对照，ERP软件的发展趋势则是在新的模块化概念下变得越来越规模可变（scalable），并能够做到“可剪裁、可配置、可重构”，为用户企业“量身定制”。新一代ERP系统应当具有上述特点，通过采用软构件技术实现系统可剪裁与可重构，并形成针对各类典型行业的专业化系统。另外，针对企业组织或过程重组及业务处理调整的需求，新一代ERP系统应当做到动态可重构，迅速适应企业的变化。采用软构件系统技术可以很好地满足这一要求。

（7）基于最新软件架构的系统可集成性。新一代ERP系统应当基于最新的软件架构、平台、接口等实现系统集成，其中包括企业应用集成（EAI）服务器、基于中间件的软件体系结构、浏览器/服务器分布式体系结构、J2EE架构、基于XML的系统接口、基于Web的ERP应用套件等。新一代ERP系统还应当跨越异构计算机系统平台实现系统集成。

可以看出，ERP的管理领域早已超出企业内部资源计划与管理的范畴，步入电子商务环境下企业间协同管理的阶段，面向全球化生产体系的新一代ERP系统将产生并得到发展。

□ 复习题

一、单选题

1. 以下关于ERP发展历史阶段的陈述中，正确的是（　　）。

A. ERP的发展先后经历了订货点法、闭环式MRP、时段式MRP、MRPⅡ和ERP等阶段

B. ERP的发展先后经历了ERP、时段式MRP、闭环式MRP、MRPⅡ和订货点法等阶段

C. ERP的发展先后经历了订货点法、时段式MRP、闭环式MRP、MRPⅡ和ERP等阶段

D. ERP 的发展先后经历了订货点法、闭环式 MRP、MRPⅡ、时段式 MRP 和 ERP 等阶段

2. 一项物料提前期为 6 周，平均需求量为每周 150 件，安全库存量为 300 件，订货批量为 2 000 件。订货点是（　　）件。

A. 300　　B. 900　　C. 1 200　　D. 2 000

3. 以下关于非独立需求物料的举例中，最好的是（　　）。

A. 产成品　　B. 维修件

C. 市场价格很敏感的产品　　D. 原材料、子项零件和子装配件

4. 以下关于 MRP，MRPⅡ和 ERP 集成范围的论述中，正确的是（　　）。

A. MRP 实现企业物流和资金流的集成，MRPⅡ实现企业物料信息的集成，ERP 实现供应链的集成

B. MRP 实现供应链的集成，MRPⅡ实现企业物流和资金流的集成，ERP 实现企业物料信息的集成

C. MRP 实现企业物料信息的集成，MRPⅡ实现企业物流和资金流的集成，ERP 实现供应链的集成

D. MRP 实现企业物料信息的集成，MRPⅡ实现供应链的集成，ERP 实现企业物流和资金流的集成

5. 根据下图，正确的陈述是（　　）。

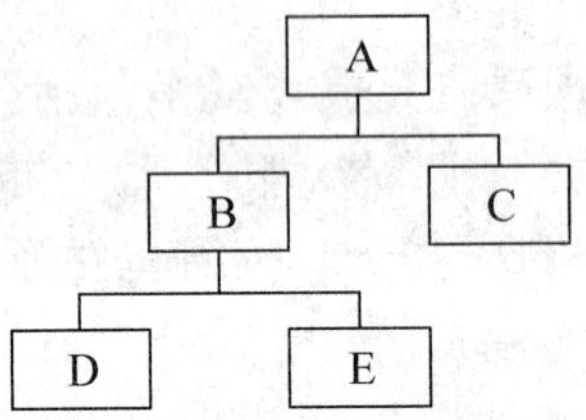

A. 物料 A 是物料 B 的母项　　B. 物料 C 是物料 A 的母项

C. 物料 A 是物料 D 的母项　　D. 物料 D 和物料 E 是物料 A 的子项

6.（　　）是指产品的计划主要根据用户的订单制定，一般在接到用户的订单后才开始生产产品。

A. 按订单装配　　B. 按订单生产　　C. 按库存生产　　D. 按订单设计

7. 第 1 时区和第 2 时区之间的分隔点称为（　　）。

A. 需求时界　　B. 计划时界　　C. 预测时界　　D. 计划时区

8. ERP 系统起源于（　　）的信息计划与管理，逐渐发展形成。

A. 制造业　　B. 零售业　　C. 建筑业　　D. 金融业

9. 闭环式 MRP 在时段式 MRP 的基础上添加了（　　）。

A. 库存需求计划　　B. 生产计划

C. 采购需求计划　　D. 能力需求计划

10. ERP 系统中的主业务流程包括（　　）模块。

A. 物流管理、财务管理和采购管理　B. 物流管理、财务管理和生产控制

C. 物流管理、财务管理和库存管理　D. 财务管理、生产控制和库存管理

二、判断题

1. 时段式 MRP 阶段是指闭环式 MRP 阶段和 MRPⅡ 阶段。（　）

2. ERP 主要侧重对企业内部人、财、物等资源的管理，使企业各种制造资源和产、供、销、财各个环节协调发展，并充分发挥作用。（　）

3. 在 ERP 的发展历程中，所经历的各阶段具有“向上兼容性”，即后一阶段是对前一阶段的功能扩展和提升。（　）

4. 闭环式 MRP 包含成本会计和财务功能，可以由生产活动直接产生财务数据，把实物形态的物料流动直接转换为价值形态的资金流动，保证生产和财务的数据一致。（　）

5. 提前期是指某一工作的时间周期，即从工作开始到工作结束的时间。（　）

三、思考题

1. ERP 的发展经历了哪几个阶段？
2. 闭环式 MRP 和时段式 MRP 的主要区别是什么？
3. 简述独立需求和相关需求的关系。
4. 如何理解 ERP 三个层次的关系？怎样解析 ERP？
5. ERP 系统主要包括哪些功能模块？

第 2 章 金蝶 K/3 简介

Chapter 2

金蝶 K/3 ERP 系统集财务管理、供应链管理、生产制造管理、人事薪资管理、移动商务、集成引擎及行业插件等业务管理组件于一体，以成本管理为目标，以计划与流程控制为主线，通过对成本目标及责任进行考核激励，推动管理者应用 ERP 等先进的管理模式和工具，建立企业人、财、物、产、供、销科学完整的管理体系。

2.1 金蝶 K/3 主要子系统简介

本书将以金蝶 K/3 平台进行生产制造的实验，与生产制造有关的子系统包括销售管理系统、生产数据管理系统、物料需求计划系统、采购管理系统、委外管理系统、生产任务管理系统、仓存管理系统、存货核算系统、应付款管理系统、应收款管理系统、总账系统和报表系统，它们之间业务数据资料的传递关系如图 2－1 所示。

1. 销售管理系统

在销售管理系统中可以完成销售报价、销售订货、销售发货、销售退货、销售发票、客户管理、价格折扣管理和信用管理等功能；可以对销售过程进行有效控制和跟踪，实现企业销售信息的管理。该系统可以独立执行销售操作，也可以与采购管理系统、仓存管理系统、应收款管理系统、存货核算系统等结合使用，实现更完整全面的企业物流业务流程管理和财务信息管理。

2. 生产数据管理系统

生产数据管理系统是企业进行生产管理的基础模块，主要管理物料清单

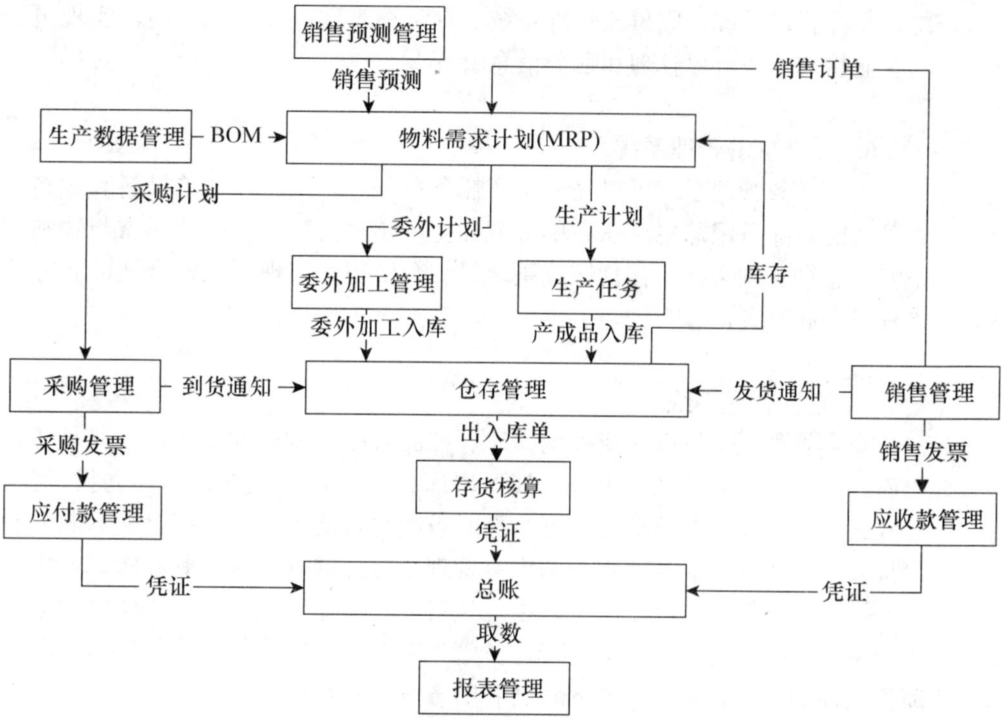

图 2－1　金蝶 K/3 生产制造总体流程图

(BOM)、工艺路线和工作日历，是展开物料需求计划的基础。

3. 物料需求计划系统

物料需求计划（MRP）系统是金蝶 ERP 管理软件的核心，通过 MRP 系统可以将需求来源（销售订单和预测单）转化为生产需求、采购需求和委外加工需求。MRP 以“适量适时”为标准，主要解决“需要什么、什么时候需要、需要多少”的问题。MRP 可以大大提高计划下达的效率，增加计划的准确性、及时性，从而降低物料库存量，提高资金的运营效率。

4. 采购管理系统

采购管理系统可以完成采购申请、采购订单、采购入库、采购退货、采购发票和供应商信息管理等功能，对企业采购过程进行有效控制和跟踪，实现企业采购信息的管理。该系统可以独立执行操作，也可以与销售管理系统、仓存管理系统、应付款管理系统、存货核算系统等结合使用，实现更完整全面的企业物流业务流程管理和财务信息管理。

5. 委外管理系统

委外管理系统可以完成委外订单的下达、委外加工处理的出库、委外加工成品入库、委外材料存货核算和委外加工费用结算等功能。该系统通常与采购管理系统、仓存管理系统、应付款管理系统、存货核算系统等结合使用，实现更完整全面的企业物流业务流程管理和财务信息管理。

6. 生产任务管理系统

生产任务管理系统可以完成生产任务单下达、生产任务单投料和领料及产品入库等功能，随时跟踪生产任务单进度和生产领料情况。该系统通常与物料需求计划系统、仓存管理系统、存货核算系统等结合使用，实现更完整全面的企业物流业务流程管理和财务信息管理。

7. 仓存管理系统

仓存管理系统可以完成外购入库、产品入库、委外加工入库、其他入库、销售出库、领料单、委外加工出库、其他出库、受托加工领料、仓存调拨、盘盈入库、盘亏毁损和虚仓单据等功能，可以随时查找物料流水账、库存台账和收发存汇总表等报表，以对仓存业务的物流和成本管理全过程进行有效控制和跟踪，实现完善的企业仓储信息管理。该系统可以独立执行库存操作，也可以与采购管理系统、销售管理系统、委外管理系统、生产任务管理系统和存货核算系统等结合使用，实现更完整全面的企业物流业务流程管理和财务信息管理。

8. 存货核算系统

存货核算系统用于工商企业存货出入库成本核算与存货出入库凭证处理，可以查询和分析企业在某一期间的存货资金使用情况。该系统与采购管理系统、销售管理系统和仓存管理系统等结合使用，实现更完整全面的企业物流业务流程管理和财务信息管理。注意，本系统不能单独使用，至少须与仓存管理系统同时使用。

9. 应付款管理系统

应付款管理系统通过采购发票、其他应付单、付款单等单据的录入，对企业的应付账款进行综合管理，及时准确地提供供应商的往来账款余额资料，并提供各种分析报表。该系统可以独立运行，也可以与采购管理系统、总账系统、现金管理等结合使用，提供完整的业务处理和财务管理信息。

10. 应收款管理系统

应收款管理系统通过销售发票、其他应收单、收款单等单据录入，对企业的应收账款进行综合管理，及时准确地提供客户的往来账款余额资料，并提供各种分析报表。该系统可以独立运行，也可以与销售管理系统、总账系统、现金管理等结合使用，提供完整的业务处理和财务管理信息。

11. 总账系统

总账系统的功能包括凭证录入、审核和过账。该系统根据凭证录入情况自动生成总分类账、明细分类账等各种账簿以供查询，同时接收业务模块生成的凭证（如存货核算系统生成的材料凭证、应收款系统生成的发票和收款凭证等），实现财务业务一体化管理，保障财务信息与业务信息的高度同步及一致性。总账系统单独使用时可完成基本账务处理工作。

12. 报表系统

报表系统主要处理各种自定义报表的制作和各种上报报表，如资产负债表、利润表等。报表系统能和总账系统、工资系统、固定资产系统以及工业供应链联用。在和总账系统联用时，可以通过取数函数 ACCT，ACCTCASH，ACCTGROUP，ACCTEXT 等从总账系统中取数；和工资系统联用时，可以通过工资取数函数 FOG-PA 从工资系统中取数；和固定资产系统联用时，可以通过固定资产函数 FOG-PA 从固定资产系统中取数；和工业供应链联用时，可以通过工业供应链取数函数 FOIOJ _ AIA 从工业供应链中取数。该模块必须与其他模块联合使用。

2.2　金蝶 K/3 的应用流程

金蝶 K/3 数据处理的流程性很强，因此要按照操作流程处理业务，否则容易出现处理错误。其应用流程如图 2－2 所示。

第 1 步，建立账套。在应用金蝶 K/3 系统之前，首先需要建立一个账套，可通过建账向导来新增账套。账套是一个独立完整的数据集合，这个数据集合包括一整套独立完整的系统控制参数、用户权限、基本档案、会计信息、账表查询等，也就是一个独立的数据库。K/3 具有多账套管理功能。

第 2 步，账套建成后进行系统设置，如设置账套的公司名称、地址、记账本位币、会计期间等，还可以设置用户组和相应的操作用户，及其功能权限。

第 3 步，进行初始化，需要设置系统的基础资料信息，如币别、核算项目、会计科目、凭证字、客户资料和物料档案等；基础资料设置完成后，录入账套启用会计期间的期初数据，如会计科目的期初数据、累计数据和仓库物料期初结存等。初始数据录入完成，检查数据是否正确以及是否符合启用要求；如果符合要求，可以结束初始化并启用账套。账套启用后才可以进行日常的业务处理，如销售订单的下达、采购订单的下达、凭证的录入等操作。以上三步是应用 K/3 系统时必须完成的操作，这些工作都完成后就可以开始第 4 步了。

第 4 步，进行日常业务处理。各业务子系统既可以独立应用，又可以通过向总账系统传递凭证进行集成应用。图 2－2 中第 4 步描述的是各业务子系统在一个会计期间内的日常处理工作，由于各子系统的日常业务处理有所不同，故这里只是一个总体流程描述，详细的流程描述和功能描述请参见各子系统的说明。

第 5 步，期末处理，即主要从会计人员的角度描述在每个期末必须完成的特定处理工作，主要包括自动转账、期末调汇、计提折旧、结转损益、编制报表和期末

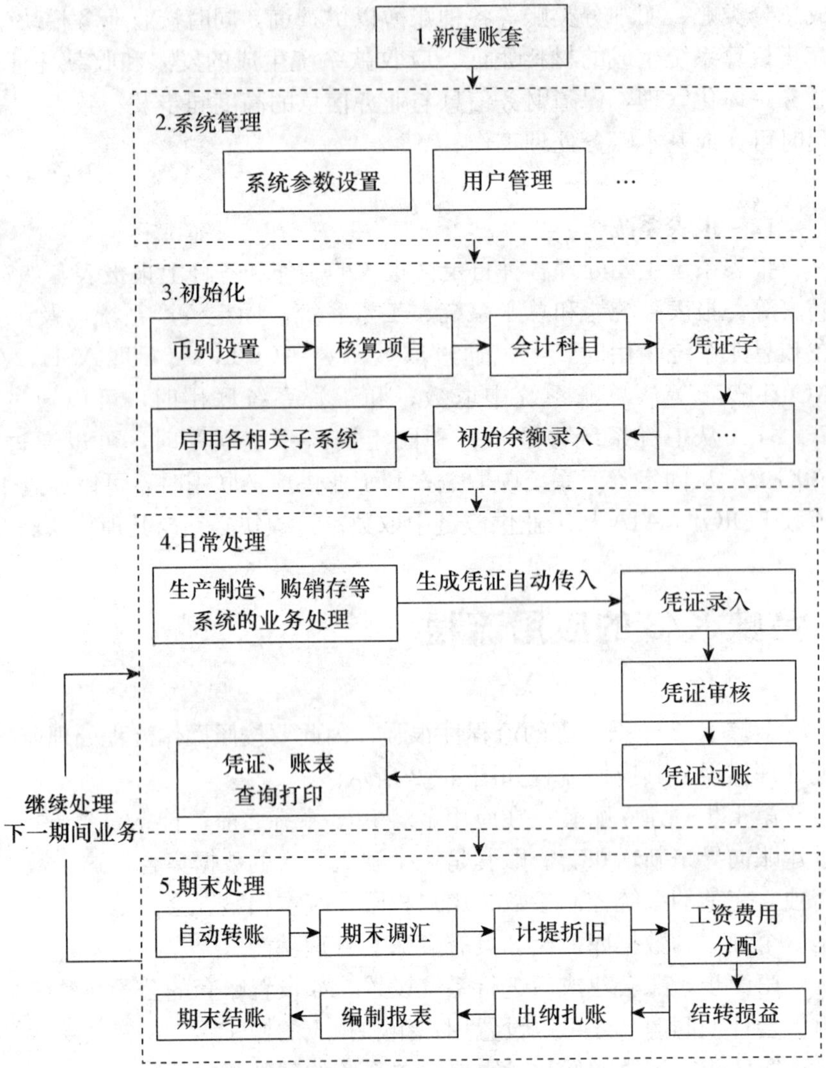

图 2-2 金蝶 K/3 的操作流程

结账等工作。期末处理完成后，可以重新从第 4 步开始，进行下一会计期间的日常处理工作。

2.3 案例背景介绍

本书使用案例的目的主要是便于读者掌握软件的应用方法，因此为了能应用和展现软件的一些功能，在业务设计上有可能不完全符合实际情况。有关会计的准则、制度、法规等，请参考其他资料。在掌握本书案例应用的基础上，应尽量根据实际情况来思考怎样规划和应用，以及如何建立相应的业务处理机制。

本章之后的所有章节都是基于金蝶 ERP K/3 WISE 专业版 V14.0 来讲解的。

□ 复习题

思考题

1. 金蝶 K/3 有哪些主要的子系统？
2. 简述金蝶 K/3 的应用流程。

第 3 章 Chapter 3 账套管理

在企业中，一个核算单位会独立地做一套业务与财务的账目，在 K/3 软件中，一个单位的数据就是所要建立的一个账套。账套的概念在整个金蝶 K/3 系统中非常重要，账套是一个数据库文件，可存放所有的业务数据资料，包含会计科目、凭证、账簿、报表和各种出入库单据等内容，所有工作都需要打开账套后才能进行。

在一个账套中只能保存一个公司或一个单独核算单位的业务数据资料，但在实际工作中可以根据需要建立任意数量的账套，通过合理地设置账套文件，及时掌握各子公司及下属独立核算单位的财务状况，为加强企业管理和经济核算提供必要的信息。不同的账套数据之间彼此独立，没有丝毫关联。同一账套中可存放不同年度的业务数据，称为年度账。账套的逻辑结构如图 3-1 所示。

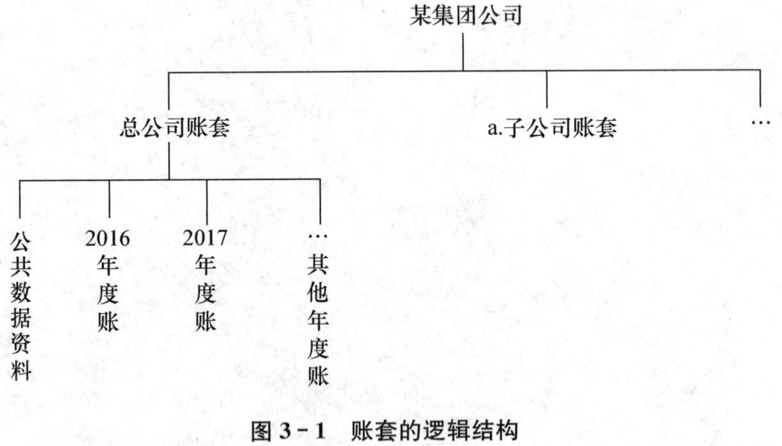

图 3-1　账套的逻辑结构

3.1 建立账套

1. 实验资料

公司简介：重庆两江科技有限公司是一家以制造和销售 M100 和 M200 型手机为主的高新技术企业。

建账的基本参数如下：

账套号：999。在实验中，学生要用学号作为账套号，以便于区分。

账套名称：两江科技。

账套类型：选择“标准供应链解决方案”。

数据库实体：采用系统默认。为了方便管理，当存在多个账套时，可以修改为比较容易识别的名称，如“两江科技 2016”。

数据库文件路径和数据库日志文件路径：自行选定。

系统账号：选择 SQL Server 身份验证方式。系统用户名为 sa；系统口令要与 SQL Server 安装时设置的密码一致。

2. 实验过程

（1）选择执行【开始】|【所有程序】|【金蝶 K3 WISE】|【金蝶 K3 服务器配置工具】|【账套管理】命令，如图 3-2 所示。

（2）随后出现如图 3-3 所示的系统登录窗体，输入用户名和密码，默认的用户为 Admin，初次进入时，密码为空。单击【确定】按钮，打开【金蝶 K/3 账套管理】窗体，如图 3-4 所示。

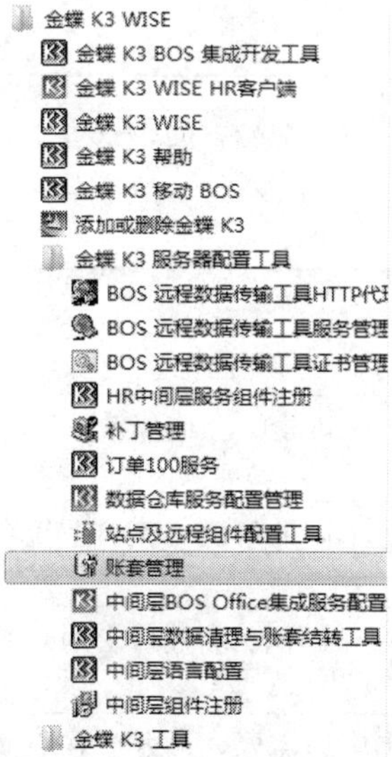

图 3-2 启动账套管理

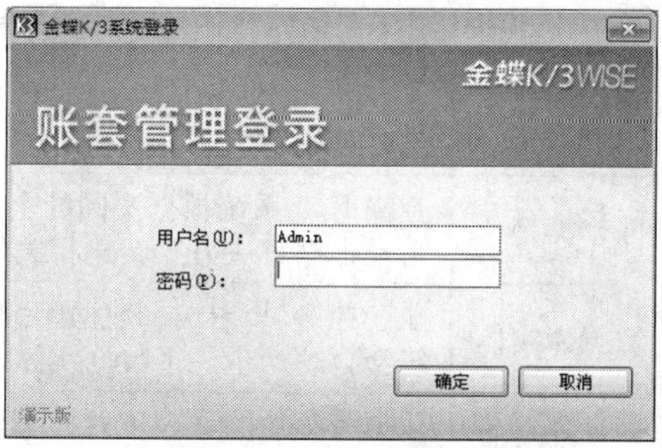

图 3-3 系统登录窗体

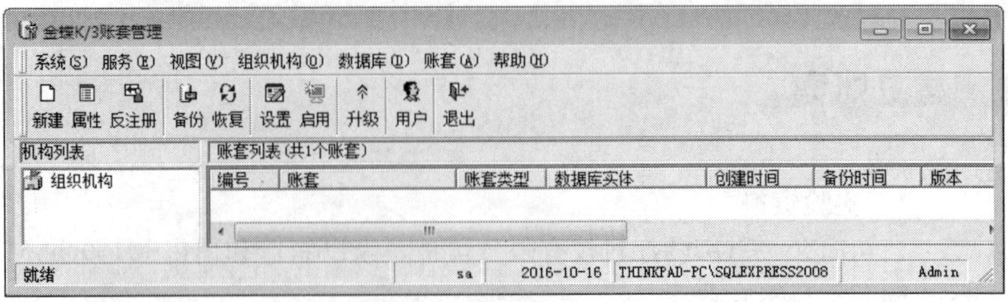

图 3-4　账套管理

(3) 单击工具栏上的【新建】按钮，系统弹出【信息】窗口，如图 3-5 所示。请认真理解窗口中的内容，以便建立账套时选择相应类型。

(4) 单击【关闭】按钮，系统弹出【新建账套】窗口，如图 3-6 所示，输入账套信息。一个账套包含的主要内容见表 3-1。

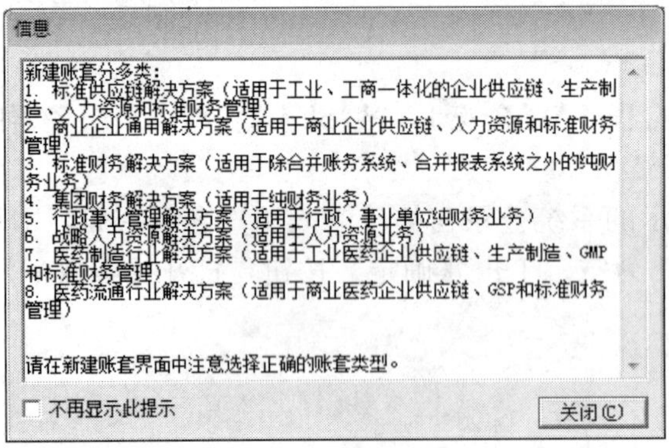

图 3-5　信息窗口

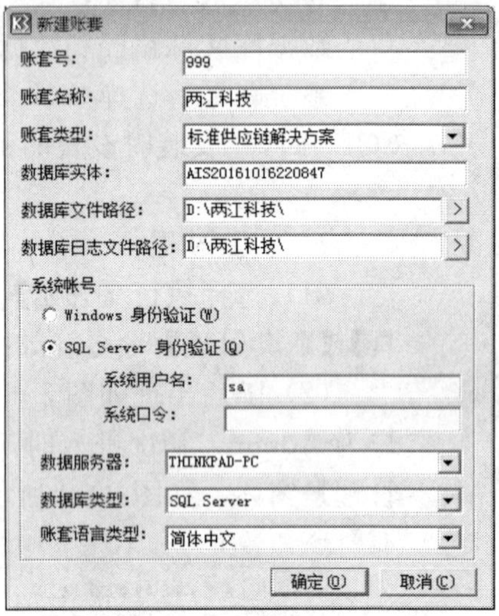

图 3-6　新建账套

表 3-1　账套信息

数据项	说明	是否必填项
账套号	账套在系统中的编号。用于标识账套具体属于哪个组织机构。	是
账套名称	账套的名称。已存在的账套名称，不允许新建账套或修改账套信息时再使用。	是
账套类型	金蝶 K/3 系统根据不同的企业需求设置不同的解决方案。系统会自动根据解决方案新建相关的内容。	是
数据库实体	账套在 SQL Server 数据库服务器中的唯一标识。新建账套时，系统会自动产生一个数据实体，也可以手工更改。	是
数据库文件路径	数据库存放的物理位置。考虑到扩展应用的需要，最好放在空间足够大的硬盘上。	是

续前表

数据项	说明	是否必填项
数据库日志文件路径	数据库日志资料存放的物理位置。考虑到扩展应用的需要，最好放在空间足够大的硬盘上。	是
系统账号	新建账套所要登录的数据服务器名称、登录数据服务器方式、登录用户名和密码。	是

以上信息都是新建账套时必不可少的内容。

实验提示

1. 系统账号一般建议使用 SQL Server 身份验证。

2. 根据数据库结构表的不同，账套可以分为多种类型。不同类型的账套可以选择使用的系统模块也不同，如“标准供应链解决方案”的账套类型，可以使用供应链系统、生产管理系统、人力资源系统、标准财务系统，但不能使用医药行业的供应链系统。这与手工方式略有不同。手工方式下，随着业务的扩展，企业可以在后续业务中登记新的信息或增加新的核算内容等。以医药行业为例，原来只记录商品的进出库信息，现在可以新增商品的一些医药属性等来满足 GSP 管理的需要。而计算机方式下，存储数据之间相互关联、相互影响，很难完全割裂。所以新建账套时，要考虑企业的实际背景选择正确的账套类型。

（5）如图 3－6 所示，单击【确定】按钮，系统开始创建 K/3 数据库。

（6）账套创建完成，在【金蝶 K/3 账套管理】窗体的【账套列表】中，可以找到新增的账套记录。

3.2　设置账套参数并启用账套

每套账套都有自己的参数，用以决定企业的一些核算方法、规章制度等的重要选项，不同的选择往往会有不同的操作过程，或带来不同的结果，因此必须进行参数的设置。此外，必须启用账套才能在客户端使用该新建的账套。启用一个账套包括两个步骤：

（1）账套属性设置。具体的参数设置可以结合实际业务情况并参考各业务模块帮助手册完成。

（2）启用账套。此处的账套启用是指建立账套文件工作完成，而不是启用后可以录入业务单据。如果不启用账套，在 K/3 主控台登录此账套后打开任意菜单都将提示：数据库尚未完成建账初始化，系统不能使用。

1. 实验资料

账套的基本参数如下：

机构名称：重庆两江科技有限公司

地址：重庆市江北区建新东路120号

电话：(023) 61234567

本位币符号：RMB　　　　本位币：人民币

启用会计年度：2016年　　　　启用会计期间：1月

在实验中，可以用当时的年份作为启用会计年度，如本年为2016年，则启用会计年度为“2016”，后面案例中的“本年”均要设为当时的年份。

会计期间数：采用默认值，一个会计期间有12期，一个月为一个会计期间，如1月1日至1月31日，2月1日至2月28日，……，12月1日至12月31日。

起始日期：2016年01月01日　　　　结束日期：2016年12月31日

勾选“凭证过账前必须审核”选项。

2. 实验过程

(1) 如图3-7所示，在【金蝶K/3账套管理】窗体的【账套列表】中，选择要设置参数的账套，本实验为“两江科技”账套。

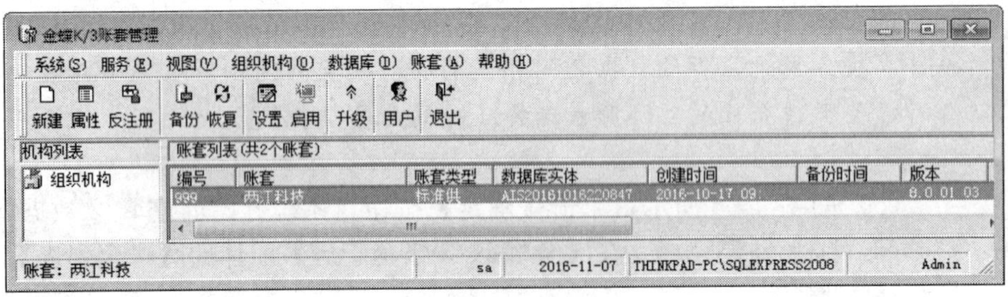

图3-7　金蝶K/3账套管理

(2) 单击【设置】，打开【属性设置】对话框，如图3-8所示。

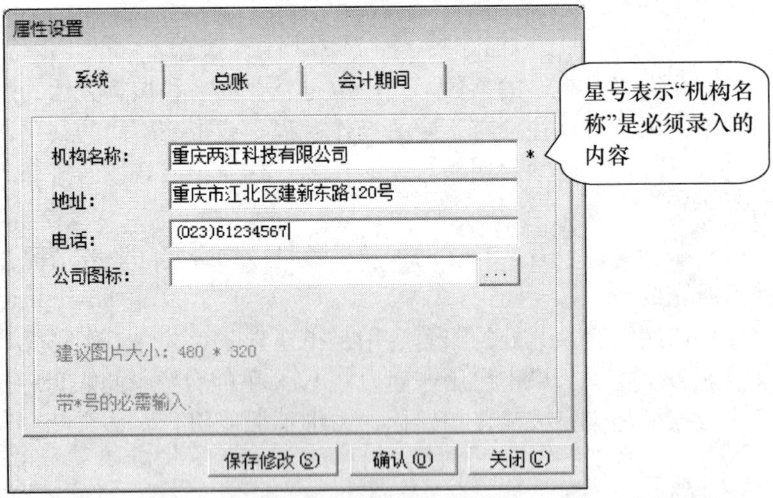

图3-8　属性设置之“系统”

（3）输入系统信息。

机构名称：重庆两江科技有限公司

地址：重庆市江北区建新东路 120 号

电话：（023）61234567

实验提示

机构名称、地址、电话、公司图标，主要用于以后单据、账簿等打印时自动显示公司的信息。

（4）输入总账信息，如图 3－9 所示。

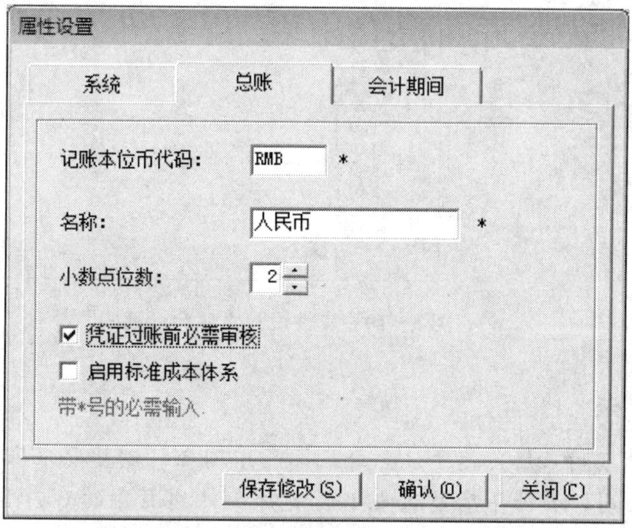

图 3－9　属性设置之“总账”

记账本位币代码：RMB。如果采用外币核算，则可以修改。

名称：人民币。一旦账套启用，在基础资料的【币别维护】窗体中可以看到系统自动新增了一条币别记录——代码：RMB；名称：人民币。

小数点位数：2，指凭证、单据和账簿等的小数位数。人民币的最小单位是分，所以小数点位数选择 2；对于日元来说，最小单位是元，小数点位数则设置为 0。

凭证过账前必需审核：勾选。

（5）输入会计期间。选择【属性设置】中的“会计期间”，单击【更改(M)…】按钮，弹出【会计期间】窗体，如图 3－10 所示。

启用会计年度：2016；启用会计期间：1；勾选【自然年度会计期间】，即一年 12 个期间，每个期间从 1 号开始。单击【确认】按钮，返回【属性设置】对话框。

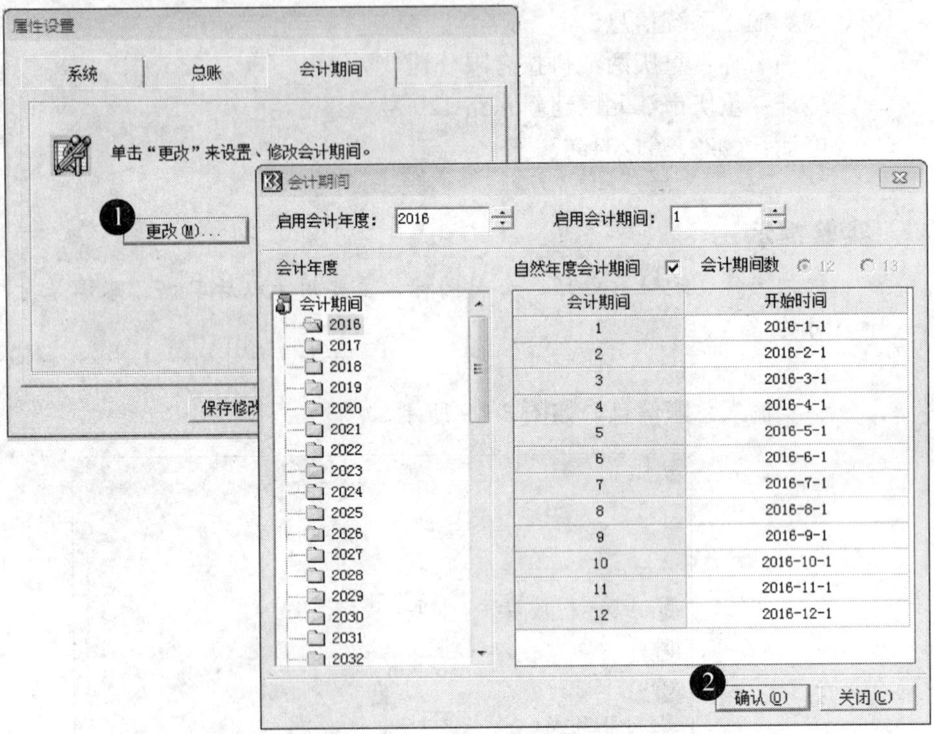

图 3-10 属性设置之“会计期间”

实验提示

会计期间采用自然年度会计期间。中国会计制度要求采用自然会计年度，但有的国外公司，会计年度是从头年的 7 月 1 日到次年的 6 月 30 日，或者一个会计年度内有 13 个会计期间，可以根据要求进行修改。

（6）单击图 3-10 中的【确认】按钮，完成账套参数的设置，随后弹出如图3-11 所示的【启用当前账套】对话框。

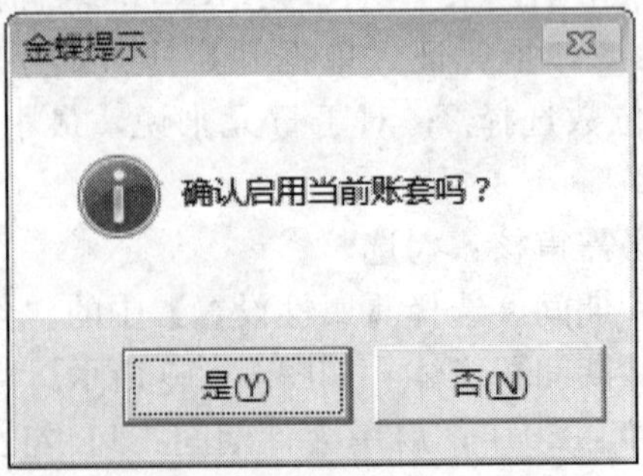

图 3-11 【启用当前账套】对话框

（7）单击【是】按钮，确定启用当前账套。

3.3 用户管理

用户管理即对用户使用一个具体账套的权限进行控制，如控制哪些用户可以登录到指定的账套中，对账套中的哪些子系统或者哪些模块有使用或者管理的权限等。

1. 实验资料

会计工作分工和各岗位权限资料如表 3-2 所示。

表 3-2　　岗位分工

操作员组	主要操作权限	说明
系统管理员组	全部功能	
会计组	基础资料、总账、工资、固定资产、报表、财务分析、存货核算、应收应付	非业务类凭证制作、个人往来账管理、会计报表制作
出纳组	出纳管理，基础资料查询权	现金管理
采购组	采购管理，应收应付的查询权，基础资料查询权	物料采购处理
销售组	销售管理，应收应付的查询权，基础资料查询权	商品销售处理
库房组	仓库管理，基础资料查询权	各种出入库业务、库存盘点等业务的管理
生产管理组	生产管理系统，基础资料	生产计划的制定

操作人员明细资料如表 3-3 所示。

表 3-3　　操作人员

姓名	认证方式	权限属性	操作员组
王少红	密码认证，传统认证方式，密码：123456	可以进行业务操作 具有用户管理权限	系统管理员组
李东平	密码认证，传统认证方式，密码：123456	可以进行业务操作	会计组
张中杨	密码认证，传统认证方式，密码：123456	可以进行业务操作 高级授权：凭证审核、过账、反过账权	
赵小兵	密码认证，传统认证方式，密码：123456	可以进行业务操作	出纳组
杨真	密码认证，传统认证方式，密码：123456	可以进行业务操作	采购组

续前表

姓名	认证方式	权限属性	操作员组
周力	密码认证，传统认证方式，密码：123456	可以进行业务操作	销售组
刘一江	密码认证，传统认证方式，密码：123456	可以进行业务操作	销售组
陈力	密码认证，传统认证方式，密码：123456	可以进行业务操作	库房组
余刚	密码认证，传统认证方式，密码：123456	可以进行业务操作	生产管理组
孙胜业	密码认证，传统认证方式，密码：123456	可以进行业务操作	

2. 实验过程

如图 3－7 所示，在【金蝶 K/3 账套管理】窗体的【账套列表】中，选择要进行用户管理的账套，本实验为“两江科技”账套。单击【用户】按钮，打开【用户管理】窗口，如图 3－12 所示。

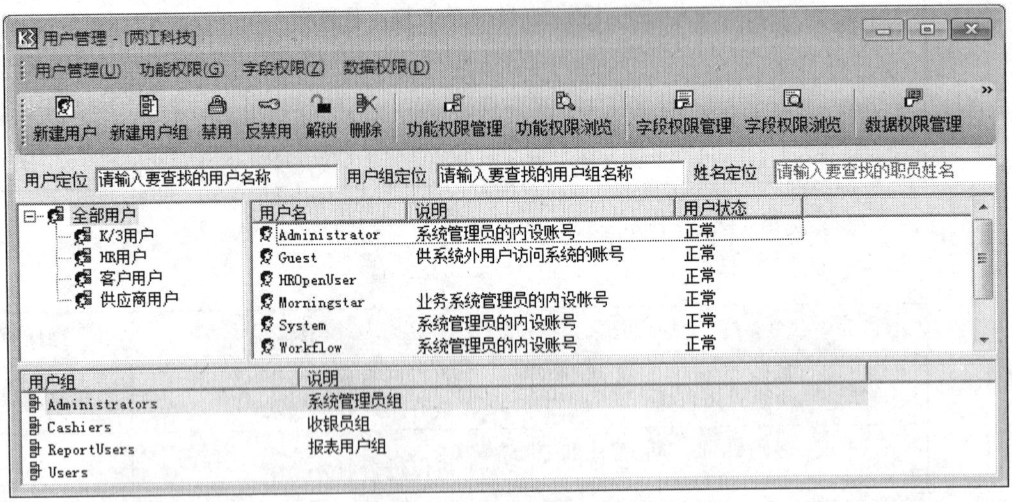

图 3－12　用户管理

(1) 建立用户组。用户组的作用主要是方便对多个用户进行集中授权。举例来说，如果多个用户有相同的权限，对这些用户逐一授权比较烦琐且耗费时间。但是如果所有用户都在同一个用户组下，我们只要对用户组进行一次授权，这些用户都可以继承用户组下的所有信息。这样操作起来就简单快捷多了。

选择【新增用户组】，建立用户组，如图 3－13 所示。

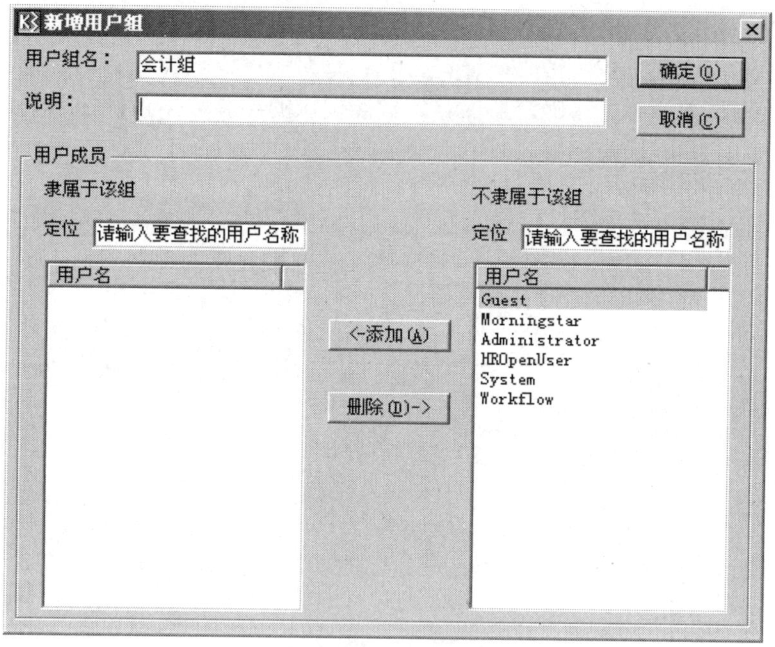

图 3-13 新增用户组

设置完成操作员组信息，如图 3-14 所示。

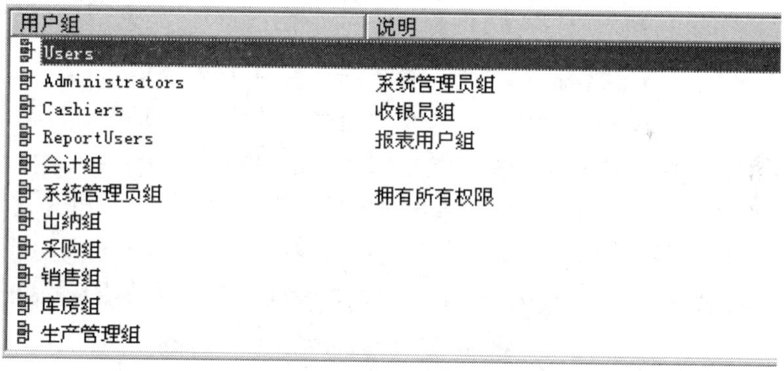

图 3-14 操作员组信息设置

实验提示

1. 除了方便管理外，用户组的主要作用就是方便对多个用户进行集中授权。只要对用户组进行一次授权，用户组下的所有用户就都可以继承用户组下的权限，而无须对每个用户逐一授权。

2. 系统设置了系统管理员组，该组拥有最大的操作权限，隶属于这个组的组员具有操作 K/3 系统的所有功能的权利，能查询所有数据和报表。除系统管理员组外，其他组的权限都与 Users 组一样，可以通过“权限设置”对其进行明细授权。

3. 系统预设的用户组和用户是不可以删除的，但是可以修改用户名字。

（2）设置用户。选择【新增用户】，增加操作人员，如图 3－15 所示。用户姓名：王少红；认证方式：密码认证，密码：123456；权限属性：勾选前两个；用户组：系统管理员组。单击【确定】保存，按照提供的实验数据正确输入其他用户的信息。

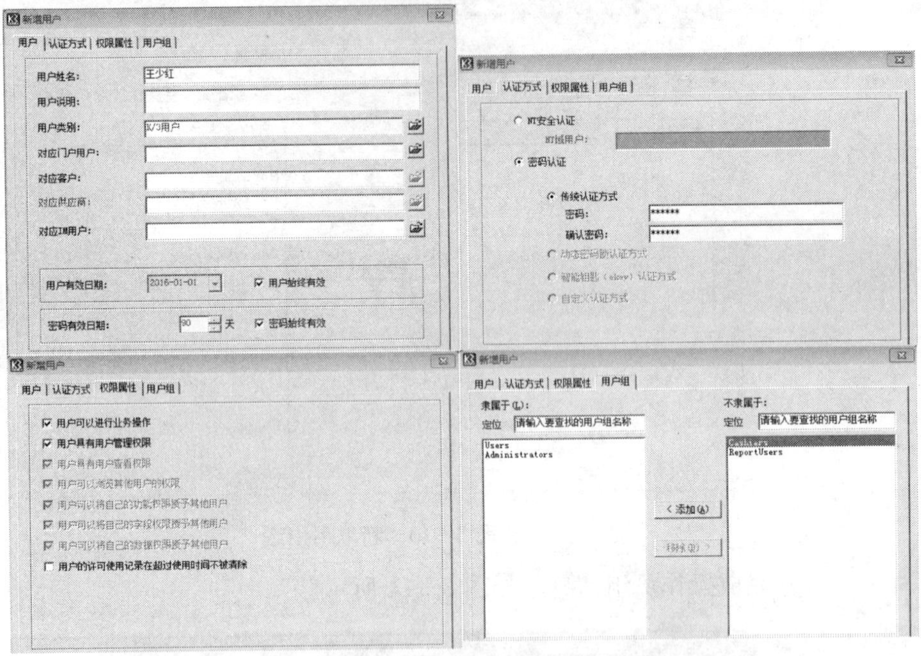

图 3－15　新增用户

（3）用户组授权。功能权限是指对各子系统中功能模块的操作权限，当用户拥有了子系统的功能模块的操作权限时，才能进行对应模块的功能操作。

选择需要授权的用户组，单击【功能权限管理】按钮，打开【用户管理_权限管理［会计组］】对话框，如图 3－16 所示，按照提供的实验数据正确设置。设置完毕，单击【授权】按钮，完成对选定用户组的授权。单击【关闭】，退出用户组授权。

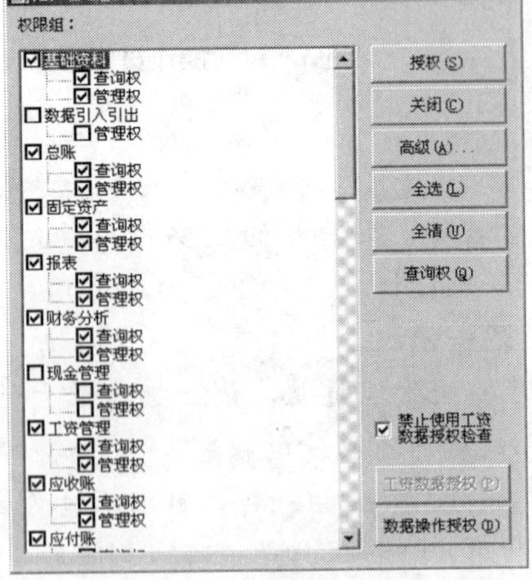

图 3－16　用户组授权

实验提示

1. 除了功能授权外，系统还可以按字段授权，如仓库保管员不能看到存货的成本、销售价等信息；还可以按数据授权，如销售人员分区管理，北区的销售人员只能查看北区客户的信息资料，不能查询其他区域的客户资料。

2. 某用户隶属于某个用户组，如果对该用户组进行了授权，则某用户自动拥有隶属的用户组的所有权限。

（4）用户授权。权限的设置既要达到约束权力的目的，又要追求简化，太过细致的设置可能导致使用效率降低。为了系统的安全性，在对用户授权时，虽然给予某个模块的操作权限，但是应该明确其权限只限于具体的某项操作，或者本人、本组录入系统的单据，不能是所有单据或凭证，此项设置在【高级(A)…】权限设置中完成。

1）简单授权方式。这种方式只是按照模块的查询权和管理权进行授权，一般适合规模较小、会计人员不多的组织。

在进行用户授权时，如果用户所在的组已经获得授权，则该用户自动拥有隶属的用户组已有的所有权限。

本实验已对用户所属的用户组进行了功能授权，因此不需要单独对用户进行授权。

2）详细授权方式。在简单授权的基础上，点击【高级(A)…】按钮可进入详细授权方式，这种方式适用于权限的详细控制，满足精细化授权管理的需要，如图 3－17 所示。

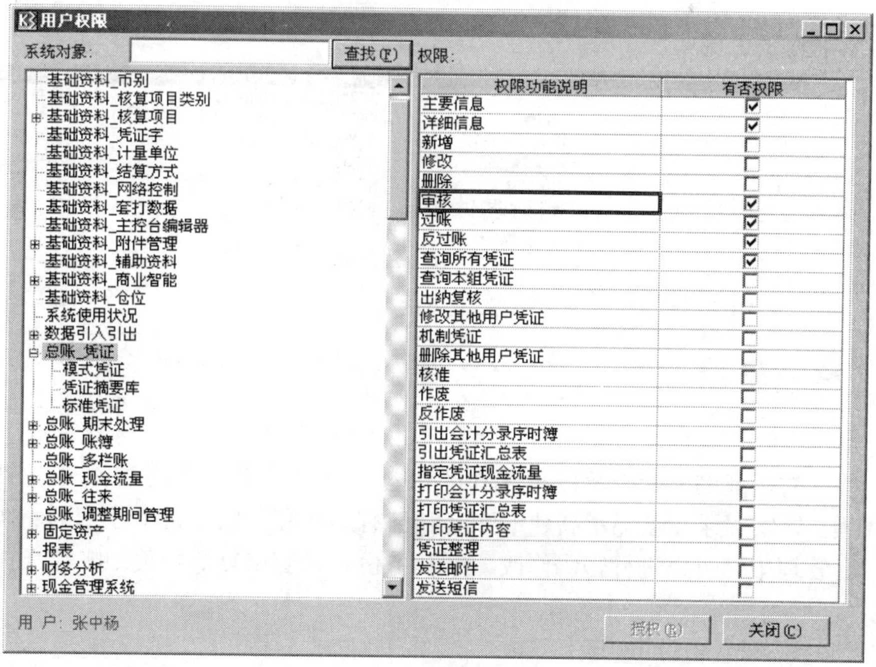

图 3－17　详细授权方式

在日常工作中，可以通过单击【功能权限浏览】按钮来查看每个人的权限，可以按用户方式或系统方式查看。首先要选择查看的人员，如图3-18所示。

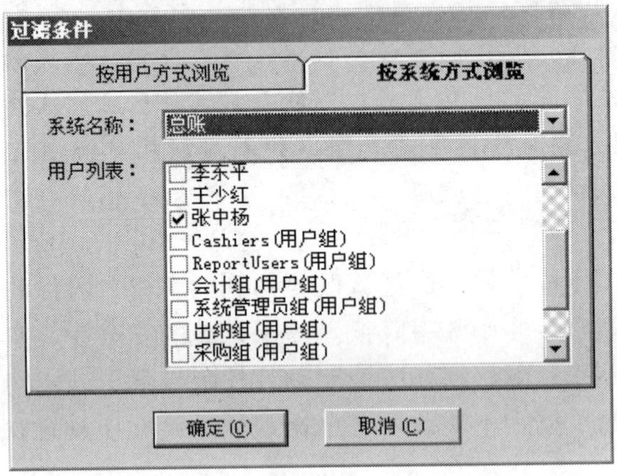

图3-18　查看方式和人员选择

选定人员后，就可查看该用户的使用权限明细，如图3-19所示。

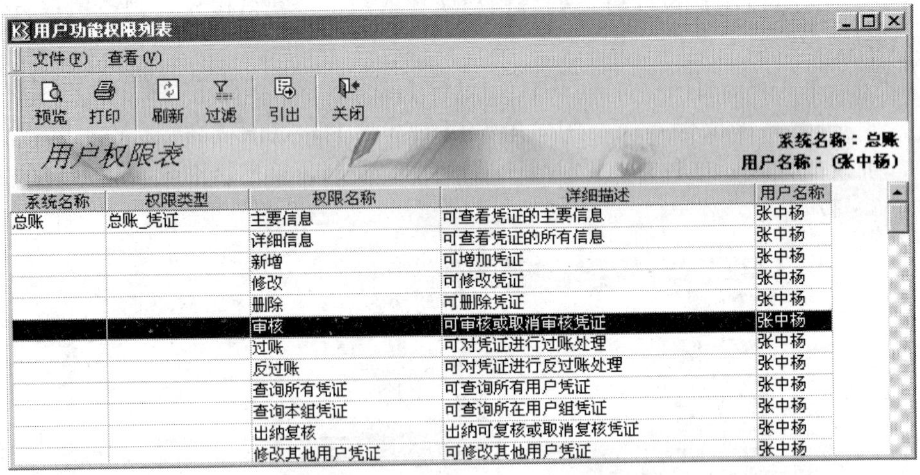

图3-19　用户功能权限列表

3.4　账套维护

对新建的账套以及以前存在的账套，可以通过【金蝶K/3账套管理】进行管理。账套目录中会显示新建的账套和已有的账套，以及每个账套的相关信息。在账套管理中，可以进行密码修改、账套备份、账套恢复等相关的账套维护工作。

1. 账套备份

在实验中和实际工作中，要注意经常备份账套文件，以便因机器故障、病毒等造成文件或数据损坏时恢复。在某一步骤中发现前面的数据输入有误时，可以用以前的账套进行恢复，修正错误后进行后续的工作。在下列情况下必须做备份：每月结账前和财务处理结束后；更新软件版本前；进行会计年度结账时。

可以按照以下步骤进行账套的备份：

(1) 在【账套管理】窗体中，选择【数据库】|【备份账套】功能，或者单击工具栏上的【备份】按钮，打开【账套备份】对话框，如图 3－20 所示。

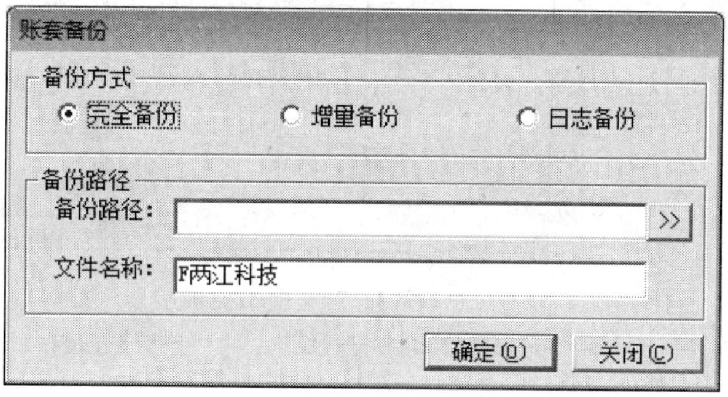

图 3－20 账套备份

(2) 选择“完全备份”。完全备份是指执行完整数据库备份，也就是为账套中的所有数据建立一个副本。备份后，生成完全备份文件。

(3) 指定备份路径，单击图 3－20 中的»按钮，弹出【选择数据库文件路径】对话框，如图 3－21 所示。

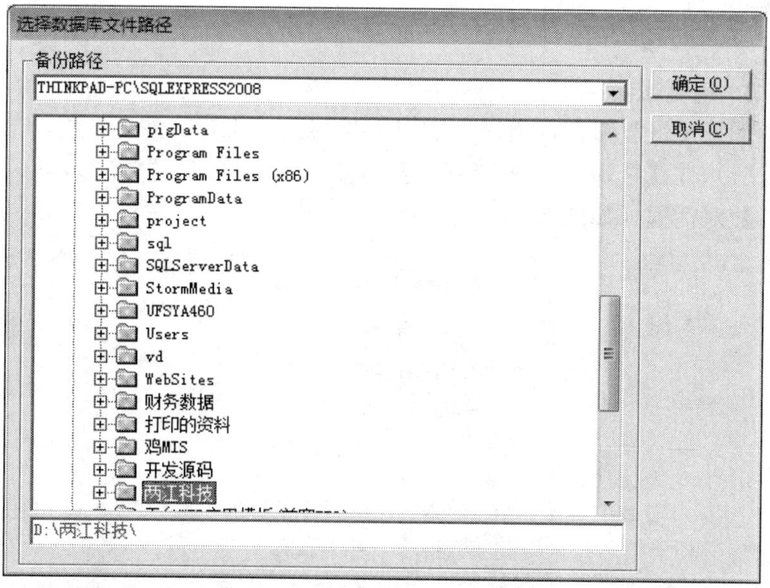

图 3－21 选择数据库文件路径

(4) 单击图 3－21 中的【确定】按钮，返回【账套备份】对话框，单击【确定】按钮进行账套的备份。

(5) 备份完成后，出现如图 3-22 所示的提示信息，备份账套会生成两个扩展名分别为“bak”和“dbb”的文件。

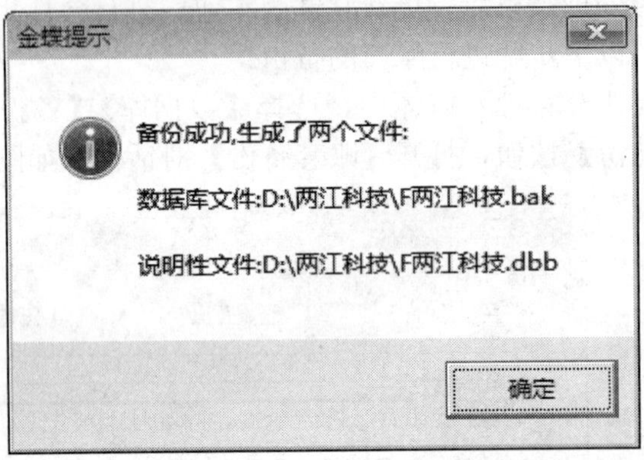

图 3-22　备份完成提示

实验提示

账套管理中的备份和恢复功能只是提供了一个操作界面，实际上是调用了 SQL Server 的备份和还原数据库功能。若要成功恢复账套，＊.dbb 和＊.bak 这两个文件必须存放在同一文件夹下，如果没有 dbb 文件就不能在账套管理中恢复。如果丢失了 dbb 文件，只有 bak 文件，就需要在 SQL Server 的企业管理器中还原账套，再到账套管理中注册账套。

2. 恢复账套

如果要恢复账套，可以按照以下步骤进行账套的恢复：

(1) 在【金蝶 K/3 账套管理】窗体中单击【恢复】按钮，打开【选择数据库服务器】对话框，如图 3-23 所示。

图 3-23　选择数据库服务器

（2）选择“SQL Server 身份验证”方式，录入用户名和密码，单击【确定】按钮，弹出【恢复账套】对话框，如图 3-24 所示。

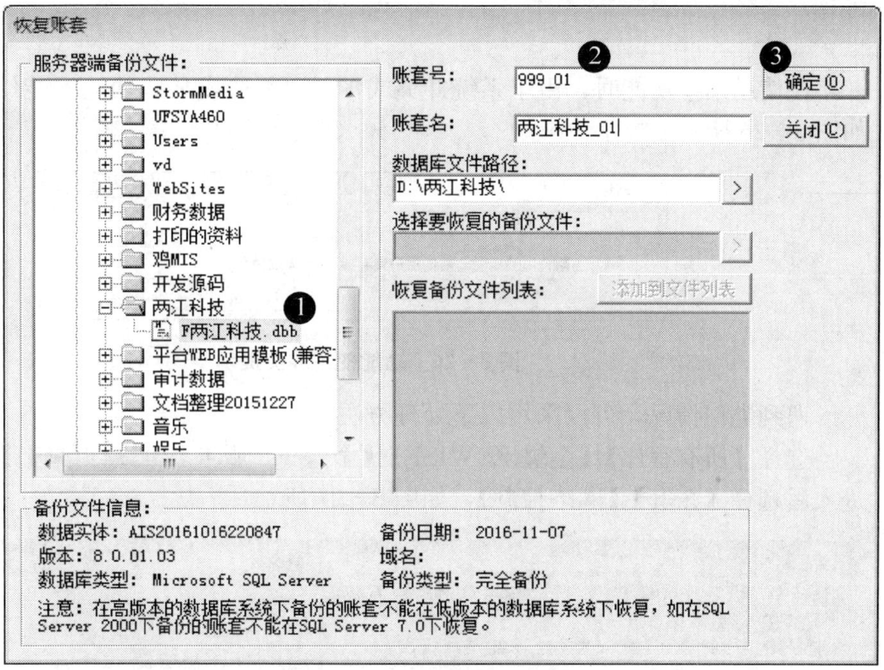

图 3-24　恢复账套

（3）从左边的列表中选择需要恢复的备份文件，本实验中要恢复的备份文件为 D:\两江科技\F 两江科技.dbb；在右边输入账套号（本实验为“999_01”）和账套名称（本实验为“两江科技_01”）；单击【确定】按钮进行账套的恢复。

（4）账套恢复成功后，出现如图 3-25 所示的提示窗口，单击【否(N)】按钮结束账套恢复过程。

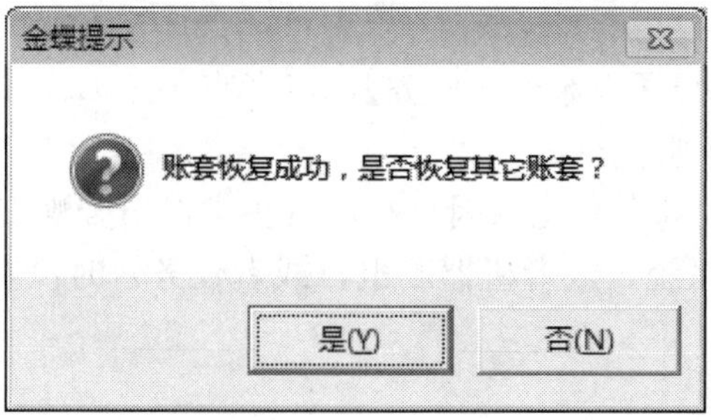

图 3-25　账套恢复成功提示

实验提示

恢复时，账套号、账套名不能重复。通过账套恢复，可以将账套转移到另外的机器上操作。恢复时金蝶 K/3 WISE 的版本号要与复制时的一致。

3.5 系统使用过程中的维护

在使用某些功能时，由于系统冲突或多种原因造成某些功能不能使用，会出现如图3-26所示的提示。

图3-26 功能使用冲突提示

遇到类似情况，可以采用以下处理方法：

选择【所有程序】|【金蝶K3WISE】|【金蝶K3服务器配置工具】|【账套管理】，进入后选择【账套】|【网络控制】，如图3-27所示。

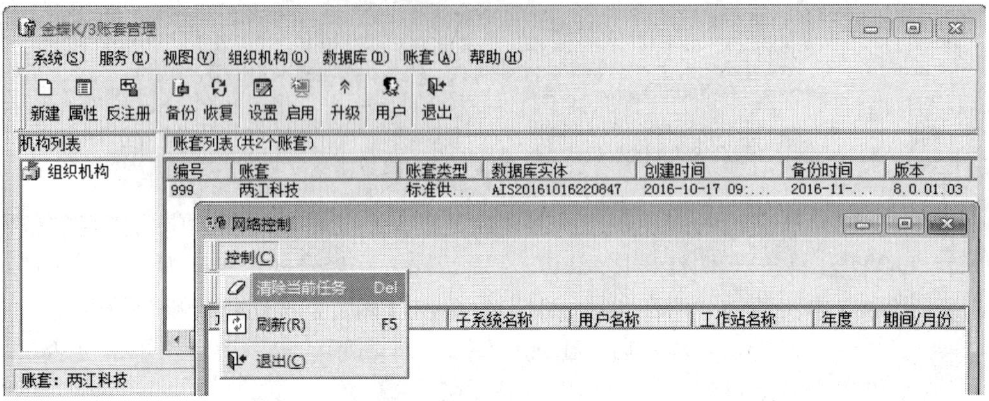

图3-27 网络控制

单击【控制】|【清除当前任务】，或者直接按Delete键清除该任务。退出后，出错的功能就可正常执行。

出现类似问题的常见原因是在没有正常退出金蝶K/3 WISE的情况下，关闭了Windows操作系统，或者机器断电，或者任务暂时没有执行完，使任务标记一直处于运行状态。

□ 复习题

一、单选题

1. 某企业成立于2000年6月，2015年12月购入K/3软件，2016年3月开始正式使用软件并录入 2016 年 1 月的账务数据，则该企业的账套启用期间是（ ）。

A. 2000 年 6 月　　B. 2015 年 12 月

C. 2016 年 3 月　　D. 2016 年 1 月

2. 用户详细的授权是通过（ ）按钮来进行的。

A.【授权】　B.【全选】　C.【高级】　D.【数据授权】

3. 拥有最大管理权限，无须授权的用户是（ ）。

A. 系统管理员　　B. 任何授予了全部权限的用户

C. 账套主管　　D. 没有此类用户

4. 当用户拥有了子系统的（ ）时，才能进行对应模块的功能操作。

A. 功能权限　B. 数据权限　C. 字段权限　D. 金额权限

5. 在设置账套参数时不属于必录项目的是（ ）。

A. 公司名称　　B. 记账本位币

C. 公司地址电话　　D. 账套启用期间

二、判断题

1. K/3 的用户管理不能设定用户密码的有效日期。（ ）

2. 新建账套后进行账套参数设置，最关键的是账套启用期间的设置。（ ）

3. 系统参数中的选项一旦选定就不能修改了。（ ）

4. 进行增量备份前一定要有完全备份的账套数据，且进行恢复也需要完全备份的账套。（ ）

5. 账套管理中的备份分为完全备份、增量备份和日志备份。（ ）

三、思考题

1. 什么是账套文件？金蝶 K/3 系统对账套数量有没有限制？

2. 建立账套之前需要确定哪些内容？

第 4 章

Chapter 4 账套初始化

4.1 账套初始化概述

K/3 系统在正式启用前一定要进行初始化。初始化是指企业账务和物流业务的背景设置及启用账套时的期初数据。本章主要讲述 K/3 系统在使用前的初始化工作——基础资料设置和初始数据录入的操作，为以后更好地使用 K/3 系统打下坚实的基础。初始化的流程如图 4－1 所示。

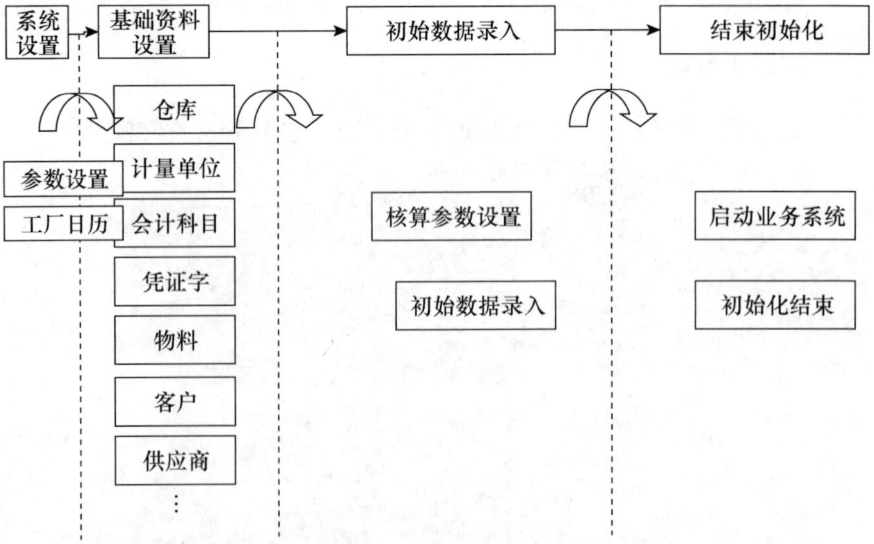

图 4－1　初始化的流程

K/3 系统包括总账、生产管理、供应链、工资、固定资产、应收应付管理等子系统。每个子系统都可独立使用，故都有自己的初始化操作设置。每个子系统的核算参数、初始数据都不相同，因此在初始化时需要对所要使用的子系统分别进行操作。

4.2　主控台简介

执行【开始】|【所有程序】|【金蝶 K3 WISE】|【金蝶 K3 WISE】命令，弹出【金蝶 K/3 系统登录】窗体，如图 4-2 所示。

图 4-2　系统登录

登录窗体中，在当前账套下拉列表框中选定要登录的账套，图 4-2 中的账套“999｜两江科技”，以【命名用户身份登录】方式登录，初始用户名为“administrator”，密码为空，然后单击【确定】按钮，将出现 K/3 的主窗体。第一次进入新的账套，系统预设为【我的工作台】界面，如图 4-3 所示。

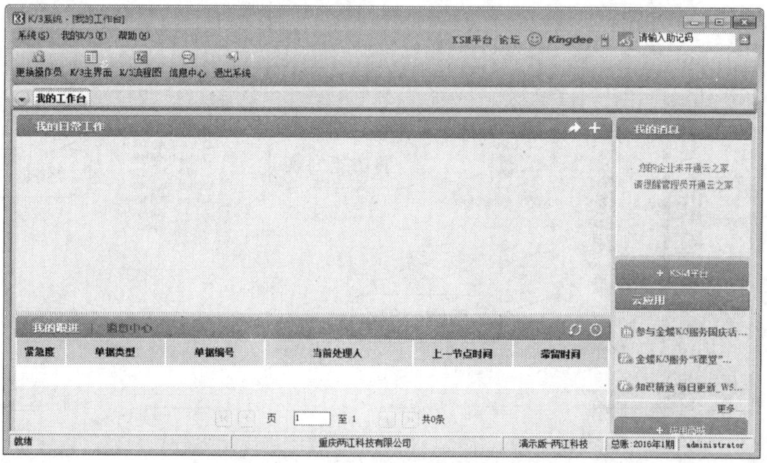

图 4-3　K/3【我的工作台】界面

【我的工作台】界面显示了当前操作员的工作台，可以将操作员常用的功能添加到【我的日常工作】栏中，以便操作员及时进行相应的操作处理；下部的【我的跟进】与【消息中心】栏，显示相关单据的动态、系统其他操作员发来的信息，方便操作员及时跟进有关单据或事务的处理进程。

单击【K/3流程图】按钮，即可切换到【流程图】界面，如图4-4所示。

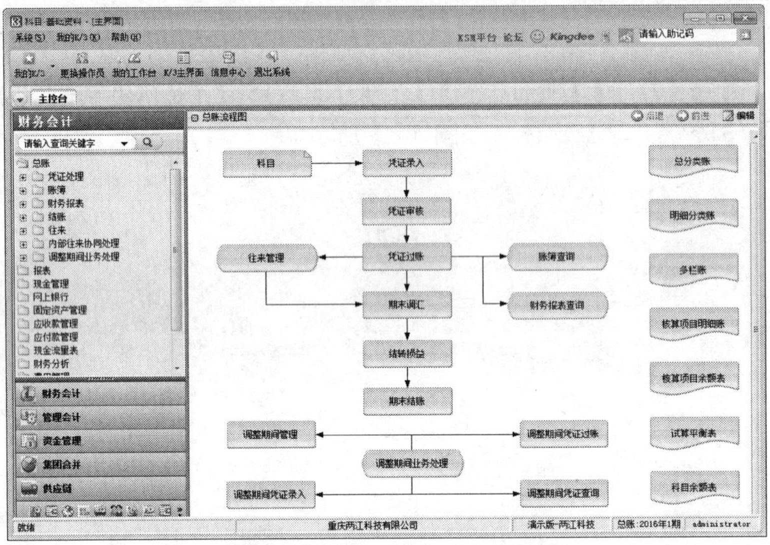

图4-4 K/3【流程图】界面

在流程图界面中，左侧是功能模块列表，单击"+"号层层展开，单击"—"号可以收起，无以上符号的为最终功能项，双击可以进入对应的操作窗口。选择左侧的功能列表后，右侧的流程图会自动切换到对应功能模块的流程图。

单击【K/3主界面】按钮，可以切换到传统的K/3【主控台】界面。K/3主控台是K/3客户端功能的应用平台，K/3的所有功能都整合在这个平台上，如图4-5所示。

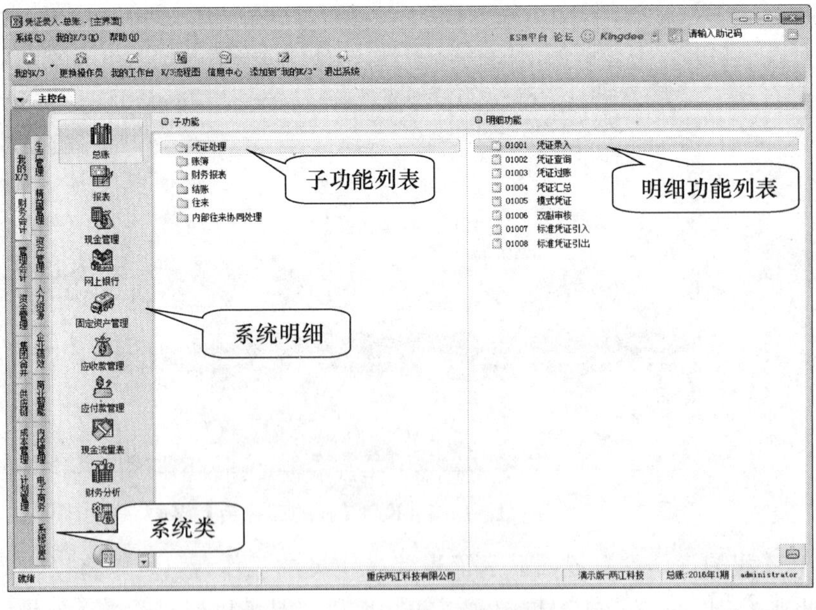

图4-5 K/3【主控台】界面

本书后续章节的实验都将基于传统的主控台界面来介绍操作步骤。下面简要介绍主控台界面。界面的上部是菜单和常用工具栏；下部是状态栏，主要显示工作状态、账套的机构名称、总账期间、操作员及消息中心；中间部分包括系统类、系统明细、子功能列表、明细功能列表，这四个部分是逐一展开的关系。

（1）系统类。主要是以标签页的形式将金蝶 K/3 ERP 划分为：财务会计、供应链、计划管理、生产管理、人力资源、商业智能、电子商务、系统设置等子系统。

（2）系统明细。系统中对应的明细。在系统类中选择某一标签，则在系统明细中显示所包含的子系统。如图 4－5 中“财务会计”模块包含“总账”、“报表”和“现金管理”等系统明细。

（3）子功能列表。即系统明细对应的子功能列表。在系统明细中选择某一系统，则该系统所包含的子功能模块将在子功能列表中列示。

（4）明细功能列表。即子功能包含的功能列表。在子功能列表中选择某一功能，则该功能所包含的明细功能模块将在明细功能列表中列示。

若要执行某项功能，例如，要进行凭证录入，则依次选择【财务会计】|【总账】|【凭证处理】|【凭证录入】，打开【记账凭证】界面进行相应的录入操作。本书主要是以主控台主界面的方式来进行功能的介绍和讲解。此外，主控台还提供切换操作员功能来完成操作员的切换。

此外，工具栏上的【更换操作员】也是实验中常用到的功能。为了体验不同角色在系统中的作用和操作，操作员以不同身份登录系统时，可使用该功能迅速切换角色。

4.3　系统设置

4.3.1　核算参数设置

鉴于企业在实施 ERP 的过程中有可能出现生产制造或供应链的实施滞后于财务会计的情况，金蝶 K/3 提供了核算参数设置，可单独规定生产制造或供应链的启用日期。生产制造的系统参数设置和供应链模块的系统参数设置实质上是同一功能，在其中一个模块中设置参数后，另一个模块也同时被设置。

1. 实验资料

系统核算参数如表 4－1 所示。

表 4－1　核算参数

参数名称	参数值
启用年度	2016
启用期间	1

续前表

参数名称	参数值
核算方式	数量、金额核算
库存更新控制	单据审核后才更新
是否启用门店管理	不启用

2. 实验过程

选择【系统设置】|【初始化】|【生产管理】|【核算参数设置】，打开【核算参数设置向导】对话框，按照提供的实验数据正确输入，如图 4－6 所示。

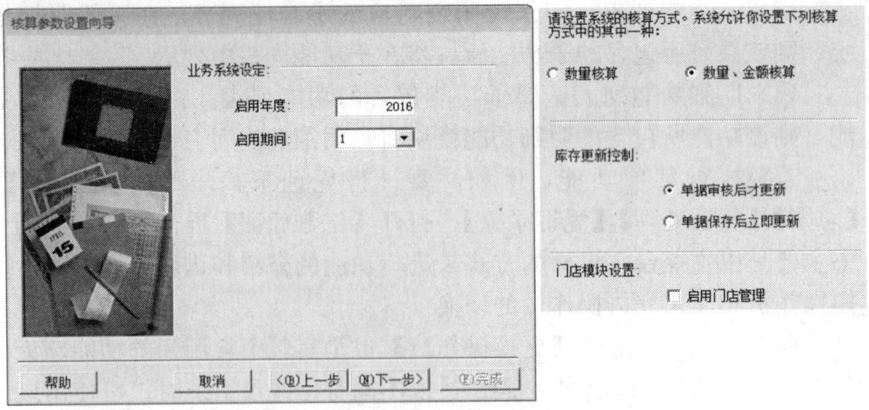

图 4－6　生产管理核算参数设置

核算参数设置的说明如表 4－2 所示。

表 4－2　　核算参数设置

项目	说明
核算方式	若选择“数量核算”，系统只核算数量，不核算金额，所以显示的核算金额不正确；若选择“数量、金额核算”，则是对材料的数量和成本都核算。当生产制造与财务系统相互联系时，应选择“数量、金额核算”方式。
库存更新控制	针对物料的即时库存更新的设置。若选择“单据审核后才更新”，库存类单据经审核后才能将其库存数量计算到即时库存中，并在反审核该库存单据后进行库存调整；若选择“单据保存后立即更新”，则库存类单据在保存成功后就将其库存数量计算到即时库存中，并在修改、复制、删除、作废、反作废该库存单据时进行库存调整。为了保持数据的严肃性，建议选择“单据审核后才更新”选项。
门店模块设置	若选中“启用门店管理”，则启用门店管理系统，系统会把门店管理系统和系统设置中涉及门店管理之外的菜单屏蔽。

实验提示

如果发现相关的参数不能修改或设置，极可能是登录的用户不是系统管理员组的操作员所致。需要重新用系统管理员组的用户名登录才能进行操作。

4.3.2　工厂日历

工厂日历是 ERP 系统特有的日历，它是在自然日历的基础上设置工厂休息日后的工作日历，是制定主生产计划、物料需求计划、能力需求计划与工序计划等的基础资料，对系统运行结果有重大影响。

1. 实验资料

工厂日历参数如表 4－3 所示。

表 4－3　工厂日历参数

参数名称	参数值
工厂日历起始日	2016－1－1
其他	周六、周日是休息日

2. 实验过程

选择【系统设置】|【初始化】|【生产管理】|【工厂日历】，打开【工厂日历】对话框，如图 4－7 所示。按照提供的实验数据正确输入，单击【保存】按钮，系统将自动设置今后 3 年的工作时间。

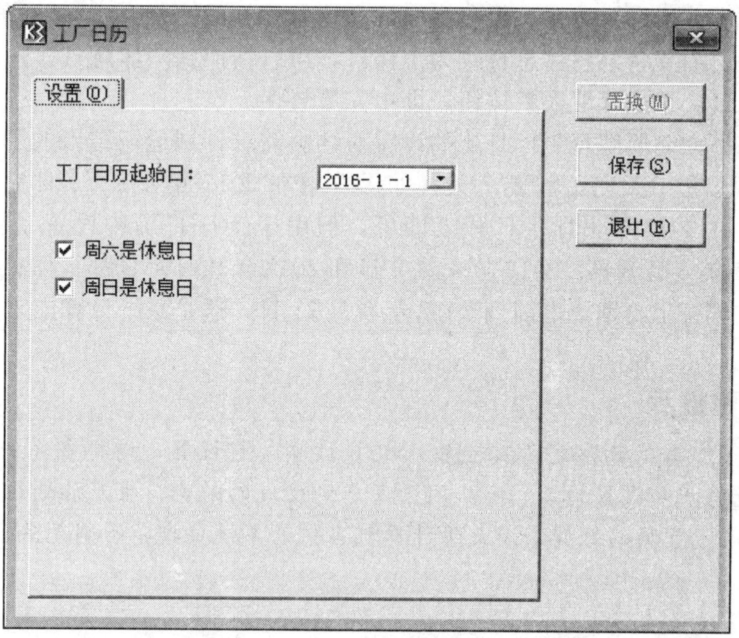

图 4－7　【工厂日历】对话框

保存之后，将出现“工厂日历”和“休息日”选项卡，如图 4－8 所示。可以单击“工厂日历”和“休息日”选项卡查看工厂日历的设置情况。

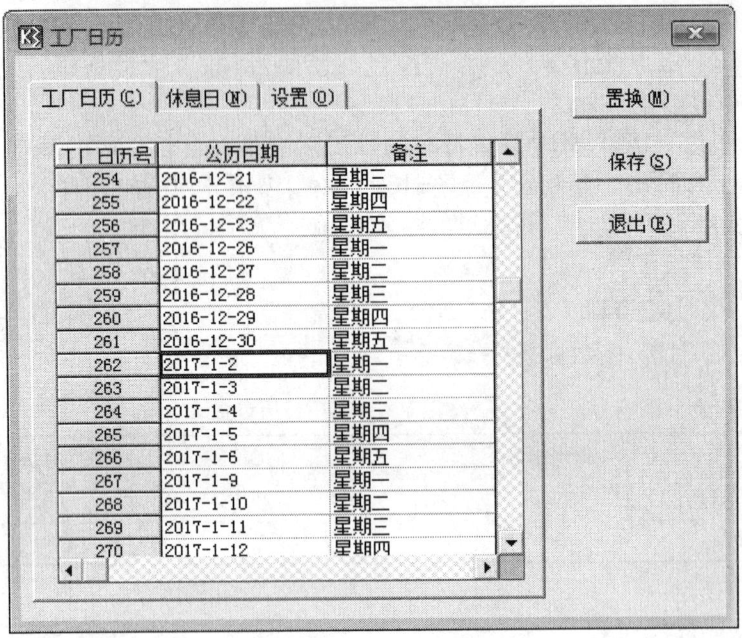

图 4-8 【工厂日历】调整界面

若遇到特殊情况，如图 4-8 中 2017 年 1 月 2 日不是周六或周日，但根据国家规定要放假，则可以选中该日期，单击【置换】按钮，即可将该日设为休息日，最后单击【保存】按钮，保存工作日和休息日的置换。

若需要将某些休息日改为工作日，可以切换到“休息日”选项卡，选中相应的休息日，单击【置换】按钮，即可完成置换。

下面简要解释工厂日历的设置对物料需求计划运行结果的影响。例如，有一种产品从开工到完工需要 7 天，如果要求在 2017 年 4 月 10 日完工，理论上倒推 7 天，在 2017 年 4 月 4 日开工即可，但由于工厂日历中设置了 2017 年 4 月 9 日、2017 年 4 月 8 日、2017 年 4 月 2 日和 2017 年 4 月 1 日都是休息日，工厂不安排上班，则开工日期要提前到 2017 年 3 月 31 日，这是系统计算出来的建议开工日期。

实验提示

1. 工厂日历通常在进行“MRP 计算”前设置，这样在系统展开 MRP 计算时才能将正确设置的工厂日历因素考虑到生成的采购、生产计划订单中。

2. 置换的日期必须大于计算机当前的系统日期，否则无法置换。

4.4 基础设置

基础设置是系统中使用的各种基础数据的总称。用户在录入凭证或者单据时，需要输入一些业务资料信息，如科目、币别、物料、客户等。可以说，所有的凭证、单据都是由一些基础资料信息和具体的数量信息构成的。对于这些基础的数据，为了便于进行统一的设置与管理，K/3 提供了基础资料功能。

由于金蝶 K/3 系统功能众多，囊括的范围很广，因此为了便于管理，根据业务性质将各种功能分在不同的系统中进行维护管理。这样，不仅存在多个系统都会使用的公共基础数据，而且存在每个系统自己使用的基础数据。为了对这些基础资料进行分类管理，K/3 将之细分为两个部分：公共资料和各个系统的基础资料。

本节对公共资料的内容进行说明，各个系统的基础资料请参见各个系统的说明。

实验涉及的基础资料信息包括仓库、计量单位、结算方式、币别、会计科目、凭证字、物料、部门、职员、客户、供应商等。

4.4.1 币别

第 3 章已介绍，启用账套后，系统自动新增了一条币别记录——代码：RMB；名称：人民币。币别是针对企业经营活动中涉及的外币（如美元、英镑，在此是针对本位币人民币而言的）进行管理。本实验不需要使用外币，因此省略了其他币别和汇率体系资料的输入。

4.4.2 会计科目

会计科目是对会计对象的具体内容分门别类地核算所规定的项目，它是填制会计凭证、登记会计账簿、编制会计报表的基础。会计科目的一级科目设置必须符合会计制度的规定，而对于明细科目，核算单位可以根据实际情况，在满足核算和管理要求及报表数据来源的基础上进行设置。

本书主要介绍 K/3 中关于生产管理系统的内容，而不是总账系统的内容，在此仅介绍会计科目的引入，若想了解更多关于会计科目设置的内容，可以参考其他教程。新建立的账套的会计科目基础数据为空，K/3 预设了一些行业的一级会计科目和部分二级明细科目，可以根据所属行业引入相应的科目信息，其操作步骤如下：

（1）选择【系统设置】|【基础资料】|【公共资料】|【科目】功能，打开【科目】窗体。在界面中执行菜单命令【文件】|【从模板中引入科目】，弹出【科目模板】对话框，选择“新会计准则科目”。

（2）单击【引入】，弹出【引入科目】对话框，如图 4－9 所示，其中显示了当前所选行业的系统预设会计科目。单击【全选】按钮，再单击【确定】按钮，系统开始引入科目，科目引入成功后，【科目】窗体中显示所有引入的会计科目。

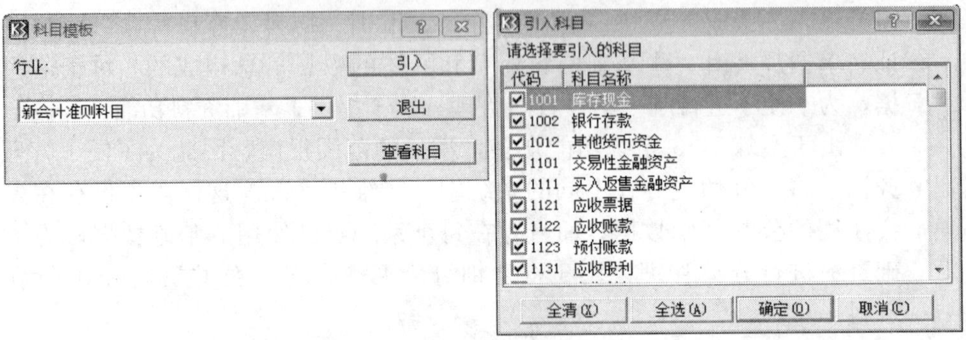

图 4-9 引入科目

科目的级次之间用符号“.”作为分隔符。

科目的显示方式可设置。系统默认只显示一级科目，如果需要显示明细，可以进行设置。具体的方法是选择【查看】|【选项】，然后在“显示级次”中选择“显示所有明细”，如图 4-10 所示。

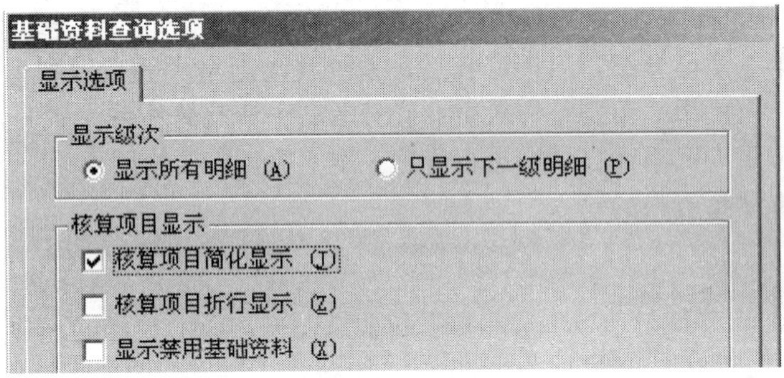

图 4-10 显示选项设置

4.4.3 凭证字

凭证字即处理管理凭证时所需的凭证字类别，如收、付、转、记等。凭证字通常也称凭证类型。

1. 实验资料

凭证字如表 4-4 所示。

表 4-4 凭证字

凭证字	凭证名称	科目范围限制
收	收款凭证	借方必有：1001-1002
付	付款凭证	贷方必有：1001-1002
转	转账凭证	借和贷必无：1001-1002

2. 实验过程

选择【系统设置】|【基础资料】|【公共资料】|【凭证字】，单击【新增】按钮设置凭证类型，如图 4－11 所示。注意科目中的分隔号为英文减号“-”。

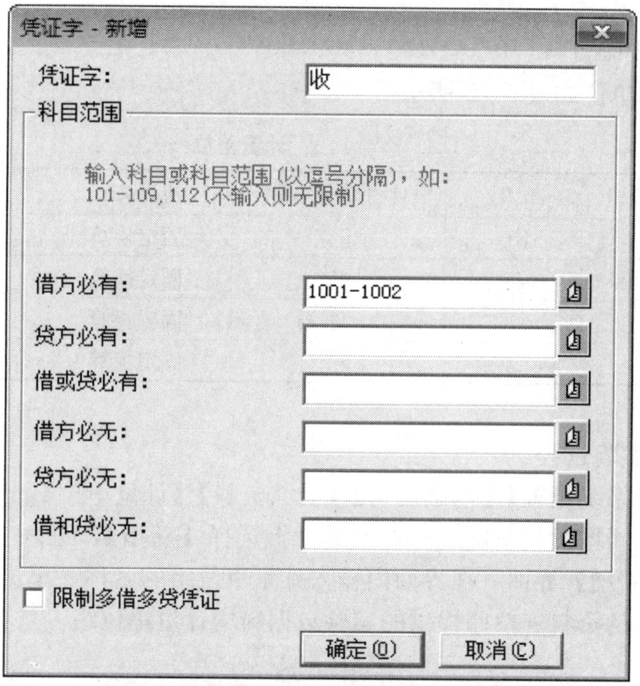

图 4－11　凭证字设置

单击【确定】按钮，保存新增的凭证字。

实验提示

“限制多借多贷凭证”选项：若选中此选项，则该类型的凭证不允许保存由多笔借方分录和多笔贷方分录构成的凭证。

4.4.4　计量单位

计量单位是进行采购、销售、库存管理、生产及固定资产等单据或资料输入时，为相应的物料或资产设置的计量标准。在金蝶 K/3 系统中，要设置计量单位，必须先增加计量单位组，没有计量单位组，就无法增加计量单位。计量单位分组时，常以物料计量的物理维度作为分组标准，一般分为数量组、重量组、长度组、体积组、容积组等。每个计量单位组中，系统要求有一个基本的计量单位，本组内的其他计量单位与基本计量单位有一定的换算关系。比如重量组中包含计量单位“千克”，“千克”是基本计量单位，此外还有计量单位“吨”，且 1 吨＝1 000 千克，因此“吨”就与基本计量单位“千克”有一定的换算关系。一个计量单位组中，系统只默认一个计量单位，默认计量单位的换算率为1。此计量单位组中其他的计量单位都为辅助计量单位，辅助计量单位的换算率为默认计量单位的倍数。

1. 实验资料

计量单位如表4-5所示。

表4-5 计量单位

计量单位组	代码	计量单位名称	换算方式	换算率	是否默认
重量组	KG	千克	固定换算	1	是
	T	吨	固定换算	1 000	
数量组	J	件	固定换算	1	是
	X	箱	固定换算	50	

2. 实验过程

在【系统设置】|【基础资料】|【公共资料】|【计量单位】中进行设置。

(1) 新增计量单位组。在工具栏上选择【新增】，进入如图4-12所示【计量单位组-新增】界面，在界面内输入计量单位组的名称，单击【确定】，保存新增计量单位组的资料。按照提供的实验数据新增计量单位组。

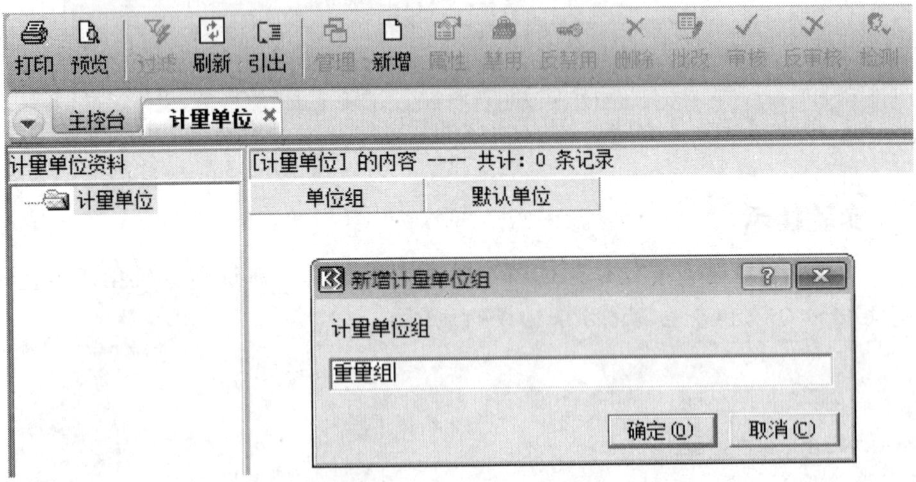

图4-12 新增计量单位组

(2) 新增计量单位。计量单位组设置完毕，选择需要增加计量单位的组，如“重量组”，鼠标在右边表格中单击一下，在工具栏上选择【新增】，进入如图4-13所示【计量单位-新增】界面，输入计量单位的代码、名称和系数（系统默认新增计量单位的换算率为1)。单击【确定】，保存新增计量单位的资料。按照提供的实验数据新增计量单位。

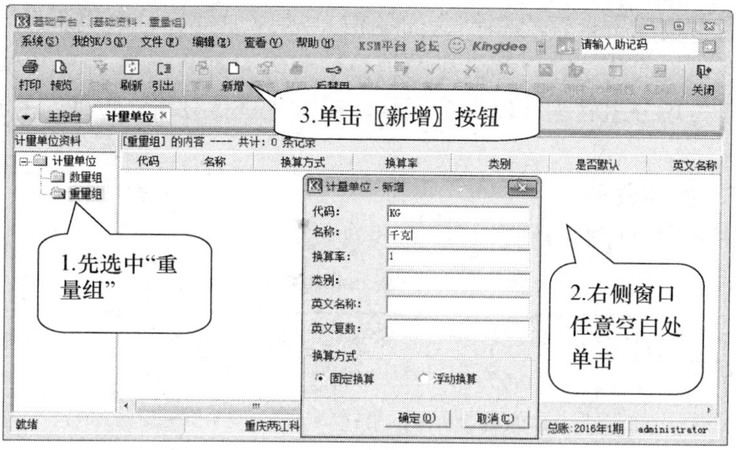

图 4－13　新增计量单位

实验提示

1. K/3 系统中类似计量单位界面的其他功能在进行新增操作时请参照上述步骤。

2. 换算率是指与默认计量单位换算的系数。非默认计量单位与默认计量单位的系数换算为乘的关系，即 1（默认计量单位系统）×非默认计量单位系统。一个计量单位组中只能有一个默认计量单位。

3. 换算方式：K/3 提供了两种计量单位换算方式，即固定换算和浮动换算。固定换算方式的计量单位与默认计量单位间始终维持固定的换算比率，如克与千克之间的换算是固定的，不可能发生 500 克也是 1 千克的事情；浮动换算方式的计量单位则可在物料、单据使用时根据需要指定换算率，更加灵活地运用，如支与箱之间的换算，大箱可能装 1 000 支笔，小箱则装 500 支笔，所以支与箱之间的换算关系就是浮动的。

默认计量单位是可以修改的。方法是：选择一个计量单位，选择【编辑】|【设为默认单位】，这个计量单位就被修改为默认计量单位。如果这个计量单位的换算率不是 1，系统会自动将这个计量单位的换算率改为 1，其他计量单位的换算率也会同比进行更改。

4.4.5　客户和供应商

客户是企业生产经营的对象，准确地设置客户信息，对往来账务管理非常有利。客户管理是销售管理的重要组成部分，同时也为应收款管理、信用管理、价格管理提供不可或缺的基本数据。

供应商是企业生产经营所需资源的重要提供者，也是企业的合作伙伴，准确地设置供应商信息，对供应链管理、往来账务处理都具有重要意义。

通常情况下，客户和供应商的信息越详细越好，本书案例为了减少实验工作量，极大地简化了客户和供应商信息。另外，如果有关客户和供应商的资料较多，则应该考虑分组管理，比如按区域、按行业进行分组，以便于管理。

1. 实验资料

客户和供应商的资料如表 4－6 所示。

表 4－6　　客户和供应商的资料

性质	代码	单位名称	单位地址	联系电话	联系人
客户	01	深圳天音	深圳×××	0755-6634502	王飞
客户	02	广东移动	广东×××	020-68167860	陈力
客户	03	陕西联通	陕西×××	0651-1234567	刘陕北
供应商	01	德国 MOT	德国×××	(0049) 06633-642123	张山
供应商	02	中山电机	中山×××	0760-11223344	李四
供应商	03	宁波泰信	宁波×××	0574-33445566	王五

2. 实验过程

(1) 设置客户。选择【系统设置】|【基础资料】|【公共资料】|【客户】，点击工具栏中的【新增】进行设置，如图 4－14 所示。按照实验数据新增客户资料。客户的信息除了代码、名称外，还有联系人、地址、电话等其他信息，此处不一一列举。有些内容会涉及其他系统或功能的使用，如"是否进行信用管理"，如果不选，则不能在应收或销售系统里进行信用控制。

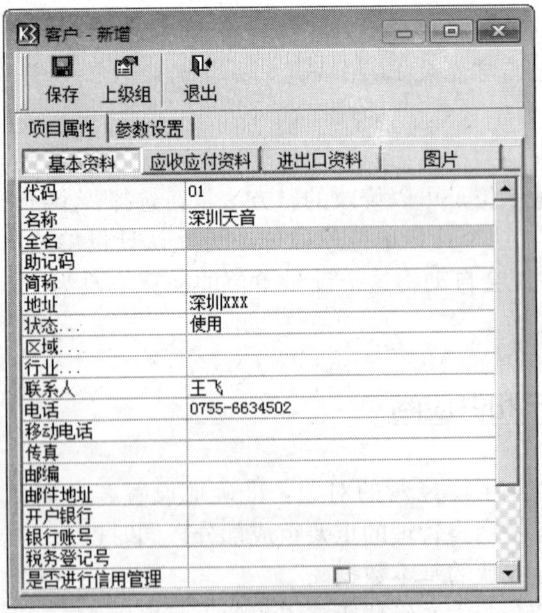

图 4－14　新增客户

实验提示

若需要对客户分类，如按区域、按行业进行分组，则在【新增】窗口单击工具栏上的【上级组】按钮，先分类，再在相应类别下新增客户。

（2）设置供应商。选择【系统设置】|【基础资料】|【公共资料】|【供应商】，点击工具栏中的【新增】进行设置，如图 4－15 所示。按照实验数据新增供应商资料。

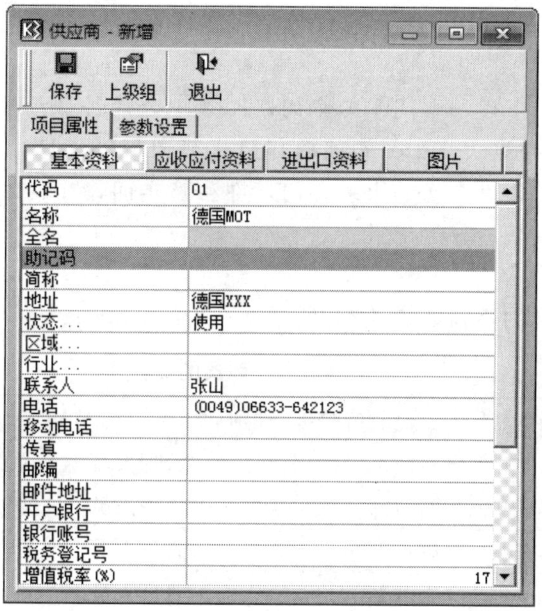

图 4－15　新增供应商

4.4.6　部门和职员

部门和职员可以作为财务的辅助核算项目，也是采购、销售、仓存系统和存货核算系统中各种单据的“部门”与“人员”项目的组成部分。

1. 实验资料

部门的资料如表 4－7 所示。

表 4－7　部门的资料

部门代码	部门名称	部门属性	成本核算类型
01	行政部	非车间	期间费用部门
02	财务部	非车间	期间费用部门
03	销售部	非车间	期间费用部门
04	采购部	非车间	期间费用部门

续前表

部门代码	部门名称	部门属性	成本核算类型
05	生产计划部	非车间	期间费用部门
06	生产车间	车间	基本生产部门
06.01	一车间	车间	基本生产部门
06.02	二车间	车间	基本生产部门
07	库房	非车间	期间费用部门

实验提示

生产车间下设一车间和二车间，K/3中会计科目、生产车间资料等都是通过点号“.”来区分级次。如一车间的部门代码为“06.01”，其中“.”为分隔符，“.”左边的“06”为一车间的上级部门，即生产车间，“.”右边的“01”为一车间在生产车间中的编码。

有关职员的资料如表4-8所示。

表4-8　职员的资料

职员编码	职员名称	部门名称	性别	职员类别	职务	入职日期
0101	张文峰	行政部	男	管理人员	总经理	1987-05-06
0102	李天华	行政部	男	管理人员	职员	2001-02-01
0201	李东平	财务部	男	管理人员	职员	2001-07-08
0202	王少红	财务部	女	管理人员	部门经理	2000-03-05
0203	张中杨	财务部	男	管理人员	职员	2008-10-11
0204	赵小兵	财务部	女	管理人员	职员	2003-01-05
0301	周力	销售部	男	经营人员	部门经理	1995-03-15
0302	刘一江	销售部	男	经营人员	职员	2008-01-20
0401	赵希文	采购部	男	经营人员	部门经理	2003-01-21
0402	杨真	采购部	女	经营人员	职员	2006-07-08
0501	余刚	生产计划部	男	管理人员	职员	2010-06-07
0601	胡兵	一车间	男	管理人员	车间主任	2004-03-25
0602	孙胜业	一车间	男	工人	职员	1995-09-16
0603	徐英	二车间	男	工人	职员	1999-07-12
0701	陈力	库房	男	管理人员	职员	2004-07-01

2. 实验过程

（1）设置部门。选择【系统设置】|【基础资料】|【公共资料】|【部门】，点击工具栏中的【新增】进行设置，如图4-16所示。

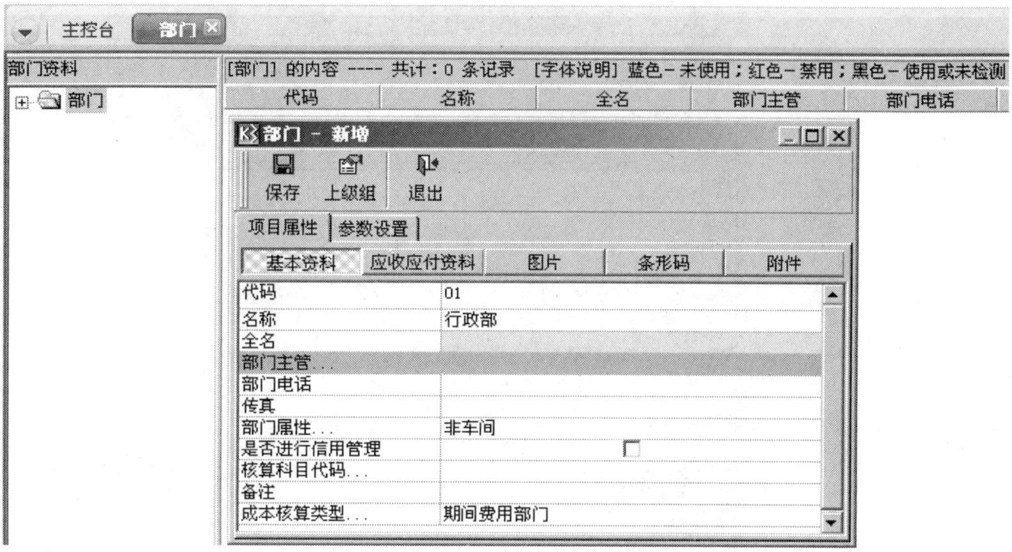

图 4 - 16 新增部门

部门还可以分级，如生产车间下设一车间和二车间。

部门设置的结果如图 4 - 17 所示。

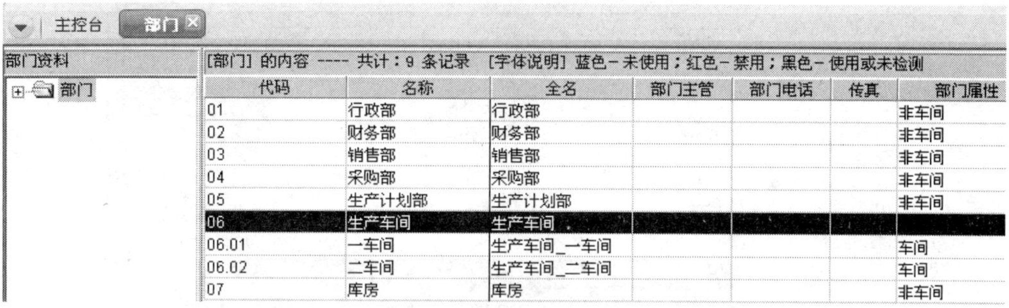

图 4 - 17 部门设置

实验提示

1. 部门资料中的“部门属性”“成本核算类型”用于生产管理系统、财务会计系统中的成本管理。

2. 如果一车间、二车间的部门属性设置为非车间，将造成在输入工作中心资料时无法找到该车间。由于系统默认为非车间，容易出现疏忽。

(2) 设置职员。选择【系统设置】|【基础资料】|【公共资料】|【职员】，参照设置部门的操作方法进行职员的设置，如图 4 - 18 所示。

在“职员类别”处按“F7”，可以调出职员类别设置窗口，然后新增“管理人员”、“经营人员”和“工人”三个类别，如图 4 - 19 所示。“职务”的设置方法与此相同。

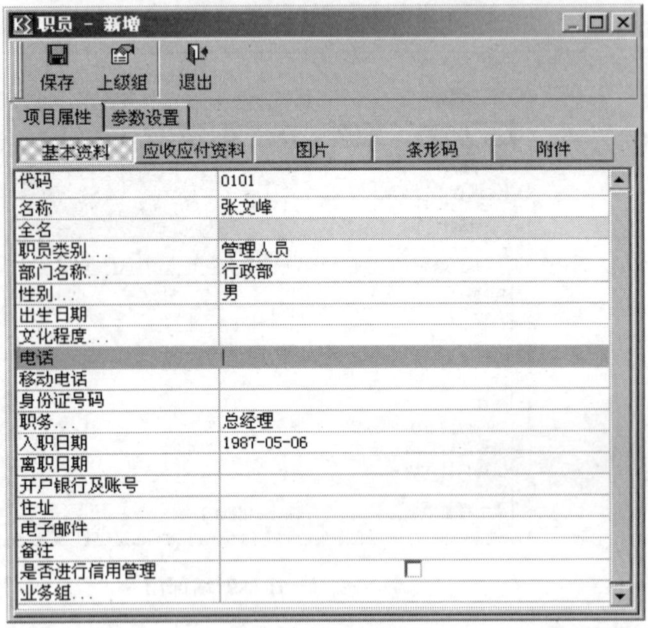

图 4－18　新增职员

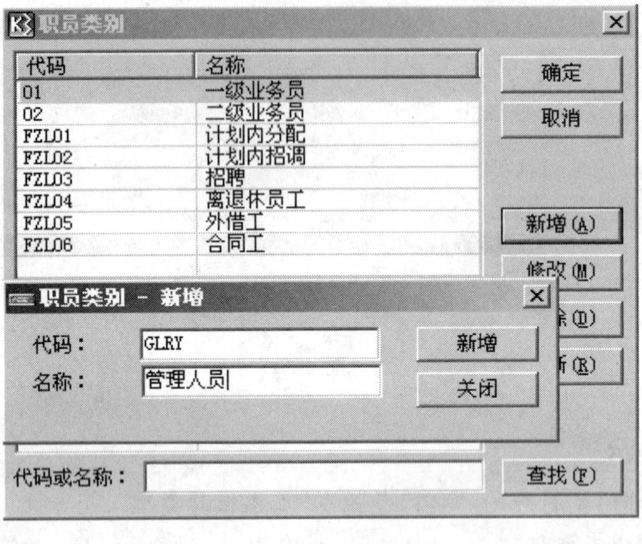

图 4－19　新增职员类别

一个职员的信息设置完成后，点击【保存】，然后自动进入下一个职员的信息设置，按照提供的实验数据新增职员资料。

实验提示

增加职员类别、职务等，也可以在【系统设置】|【基础资料】|【公共资料】|【辅助资料管理】中完成。

4.4.7 仓库

仓库指物料存储的场所，建立仓库档案是 K/3 系统的重要基础工作之一。K/3 中的仓库不仅指具有实物形态的场地或建筑物，还包括不具有仓库实体形态，但代行仓库部分功能、代表物料不同管理方式的虚仓。也就是说，可以在一个实体仓库中划分几个区域来存放原料、半成品或产成品，也可以划出某个区域作为待检仓或代管仓。

仓库的重要参数有：

（1）仓库属性：有不良品、良品、在检品之分；在一些企业中，不良品或在检品由专门的仓库来管理。

（2）仓库类型：有普通仓、待检仓和代管仓等。普通仓和待检仓是实仓，进行数量和金额核算；代管仓等是虚仓，只进行数量核算，不进行金额核算。

（3）是否 MPS/MRP 可用量：该选项是进行 MPS/MRP 计算的重要参数。选中某仓库参与 MPS/MRP 计算，即系统进行 MPS/MRP 计算时，考虑该仓库的物料情况。反之，不参与 MPS/MRP 计算。

（4）是否进行仓位管理：表示该仓库是否可以细分到仓位。

1. 实验资料

仓库的资料如表 4－9 所示。

表 4－9　　仓库的资料

代码	名称	仓库属性	仓库类型	是否 MPS/MRP 可用量
001	成品库	良品	普通仓	√
002	一车间现场库	良品	普通仓	√
003	二车间现场库	良品	普通仓	√
004	材料库	良品	普通仓	√
005	待检库	在检品	待检仓	

2. 实验过程

选择【系统设置】|【基础资料】|【公共资料】|【仓库】，点击【新增】进行设置，如图 4－20 所示。按照提供的实验数据新增仓库。

增加完成后，系统默认只显示“代码”、“名称”、“全名”、“参与核算”、“审核人”、“附件”和“图片”7 列。若要显示实验资料中其他的信息如仓库属性和仓库类型等，则操作如下：

（1）执行菜单中【查看】|【选项】命令，如图 4－21 所示。弹出【基础资料查询选项】对话框，如图 4－22 所示。

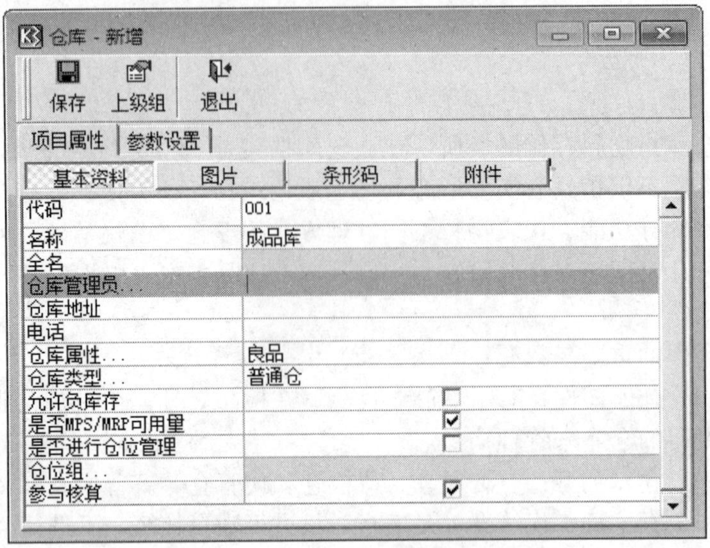

图 4-20　新增仓库

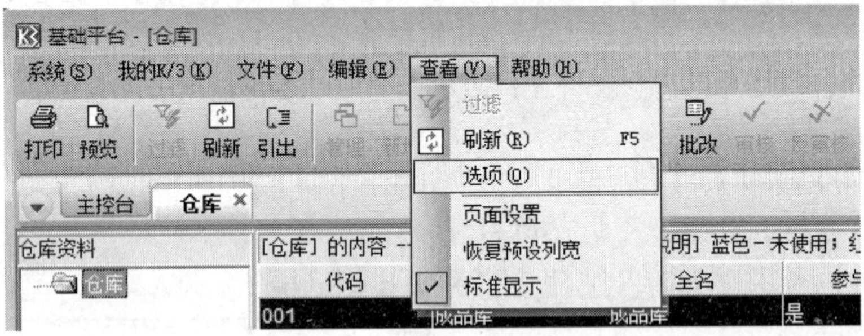

图 4-21　【选项】命令

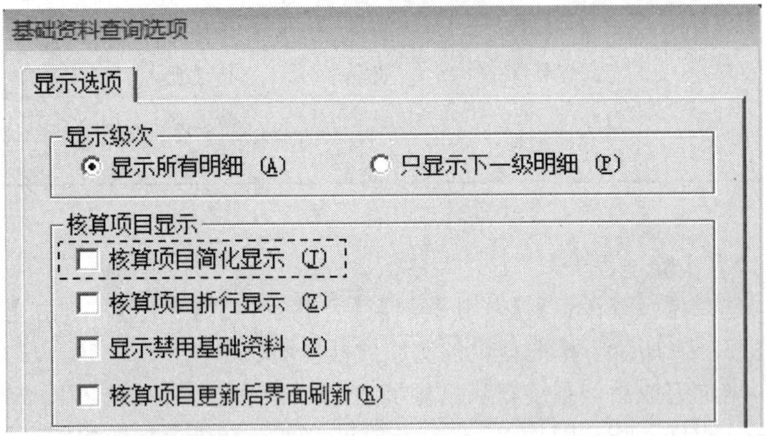

图 4-22　【基础资料查询选项】对话框

(2) 取消选中【核算项目简化显示】选项，单击【确定】按钮，则仓库的主界面将如图 4-23 所示。

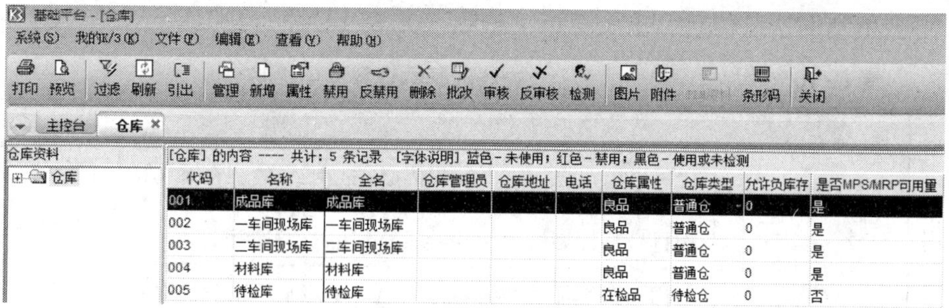

图 4－23　仓库的完整列显示

其他的基础资料也可按照上述操作进行。

4.4.8　物料

物料是组成产品结构的最小单元。在英文里“物料”有多种叫法，当我们说“物料需求计划”时，“物料”对应的英文是“material”；当我们说“物料编码”时，“物料”对应的英文是“item”或“part”。在一些国产 ERP 软件里，也有用“物项”、“物品”或“物件”的，很不统一。本书根据“物料需求计划”的词义采用“物料”这一叫法。

这里所说的物料指的是列进计划、控制库存、控制成本的物件的统称，包括所有的原材料、配套件、毛坯、半成品、联产品、副产品、回收品、需要处理的废品、包装材料、标签、说明书、技术文件、合格证、产成品、工艺装备，甚至不能存储的某些能源等。换句话说，物料是计划的对象、库存的对象和成本核算的对象。物料资料是设置系统基本业务资料的最基本也是最重要的内容。物料资料包括多方面的信息，通常需要技术、财务、采购、销售、计划、质检等部门共同协作。

物料管理在生产型企业中处于重要环节，只有正确设置物料属性，才能进行相关处理。如物料设置为“外购”属性，则系统在进行 MRP 计算时会生成采购计划单；原料 A 的提前期设置为 3 天，在 2017 年 6 月 10 日的生产中需使用该原料，并且仓库中没有该原料的库存，则系统展开 MRP 运算时会自动计算出该物料应该在 2017 年 6 月 7 日（假设没有考虑工厂日历中的休息日）下达采购订单和采购数量，以保证生产正常进行。

物料资料主要包括基本资料、物流资料、计划资料、设计资料等 11 个方面的信息。一个标签页保存与一个主题相关的信息。比如说，物流资料标签页用于保存物流管理各系统需要用到的物料资料，计划资料标签页用于保存生产管理各系统需要用到的物料资料。限于篇幅，本节着重介绍基本资料、物流资料和计划资料中的主要设置项，未提及的其他内容，请读者查阅 K/3 的用户手册。

1. 物料的基本资料

这个标签页的资料是物料的一些基本信息，保存了使用物料资料的各个系统都会用到的一些信息。主要有以下选项，见表 4-10。

表 4-10 物料的基本资料选项说明

数据项	说明
代码（必填项）	代码由用户自行定义，代码必须是唯一的。在系统中，每一个物料都有唯一的一个代码予以识别，即两种不同的物料不得有相同的代码（也称物料号），物料号是计算机识别和检索物料的首要途径。
名称（必填项）和全名	名称和全名都是物料名称。前者是该物料的具体名称，类似于短代码，由用户手工录入，是一个必须录入的项目；后者是包括上级名称在内的物料名称，类似于长代码，由系统自动给出。
物料属性	用于说明物料的来源（制造、采购等），主要介绍最常用的三种。自制表示该物料由企业内部加工，MRP 展开时系统中生成生产加工计划-生产任务单；外购表示该物料由企业外购，MRP 展开时系统中生成采购计划-采购申请；委外加工表示该物料由企业提供材料，委托外单位加工，系统中生成委外采购计划。
计量单位组	指定物料使用的计量单位组。
基本计量单位	基本计量单位是每个单位组中作为标准的计量单位，其他计量单位都以它作为计算依据。每个物料必须确认一个基本计量单位。
默认仓库	指定当前物料默认存放的仓库。
数量精度	确定物料在单据和报表中数量数据显示的小数位数长度，用户根据需要设定。
最低存量、最高存量和安全库存数量	最低存量，是指为满足企业正常的生产经营需要，当前物料所能允许的并以基本计量单位计算的最小库存储备量。 最高存量，是指为避免库存积压而大量占压储备资金所规定的企业能够承担的以基本计量单位计算的当前物料最大库存储备量。 安全库存数量，是指为维持基本生产需要，必须达到的以基本计量单位计算的库存量。

2. 物料的物流资料

物流资料主要是有关供应链、仓库管理方面的数据。主要有以下选项，见表 4-11。

表 4-11 物料的物流资料选项说明

数据项	说明
销售单价	物料用于销售时以基本计量单位计算的标准销售单价，单位为本位币货币。
是否采用业务批次管理	勾选该项后，系统会对物料进行完整的批次管理，对存货在供应链上每一步骤的收、发、存活动进行全程跟踪与考量，并提供完整的物料批次信息。
是否进行保质期管理	只有选择了“采用业务批次管理”的物料才能选择该选项。保质期是很多工业企业，特别是食品、医药等行业企业的重要需求。

续前表

数据项	说明
计价方法（必填项）	指定用于核算存货发出成本和结存成本的计价方法。系统提供了财务上几种标准的计价方法供选择，计价方式一经选定，不得更改。
计划单价	如果在计价方法中选择了“计划成本法”，则其为必须输入项目。
单价精度	指各种单价最大可能精确到的小数位数。
存货科目代码（必填项）	选择相应的科目代码，一般为“1403 原材料”或“1405 库存商品”科目，在设置凭证模板时会用到。
销售收入科目代码（必填项）	选择相应的科目代码，一般为“6001 主营业务收入”科目，在设置凭证模板时会用到。
销售成本科目代码（必填项）	选择相应的科目代码，一般为“6401 主营业务成本”科目，在设置凭证模板时会用到。
成本差异科目代码	如果在计价方法中选择了“计划成本法”，则其为必须输入项目；一般为“1404 材料成本差异”科目，在设置凭证模板时会用到。

3. 物料的计划资料

计划资料用于保存生产管理各系统（车间管理和计划管理系统）需要用到的物料资料。本节主要讲述各种计划参数的概念及其应用。如果企业是一台高速运转的机器，计划参数就像机器的控制开关，掌握这些开关的用法及内部工作原理是操作机器的必修课。通过对计划参数的学习，可为进一步学习计划管理打下理论基础。

（1）计划策略。计划策略即指物料以什么方式进行计划，其中：主生产计划（MPS）类的物料指需求来源为独立需求，要进行主生产计划运算；物料需求计划（MRP）和总装配（FAS）类的物料在 K/3 系统中暂不区分，都表示用 MRP 方式进行计划；无计划类的物料表示此物料不进行需求计划计算。

可以将成品、重要的半成品、提前期特别长的物料设为 MPS 类，进行主生产计划运算；将一般的自制件、采购件设为 MRP 类；将数量大、金额小的不重要的物料设为无计划类。

（2）订货策略。订货策略即运算时对批量形成的不同处理。主要介绍期间订货量、批对批、固定批量、再订货点四种选项。该设置主要用于 MPS 或 MRP 运算时对批量形成的不同处理。

1）期间订货量（period order quantity，POQ）。简言之，就是订货周期固定，每次订货的数量不定。此时，需要指定订货间隔期，系统会根据订货间隔期设定的天数，先计算该期间各天的净需求，然后按期间将各天的净需求汇总后进行批量调整，在各期间的第一天生成计划订单。批量调整的公式为：

$$\text{计划订单量}=\text{最小订货量}+\text{取大整数}[(\text{净需求量}-\text{最小订货量})\div\text{批量增量}]\times\text{批量增量}$$

2）批对批（lot for lot，LFL）。即直接批量，计划产出量取净需求量。它同样会考虑最小订货量、批量增量。计算公式同上。对于大多数没有特殊要求的物料，可以采用这种方法进行设置。

3）固定批量（fixed order quantity，FOQ）。简言之，就是订货数量固定，订货周期不定。其计划订单数量是以净需求为基础的，订单数量必须为固定/经济批量所定数量的整数倍。此时系统将自动设定：最小订货量＝批量增量＝固定批量，调整公式同上。

4）再订货点（reorder point，ROP）。对于再订货点的物料，当库存降低到再订货点以下时，系统将产生需求，计划订单量为固定/经济批量指定的数量。如果库存大于再订货点，则用库存减去再订货点的差除以日消耗量的最小整数，算出库存可维持的天数，在该日期后再产生计划订单。对于不太重要的物料，因其金额低，可以设置成这种订货方式。其前提是需求固定，此外要设置再订货点。

（3）提前期。提前期分为交货提前期、生产提前期、采购提前期等。交货提前期指接到客户订单到出货的日期；生产提前期指从发出生产订单到完工入库的日期；采购提前期指从发出采购订单到收到物料的日期。MRP系统中，提前期的设置会直接影响订单开工的时间，提前期是生产计划管理期量标准中“期”的概念，是系统中一个重要参数。

提前期一般会受到需求批量的影响，在实际设置中将提前期分为固定提前期和变动提前期。固定提前期是指生产采购不受批量调整的提前期部分，主要包括产品设计、生产准备和设备调整、工艺准备等必须用到的时间。变动提前期是指生产受到需求批量影响的提前期部分，在取数时表示生产变动提前期批量所需要的总的时间减去固定提前期。变动提前期批量是和变动提前期联合使用的一个参数，用户可以定义一个最佳生产批量或者其他比较容易统计的生产量。

物料的固定提前期、变动提前期、变动提前期批量的准确设置会影响物料的需求日期和建议下单日期。如果是流程型企业或大批量生产的企业，应该注意这几个参数的设置。

1）对订货策略为批对批的物料，会考虑变动提前期批量的影响。计算总提前期的公式为：

总提前期＝固定提前期＋变动提前期×(建议订单量/变动提前期批量)

需求日期减去总提前期，即可得到建议开工/采购日期。

例4－1

A产品生产的固定提前期为2天，每生产100件需要1天，现有顾客订购1 050件，需要提前多少天开工生产？

总提前期＝2＋1×(1 050/100)≈13(天)

2）对订货策略为固定批量的物料，计算建议开工/采购日期的方法同批对批的物料。

3）对订货策略为再订货点的物料，其建议开工/采购日期等于物料的需求日期减去物料的变动提前期。

4）对订货策略为期间订货量的物料，其建议开工/采购日期等于物料的需求日期减去物料的变动提前期。

（4）最小（大）订货量。最小（大）订货量是指每次订货量不能低（高）于此值。设置了最小订货量可以减少准备工作的次数，但会放大需求量。

（5）订货批量（批量增量）。批量增量是指物料的每次订货量是该数量的倍数，如采购中的最小包装单位。如果设定了这些值，系统在计算 MPS/MRP 时将对净需求进行调整，这可能会导致需求量的放大。如果这些值的确存在且能确切知道，可以根据实际情况进行设置，否则采用系统默认值。

例 4-2

现有库存量：8　　安全库存：0

最小批量：6　　批量增量：3　　订货间隔期：0

固定提前期：0　　变动提前期：1　　变动提前期批量：3

时段（天）	当期	1	2	3	4	5	6	7
毛需求量		9	1	5	8	7	9	2
计划接收量		5						
预计可用库存量	8	4	3	4	2	1	1	5
净需求量				2	4	5	8	1
计划产出量				6	6	6	9	6
计划投入量		6	6	9+6		6		

其中：

（1）第 3 个时段的净需求量为 2，设置了最小批量 6，而且净需求量 2＜最小批量 6，因此第 3 时段的计划产出量为最小批量，即 6。

（2）第 3 个时段的计划产出量为 6，此时计算提前期为多少。所用的公式为：总提前期＝固定提前期＋变动提前期×（建议订单量/变动提前期批量），然后根据需求日期减去总提前期得到建议开工/采购日期。

此例中，总的提前期＝0＋1×(6/3)＝2，故确定计划投入量为第 1 个时段，数量为 6，其他的时段同此。

（3）第 6 个时段的计划产出量确定为 9 的原因如下：此时段计算出净需求量为 8，因为最小批量为 6，而 6＜8，故要考虑批量增量。批量增量为 3，可确定计划产出量为：最小批量＋批量增量×倍数＝6＋3×1＝9。

（6）订货间隔期。订货间隔期又称批量订货天数。订货间隔期的时间长短应结合企业下达订单的间隔期来考虑。如果设置的时间太短，则计划下达过于频繁，会增加同一物料生产加工（或采购）的准备次数；如果设置的时间太长，则会把后期不急需的物料提前生产（或采购），导致较长时间的库存积压。

（7）MRP 计算是否合并需求。若该属性为否，表明该物料要进行需求跟踪，计划系统在计算需求的过程中会对每个需求单据计算净需求量，并跟踪查询；否则会将所有的需求量按日期进行合并，再进行净需求量的计算。

（8）MRP 计算是否产生采购申请。选中该选项是指 MRP 计算后自动产生采购申请单，不选则不产生采购申请单。

4. 实验资料

（1）物料资料（基本资料）如表 4－12 所示。

表 4－12 物料的基本资料

代码	名称	物料属性	计量单位组	基本计量单位	默认仓库	数量精度	安全库存量	最低存量
A1	M100 手机	自制	数量组	件	成品库	0	100	1
A2	M200 手机	自制	数量组	件	成品库	0	0	0
B1	M100 主板	外购	数量组	件	材料库	0	0	0
B2	MAT 外壳	自制	数量组	件	一车间现场库	0	0	0
B3	M200 主板	自制	数量组	件	二车间现场库	0	0	0
C1	MAT 护镜	外购	数量组	件	材料库	0	0	0
C2	MAT 面板	外购	数量组	件	材料库	0	0	0
C3	M200 芯片	外购	数量组	件	材料库	0	0	0
C4	M200 裸板	外购	数量组	件	材料库	0	0	0

（2）物料资料（物流资料）如表 4－13 所示。

表 4－13 物料的物流资料

代码	名称	计划单价	销售单价	存货科目代码
A1	M100 手机	1 000.00	1 500.00	1405 库存商品
A2	M200 手机	1 500.00	2 300.00	1405 库存商品
B1	M100 主板	800.00		1403 原材料
B2	MAT 外壳	10.00		1403 原材料
B3	M200 主板	380.00		1403 原材料
C1	MAT 护镜	4.00		1403 原材料
C2	MAT 面板	3.00		1403 原材料
C3	M200 芯片	100.00		1403 原材料
C4	M200 裸板	3.00		1403 原材料

上述物料的其他物流资料属性按表 4－14 设置。

表 4－14 物料的物流资料（其他属性）

物料属性	内容
是否采用业务批次管理	否
是否进行保质期管理	否
计价方法	移动平均法
销售成本科目代码	6401 主营业务成本
销售收入科目代码	6001 主营业务收入
成本差异科目代码	1404 材料成本差异
单价精度	2

（3）物料资料（计划资料）如表 4－15 所示。

表 4－15　　物料的计划资料

代码	名称	计划策略	订货策略	订货间隔期	固定提前期	变动提前期	最小订货量	最大订货量	批量增量	变动提前期批量	需求时界	计划时界
A1	M100 手机	MPS	期间订货量（POQ）	6	1	1	200	10 000	10	600	7	20
A2	M200 手机	MPS	批对批（LFL）	0	1	1	100	10 000	10	500	7	20
B1	M100 主板	MRP	批对批（LFL）	0	2	1	1	10 000	1	100		
B2	MAT 外壳	MRP	批对批（LFL）	0	1	1	1	10 000	1	100		
B3	M200 主板	MRP	批对批（LFL）	0	1	1	1	10 000	1	100		
C1	MAT 护镜	MRP	批对批（LFL）	0	2	1	1	10 000	1	100		
C2	MAT 面板	MRP	批对批（LFL）	0	2	1	1	10 000	1	100		
C3	M200 芯片	MRP	批对批（LFL）	0	2	1	200	1 000	10	100		
C4	M200 裸板	MRP	批对批（LFL）	0	2	1	200	1 000	10	100		

注：时间单位默认为天。

5. 实验过程

选择【系统设置】|【基础资料】|【公共资料】|【物料】，在右侧【内容】窗口任意位置单击鼠标，再点击【新增】按钮进行设置，如图 4－24 所示。按照提供的实验数据新增物料：代码为“A1”，名称为“M100 手机”。

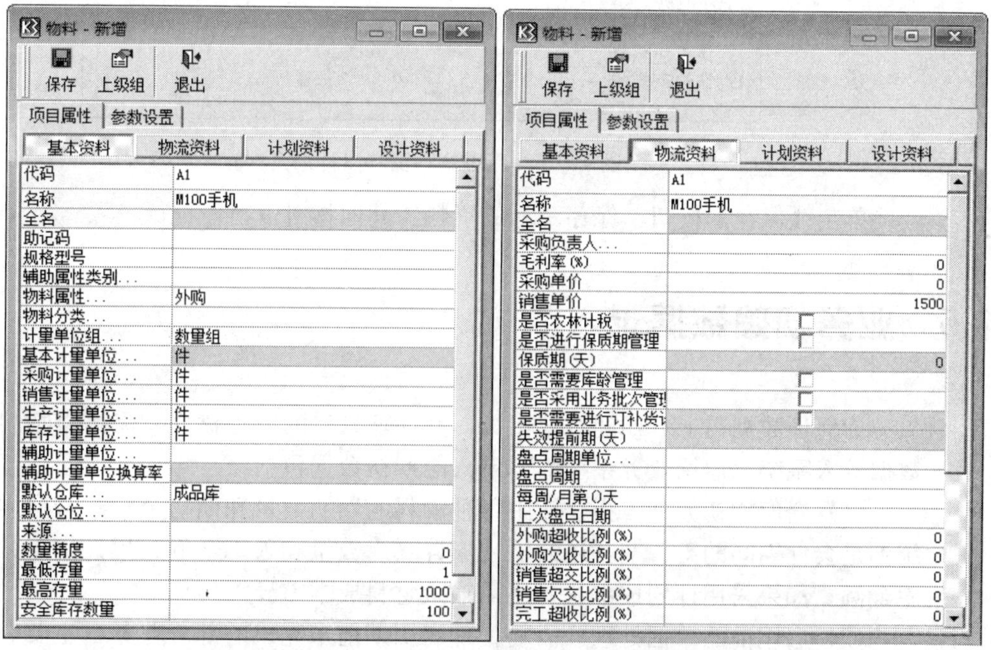

图 4－24　新增物料资料（基本资料和物流资料）

切换到计划资料页，按照提供的实验数据录入物料的计划资料，如图 4-25 所示。

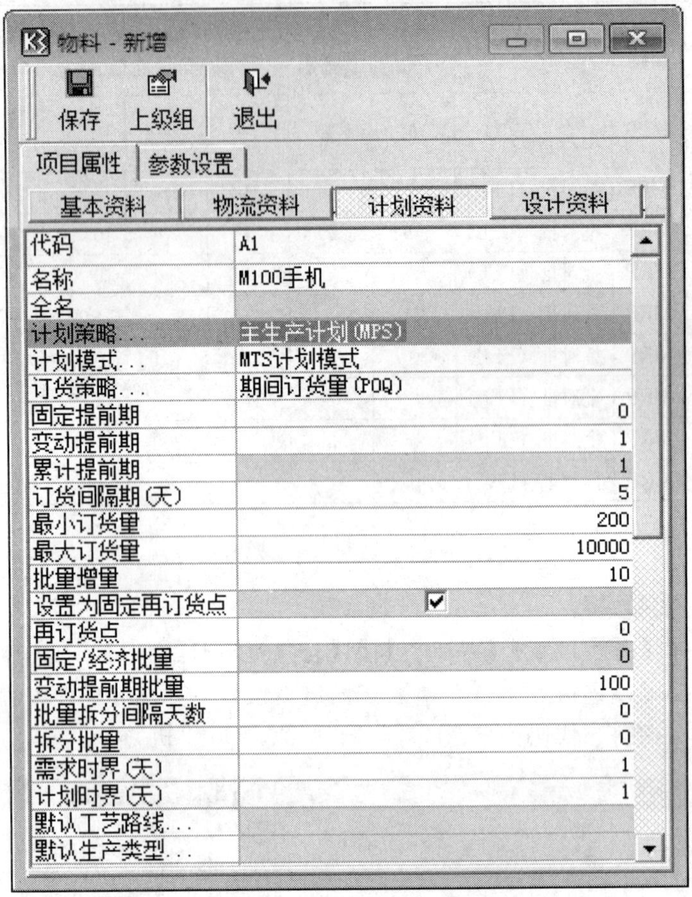

图 4-25 新增物料资料（计划资料）

单击【保存】按钮，保存录入的资料。其他物料资料请自行录入。

4.5 业务初始数据录入

为保证数据与上一期间有效衔接，并保证日后的财务核算，需要将物料的期初数据输入系统。启用业务系统前需录入的期初数据包括：

(1) 仓库期初数据。指仓库中各种物料的期初数量和期初金额。若启用业务系统不是会计期间的第一期，还需输入累计入库数量和入库金额、累计出库数量和出库金额。如果采用计划成本法，还需输入材料成本差异。

(2) 启用前的单据处理。需要处理启用期前未完成的部分业务，主要有以下四种单据，如表 4-16 所示。

表 4-16　　启用期前的单据

启用期前的单据	使用场景（启用系统时）	相应物流单据
启用期前的暂估入库单	采购材料已入库，还未收到发票	外购入库单
启用期前的未核销销售出库单	销售商品已出库，但尚未开具销售发票，还未收款及未进行核销	销售出库单
启用期前未核销的委外加工出库单	委外加工材料已经发出，但是未完成委外加工入库和核销	委外加工出库单
启用期前的暂估委外加工入库单	委外材料入库已经完成，但是还没有收到加工费发票，未确定价格	委外加工入库单

为简化起见，实验案例仅考虑仓库的期初数据。另外，本书案例不涉及财务会计，省略了总账初始化等内容，读者可参考 K/3 的其他资料。

1. 实验资料

2015 年 12 月 31 日，对各个仓库进行盘点，获得了如表 4-17 所示的期初库存数据。

表 4-17　　库存盘点表

仓库名称	物料代码	物料名称	单位	期初数量	期初金额
材料库	B1	M100 主板	件	500	380 000
	C1	MAT 护镜	件	200	800
	C2	MAT 面板	件		
	C3	M200 芯片	件		
	C4	M200 裸板	件		
一车间现场库	B2	MAT 外壳	件		
二车间现场库	B3	M200 主板	件		
成品库	A1	M100 手机	件	500	480 000
	A2	M200 手机	件	500	750 000
合计					1 610 800

2. 实验过程

（1）选择【系统设置】|【初始化】|【仓库管理】|【初始数据录入】，打开【初始数据录入】窗口，如图 4-26 所示。

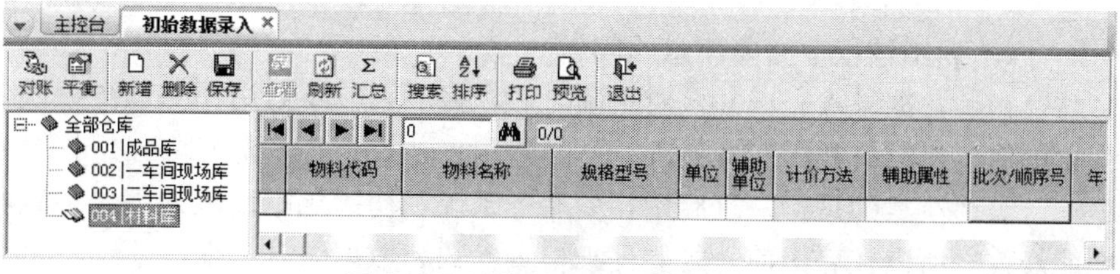

图 4-26 【初始数据录入】界面

窗口左侧是仓库列表，右侧显示所选择仓库下包含的物料期初数据。

（2）在界面左侧栏中，单击选中【材料库】，窗口右侧切换到数据录入状态，录入物料代码“A1”，系统自动将“M100 主板”的基础资料显示出来；将光标向后移动，录入期初数量“500”、期初金额“600 000.00”，如图 4－27 所示。

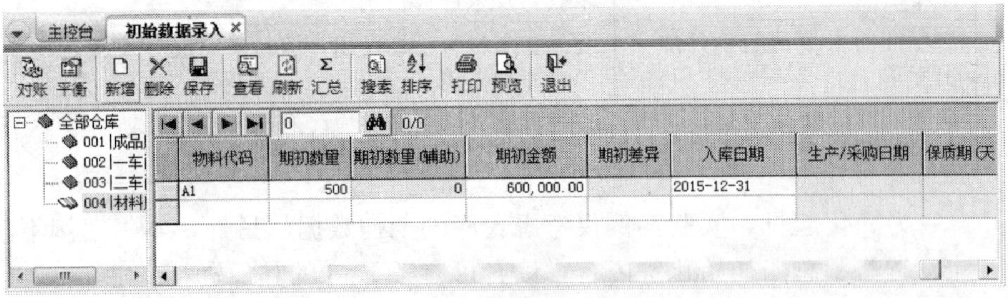

图 4－27 【材料库】初始数据的录入

单击【新增】按钮，继续录入该仓库的下一条期初数据，完成后单击【保存】按钮即可。保存期初数据成功后会自动计算出物料的年初数据。

（3）录入另一仓库的期初数据的方法是：在窗口左侧选择对应的仓库名称，然后到窗口右侧录入期初数据。

实验提示

1. 在录入物料代码时，可以手工录入，也可以单击工具栏上的【查看】按钮，或在“物料代码”列按 F7 键，单击【浏览】按钮，获取物料的基础数据。

2. 由于期初数据和期初金额位于录入窗口的右侧，如果看不到，可以单击滚动条向右移动。

3. 为了预防数据丢失，在实际应用中，建议每录入 10 条期初数据就保存，之后再进行新增处理。

4. 初始数据录入完成后，一定要检查数据是否正确，待业务系统启用后再进行数据调整会非常麻烦。

4.6 启用业务系统

1. 启用过程中需要注意的问题

初始数据录入完毕并核对正确之后，接下来就要启用相关业务系统，结束初始化操作，进行日常的业务处理。

需要注意的是：一旦启用相关业务系统，初始化中设定的部分参数和数据将不能修改，所以在启用前一定要仔细检查参数和数据的合理性。

在启用业务系统之前应进行账套数据备份，以便在启用后发现某些参数设置错误时，能利用备份数据恢复账套并作出修改。

2. 启用销售管理系统

操作步骤如下：

（1）选择【系统设置】|【初始化】|【销售管理】|【启用业务系统】，系统弹出提示框，如图 4－28 所示。

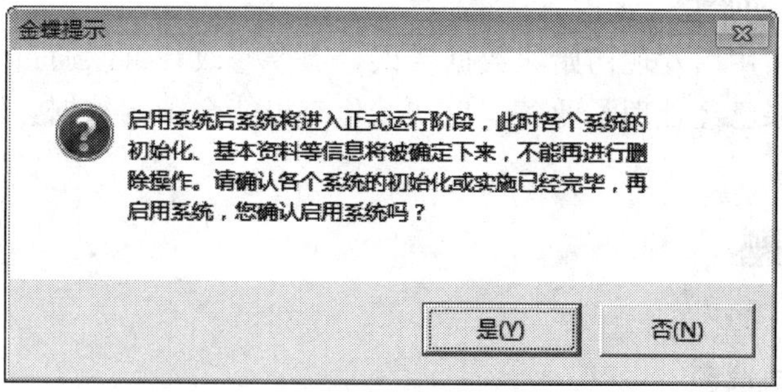

图 4－28　启用销售管理系统的提示框

（2）在确认提示信息无误后，单击【是(Y)】按钮，结束初始化操作。稍后系统弹出重新登录界面，登录后重新选择【系统设置】|【初始化】|【销售管理】，当只显示【反初始化】功能时，表示启用销售管理系统成功。

实验提示

启用供应链业务系统也可以在【系统设置】|【初始化】|【采购管理】|【仓库管理】|【存货核算】|【启用业务系统】中进行。

3. 启用生产制造系统

操作步骤如下：

（1）选择【系统设置】|【初始化】|【生产管理】|【启用业务系统】，系统弹出提示框，如图 4－29 所示。

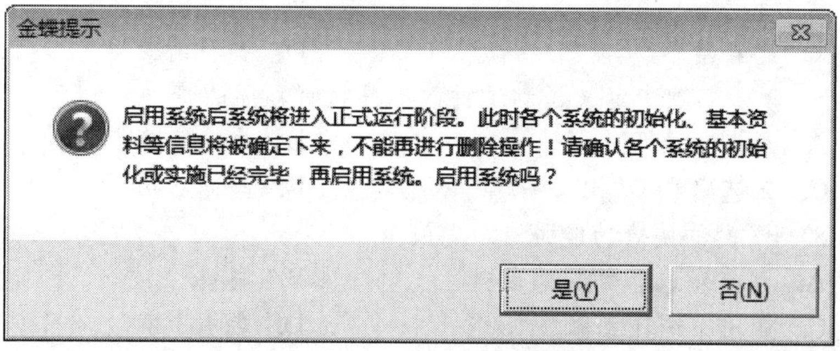

图 4－29　启用生产制造系统的提示框

(2) 在确认提示信息无误后，单击【是(Y)】按钮，结束初始化操作。稍后系统弹出重新登录界面，登录后重新选择【系统设置】|【初始化】|【生产管理】，当只显示【反初始化】功能时，表示启用生产制造系统成功。

启用生产制造系统成功，标志着系统管理员的主要工作完成，有关生产业务人员可以开展业务工作了。

4. 反初始化

如果启用后发现初始化数据错误，需要修改，可以通过【反初始化】功能进行操作。如果已经处理了业务，反初始化有可能会影响数据，因此不宜使用。

□ 复习题

一、单选题

1. 仓库属性中，“是否 MPS/MRP 可用量”选项指的是（　　）。

A. 选择时该仓库为虚仓　　B. 该仓库信息是否纳入 MRP 的计算

C. 不选择时该仓库不能使用　　D. 以上答案都正确

2. 物料代码的作用是（　　）。

A. 在工艺路线文件中识别工作中心　　B. 物料的唯一标识

C. 作为产品物料清单的一部分　　D. A 和 B

3. 物料编码是计算机识别和检索物料的（　　）。

A. 名称　　B. 代码　　C. 规格　　D. 型号

4. 以下单据中不属于初始化时需要录入的启用期前单据的是（　　）。

A. 暂估入库单　　B. 未核销的委外加工出库单

C. 未核销的销售出库单　　D. 采购发票

5. 启用业务系统时，初始化的单据必须（　　）。

A. 审核　　B. 核销　　C. 钩稽　　D. 关闭

6. 以下各项中列出了制造一件产品所需要的子项物料及其数量的是（　　）。

A. 工艺单　　B. 物料需求计划

C. 物料清单　　D. 物料请购单

7. 以下各项中定义了制造件的工序执行顺序的是（　　）。

A. 物料主文件　　B. 物料清单

C. 工艺路线　　D. 车间日历

8. F7 键的快捷功能是（　　）。

A. 用来获取各类基础资料　　B. 刷新

C. 调出系统计算器　　D. 数据重算

9. 产品结构说明了每个物料在产品层次中相互之间的（　　）关系。

A. 从属　　B. 数量

C. 从属和数量　　D. 结构

10. 提前期是以（　　）为日期基准，倒推到加工或采购的开始日期的这段时间。

A. 生产　　B. 交货　　C. 结束　　D. 组装

二、判断题

1. 计量单位组的默认单位就是该计量单位组的基本计量单位。（　　）

2. 在金蝶 K/3 系统中，一个计量单位组中有且只能有一个计量单位，默认计量单位的系数为 1。（　　）

3. 一旦结束初始化工作，初始数据不能通过反初始化来修改。（　　）

4. K/3 系统的客户可以按区域或行业进行分类。（　　）

5. 录入初始数据时要分不同仓库分别录入。（　　）

三、思考题

1. 简述物料的定义。

2. 物料主文件中包括哪些信息？

3. 工厂日历与社会日历有哪些区别？

4. 什么是提前期？ERP 中有哪些提前期？

5. 简述系统初始设置的意义。

第 5 章 Chapter 5 生产数据管理

生产数据管理包括工作中心、资源清单、工艺路线、BOM、多工厂日历、物料替代等基本制造数据，这些数据是进行计划管理、生产控制的应用基础。因此，数据的规范化与准确性对保证系统的顺序上线和使用具有十分重要的意义。在对这些数据进行动态维护和更改控制时应谨慎。

5.1 工作中心和资源清单

5.1.1 班制

班制主要用于定义每天的班次和工作时间，是排产和能力计算的基本数据。K/3 系统中的默认设置是一班制，但不少企业因生产工艺的需要或出于充分利用设备的考虑，常采用二班制。

1. 实验资料

二班制的资料如表 5-1 所示。

表 5-1　二班制的资料

班次	时段	首时段	开始时段		结束时段		工作小时数
			时	分	时	分	
白班上	白班上	√	7	00	11	00	4
白班下	白班下		11	30	15	30	4
中班上	中班上		16	00	20	00	4
中班下	中班下		20	30	23	30	3

2. 实验过程

(1) 选择【计划管理】|【生产数据管理】|【基础资料】|【班制】，双击进入班制管理界面。点击【新增】按钮进入新增班制窗口，按照提供的实验数据新增班制，如图 5－1 所示。

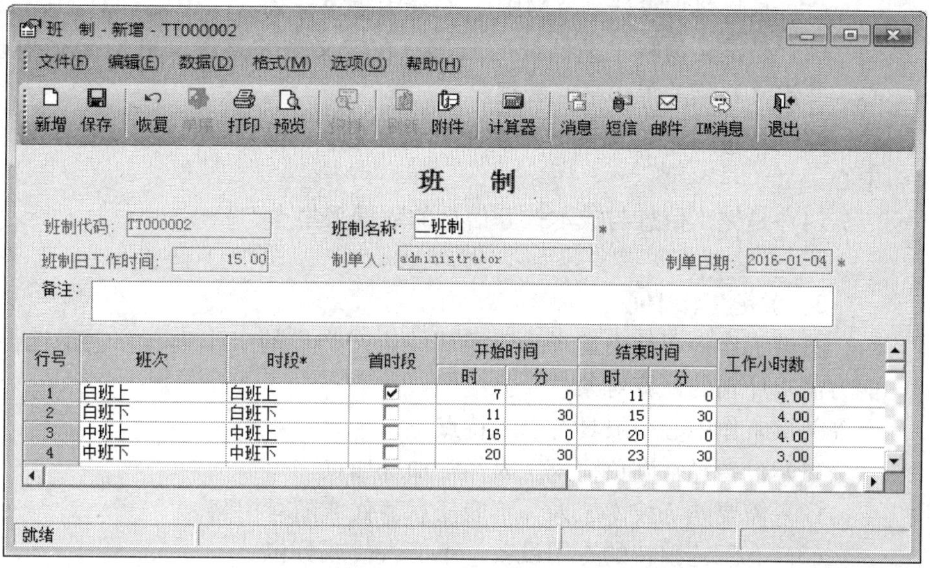

图 5－1　新增班制

(2) 完成后，单击【保存】按钮保存新增的班制信息。

5.1.2　工作中心

1. 概念

工作中心（work center，WC）是用于设置生产环节的基本构成单位，是各种生产能力单元的统称，也是发生加工成本的实体。它可以是一组机器设备或人员，是具有特定功能的加工或生产的基本构成单位。它可大可小，完全根据企业自身的管理需要确定。它广泛用于生产管理，体现在工艺路线中，并可作为单位组。它主要属于计划与控制范畴，而不属于固定资产或设备管理范畴。

工作中心的划分可粗可细。在系统初始运行时，可将工作中心设置得粗略一些，使系统运行简化以便于掌握，之后再逐步细化，提高系统运行的成功率。以下是工作中心的定义的范例：

(1) 一组功能相同，型号、能力相近的设备构成一个工作中心。

(2) 由一个关键资源和几个辅助资源的整体构成一个工作中心。

(3) 一个委外加工单位。

工作中心的设置分两步：

第一步，在系统设置的公共资料中选定，然后进行工作中心的基本属性的设置。

第二步，进行生产资源的设置。

2. 工作中心的作用

工作中心的作用如下：

(1) 是物料需求计划（MRP）与能力需求计划（CRP）运算的基本单元。

(2) 是定义物料工艺路线的依据。在定义工艺路线文件前必须先确定工作中心，并定义好相关工作中心数据。

(3) 是车间作业安排的基本单元。车间任务和作业进度安排到各个加工工作中心。

(4) 是完工信息与成本核算信息的数据采集点。

3. 关键工作中心

关键工作中心是决定产品或零部件生产产量的工作中心。它是运行 MPS 中粗能力需求计划的计算对象。

关键工作中心一般具有以下特点：

(1) 设备经常满负荷，工人经常加班加点。

(2) 需要熟练技术工人，不能任意替代或随时招聘。

(3) 有工艺独特的专用设备，不能替代或分包。

(4) 设备昂贵且不可能及时增添。

(5) 受成本或生产周期限制，不允许替代。

4. 实验资料

工作中心的资料如表 5-2 所示。

表 5-2　　工作中心的资料

代码	工作中心名称	所属部门	是否关键工作中心	班制	效率（%）	利用率（%）	能力计算类型
001	贴片线	一车间	是	一班制	100	100	设备
002	测试线	一车间	是	一班制	100	100	设备
003	压制线	二车间	是	一班制	100	100	设备
004	成型线	二车间	是	一班制	100	100	设备
005	包装线	二车间		二班制	100	100	人
006	A1 总装	一车间		二班制	100	100	人

5. 实验过程

选择【系统设置】|【基础资料】|【公共资料】|【工作中心】，打开工作中心管理窗口。点击【新增】按钮进入设置，如图 5-2 所示。按照提供的实验数据新增工作中心。

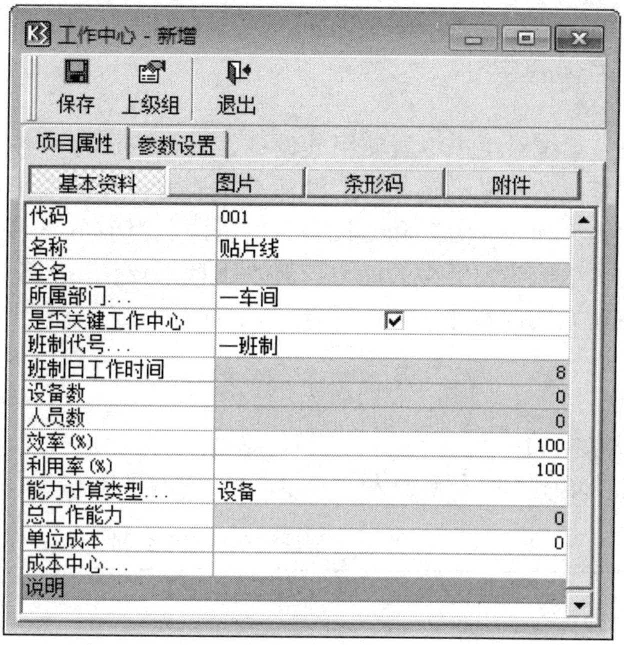

图 5－2　新增工作中心

单击【保存】按钮，系统自动更新界面。按照表 5－2 所列的数据，输入其他工作中心。

实验提示

1. 能力计算的类型依据约束工作中心能力的是设备还是人力来确定，参与能力计算的参数分别对应设备或人力。

2. 案例将工作中心的效率和利用率都简化为 100%，这在现实中几乎不存在。

利用率＝实际使用时间÷可用时间×100%

例如，工作中心一周有 120 小时可用，但是实际生产时间为 90 小时，那么它的利用率为 75%。该数值通常小于 100%，与设备完好率、工人出勤率、任务饱满程度等有关。

效率＝实际输出÷标准输出×100%

例如，一个工作中心每周 100 小时生产出 110 小时的产品，因此它的效率是 110%。效率与工人技术水平或机床的使用年限有关，可大于 100%。

效率与利用率都影响工作中心的额定能力，由于 ERP 计算能力计划时依据这里给出的额定能力，因此如何保证工作中心的额定能力贴近实际能力，需要计划员不断进行核定与修正。

3. 若勾选“是否关键工作中心”这一复选框，则参与粗能力计算；若不勾选，则只参与细能力计算。

5.1.3 资源清单

资源是系统对生产中所使用的设备、人员的泛称，各工作中心的能力在系统中是通过资源清单来设定的。资源清单是能力计算的最小单位，能力需求计划只考虑资源类型为“人力”和“设备”的资源。目前 K/3 版本在核算生产能力时暂时不支持“生产线”类型的能力核算，因此不要使用。K/3 系统对资源实行分组管理。在建立资源清单前，首先要建立资源组，每一个资源必须归属于某个资源组。

1. 实验资料

资源清单组别的资料如表 5－3 所示。

表 5－3　　资源清单组别的资料

组别代码	组别名称
001	设备
002	人力

资源清单的资料如表 5－4 所示。

表 5－4　　资源清单的资料

组别	资源代码	资源名称	工作中心
设备	001	贴片机	贴片线
	002	焊接机	贴片线
	003	无线测试仪	测试线
	004	压制机	压制线
	005	注塑机	成型线
人力	006	工人	包装线
	007	工人	A1 总装

2. 实验过程

（1）选择【计划管理】|【生产数据管理】|【基础资料】|【资源清单】，打开资源清单管理窗口。选择菜单【编辑】|【新增组别】命令进行设置，如图 5－3 所示。按照提供的实验数据新增资源清单组别。

单击【保存】按钮，系统自动更新界面。按照表 5－3 所列的数据，输入其他资源清单组别。

（2）在资源清单管理窗口中，先在左侧窗口单击“设备”资源组，然后单击工具栏上的【新增】按钮进行设置，如图 5－4 所示。按照提供的实验数据新增资源。

单击【保存】按钮，系统自动更新界面。按照表 5－4 所列的数据，输入其他资源。

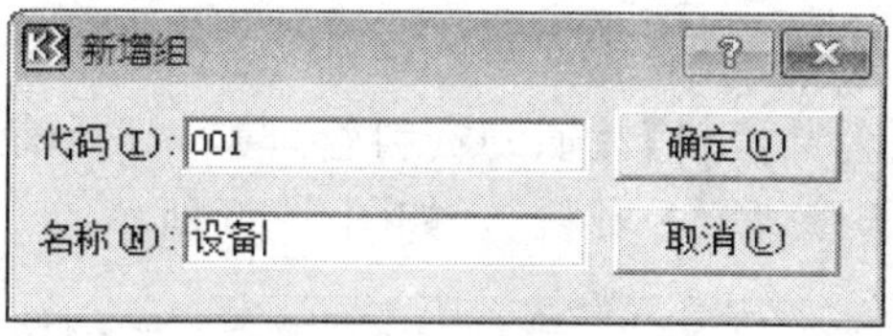

图 5－3　新增资源组

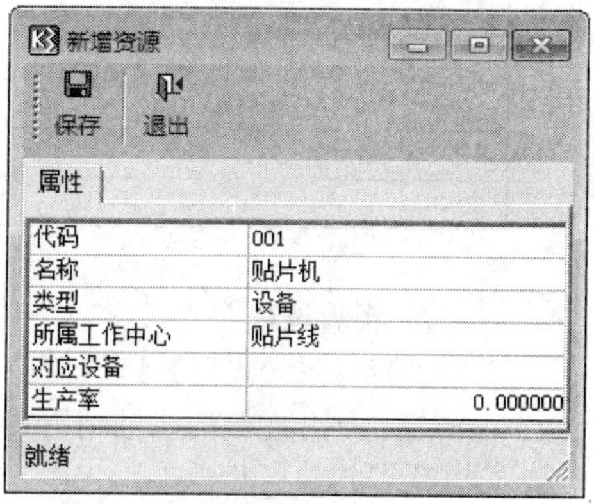

图 5－4　新增资源

实验提示

在进行能力计算时，资源有重要的作用：

工作中心实际能力＝资源数×班制日工作时间×利用率×效率

例如，实验资料中，贴片线工作中心包含资源“贴片机”和“焊接机”，因此资源数为 2；由表 5－2 得知采用的是一班制，班制日工作时间为 8 小时；利用率和效率都是 100%。因此，工作中心“贴片线”的日能力计算如下：

贴片线工作中心的日能力＝2×8×100%×100%＝16(小时)

5.2　工序和工艺路线

5.2.1　工序

工序（working procedure）是生产作业人员或机器设备为了完成指定的任务而做的一个动作或一连串动作，是加工物料、装配产品的最基本的加工作业形式，是组成工艺路线的基本单位。

工序主要应用于能力需求计划、工序计划与工序汇报等。定义工序的关键是确保工序的划分和管理与用户所需的管理力度相适应。

1. 实验资料

工序的资料如表 5－5 所示。

表 5-5 工序的资料

工序号	工序名称
1	贴片
2	测试
3	压制
4	成型
5	包装

2. 实验过程

选择【系统设置】|【基础资料】|【公共资料】|【辅助资料管理】，打开辅助资料管理窗口。展开左侧的“辅助资料”，选择“工序资料”，如图 5-5 所示。

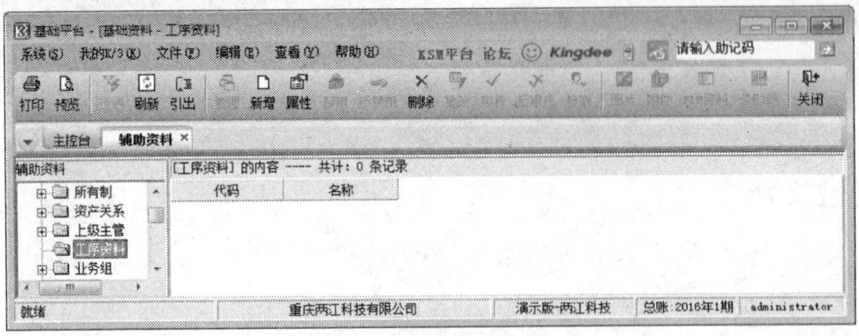

图 5-5 辅助资料-工序资料管理

在右侧窗口的任意区域中单击，然后单击工具栏上的【新增】按钮进行设置，如图 5-6 所示。按照提供的实验数据新增工序资料。

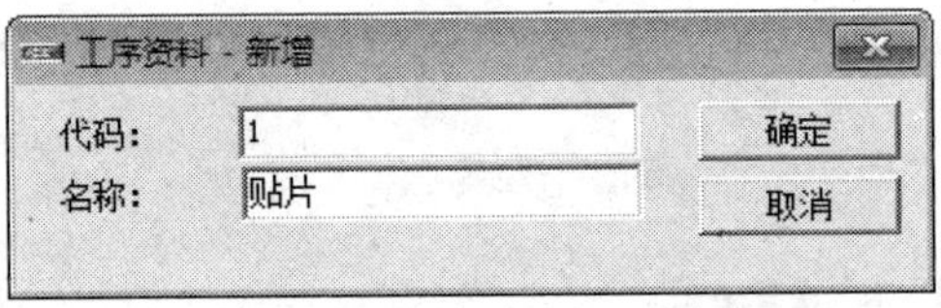

图 5-6 新增工序资料

单击【确定】按钮，系统自动关闭新增界面。类似地，按照表 5-5 所给数据，依次输入所有的工序资料。

5.2.2 工艺路线

工艺路线是说明零部件加工或装配过程的文件，是生产一个产品所涉及的所有工序的集合，即生产一个产品需要经历哪些工序。工艺路线还包含执行每个工序的工作中心的信息，以及生产所需要的工具和生产资源的信息。它是车间系统重要的基础资料。系统中的工艺路线是一种工序计划文件而不是传统意义上的工艺技术文件，不涉及加工技术条件与操作要求。

工艺路线在系统中有以下作用：

（1）为计算加工件提前期提供依据。

（2）计算占用工作中心的负荷，提供能力计划的数据。

（3）计算派工单中工序时间。

（4）提供加工成本的标准工时数据。

（5）按工序跟踪在制品。

K/3 系统对工艺路线实行分组管理。在建立工艺路线前，首先要建立工艺路线组。每一个工艺路线必须归属于某个工艺路线组。

工艺路线的重要参数有：

（1）物料：按该工艺路线生产的产品。

（2）编号及名称：工艺路线的编码及名称。

（3）缺省状态：当一个产品有多条工艺路线时，只有一个为缺省状态，在下达生产任务时，自动采用该工艺路线。

（4）工序代码及名称：生产该产品的每一道工序。

（5）排队时间：物料在工作中心等待加工的排队时间。

（6）准备时间：物料批量加工前从工作中心调整到产出第一个（或批）合格产品以及结束本工序加工的工作时间，企业一般称之为准终时间。

（7）加工批量：物料加工的最小批量，缺省为一个计量单位。

（8）运行时间：加工一个加工批量的物料所用的加工时间。

（9）移动批量：产品从本工序移动到下一工序的批量，缺省为一个计量单位。

（10）移动时间：产品从本工序移动到下一工序的时间。

1. 实验资料

工艺路线组别的资料如表 5-6 所示。

表 5-6　　工艺路线组别的资料

组别代码	组别名称
001	手机装配
002	主板制作

工艺路线的资料如表 5-7 所示。

表 5-7　　工艺路线的资料

组别	工艺路线	名称	生产产品	工序号	工序名称	工作中心	时间单位	加工批量	运行时间
手机装配	RT000001	手机装配	M200 手机	3	压制	压制线	小时	40	1
手机装配	RT000001	手机装配	M200 手机	4	成型	成型线	小时	20	1
手机装配	RT000001	手机装配	M200 手机	5	包装	包装线	小时	10	2.5
主板制作	RT000002	主板制作	M200 主板	1	贴片	贴片线	小时	20	1
主板制作	RT000002	主板制作	M200 主板	2	测试	测试线	小时	20	1

2. 实验过程

（1）选择【计划管理】|【生产数据管理】|【工艺路线】|【工艺路线-新增】，打开工艺路线新增窗口。双击“组别名称”栏或在“组别名称”栏按F7键，弹出【工艺路线组别选择】窗口，单击【新增组】按钮，弹出【新增组】对话框，如图5-7所示。

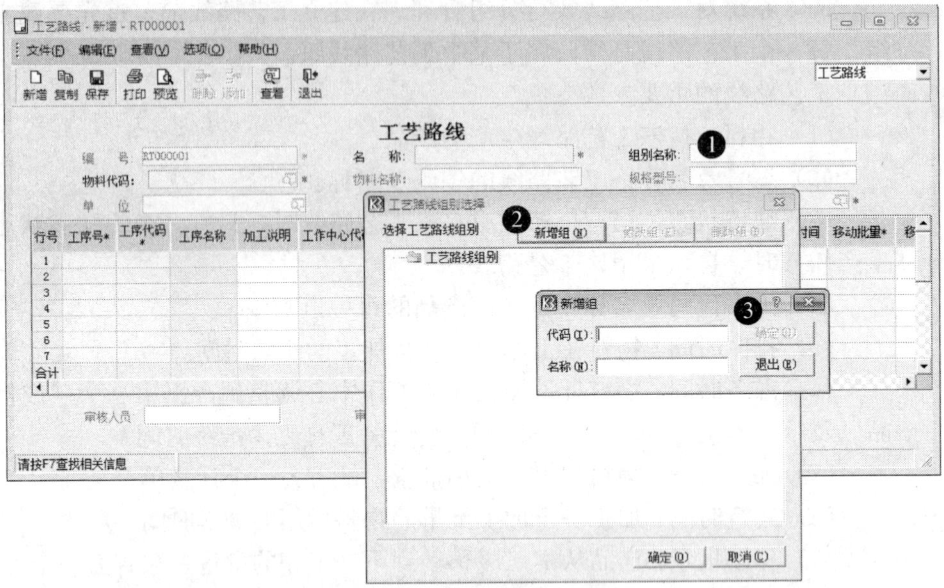

图5-7 新增工艺路线组别

（2）按照表5-6所列的数据，依次建立工艺路线组，结果如图5-8所示。选中“手机装配”组别，单击【确定】按钮关闭【工艺路线组别选择】对话框，返回【工艺路线-新增】窗口。

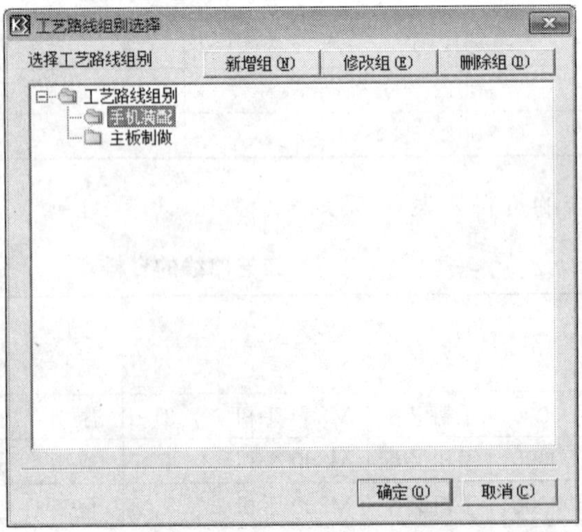

图5-8 【工艺路线组别选择】对话框

（3）在【工艺路线-新增】窗口中，在“名称”栏输入“手机装配”；单击“物料代码”栏，按 F7 键，弹出【核算项目-物料】窗口，单击工具栏上的【浏览】按钮，在右边的物料列表中双击选择物料“A2 M200 手机”，如图 5-9 所示。

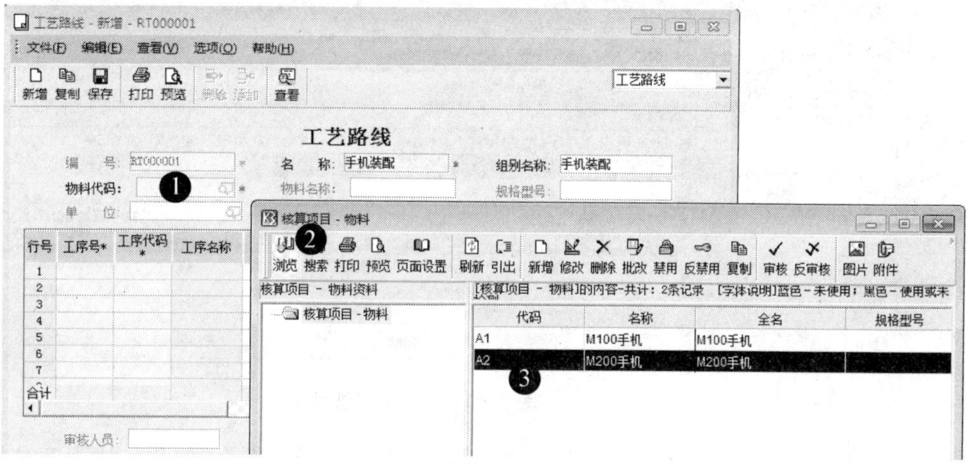

图 5-9　设置工艺路线对应的物料信息

（4）在【工艺路线-新增】窗口的单据体中，根据表 5-7 所列的工序数据输入工艺路线“手机装配”的内容，如图 5-10 所示。

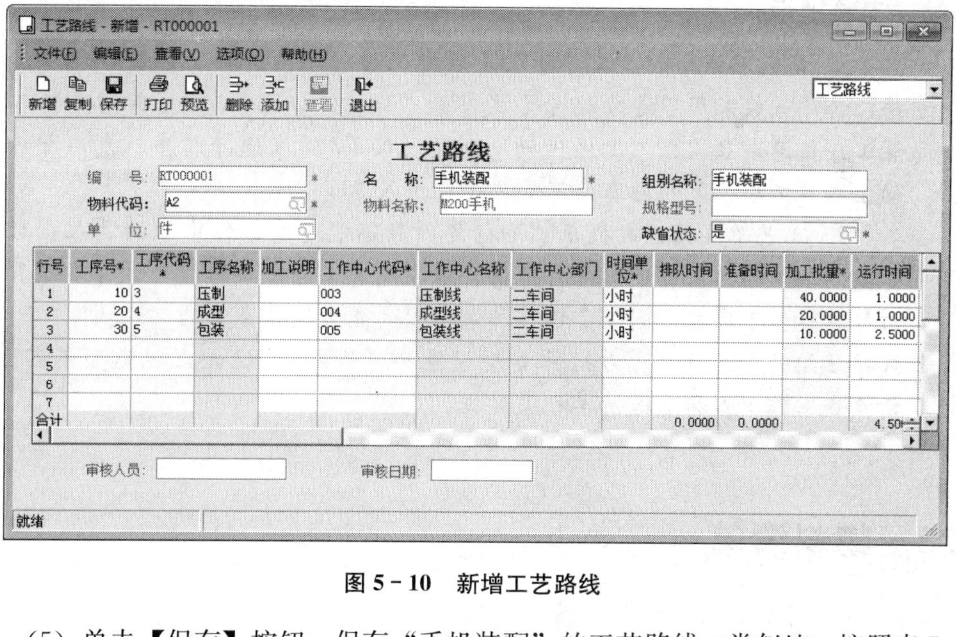

图 5-10　新增工艺路线

（5）单击【保存】按钮，保存“手机装配”的工艺路线。类似地，按照表 5-7 的资料数据，建立“主板制作”的工艺路线。

（6）更换操作员，以“李大勇”的身份登录系统，选择【计划管理】|【生产数据管理】|【工艺路线】|【工艺路线-维护】，弹出条件过滤界面，接受默认设置，单击【确定】按钮，进入工艺路线管理界面。在左侧的“工艺路线”栏，展开“工艺路

线”组，选中“手机装配”组，右侧窗口分上下栏显示该工艺路线的详细信息，如图 5-11 所示。

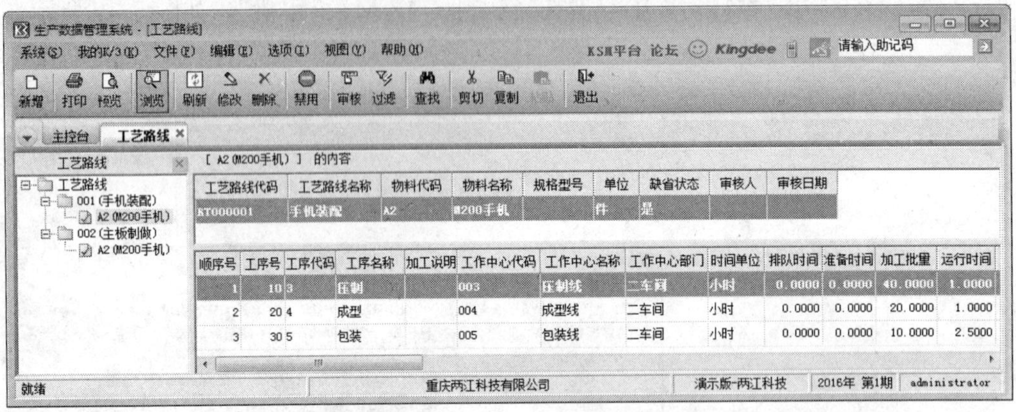

图 5-11 工艺路线管理

(7) 查看工艺路线无误后，单击工具栏上的【审核】按钮，对该工艺路线进行审核。审核成功后，系统不会弹出提示框，但【审核】按钮会变成灰显状态。类似地，对所有工艺路线进行审核。至此，工艺路线的建立和审核操作完成。

实验提示

1. 工艺路线中的“工序号”是确定工序顺序的依据，为了方便以后插入新工序，工序一般采用不连续编号方式，如“10，20，30，…”。新增工艺路线时，设置工序信息，只需在“工序代码”列通过按 F7 键来选择工序信息，即可由系统自动生成“工序号”列内容，不需要手动录入。

2. 工艺路线保存时提示“×行资源数不能超过工作中心的［人员数］或［设备数］”，是因为工作中心没有可用资源，或者工作中心的能力计算类型和资源的能力计算类型不匹配。例如，焊接加工中心的能力核算类型为“人力”，而焊接 1 组、焊接 2 组的资源清单能力核算类型设置为“设备”，就会出现类型不匹配的现象。请检查工作中心和资源清单相关数据。

5.3 物料清单

在制造企业中，物料清单（BOM）表示物料（包括成品、半成品）的组成情况，即该物料是由哪些原材料、半成品组成的，每一组成成分的用量、属性及成分之间的层次关系。正确设置 BOM 是 K/3 系统物料需求计划（MRP）计算的基本要求。

一个完整的 BOM 应该包括以下内容。

（1）物料关系。即一个成品或半成品由什么物料组成，如由图 1－5 所示方桌的 BOM 可知，桌面由面板和面框组成，而方桌又是由桌面、桌腿及螺钉、胶、油漆等组装的。只有建立了正确的物料关系，MRP 展开计算时才能掌握生产方桌时需要何种物料。

（2）数量关系。即生产一个单位的成品或半成品分别需要多少数量的各个子件才能完工，以及每一个子件生产时的损耗率是多少。如图 1－5 所示方桌的 BOM 中，生产 1 件桌面需要 1 件面板和 4 件面框，当生产 1 000 件桌面就需要 1 000 件面板和 4 000 件面框。只有建立了正确的数量关系，MRP 展开计算时才能掌握生产一批产品所需要各种物料的数量。

（3）时间关系。通常是指周期时间，外购件是指采购提前期，自制件是指加工提前期，委外件是指委外加工提前期。物料周期时间在基础资料中设置，如表 4－15 中的固定提前期和变动提前期等。

通过以上三点能够了解，生产一批方桌时，需要什么物料，需要各种物料多少数量，何时下达采购或生产订单，何时采购到货和生产完工，才能保证方桌准确无误地生产完成，让客户满意。在深入应用中还可以加入工艺路线、偏置期、倒冲使用等因素。

BOM 最主要的功能如下：

（1）在 MPS 及 MRP 的运算过程中作为产品用料的依据。在进行需求的分解时，要使用 BOM 作为分解的依据，产生相关的物料需求计划。

（2）在投料、领料过程中提供物料的需求量。在根据生产任务单生成投料单时，投料单的物料和数量是根据 BOM 决定的。

（3）在成本核算中决定物料的标准用量。每一产品的成本是由 BOM 上相关物料的成本累加得到的。

因此，物料清单在所有的基础数据中的影响最大，准确性应当在 98%以上。通常由企业的设计人员、工艺和生产管理人员、采购人员组成小组，进行 BOM 的编制和日常维护。本书主要讲解 BOM 的一般应用。BOM 的一些高级应用方法，例如配置型 BOM、规划类 BOM、客户化 BOM、BOM 倒冲领料等模式，请参考相关帮助文档。

5.3.1　产品是由多个单层结构组成的

物料和由物料组成的单层结构是产品结构的基本单元。

任何一个产品都是由若干单层结构组成的，由一个母件和从属于母件的一个或一个以上的子件组成。相对于设计图纸而言，母件是指组装图上的装配件，子件是指零件明细表中的众多零件。不少企业在自行开发管理软件时，由于没有单层结构的概念，对所有产品的描述都从最顶层一直到最底层，相同的单层结构在各个产品文件中重复出现，数据冗余，极不合理。

以图 5－12 所示的产品结构为例，X 作为最上层的母件是一个出厂产品，它由

A，B，C，D四个子件组成。X同A，B，C，D组成一个单层结构，在MRP系统中称为单层物料单。图中，B对应于X来讲是子件，但它对应于E和F来讲又是母件，并一起组成第二个层次的单层结构。同理，E同G，H，I以及D同I组成位于不同层次的单层结构。任何一个产品都是由无数个单层结构组成的。母件同子件的关系是唯一的，如果品种或数量不同，将视为有不同代码的单层结构。母件同子件之间的连线是工艺路线，单层结构上每一项物料代表的是已完工并可以入库的物料，而不是处于工序之间的在制品。

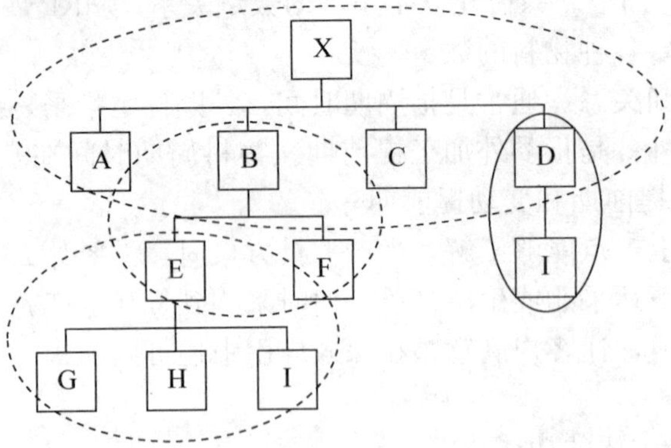

图5-12　产品是由多个单层结构组成的

K/3系统中，每个单层结构可作为一张BOM单录入系统。BOM单的详细内容参见“5.3.3 物料清单的新增”。

5.3.2　建立物料清单的步骤

了解了产品是由多个单层结构组成的，就不难理解物料清单的编制方法。建立物料清单是从建立一个个反映单层结构的单层物料单开始的，系统会根据各单层结构母件同子件的相互关系，自动逐层地把所有相关的单层结构挂接起来，最后形成整个产品。在建立单层物料单时，子件的输入顺序必须同它们装配到母件的顺序一致，这与一般零件明细表按图纸上零件位置顺时针（或逆时针）标注序号是不同的。物料清单必须反映实际的生产装配顺序，因为它是编制计划和跟踪工序的依据。它还是供应部门采购和委外加工的依据，也是仓库向生产工位发料的依据。如果把工艺装备也包括在物料清单中，就可以同步生成生产准备计划，并按所加工的零件数量合理分摊消耗工艺装备的“间接”成本。

本书案例中M系列手机的结构如图5-13所示。通过对M100手机的BOM分析，可以知道其有两个单层结构，一个是由母件“M100手机”同子件“M100主板”“MAT外壳”组成的单层结构，另一个是由母件“MAT外壳”同子件“MAT护镜”“MAT面板”组成的单层结构，如表5-8所示。类似地，M200手机有三个单层结构，如表5-9所示。

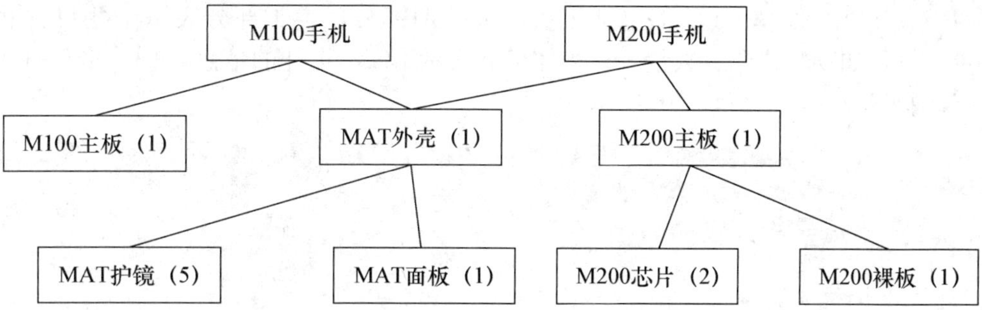

图 5－13　M 系列手机产品结构示意图

物料 M100 手机的单层结构如表 5－8 所示，建立 M100 手机的 BOM 的顺序是先建立 MAT 外壳的 BOM 单，再建立 M100 手机的 BOM 单。

表 5－8　　M100 手机的单层结构

父项物料	子项物料	子项用量
M100 手机	M100 主板	1
	MAT 外壳	1
MAT 外壳	MAT 护镜	5
	MAT 面板	1

物料 M200 手机的单层结构如表 5－9 所示。

表 5－9　　M200 手机的单层结构

父项物料	子项物料	子项用量
M200 手机	MAT 外壳	1
	M200 主板	1
M200 主板	M200 芯片	2
	M200 裸板	1
MAT 外壳	MAT 护镜	5
	MAT 面板	1

综合 M100 手机和 M200 手机的单层结构可知，MAT 外壳的单层结构是共用的，在建立 BOM 单时只需要建立一次即可。因此在建立 M200 手机的 BOM 单时，不需要再建立 MAT 外壳的 BOM 单，只需先建立 M200 主板的 BOM 单，再建立 M200 手机的 BOM 单即可。

建立以上 BOM 单后，系统会根据各单层结构母件同子件的相互关系，自动逐层地把所有相关的单层结构挂接起来，最后形成整个产品，如 M100 手机和 M200 手机的 BOM。

5.3.3　物料清单的新增

K/3 系统对 BOM 单分组管理，在建立 BOM 单前，首先要建立 BOM 组别，每一个 BOM 单必须归属于某个 BOM 组。

每一张 BOM 单都包括表头和表体两部分，表头部分表示一些母件物料的信息，如物料代码、数量等；表体部分表示 BOM 子件的信息，如一个母件由什么物料组成等，如图 5－14 所示。

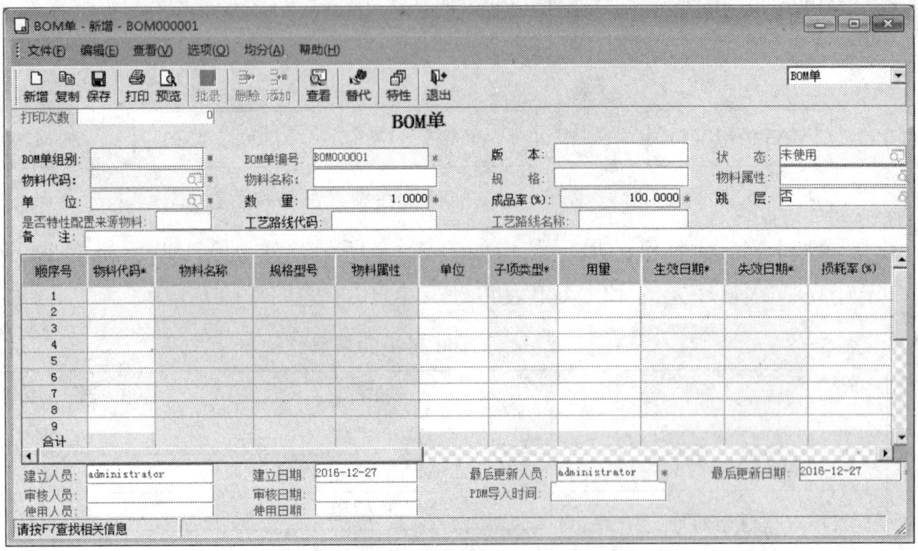

图 5－14　BOM 单

1. 母件物料的重要参数

（1）BOM 单编号：即 BOM 单的编号，在本系统中一个编号标识了一个 BOM 单。

（2）状态：表明本 BOM 单是否处于使用状态，系统有“使用”与“未使用”两种状态供选择。

（3）物料代码、物料名称、物料规格、物料单位：表明本 BOM 单的母件物料代码、名称、规格和单位。当输入物料代码时由系统自动填入物料的名称、规格和单位等信息。

（4）数量：表明本 BOM 单的基准数量。数量通常为 1，当子项用量较小时，可以起到放大用量的作用。

（5）工艺路线：表示母件物料对应的工艺路线。默认为物料主文件中的工艺路线，可选择其他工艺路线，但不能是不存在的工艺路线。

（6）成品率：表明本物料/产品在加工组装过程中的成品比率，直接输入即可。设置了成品率后，通常会放大所有的子项物料的需求量，应特别慎重。

子项物料的毛需求量＝(母件物料的净需求量/成品率)×子项物料的用量

2. 子件物料的重要参数

（1）物料代码、物料名称、物料规格型号：表明组成该 BOM 单的子项物料代码、名称和规格型号。

（2）用量：生产母项产品需要用到的该子项的数量。

（3）子项类型：表示子项物料的物料属性，选项包括普通件、联产品、副产品、等级品、特征件、返还件共六项。系统默认为普通件，表示该子项物料作为母项产品的消耗，在本案例中都设为普通件。

（4）损耗率：表明在 BOM 单中该子项的损耗率，即生产对应的母项物料时允许该子项物料的损耗范围，如生产 100 个完成品，其下级某物料的损耗率为 50%，则在领料时系统会考虑该损耗率，即该物料可以领料 200 个。

子项物料的毛需求量＝母项物料的净需求量×子项物料的用量/(1－损耗率)

（5）工序：表示该物料在工艺路线中的工序号。

（6）工位：表示该物料发放到车间的位置。

（7）是否倒冲：在对生产任务单进行倒冲领料时，根据此字段值来判断各物料是否倒冲。

（8）发料仓库：表示该物料在生产发料时所属的仓库。

（9）提前期偏置：表示子项物料的需求日期相对于母项物料的需求日期的滞后天数，可以录入正数，也可录入负数（正数表示该物料在母项开始生产后到达，负数表示该物料提前到达）。提前期偏置的数值较难把握，特别是物料较多的企业，因此在实施 ERP 的初期一般不设置，待应用深入熟悉之后再对此参数进行完善。

3. 实验资料

BOM 组别的资料如表 5-10 所示。

表 5-10　　BOM 组别的资料

组别代码	组别名称
001	手机
002	外壳
003	主板

M 系列手机物料清单分解后的 BOM 单如表 5-11 所示。

表 5-11　　BOM 单的资料

组别	父项代码	名称	子项代码	名称	子项用量	发料仓库	工艺路线	工序
外壳	B2	MAT 外壳	C1	MAT 护镜	5	材料库		
			C2	MAT 面板	1	材料库		
主板	B3	M200 主板	C3	M200 芯片	2	材料库	主板制作	贴片
			C4	M200 裸板	1	材料库		测试
手机	A1	M100 手机	B1	M100 主板	1	材料库		
			B2	MAT 外壳	1	一车间现场库		
手机	A2	M200 手机	B2	MAT 外壳	1	一车间现场库	手机装配	压制
			B3	M200 主板	1	一车间现场库		包装

4. 实验过程

(1) 建立 MAT 外壳的 BOM 单。

1) 选择【计划管理】|【生产数据管理】|【BOM 维护】|【BOM 单-新增】，打开 BOM 新增窗口。双击"BOM 单组别"栏或在"BOM 组别"栏按 F7 键弹出【BOM 组别选择】窗口，单击【新增组】按钮，弹出【新增组】对话框，如图 5-15 所示。

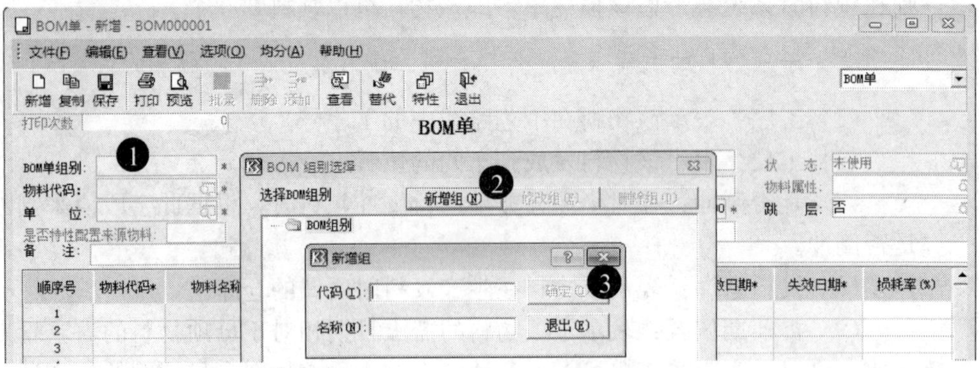

图 5-15 新增 BOM 单组别

2) 按照表 5-10 所列的数据，依次建立 BOM 单组别，结果如图 5-16 所示。选中"外壳"组别，单击【确定】按钮关闭【BOM 组别选择】对话框，返回【BOM 单-新增】窗口。

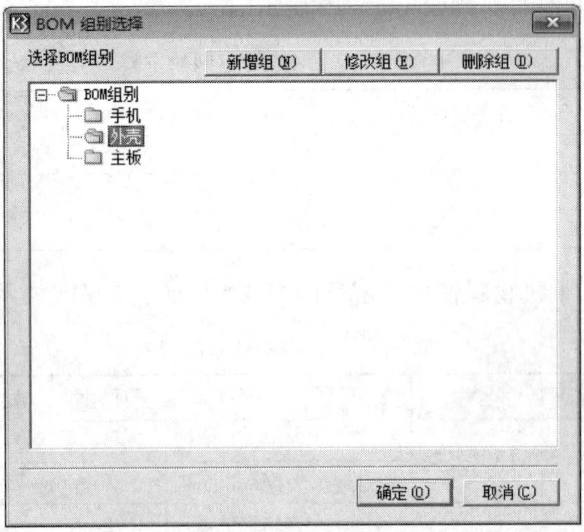

图 5-16 【BOM 组别选择】对话框

3) 在【BOM 单-新增】窗口单击"物料代码"栏，按 F7 键，弹出【核算项目-物料】窗口，单击工具栏上的【浏览】按钮，在右边的物料列表中双击选择物料"B2 MAT 外壳"，系统自动将该物料信息获取到【BOM 单-新增】窗口，在"数量"栏录入"1"，如图 5-17 所示。

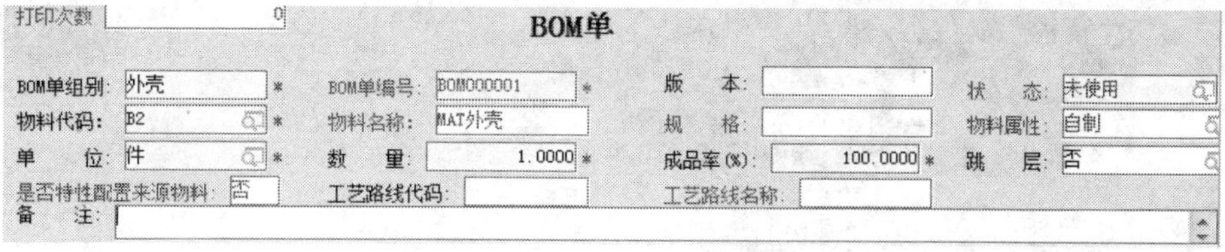

图 5－17　BOM 单母件信息

4）母件信息录入完成后，接下来要录入子件信息。将光标移到表体第 1 行的“物料代码”处，按 F7 键（或单击工具栏上的【查看】按钮），弹出【核算项目-物料】窗口，然后按 F4 键（或单击工具栏上的【浏览】按钮），显示系统中已存在的物料信息，如图 5－18 所示。双击“C1 MAT 护镜”物料档案，并返回【BOM 单-新增】窗口，可以看到获取物料信息成功，在“数量”栏录入“5”。

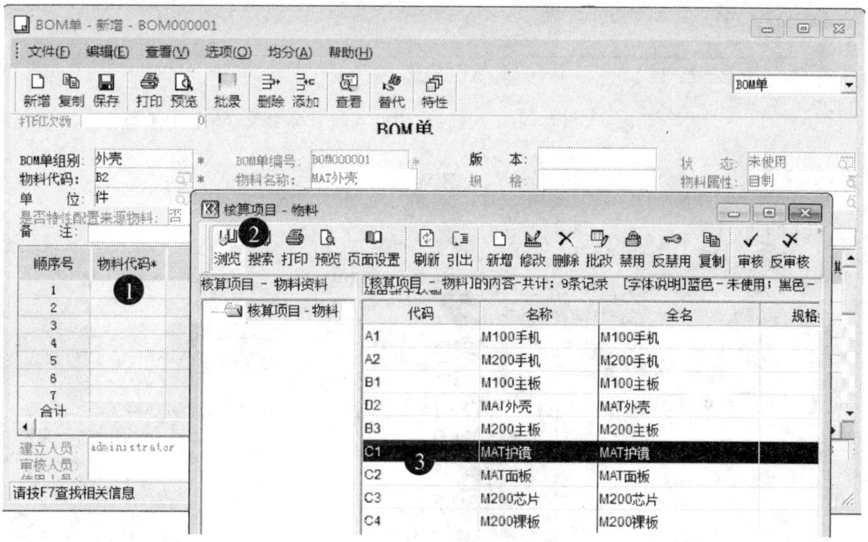

图 5－18　BOM 单子件信息

5）将光标移至第 2 行“物料代码”处，按 F7 键，弹出【核算项目-物料】窗口；双击“C2 MAT 面板”档案，返回【BOM 单-新增】窗口，在“数量”栏录入“1”。单击工具栏上的【保存】按钮，保存 BOM 单的录入。保存成功的窗口如图 5－19所示。

（2）建立 M200 主板的 BOM 单据。

1）在 BOM 单录入窗口单击工具栏上的【新增】按钮，弹出一空白单据窗口。在表头“BOM 单组别”栏选择“主板”，在“物料代码”栏选择“B3”，在数量栏录入“1”；在“工艺路线代码”处按 F7 键（或单击工具栏上的【查看】按钮），弹出【选择工艺路线】窗口，在左侧工艺路线组别中单击“002(主板制作)|A2(M200 手机)”组别，随后在右侧窗口显示该组别拥有的所有工艺路线，如图 5－20 所示。根据实验资料在表格中双击选择工艺路线“主板制作”档案，并返回【BOM 单-新增】窗口。物料“M200 主板”BOM 单的母件信息如图 5－21 所示。

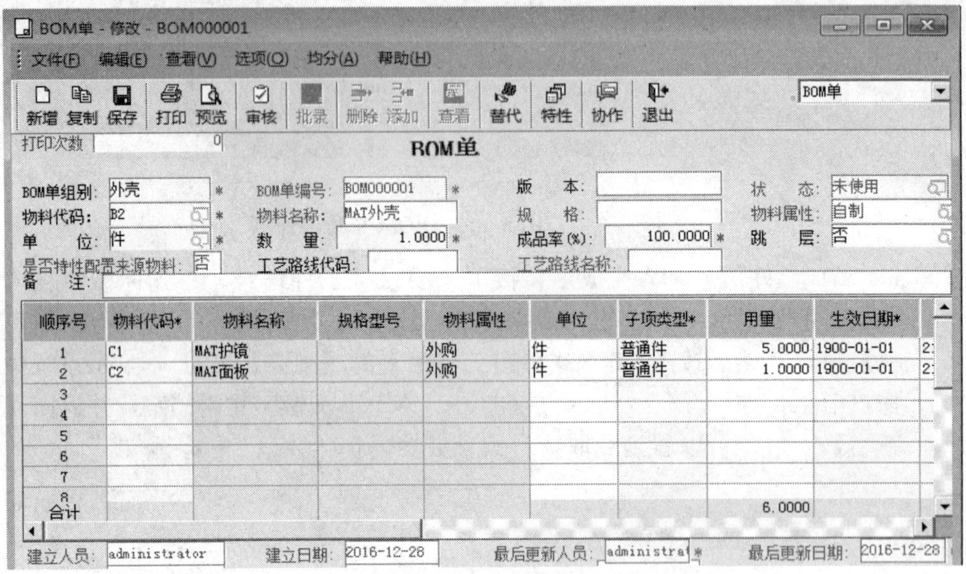

图 5-19　物料“B2 MAT 外壳”的 BOM 单

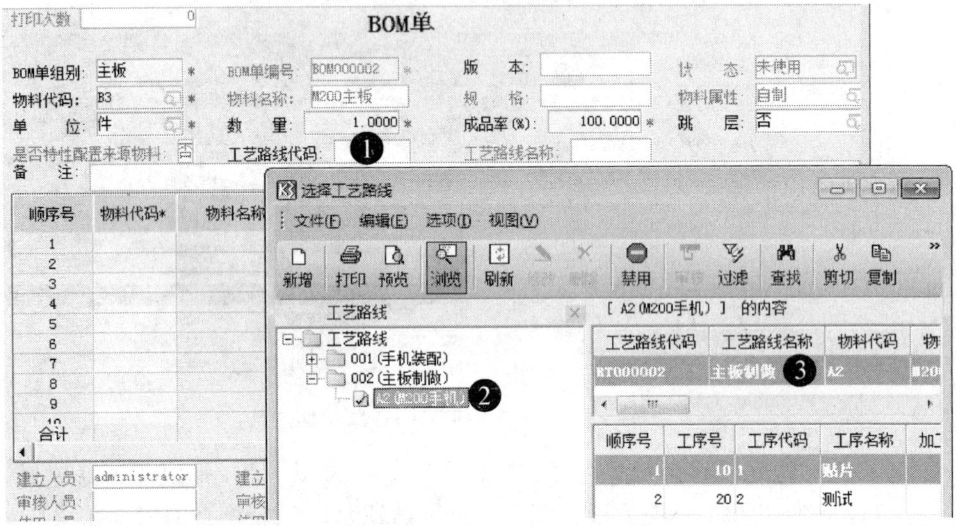

图 5-20　录入 BOM 单母件的工艺路线信息

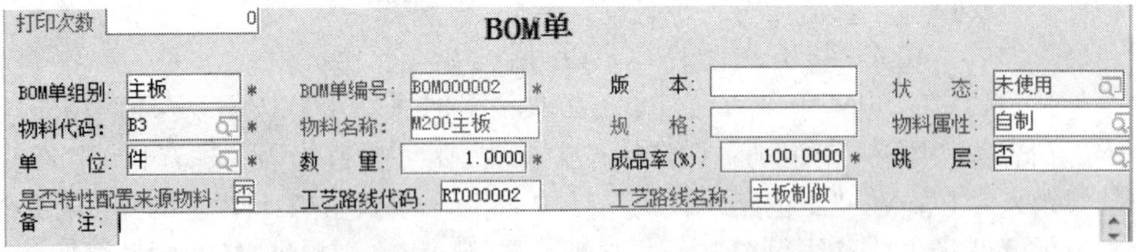

图 5-21　物料“B3 M200 主板”BOM 单的母件信息

2）将光标移到表体第 1 行，在“物料代码”处获取“C3 M200 芯片”物料档案，在“数量”栏录入“2”。在“工序号”处按 F7 键（或单击工具栏上的【查看】

按钮），弹出【基础资料】窗口，双击选择“贴片”工序，如图 5－22 所示。

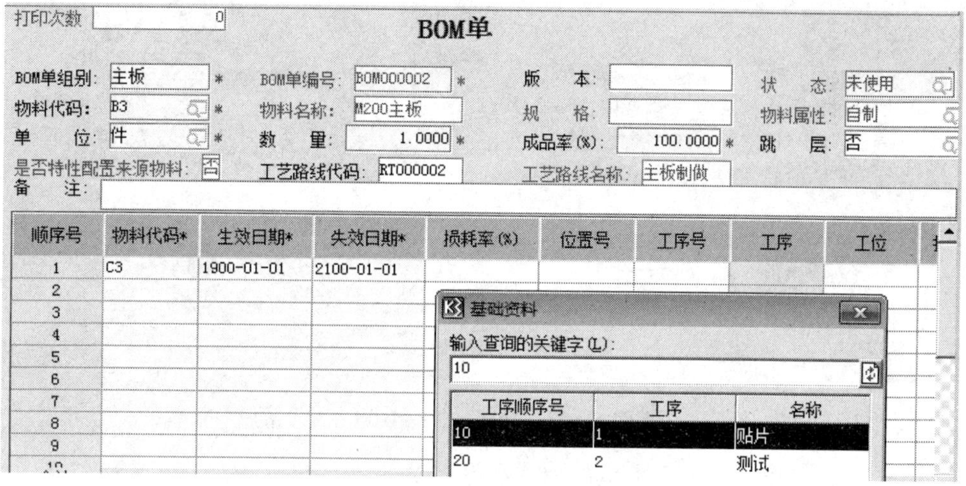

图 5－22　录入 BOM 单子件的工序信息

3）将光标移到表体第 2 行，在“物料代码”处获取“C4 M200 裸板”物料档案，在“数量”栏录入“1”，在“工序”处获取“测试”档案。保存成功的 BOM 单如图 5－23 所示。

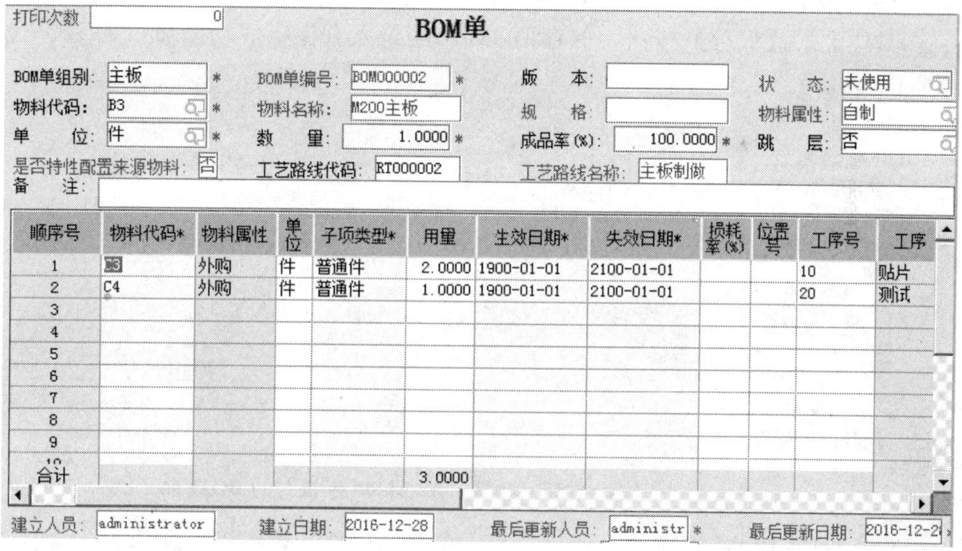

图 5－23　物料“B3 M200 主板”的 BOM 单

（3）建立 M100 手机的 BOM 单据。

1）在 BOM 单录入窗口单击工具栏上的【新增】按钮，弹出一空白单据窗口。在表头“BOM 单组别”栏选择“手机”，在“物料代码”栏选择“A1”，在“数量”栏录入“1”。

2）在表体中分别获取“B1 M100 主板”“B2 MAT 外壳”物料档案，在“数量”栏分别录入“1”“1”，单击工具栏上的【保存】按钮保存 BOM 单的录入。保存成功的窗口如图 5－24 所示。

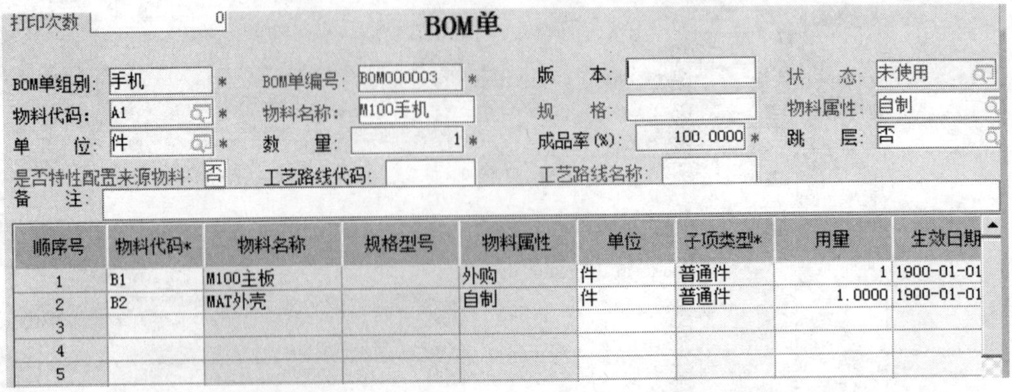

图 5－24　物料“A1 M100 手机”的 BOM 单

（4）建立 M200 手机的 BOM 单。

1）在 BOM 单录入窗口单击工具栏上的【新增】按钮，弹出一空白单据窗口。在表头“BOM 单组别”栏选择“手机”，在“物料代码”栏选择“A2”，在“数量”栏录入“1”，工艺路线选择“手机装配”档案。

2）在表体中分别获取“B2 MAT 外壳”“B3 M200 主板”物料档案，在“数量”栏分别录入“1”“1”，在“工序”处分别选择“压制”“包装”档案，单击工具栏上的【保存】按钮，保存 BOM 单的录入。保存成功的窗口如图 5－25 所示。

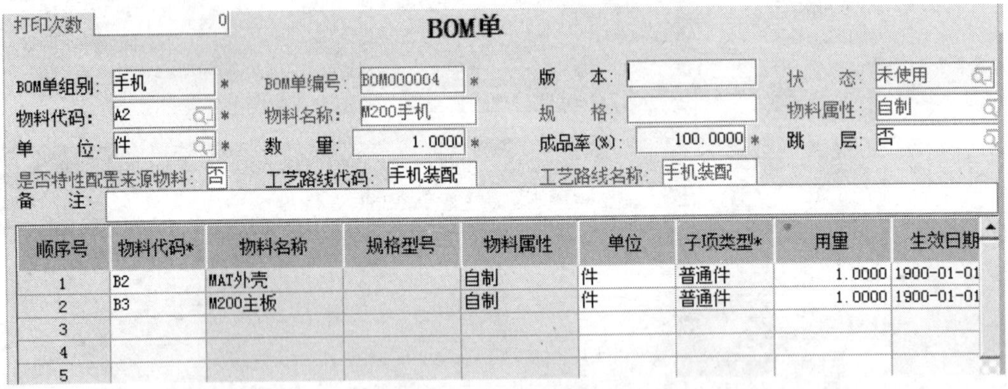

图 5－25　物料“A2 M200 手机”的 BOM 单

如果 BOM 档案录入错误，将会导致 MRP 计算错误，所以一定要注意。

5.3.4　BOM 的审核

BOM 单的审核是再次确认所录入的数据是否正确的过程，并且 BOM 单只有经审核后才能使用。

BOM 单的审核步骤如下：

(1) 选择【计划管理】|【生产数据管理】|【BOM 维护】|【BOM－维护】，弹出

【BOM 维护过滤界面】窗口，如图 5-26 所示。

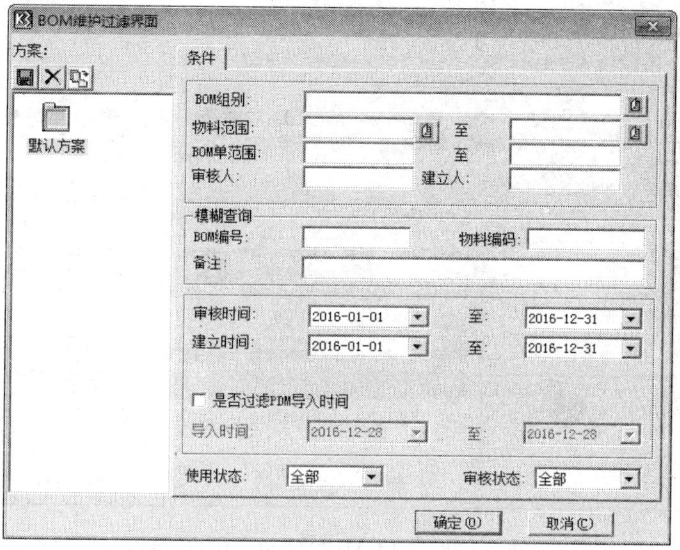

图 5-26　BOM 维护过滤界面

(2) 将审核时间和建立时间都设置为 2016-01-01 至 2016-12-31，单击【确定】按钮，打开【BOM 资料维护】窗口，如图 5-27 所示。窗口左上部显示账套所有的 BOM 组别，左下部显示所选择组别下的 BOM 单，窗口右上部显示所选中 BOM 单的母件信息，右下部显示该 BOM 单的子件信息。在本窗口中可以进行 BOM 单的修改、删除、审核和使用等操作，操作方法是先选中窗口左下部的 BOM 单记录，然后单击对应按钮即可。

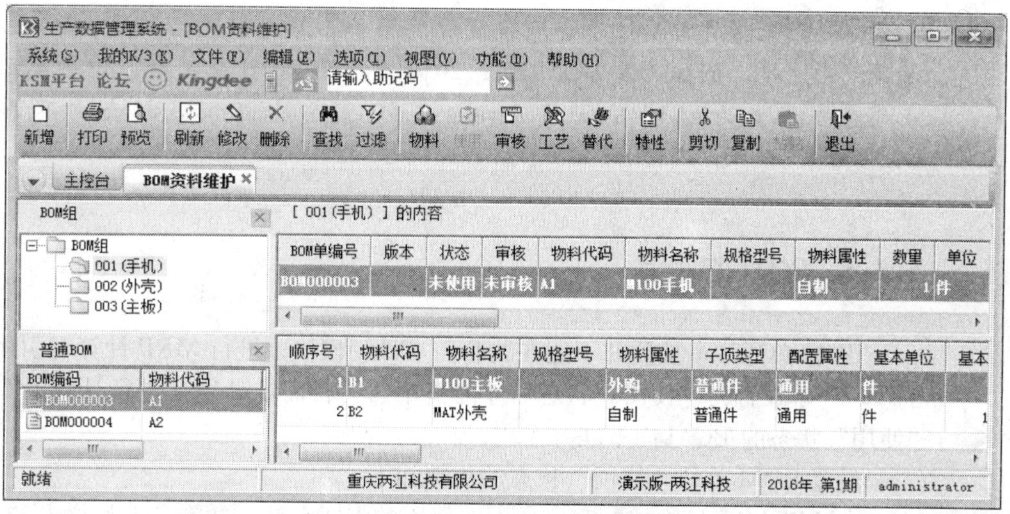

图 5-27　【BOM 资料维护】窗口

(3) 选中窗口左下部的“A1 M100 手机”记录，单击工具栏上的【审核】按钮，稍后系统弹出审核成功提示，窗口右上部的“审核”列由“未审核”状态改为

“已审核”状态，表示审核成功，如图 5－28 所示。

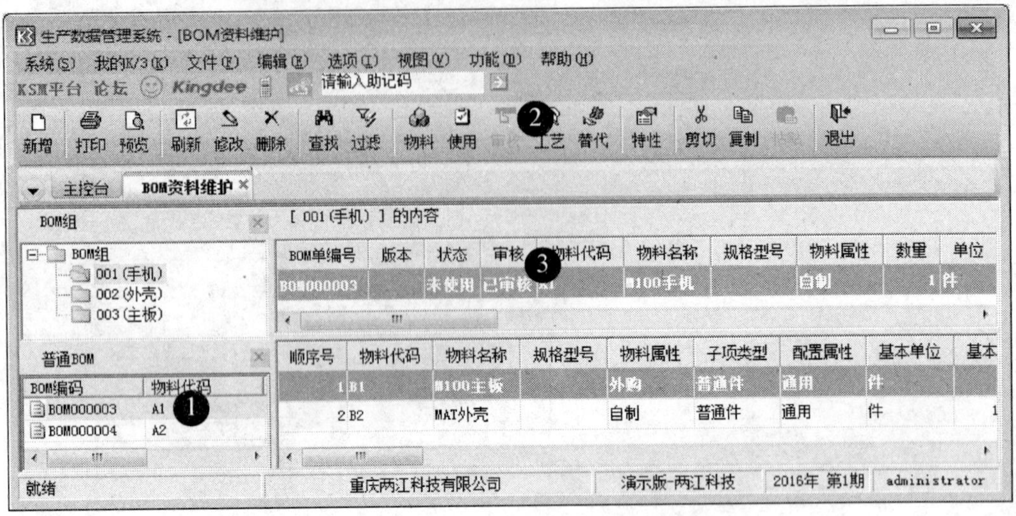

图 5－28 “A1 M100 手机”BOM 单审核后状态改变

请读者自行将其他 BOM 单进行审核操作。

若修改或删除已审核的 BOM 单，必须先将该 BOM 单进行反审核。BOM 单的反审核方法是：在【BOM 资料维护】窗口中选择该 BOM 单记录，单击菜单“【功能】|【反审核】”即可。

实验提示

在【BOM 维护过滤界面】中，可以设置许多筛选条件，这些条件会同时发生作用。因此操作时要注意合理设置过滤条件，避免出现已经录入的 BOM 单无法找到的情况。例如，某 BOM 单是 2016 年 9 月 20 日录入的，如果建立时间的查询条件设置为 2016 年 5 月 2 日至 2016 年 6 月 30 日，就查询不到相应的 BOM 单。

5.3.5 BOM 的使用

BOM 单通过审核后并不能在物料需求计划模块中进行 MRP 计算时引用，必须将 BOM 单设置为“使用”状态后才能引用。物料需求计划在进行计划运算时，按“使用”状态的 BOM 向下展开需求。

设置 BOM 单的“使用”状态的步骤如下：

在【BOM 资料维护】窗口选中要使用的 BOM 单，再单击工具栏上的【使用】按钮。选中“A1 M100 手机”记录，单击工具栏上的【审核】按钮，稍后系统弹出使用成功提示，关闭提示信息后，窗口右上部的“状态”列由“未使用”状态改为“使用”状态，表示使用成功，如图 5－29 所示。

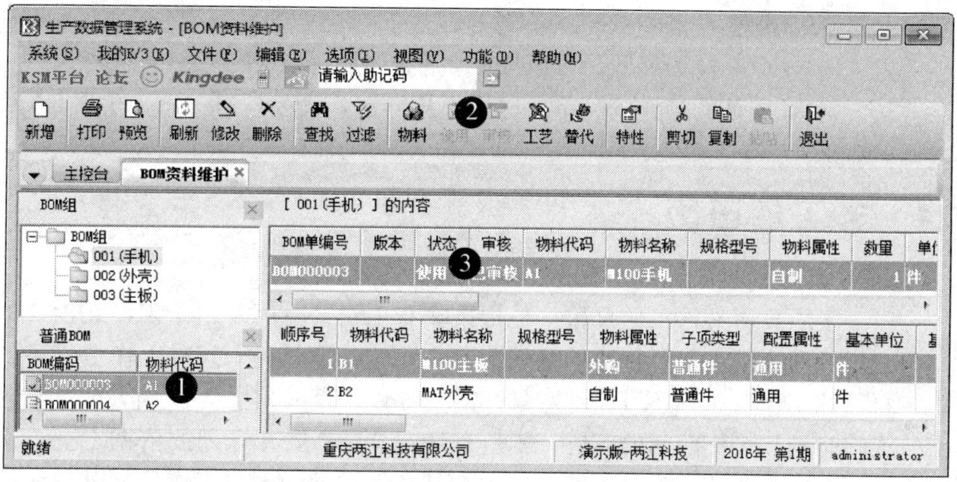

图 5－29　BOM 单“使用”状态

请读者自行将其他 BOM 单进行“使用”操作。

BOM 单的反使用方法是：在【BOM 资料维护】窗口中选择该 BOM 单记录，单击菜单“【功能】|【未使用】”即可。

实验提示

系统中同一物料可以存在多个“审核”状态的 BOM，但只能存在一个“使用”状态的 BOM。一个产成品系列中不同型号产成品常共用很多相同的半成品部件（称为共用物料），例如，M 系列手机产品中共用同一种 MAT 外壳，那么，该 MAT 外壳的 BOM 单只需要录入一张，设置为“使用”就可以共享。这种 BOM 管理方法可以减少工作量，在产品更换零部件时也方便更新。

5.3.6　BOM 的查询

K/3 系统提供了多种查询 BOM 的功能，其中主要包括：

（1）单级 BOM 展开。只展开到 BOM 的直接下级子项供查询。

（2）多级 BOM 展开。按产品结构层次，所有直接或间接用于父项物料的子项都反映出来。在多级 BOM 展开方式中，各层次是缩排式显示的，最高层次位于左边，低层次位于右边。这种排列可直观地显示出父子项的关系。

（3）综合 BOM 展开。反映直接或间接用于父项物料的所有子项，但每个子项只显示一次，反映汇总的用量，不说明层次关系。

（4）BOM 单级反查。是指从 BOM 的底层物料向上查看产品结构，了解一个物料被用到哪些产品上；主要反映一个物料在哪些直接父项物料中使用，用量多少。

（5）BOM 多级反查。反映一个物料在父项物料以及父项的父项直至最终产品中的使用情况。

（6）BOM 树形展开。可以按照树形结构逐层展开 BOM。

BOM 查询的操作较简单，这里不再详述，请参考有关用户手册自行练习。

5.4 多工厂日历

工厂日历又称工作日历，是指排除非工作日后可以用于工作或生产的日历。多工厂日历则指在工厂日历的基础上，企业的各部门、车间或工作中心可另行设置的自己的工作日历；还可以针对具体的资源设置例外信息，以解决设备临时停用检修或临时延长工作时间的问题。工厂日历是 MRP 展开计划的依据之一。系统在生成计划时，由于非工作日不能安排生产任务，因此遇到非工作日可以自动跳过。

1. 实验资料

将 2016 年 12 月 31 日至 2017 年 1 月 2 日设置为非工作日。

2. 实验过程

（1）选择【计划管理】|【生产数据管理】|【多工厂日历】|【多工厂日历-维护】，打开【多工厂日历设置】窗口，如图 5-30 所示。

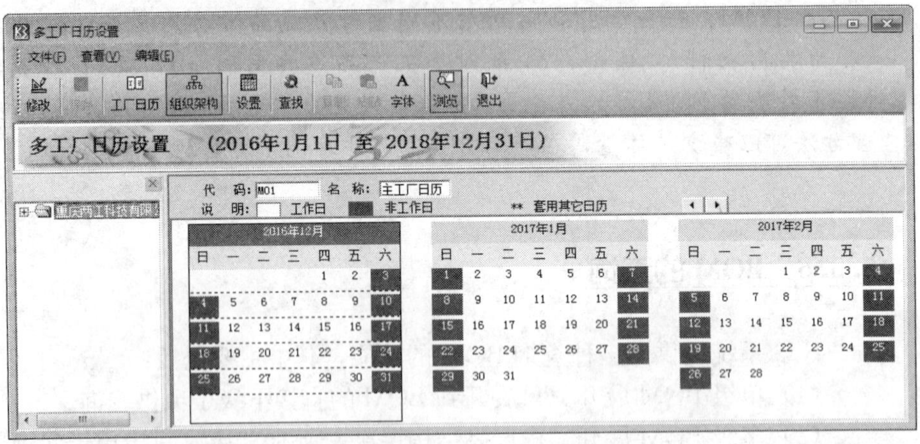

图 5-30 【多工厂日历设置】窗口

在此窗口单击【设置】按钮，可以同时显示多个月份的日历；单击◂和▸按钮可以切换到不同月份。蓝色（本书此处显示为黑色）背景的日期是休息日，白色背景的日期是工作日。

（2）单击【修改】按钮使日历呈修改状态，然后单击 2017 年 1 月 2 日（由于 2016 年 12 月 31 日和 2017 年 1 月 1 日已经是休息日，不需要修改），系统自动将该日期置换为“蓝色”。

（3）单击【保存】按钮，保存日历设置。

实验提示

此处设置的例外信息将在后续进行能力计算时考虑进去。

复习题

一、单选题

1. 下列各项中定义了制造件的工序执行顺序的是（　　）。
A. 物料主文件　B. 物料清单　C. 工艺路线　D. 车间日历
2. 工作中心是指（　　）。
A. 具体的机器　B. 一组机器　C. 人　D. 以上全部
3. 由具有相同技能的一个或多个和/或设备组成的专门生产环境单元是（　　）。
A. 工艺路线　B. 工作中心　C. 工艺流程　D. 工装小组
4. 能够表明产品构造的是（　　）。
A. 物料编码　B. 物料清单　C. 工作中心　D. 工艺路线
5. 工作中心数据的作用不包括（　　）。
A. 是工艺路线的核心组成部分
B. 是运算物料需求计划的基础数据之一
C. 是运算能力需求计划的基础数据之一
D. 是采购作业计划制定的关键因素
6. 以下对主工厂日历的起始日期描述正确的是（　　）。
A. 只能是 1 月 1 号
B. 不能晚于账套的启用会计期间的开始日期
C. 只能是 12 月 31 号
D. 以上选项都不正确
7. 提前期偏置在（　　）中设置。
A. 物料　B. BOM　C. 物料和 BOM　D. MRP
8. 以下关于工艺路线上的工序号的描述正确的是（　　）。
A. 同一工艺路线的工序号可以相同　B. 同一工艺路线的工序号不能相同
C. 工艺路线的工序号可以为空　D. 工艺路线的工序号不能手工维护
9. 以下各项中不属于 K/3 系统资源清单的类型的是（　　）。
A. 设备　B. 人　C. 生产线　D. 时间
10. 以下对于班制的描述正确的是（　　）。
A. 班制是定义日工作时间的　B. 班制是定义月工作时间的
C. 班制是定义年工作时间的　D. 班制的工作小时数必须小于 8 小时

二、判断题

1. 班制的班次只能定义两个班次：早班和晚班。 ( )
2. 低位码是指同一物料在不同的BOM中处于最低的层次。 ( )
3. 工序是生产过程中最基本的组成单位，多道工序可以对应一个工作中心。 ( )
4. 工作中心就是指制造企业内部的机器设备和设施。 ( )
5. 物料属性为自制时，对应BOM单的子项只能是外购类的物料。 ( )

三、思考题

1. 工作中心的内容和作用是什么？
2. 简述工艺路线的内容和作用。
3. 什么是关键工作中心？关键工作中心的特点是什么？
4. 什么是物料清单？物料清单的作用是什么？

第 6 章 Chapter 6 主生产计划

6.1 主生产计划概述

6.1.1 概念

主生产计划（MPS）是对生产计划大纲的细化，它按时间分段计划企业应生产的最终产品的数量和交货期。主生产计划说明在可用资源的条件下，企业在一定时间内生产什么、生产多少、什么时间生产。

主生产计划的计划对象主要是把生产计划大纲中的产品系列具体化以后的出厂产品，通常称为最终项目（end item），也就是我们常说的"产成品"。

如何在 MPS 阶段决定企业产成品的生产量，主要的依据是外部需求量，也就是客户的订单需求或者针对市场预测的补货需求。无论是客户的直接订货还是预测需求，从根本上讲是外部市场需求造成的，我们把这种需求称为独立需求。这是一个比较重要的概念，它是 ERP 计划管理的逻辑起点。

6.1.2 MPS 和生产类型的匹配关系

安排 MPS 需要考虑企业的生产类型，如表 6-1 所示。

表 6-1　四种常见生产类型的特点

销售环境	计划的依据	MPS 计划对象	举例
按订单生产（MTO）	根据客户订货合同组织生产；一般等接到订单才储备原材料并安排生产	销售订单	批量大小根据客户订单变化，如来料加工行业

续前表

销售环境	计划的依据	MPS计划对象	举例
按订单设计（ETO）	根据客户要求专门设计，设计成型后再安排生产；生产组织和MTO类似	销售订单	单件或小批生产，如非标准的特殊设备制造
按库存生产（MTS）	主要根据市场预测安排生产，产品完成后入库待销，要进行促销活动	产品预测	大批生产的定型产品，如日常消费品
按订单装配（ATO）	一般半成品标准化程度高，产品成系列，有多种配置，根据合同选择装配；半成品一般要提前备库存，成品库按客户订货装配	综合考虑销售订单和产品预测	标准系列产品，有可选项，如计算机生产

根据以上分析，MPS的需求来源主要有两种：销售订单和产品预测，如图6－1所示。不同生产类型会在两者中有不同的侧重。MTO和ETO模式完全以销售订单为主，有订单才安排生产；MTS模式主要以产品预测为主；ATO模式下标准部件生产以产品预测为主，成品组装则以销售订单为主，结合了两种需求来源的特点。

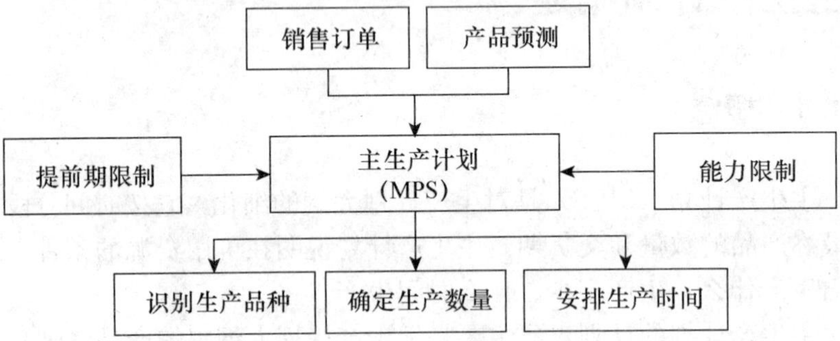

图6－1 MPS逻辑流程图

6.1.3 MPS的作用

MPS的编制是ERP的主要工作内容。MPS的质量将会大大影响企业的生产组织工作和资源的利用。MPS把销售运作规划中的产品系列具体化，具有从宏观计划向微观计划过渡的作用。同时，它又是联系市场、主厂或配套厂及销售网点同生产制造的桥梁，使生产计划和能力计划符合销售计划的优先顺序，为适应市场需求的不断变化而适时调整，并向销售部门提供生产和库存信息及可用销售量的信息，起到沟通内外的作用。

概括起来，MPS主要有以下作用：

（1）实现企业高层次的生产计划和日常的日程计划有机结合，相辅相成。

（2）驱动企业各种明细计划的制定。

（3）驱动企业财务计划的制定。

（4）为客户产品的订单交付提供保障。

（5）协调企业管理人员的管理活动。

总之，MPS 在 ERP 系统中处于上下、内外交叉的枢纽位置，十分重要。它要解决如何既满足销售订单要求又满足企业目标要求的难题。

6.2 需求来源

6.2.1 产品预测

产品预测是一项非常复杂的工作，目前 ERP 一般并未提供产品预测的功能，而是仅将预测结果输入系统，以满足 MPS 运算的需要。通常可将通过相关部门审核的产品预测交由市场人员或计划员录入系统。K/3 系统的产品预测单可根据销售明细计划或物料消耗预算生成。

1. 实验资料

M 系列手机预测单的建立日期为 2016 年 01 月 01 日，实验资料如表 6－2 所示。

表 6－2 预测单的资料

产品	数量	预测开始日期	预测结束日期
M100 手机	1 000	2016-01-04	2016-01-08
	1 000	2016-01-11	2016-01-15
	1 200	2016-01-18	2016-01-22
	1 000	2016-01-25	2016-01-29
M200 手机	1 200	2016-01-04	2016-01-08
	1 300	2016-01-11	2016-01-15
	1 200	2016-01-18	2016-01-22
	1 300	2016-01-25	2016-01-29

2. 实验过程

（1）以刘一江的身份登录本实例账套，选择【计划管理】|【主生产计划】|【产品预测】|【产品预测-新增】，打开产品预测单新增窗口。在表头“建立日期”栏录入“2016-01-01”。

（2）将光标移到表体第 1 行的“物料代码”栏，按 F7 键（或单击工具栏上的【查看】按钮），弹出【核算项目-物料】窗口，然后按 F4 键（或单击工具栏上的【浏览】按钮），显示系统中已存在的物料信息，双击“M100 手机”物料档案，并返回【产品预测-新增】窗口，可以看到获取物料信息成功，在“数量”栏录入

“2500”，在“预测开始日期”栏录入“2016-01-04”，在“预测结束日期”栏录入“2016-01-08”。根据实验数据继续录入其他行的预测数据。单击工具栏上的【保存】按钮，保存产品预测单的录入。保存成功的窗口如图 6-2 所示。单击工具栏上的【退出】按钮，返回主界面。

图 6-2 新增产品预测单

（3）一般情况下，必须审核的产品预测单才能被 MPS/MRP 纳入计划排产。录入完成的产品预测单可以在【计划管理】|【主生产计划】|【产品预测】|【产品预测-维护】中查看。在弹出的【条件过滤】对话框中，在左侧选择“默认方案”，右侧不要设置任何具体条件，并将下方“时间”、“单据状态”和“作废标记”的对应数据设置为“全部”，如图 6-3 所示。再单击【确定】按钮，就可以进入产品预测单列表界面，查询所有录入的产品预测单，如图 6-4 所示。

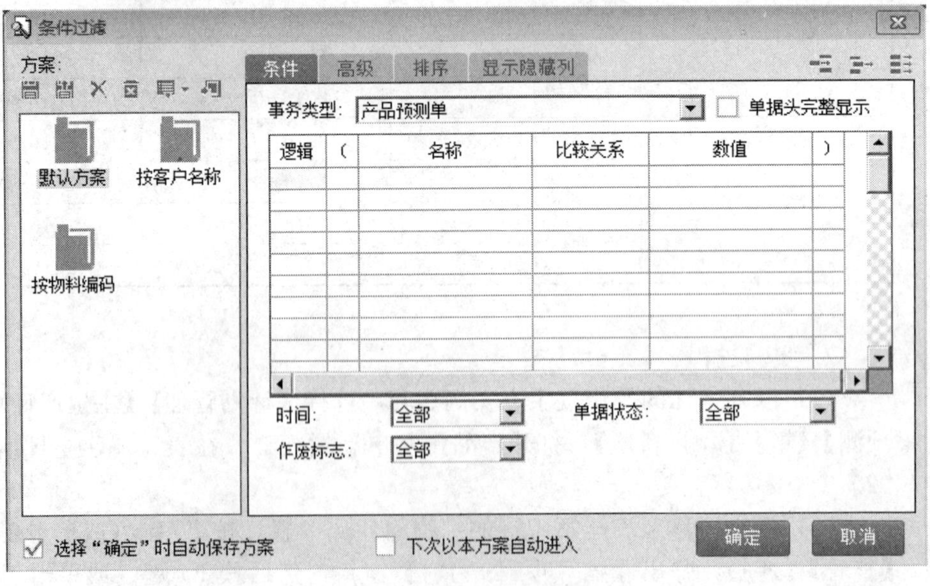

图 6-3 【条件过滤】对话框

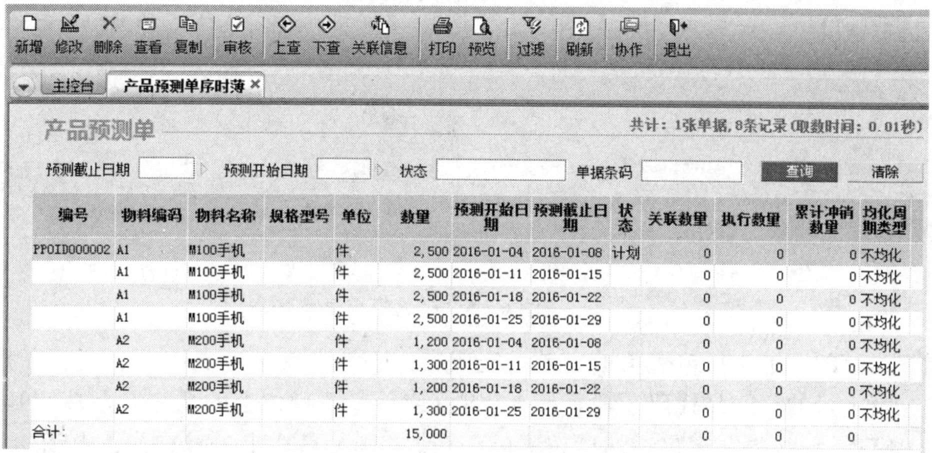

编号	物料编码	物料名称	规格型号	单位	数量	预测开始日期	预测截止日期	状态	关联数量	执行数量	累计冲销数量	均化周期类型
PPOID000002	A1	M100手机		件	2,500	2016-01-04	2016-01-08	计划	0	0	0	不均化
	A1	M100手机		件	2,500	2016-01-11	2016-01-15		0	0	0	不均化
	A1	M100手机		件	2,500	2016-01-18	2016-01-22		0	0	0	不均化
	A1	M100手机		件	2,500	2016-01-25	2016-01-29		0	0	0	不均化
	A2	M200手机		件	1,200	2016-01-04	2016-01-08		0	0	0	不均化
	A2	M200手机		件	1,300	2016-01-11	2016-01-15		0	0	0	不均化
	A2	M200手机		件	1,200	2016-01-18	2016-01-22		0	0	0	不均化
	A2	M200手机		件	1,300	2016-01-25	2016-01-29		0	0	0	不均化
合计:					15,000				0	0	0	

图 6-4　产品预测单序时簿

(4) 选中本实验案例的产品预测单，单击工具栏上的【审核】按钮，稍后系统弹出审核成功提示，该产品预测单的“状态”列由“计划”改为“审核”，表示审核成功。

6.2.2　销售订单处理

销售订单通常是指客户已经确定企业销售部门的产品报价后向企业下达的采购订单，然后企业销售部门将客户采购订单转为销售订单录入 ERP 系统，作为计划、生产、发货和收款的依据。销售订单是销售订货业务工作中非常重要的管理单据，通过销售订单可以查询发货情况和订单执行状况。单据填制后要审核。

1. 实验资料

最近公司新签 3 份销售订单。

(1) 销售部周力于 2016 年 1 月 2 日和深圳天音签订订单，销售 M100 手机 200 件，不含税价 2 200 元；M200 手机 1 000 件，不含税价 2 050 元；增值税税率 17%，交货日期为 2016 年 1 月 16 日，送货上门，运费由客户承担。

(2) 销售部周力于 2016 年 1 月 6 日和广东移动签订订单，销售 M200 手机 2 000 件，不含税价 2 050 元；增值税税率 17%，交货日期为 2016 年 1 月 21 日，委托物流公司托运发货。

(3) 销售部刘一江于 2016 年 1 月 3 日和陕西联通签订订单，销售 M100 手机 1 250 件，不含税价 2 180 元；增值税税率 17%，交货日期为 2016 年 1 月 27 日，委托物流公司托运发货。

2. 实验过程

(1) 以刘一江的身份登录本实例账套，选择【供应链】|【销售管理】|【销售订单】|【销售订单-新增】，打开销售订单新增窗口。按照提供的实验数据新增第一张

销售订单，在表头“购货单位”栏选择“深圳天音”，在“日期”栏录入“2016-01-02”，如图 6-5 所示。

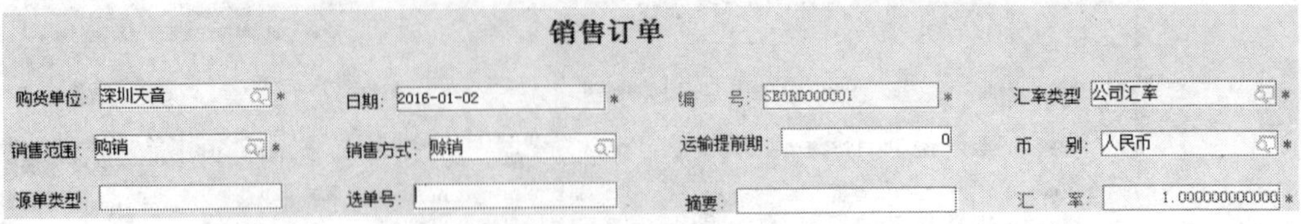

图 6-5　销售订单表头信息

(2) 销售订单表头信息录入完成后，接下来要录入表体信息。将光标移到表体第 1 行的“产品代码”栏，按 F7 键（或单击工具栏上的【查看】按钮），弹出【核算项目-物料】窗口，然后按 F4 键（或单击工具栏上的【浏览】按钮），显示系统中已存在的物料信息，双击“M100 手机”物料档案，并返回【销售订单-新增】窗口，可以看到获取物料信息成功，在“数量”栏录入“1000”，在“单价”栏录入“2200”，在“交货日期”栏录入“2016-01-16”。将光标移至第 2 行的“产品代码”栏，选择“M200 手机”档案，在“数量”栏录入“2000”，在“单价”栏录入“2050”，在“交货日期”栏录入“2016-01-16”。

(3) 销售订单表体信息录入完成后，接下来要录入表尾信息。将光标移到表尾“部门”栏选择“销售部”，在“业务员”栏选择“周力”。单击工具栏上的【保存】按钮，保存销售订单的录入，系统自动生成的销售订单编号为 SEORD000001。保存成功的窗口如图 6-6 所示。

图 6-6　销售订单-深圳天音

(4) 在销售订单录入窗口单击工具栏上的【新增】按钮，弹出一空白单据窗口，根据实验数据继续录入广东移动和陕西联通的销售订单。

(5) 一般情况下，必须审核的销售订单才能被 MPS/MRP 纳入计划排产。已录入完成的销售订单，可以在【供应链】|【销售管理】|【销售订单】|【销售订单-维护】中查看。在弹出的【条件过滤】对话框中，在左侧选择“默认方案”，右侧不要设置任何具体条件，并将下方“时间”、“审核标记”、“作废标记”和“关闭标记”的对应数据设置为“全部”，如图 6-7 所示。再单击【确认】按钮，就可以进入销售订单列表界面，查询所有录入的销售订单，如图 6-8 所示。

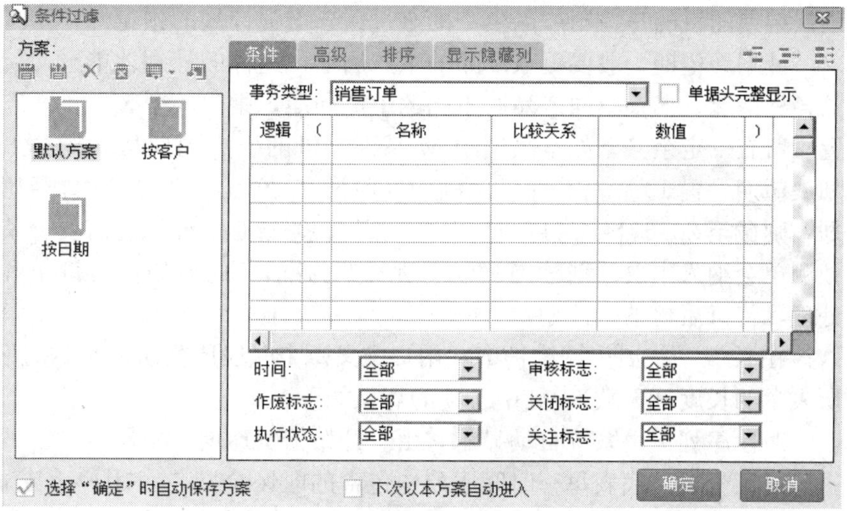

图 6-7　【条件过滤】对话框

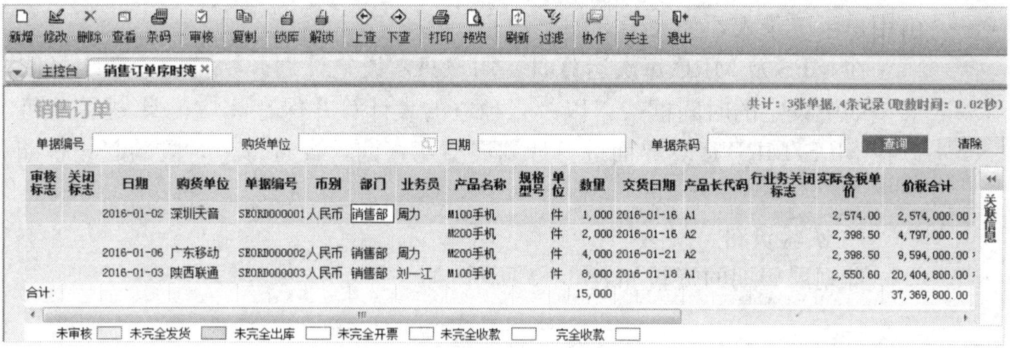

图 6-8　销售订单序时簿

（6）选中“深圳天音”的销售订单，单击工具栏上的【审核】按钮，稍后系统弹出审核成功提示，该销售订单的“审核标志”列改为“Y”，表示审核成功。随后对其余的两张销售订单也完成“审核”操作。

实验提示

销售订单录入时，客户、物料等字段一般可以自动弹出下拉列表供用户选择，如果没有正常弹出，可以按 F7 键，调出资料界面进行选择，或者单击工具栏中的【查看】按钮查看对应资料。

6.3　计划展望期维护

计划展望期是计划管理中的基本概念，用来说明安排计划的时间跨度，设定计划展望期的目的是控制产品生产的全过程，增强计划的预见性。

计划展望期一般要覆盖产品的生产周期，这样的计划才能预见完整生产过程中的各种情况。如果不同产品有不同的生产周期，则以其中较长的生产周期为基准设置，留有一定余量。如本案例中 M 系列手机的生产周期从 3 周到 8 周不等，则计划展望期设置 10 周左右即可。例如，假设在 2016 年 9 月 29 日开始进行主生产计划，则截至 2016 年 12 月 5 日，这 10 周（50 个工作日）内需要交货的销售订单和预测单会纳入本次计划范围（以交货日期为准），此后的销售订单和预测单则暂不处理，待以后再纳入计划。

在 K/3 系统展望期维护中，用户定义每个时段序列所表示的时区数及每一时区所表示的长度（天数），其中各项的意义如下：

时段序列：由系统自动显示，由 1 开始依次递增。

时区个数：代表每一时间序列中包含的时区个数，由用户手工录入，为大于 0 的整数。

各时区天数：表示每一时区内所包含的天数，即计划的时间单位（即时段），由用户手工录入，为大于 0 的整数。

在 MPS 及 MRP 每次运算时，用户只需设定计划开始日期，系统可依据用户在展望期中设定的时间框架，以一张独立的表计算并保存相应的计划展望期，用户可以在 MPS/MRP 运算界面进行计划展望期查询，查看每一时段的起止日期。

1. 实验资料

计划展望期的资料如表 6－3 所示。

表 6－3　　计划展望期的资料

时区序列	时区个数	各时区天数
1	10	5

2. 实验过程

（1）选择【计划管理】|【主生产计划】|【系统设置】|【计划展望期维护】，打开【计划展望期维护】对话框。按实验数据设置计划展望期，如图 6－9 所示。

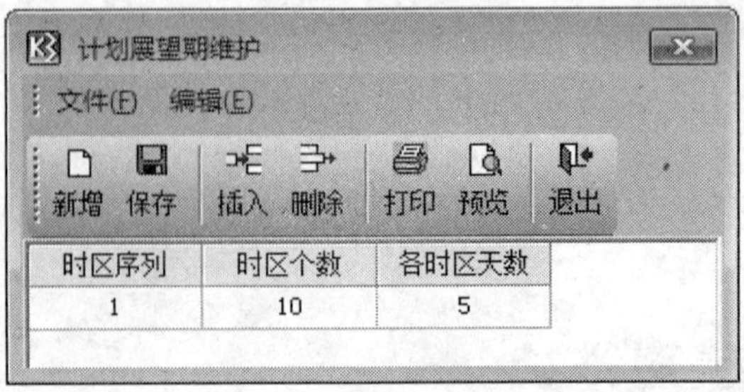

图 6－9 【计划展望期维护】对话框

（2）单击工具栏上的【保存】按钮，保存计划展望期的录入。

实验提示

1. 展望期时间扣除了工厂日历中的休息日。
2. 展望期起始日期不能早于系统当前日期。

6.4 MPS 计划方案维护

计划参数是主生产计划的重要控制因素。一些复杂的计划参数往往使主生产计划变得高深莫测，使很多应用人员望而生畏。K/3 系统通过一系列计划参数的设置来实现主生产计划的控制。虽然计算过程由程序完成，但其过程可以通过各种开关来控制。用户可以通过这些参数控制来大大简化运算的复杂程度。当然，这些参数并不能完全代替人工智能，计划要真正科学且可执行，还必须根据计划人员的经验和企业的特殊情况进行人为调整。

在进行 MPS 计算时，可以定义不同的计划方案。计划方案的参数不同，计算的结果也完全不同。下面具体解释各种参数及其对结果的影响，对系统预设的第二个方案进行说明。

6.4.1 需求参数

本部分参数是对 MPS/MRP 计算的需求来源进行设置，这些参数将决定哪些单据作为需求来源参加计算。需求参数如图 6-10 所示。

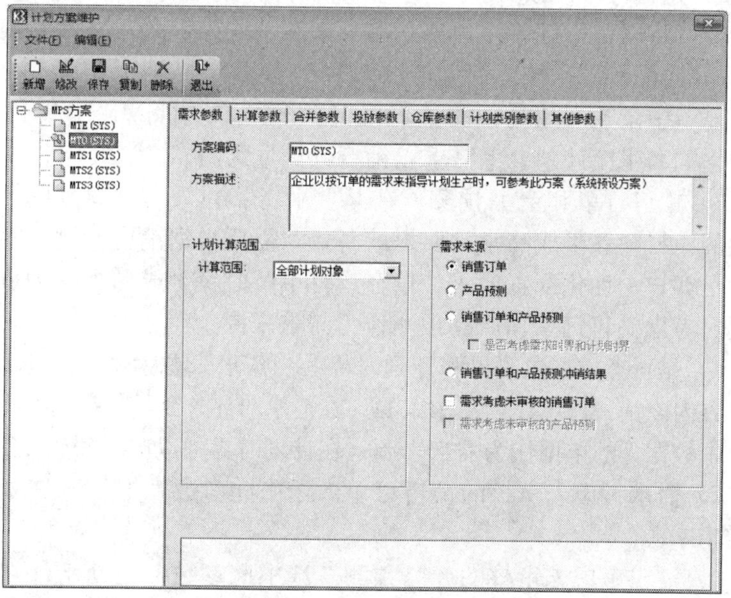

图 6-10 【计划方案维护】的“需求参数”选项卡

（1）方案编码。录入/显示MPS方案编码。

（2）方案描述。对MPS/MRP方案进行说明，方便计划人员查看、选择方案。

（3）计划计算范围。指定MPS计算的单据范围。共有全部计划对象、指定需求单据、指定物料、指定计划员四种范围，但只能选择其中一种。

1）全部计划对象。所有设定了计划策略为MPS的物料，所对应的所有销售订单或产品预测均参加计算。

2）指定需求单据。可以选择符合条件的指定销售订单或者指定预测单进行计算。计算时只将指定范围内的销售订单或者预测单作为需求来源。

3）指定物料。对指定范围内的物料进行全重排计算，提高MPS的计算效率。有三个细节参数。

4）指定计划员。只对指定的计划员所负责的物料进行全排计算。选择指定计划员参数时，系统要求同时设置“默认计划员”选项，单击按钮选择计划员信息。

实验提示

进行MPS计算时一般选择全部计划对象，这样计划可以全面考虑企业订单、库存变动等情况进行合理安排。而指定需求单据、指定物料和指定计划员可以缩小计划范围，减少服务器计算量。但是，如果存在公用物料的情况，要结合锁单、锁库才能得出正确结果，否则可能出现库存数或预计量多次重复分配的情况。

（4）需求来源。设置MPS计算时的需求来源，确定是以销售订单作为需求来源，还是以产品预测作为需求来源，抑或同时考虑销售订单和产品预测。

1）销售订单。按订单生产（MTO）模式下需要根据销售订单来排计划，选择该参数，将以销售订单作为独立需求来源来安排生产，以订单量作为毛需求。

2）产品预测。按库存生产（MTS）模式下一般只根据销售预测来安排生产，在预测单中录入产品的预测量，再根据预测单运行MPS，即可得到产品或相应物料的采购和生产计划。毛需求以销售预测量为主。

3）销售订单和产品预测。在某些业务需求下（ATO生产模式下比较常见），企业的原材料和半成品常常要提前备货，需要根据销售预测备足库存，但是成品需要满足客户个性化配置要求，按客户订单及时将半成品组装为成品，因此需要计划员同时考虑销售订单加产品预测作为需求来源。

4）是否考虑需求时界和计划时界。当需求来源为销售订单和产品预测时，在需求时界内以销售订单作为需求来源；在需求时界外到计划时界内以销售订单与产品预测单中数据大的单据作为需求来源；在计划时界外以产品预测作为需求来源。

5）需求考虑未审核的销售订单。选中此参数，把处于计划状态的销售订单作为需求来源。

6）需求考虑未审核的产品预测。选中此参数，把处于计划状态的产品预测作为需求来源。

6.4.2　计算参数

下面介绍对 MPS/MRP 的运算参数的设置，考虑到计划结果的可行性，系统把计划员在排计划时需要考虑的因素定义为几个可选参数，方便各种应用状态下的设置。这些参数将影响 MPS/MRP 的计算结果。计算参数如图 6－11 所示。

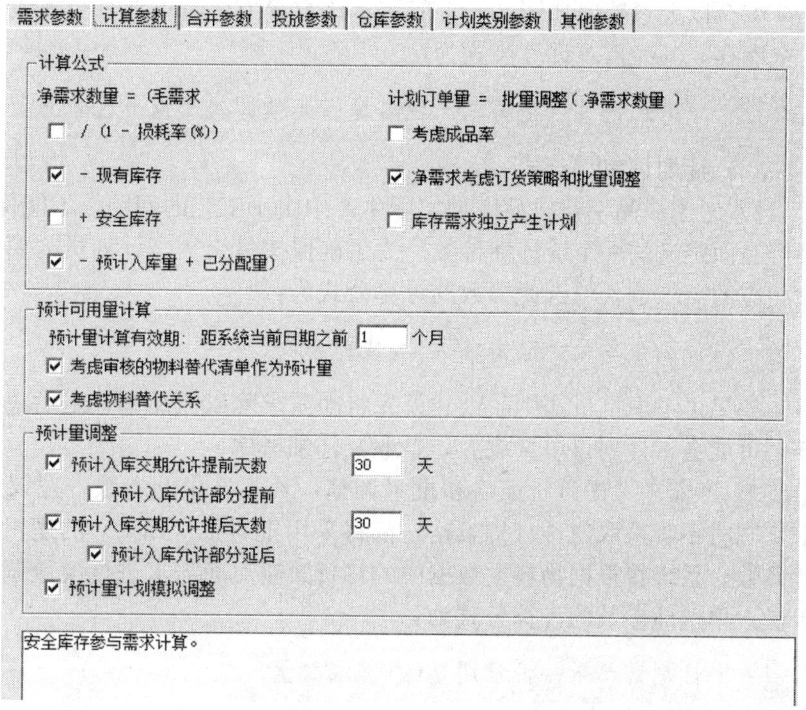

图 6－11　【计划方案维护】的“计算参数”选项卡

1.　设置 MPS 时的计算公式

（1）净需求数量公式。

1）考虑损耗率：损耗在实际生产中难以避免，因此材料的生产或者采购需求一定会大于标准用量的需求，该损耗率在 BOM 单中设置。选中此参数，净需求考虑损耗率因素。

2）考虑现有库存：MPS 计算时是否考虑仓库现有量。例如物料 A 的毛需求是 100 个，现存量为 10 个，如果考虑现存量，则 MPS 计算出来的净需求为 90 个，反之，则净需求为 100 个。

某些企业运行期初库存数据的准确性出入较大，可以先不考虑该参数，以得到一个总的需求量；在某些情况下，产品、半成品的库存已有分配目标，只希望得到所选单据的产品、半成品毛需求计划，此时可以不用考虑现有库存。全重排 MPS 计划或者要得到通用件的 MPS 计划，则要考虑现有库存。

3）考虑安全库存：安全库存的设置主要为了应对不时之需，满足超出计划员可预见的需求。安全库存的高低不仅反映了市场的变化，而且反映了计划员的应变能力。

4）考虑预计入库量和已分配量：选中此参数，预计入库量和已分配量参与需求计算。其中，已分配量是尚未兑现的库存需求，是指已向库房发出提货单，但尚未由库房发货的物料。例如，库房已收到提货单，但领用单位没有可领用的实物。

综合以上参数，如图 6-11 所示，该方案中净需求计算公式没有考虑损耗率和安全库存，其净需求计算公式为：

净需求数量＝毛需求－现有库存－预计入库量＋已分配量

（2）计划订单量公式。

1）考虑成品率：成品率是实际生产中由于工艺的问题，不能保证 100%产出合格产品而定义的一个统计性参数。为了确保按量交货，计划员需要考虑该因素，放大相应的需求量。单选此参数的计算公式为：

计划订单量＝净需求数量/成品率

如果再考虑批量法则，则建议先将净需求除以成品率，之后进行批量调整。这样做可能会将计划订单量放大，企业要仔细考虑。

2）净需求考虑订货策略和批量调整：若不选中此参数，建议订单量等于净需求，同时不管采取何种订货策略，都将采用批对批（LFL）的逻辑进行计算。选中此参数，系统将根据物料主数据中的订货策略对净需求进行批量调整，得到建议订单量。单选此参数的计算公式为：

计划订单量＝批量调整(净需求数量)

3）库存需求独立产生计划：选中该参数，MPS/MRP 计算时考虑安全库存，并且当现有库存低于安全库存时，此类由安全库存产生的净需求可以在计划当天独立产生计划订单，并且在计划订单上记录补充库存标记。（该计划订单的开工/采购日期和到货/完工都在当天，计划员可手工修改到货/完工日期。）下次 MPS/MRP 计算时，首先将记录有补充安全库存的计划订单和安全库存进行冲减，避免重复产生计划订单。不选该参数，安全库存产生的净需求将和计划当天的其他净需求合并，一起产生计划订单，并且不记录补充库存标记。

2. 预计可用量计算

即对预计范围内的物料参数进行设置。

（1）预计量计算有效期：距系统当前日期之前［n］个月。计算开始日期之前，应该存在该完工但未完工、该到货但未到货的业务。这些业务是否仍然有效，以及多长时间内才算有效？如果计算公式考虑预计量，且选中该参数，则需求日期在 MPS 计算当天之前［n］个月内的预计量单据全部参与计算。

（2）考虑审核的物料替代清单作为预计量：选中此参数，MPS 计算时，首先考虑被替代料本身的库存、预计量，如果被替代料不足，需要发生替代，将会产生替代料的计划。

（3）考虑物料替代关系：本书不涉及物料的替代使用，如有需要，可参考 K/3 系统的用户手册。

3. 预计量调整

（1）预计入库交期允许提前天数：选中，在进行 MPS 计算时，系统会自动建议将交货期在后面的预计量单据提前，以满足前面的需求。允许的天数范围在后面的参数框中输入。计算结束后，在“例外信息查询表”中可以查询到相关的建议调整信息。

（2）预计入库允许部分提前：选中，在进行 MPS 计算时，将根据实际的需求量判断后面的预计量单据应该调整多少数量给前面的需求。

（3）预计入库交期允许推后天数：选中，在进行 MPS 计算时，系统会自动建议将交货期在前面的预计量单据延后，以满足后面的需求。允许的天数范围在后面的参数框中输入。计算结束后，在“例外信息查询表”中可以查询到相关的建议调整信息。

（4）预计入库允许部分延后：选中，在进行 MPS 计算时，将根据实际的需求量判断前面的预计量单据应该调整多少数量给后面的需求。

（5）预计量计划模拟调整：选中，在进行 MPS 计算时，考虑预计量模拟调整后的结果。不选中该参数，在进行 MPS 计算时，预计量不执行模拟调整。

6.4.3　合并参数

下面介绍对 MPS/MRP 运算后的合并参数的设置，这些参数将影响计划订单按哪种方式进行合并。合并参数如图 6－12 所示。

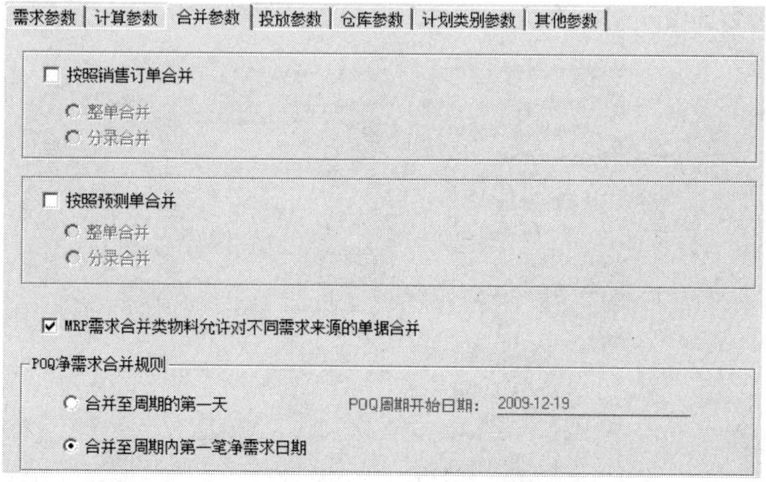

图 6－12　【计划方案维护】的“合并参数”选项卡

（1）按照销售订单合并：选中，MPS 计算出来的计划订单按销售订单合并，具体的方式有以下两种：

1）整单合并：如果来自相同销售订单的同一物料存在多个计划订单，将计划订单进行数量的合并，时间取最早的日期。

2）分录合并：如果来自相同销售订单上同一分录的同一物料存在多个计划订单，将计划订单进行数量的合并，时间取最早的日期。

（2）按照预测单合并：选中，MPS 计算出来的计划订单按产品预测单合并，具体的方式有以下两种：

1）整单合并：如果来自相同产品预测单的同一物料存在多个计划订单，将计划订单进行数量的合并，时间取最早的日期。

2）分录合并：如果来自相同产品预测单上同一分录的同一物料存在多个计划订单，将计划订单进行数量的合并，时间取最早的日期。

（3）按照物料合并（MRP 需求合并类物料允许对不同需求来源的单据合并）：选中，对同一物料的计划订单，需求日期相同的进行合并，即按天进行合并。该参数只针对物料主数据中“MRP 计算是否合并需求”为“是”的物料有效。

（4）POQ 净需求合并：选中，POQ 净需求合并的具体方式有以下两种：

1）合并至周期的第一天：周期开始日期为设定的 POQ 周期开始日期，各期间的净需求合并到周期的第一天。

2）合并至周期内第一笔净需求日期：周期开始日期为第一笔净需求产生的日期，各期间的净需求合并到周期内第一笔净需求日期。

该参数只在计算参数“净需求考虑订货策略和批量调整”选中时才可维护。

6.4.4 投放参数

下面介绍投放参数，这些参数将影响 MPS/MRP 运算后自动投放的结果。投放参数如图 6-13 所示。

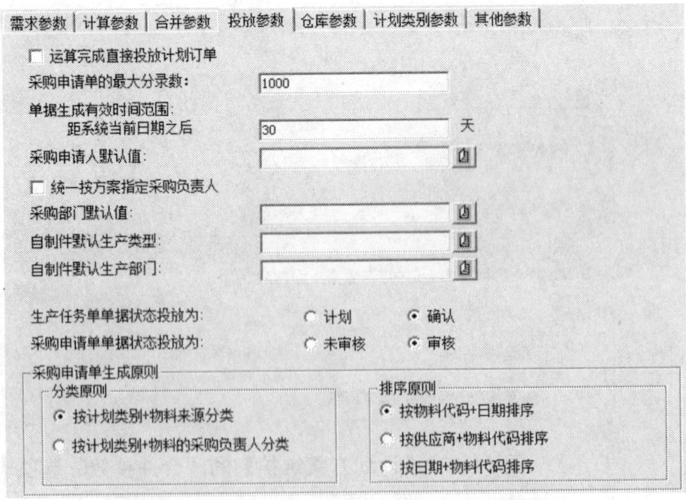

图 6-13 【计划方案维护】的“投放参数”选项卡

（1）运算完成直接投放计划订单：选中，MRP 计算完成后，系统自动确认结果，并将计划订单投放为目标单据。这样可以提高工作效率。

（2）采购申请单的最大分录数：此参数控制一张采购申请单允许的最大分录条数。如果超过最大分录条数，系统会自动拆分成多个采购申请单。

（3）单据生成有效时间范围：距系统当前日期之后［n］天。在进行自动投放时，系统将对建议开工/采购日期在此参数范围内的计划订单进行投放。

（4）采购申请人默认值：对外购类物料，计划订单投放为采购申请单时，采购申请单上的“申请人”字段先取物料属性中的采购负责人，如为空，则取此处指定的采购申请人默认值。

（5）统一按方案指定采购负责人：选中，计划订单投放为采购申请单时，不先取物料中的采购负责人，而直接统一取此处的采购申请人默认值。

（6）采购部门默认值：设置采购计划订单上的采购申请部门。

（7）自制件默认生产类型：对自制类物料，生成计划订单时，计划订单上的生产类型先取物料属性中的默认生产类型，如为空，则取此处的自制件默认生产类型。

（8）自制件默认生产部门：对自制类物料，生成计划订单时，计划订单上的生产部门先取物料档案中的“生产部门”，如为空，则取此处的自制件默认生产部门。

（9）生产任务单单据状态投放为：选中“计划”参数，计划订单投放为生产任务单时，任务单上单据状态为“计划”状态，否则为“确认”状态；不管参数是“计划”还是“确认”，由计划订单投放的任务单，计划确认字段值都为“Y”，并且计入 MPS 或 MRP 预计量。

（10）采购申请单单据状态投放为：选中“未审核”参数，计划订单投放为采购申请单时，采购申请单上单据状态为“未审核”状态，否为“审核”状态；不管参数是“未审核”还是“审核”，由计划订单投放的采购申请单，计划确认字段值都为“Y”，并且计入 MPS 或 MRP 预计量。

（11）采购申请单生成原则：

1）分类原则：

①按计划类别＋物料来源分类：来自相同采购负责人且相同供应商的物料的同一计划类别的计划订单，投放到一张采购申请单上。

②按计划类别＋物料的采购负责人分类：来自相同采购负责人的物料的同一计划类别的计划订单，不管供应商是否相同，都投放到一张采购申请单上。

2）排序原则：

①按物料代码＋日期排序：投放的采购申请单分录，先按物料代码升序排序，相同物料代码下，再按到货日期的升序排序。

②按供应商＋物料代码排序：投放的采购申请单分录，先按供应商代码的升序排序，相同供应商代码下，再按物料代码的升序排序。

③按日期＋物料代码排序：投放的采购申请单分录，先按到货日期的升序排序，相同到货日期下，再按物料代码的升序排序。

6.4.5 仓库参数

下面介绍对 MPS 运算的仓库参数的设置。参与计算的仓库要考虑物料现存量，反之不考虑。计划人员可以根据实际生产管理情况设置这些参数。仓库参数如图 6－14 所示。

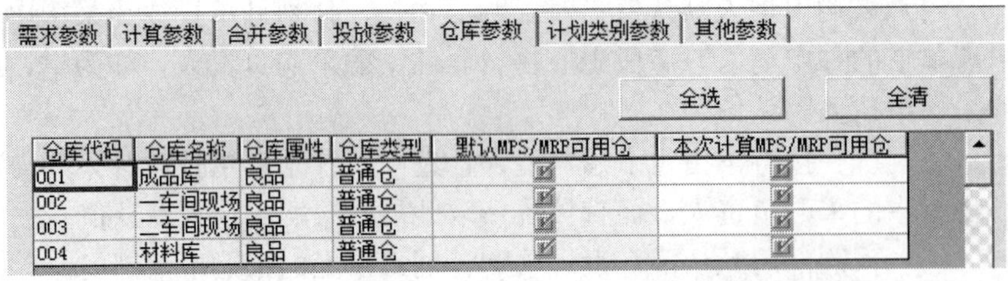

图 6－14 【计划方案维护】的“仓库参数”选项卡

6.4.6 计划类别参数

下面介绍对将参与 MPS 运算的单据和 MPS 运算生成的计划订单计划类别的设置，这些参数将影响一些计划类别的单据参与 MPS 计算，也设定 MPS 计算生成计划订单计划类别的来源。计划类别参数如图 6－15 所示。

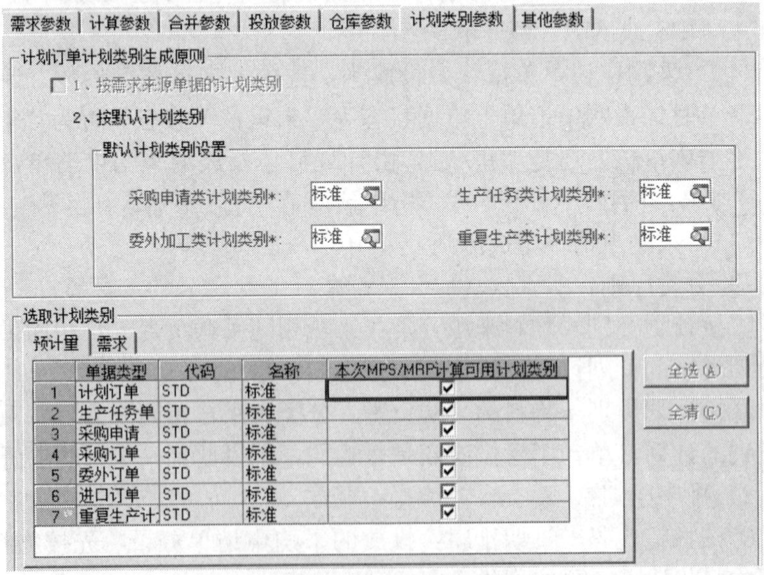

图 6－15 【计划方案维护】的“计划类别参数”选项卡

1. 计划订单计划类别生成原则

（1）按需求来源单据的计划类别。生成计划订单时，计划订单上的计划类别与需求来源单据上的计划类别一致；需求来源单据上的计划类别如不存在，再按计划订单的单据类型取方案中设置的默认计划类别。

（2）按默认计划类别。生成计划订单时，计划订单上的计划类别直接按计划订单的单据类型取本次计划方案中设置的默认计划类别。在各计划类别设置时按 F7 功能键修改。

2. 选取计划类别

在“本次 MPS/MRP 计算可用计划类别”列中打钩，勾选的这行计划类别的单据将参加 MPS/MRP 计算。系统默认将计划类别中为“标准”类型的单据进行勾选。

6.4.7 其他参数

下面介绍对 MPS 运算日志参数以及其他参数的设置，这些参数将影响按哪些内容产生 MPS 日志。同时，本页签还包含一些不属于前面的参数分类的其他参数，这些参数对 MPS 计算有一定影响。其他参数如图 6－16 所示。

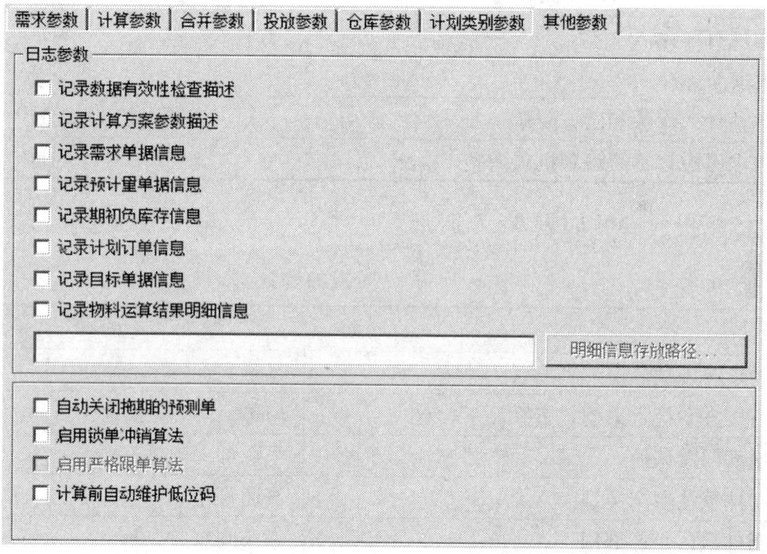

图 6－16 【计划方案维护】的“其他参数”选项卡

实验提示

MPS 计划方案中的参数对计算的结果会带来影响，应该花点时间仔细阅读和理解。查看计划方案的各项参数的含义，可以单击按钮，然后将鼠标移动到相应的参数项上，界面下方的说明栏将显示该参数的含义及作用。限于篇幅，本书不再赘述；更详尽的说明可参考金蝶 K/3 的用户手册。

6.4.8 MPS 的方案设置

1. 实验资料

（1）需求参数如表 6-4 所示。

表 6-4 需求参数

参数	值
方案编码	001
方案描述	主要演示 MTO 模式，根据销售订单安排生产计划
计划计算范围	全部计划对象
需求来源	销售订单和产品预测
是否考虑需求时界和计划时界	勾选

（2）计算参数如表 6-5 所示。

表 6-5 计算参数

参数	值
考虑现有库存	勾选
考虑安全库存	勾选
考虑预计入库量和已分配量	勾选
净需求考虑订货策略和批量调整	勾选

（3）投放参数如表 6-6 所示。

表 6-6 投放参数

参数	值
采购申请人默认值	赵希文
统一按方案指定采购负责人	勾选
采购部门默认值	采购部
自制件默认生产类型	普通订单
自制件默认生产部门	一车间
生产任务单单据状态投放为	计划
采购申请单单据状态投放为	未审核

未提到的参数都采用系统默认值。

2. 实验过程

（1）以刘一江的身份登录本实例账套，选择【计划管理】|【主生产计划】|【系统设置】|【MPS 计划维护】，打开【计划方案维护】窗口。

（2）单击工具栏上的【新增】按钮，再单击【需求参数】选项页，切换到【需求参数】设置窗口，根据表 6－4 设置需求参数，如图 6－17 所示。

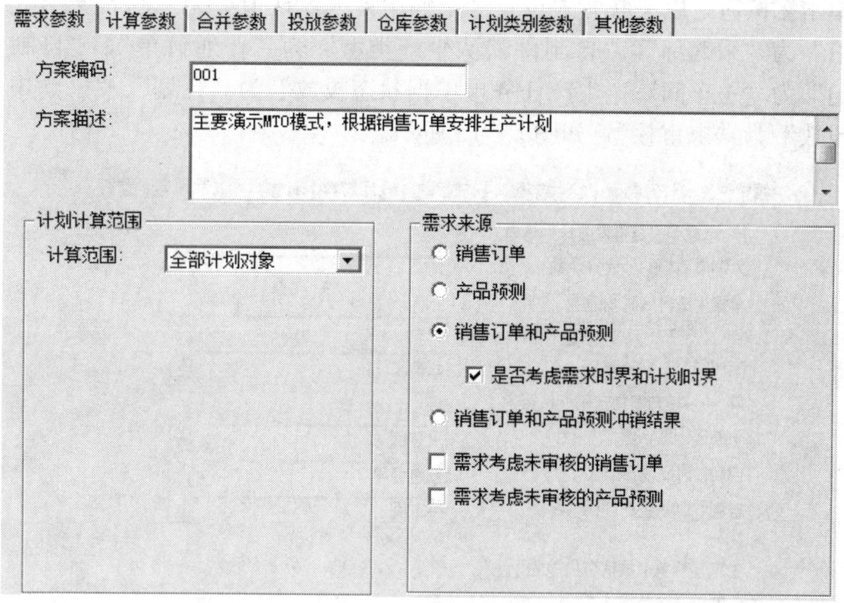

图 6－17　需求参数

（3）切换到【计算参数】选项页，勾选“现有库存”、“安全库存”、“预计入库量＋已分配量”和“净需求考虑订货策略和批量调整”参数，如图 6－18 所示。

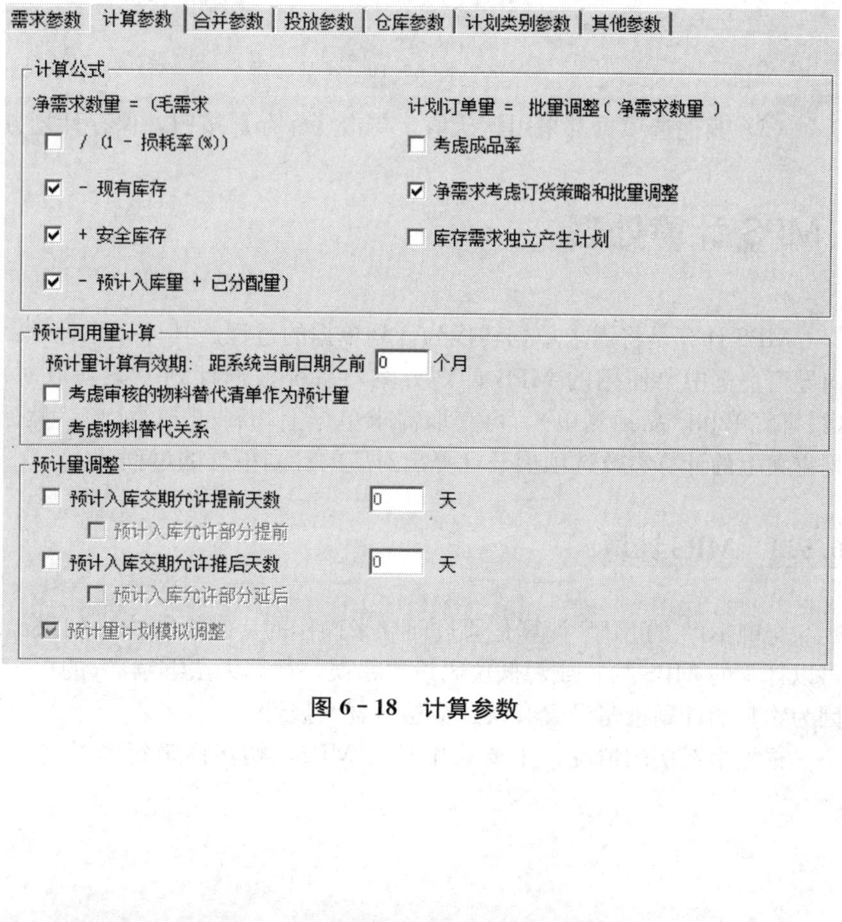

图 6－18　计算参数

(4) 切换到【投放参数】选项页，勾选“统一按方案指定采购负责人”；分别单击按钮，以关联方式设置“采购申请人默认值”为“赵希文”，“采购部门默认值”为“采购部”，“自制件默认生产类型”为“普通订单”，“自制件默认生产部门”为“一车间”；“生产任务单单据状态投放”为“计划”，“采购申请单单据状态投放”为“未审核”，如图 6-19 所示。

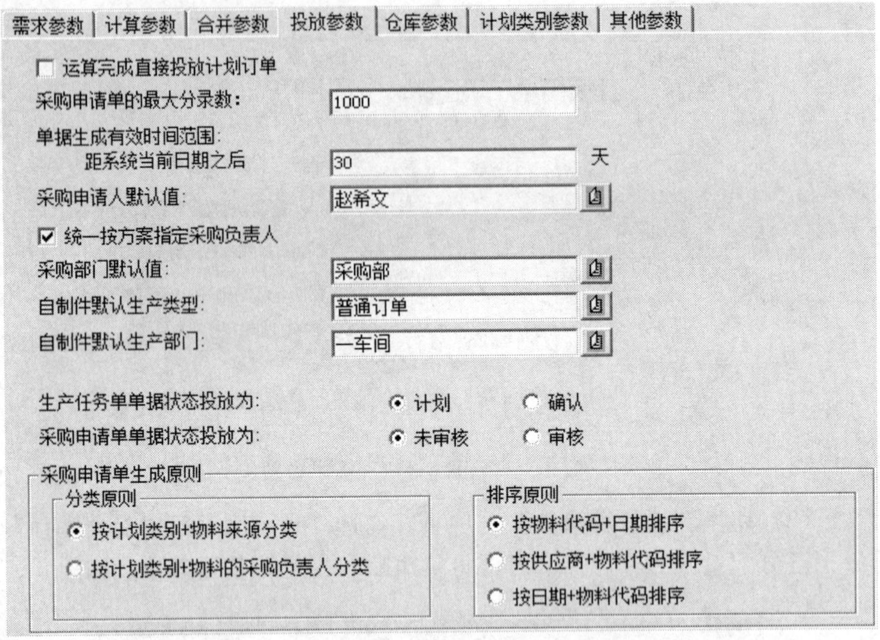

图 6-19　投放参数

(5) 其他选项页都采用默认值，单击【保存】按钮，保存计划方案 001。

6.5　MPS 计算处理

MPS 计算是将需求单据转换为计划单据的过程。其计算原理是：在 MRP 计算向导窗口选中要使用的 MPS 计划方案，系统根据计划方案获取对应的需求单据（销售订单和产品预测单），再获取需求单据上物料的 BOM 单，然后根据 MPS 计划方案上的计算参数选项展开计算出对应的计划单据的过程。

6.5.1　MPS 计算

金蝶 K/3 的 MPS 计算是通过向导来操作的。在操作中，如果出现“系统没有可以计算的 MPS 物料或者低位码设置错误。计算无法继续。”的提示信息，一般是因为物料的计划策略设置有误，应检查物料属性。

根据本案例的情况，主要采用月度 MPS，初步商定每个月初的第一个周一对本月的生产情况进行计划。MPS 的运算时间通常较长，并且需要对表结构加锁，因此，MPS 计算应避免在业务处理频繁时进行，企业通常会选择在夜间进行。

实验提示

进行本实验之前，请将电脑系统的日期修改为“2016－01－04”。在进行实际的业务操作时，建议不要随意修改电脑系统日期，否则 MPS/MRP 计算出来的数据与实际情况有差异。

1. 实验资料

先将电脑系统的日期修改为“2016－01－04”，然后根据计划方案“001”完成 MPS 的计算。

2. 实验过程

（1）选择【计划管理】|【主生产计划】|【MPS 计算】|【MPS 计算】，双击进入【MPS 运算向导】窗口，如图 6－20 所示。

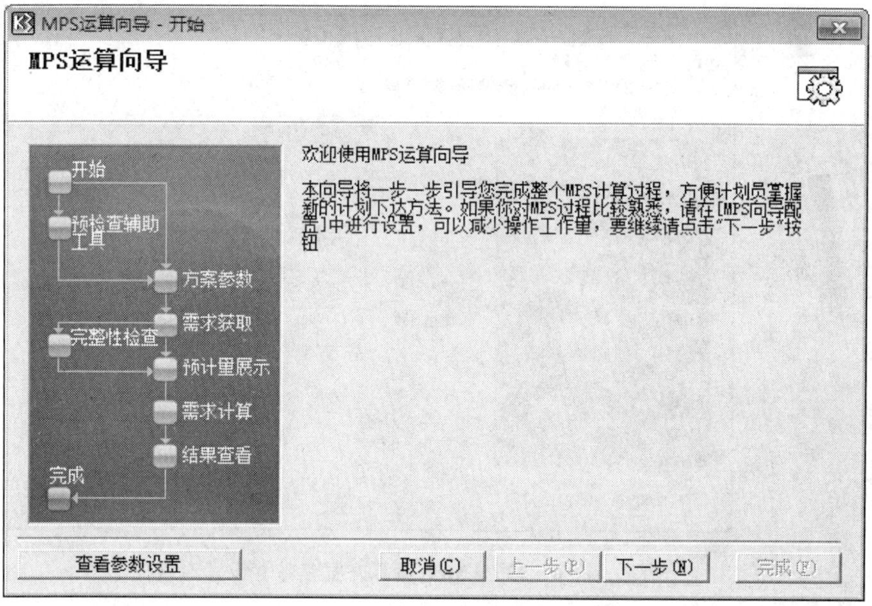

图 6－20 MPS 运算向导开始界面

根据向导窗口，用户可以轻松地完成 MPS 计算过程。在每一步骤的界面，系统都对该步骤给出了具体的说明。

（2）单击【下一步】按钮，进入 MPS 运算预检查界面，此步骤实现运算前对 BOM 的合法性、完整性及物料的低位码的检查及维护，从而保证 MPS 运算结果的正确性，如图 6－21 所示。

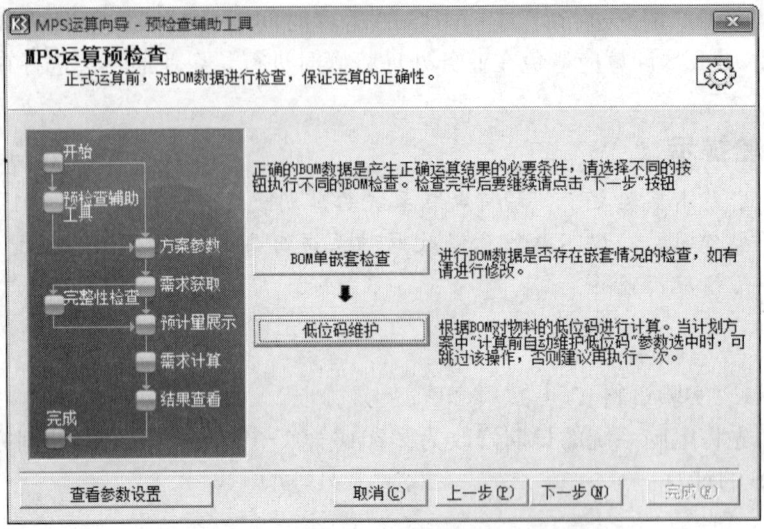

图 6-21　MPS 运算向导预检查辅助工具界面

（3）检查完相关数据，如果确认无误，可直接单击【下一步】按钮，进入 MPS 运算方案参数设置界面，如图 6-22 所示。

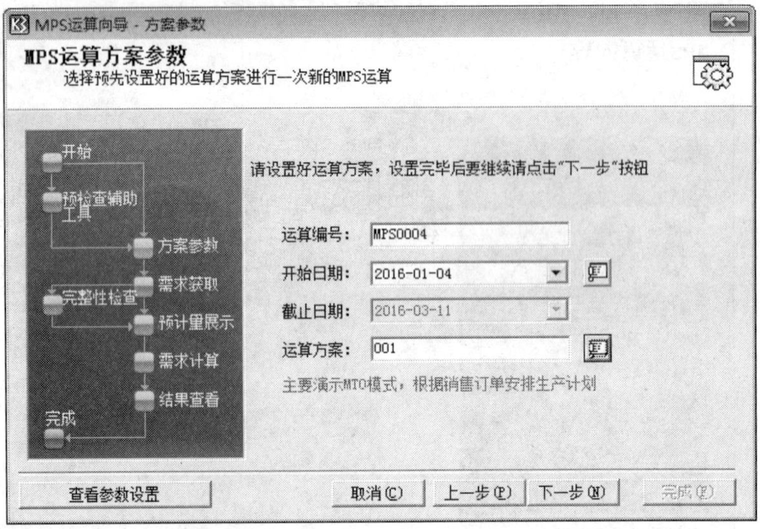

图 6-22　【MPS 运算方案参数】设置对话框

其中各项说明如下：

运算编号：系统每进行一次 MPS 计算，运算编号自动累计，方便 MPS 计划单据的管理。在进行 MPS 计划订单序时簿管理时，若针对某次 MPS 运算生成的计划订单进行维护，就需要用到运算编号的信息。

开始日期：默认设为系统当前时间，可自行指定开始日期，但不能小于系统当前时间。本实验中指定开始日期为 2016 年 1 月 4 日。

运算方案：MPS 计算的计划方案。单击"运算方案"右侧的（关联）按钮，系统弹出【计划方案维护】界面，双击选择“001”，返回【MPS 运算方案参数】设置对话框。

（4）单击【下一步】按钮，进入【MPS 运算需求获取】对话框，如图 6－23 所示。由于本案例之前指定的运算方案考虑的是全部计划对象，也没有分派计划员管理不同物料，这里仅有说明文字，不需进行获取操作。

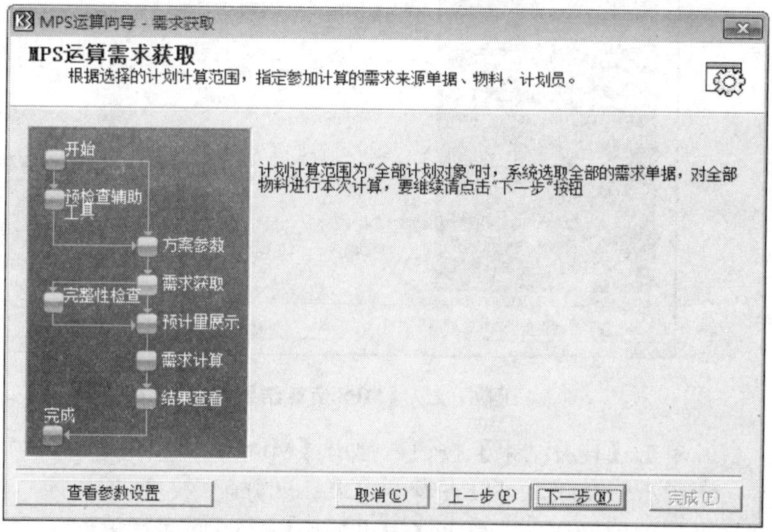

图 6－23　【MPS 运算需求获取】对话框

（5）单击【下一步】按钮，进入【MPS 运算预计量展示】对话框，如图 6－24 所示。可单击【显示预计量单据】按钮，进入预计量单据选择界面，根据需要进行设置（本案例不需要设置）。

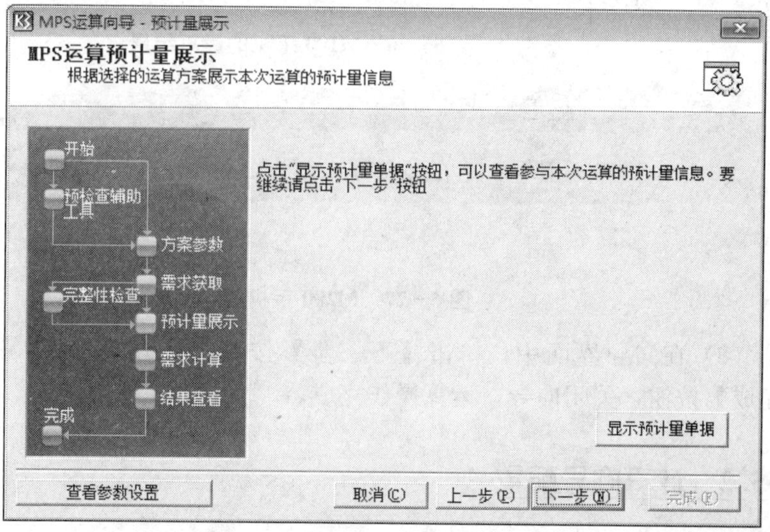

图 6－24　【MPS 运算预计量展示】对话框

（6）单击【下一步】按钮，进入需求计算界面，系统后台进行需求计算。计算完成后，系统出现【MPS 运算结果查看】对话框，如图 6－25 所示。

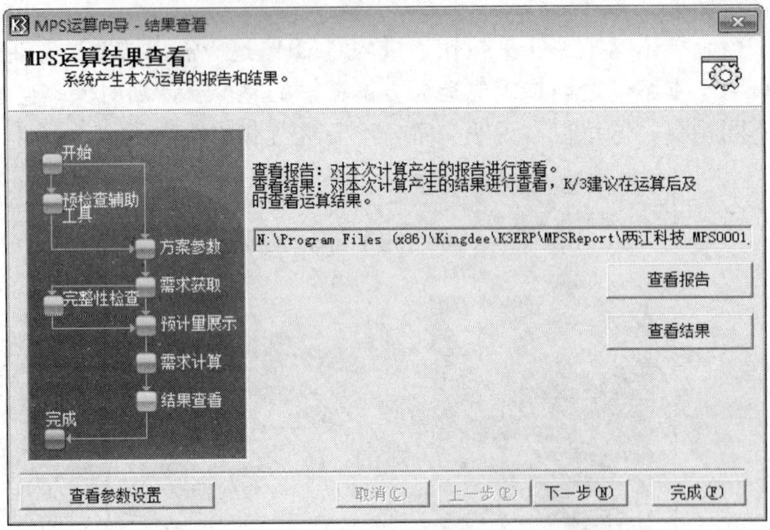

图 6－25 【MPS 运算结果查看】对话框

（7）单击【查看结果】按钮，弹出【MPS 运算结果查询】窗口，如图 6－26 和图 6－27 所示。在此，可以查看毛需求、已分配量、预计入库、锁单冲销量、净需求和计划订单量等信息。单击【退出】按钮，返回向导界面。

物料代码	物料名称	规格型号	计量单位	计划时界	需求时界	安全库存	即时库存	订货策略	变动提前期	固定提前期	变动提前期批量	最小订货量	最大订货量	固定/经济批量
A1	M100手机		件	20	10	100	500	期间订货量	1	1	600	200	10000	0

日期	期初库存		毛需求			已分配量					预计入库				锁单冲销量	净需求	计划订单量	剩余库存
	可用库存	预留库存	预测	销售	相关	拖期销售	计划	任务	替代他料	锁库	计划	在途/在制	在检	被替代				
2016-01-04	400	0	0	0	0	0	0	0	0	0	0	0	0	0	0	0	0	400
2016-01-15	400	0	0	200	0	0	0	0	0	0	0	0	0	0	0	0	0	200
2016-01-18	200	0	1200	0	0	0	0	0	0	0	0	0	0	0	0	1000	1000	0
2016-01-27	0	0	0	1250	0	0	0	0	0	0	0	0	0	0	0	1250	1250	0

图 6－26 M100 手机的运算结果

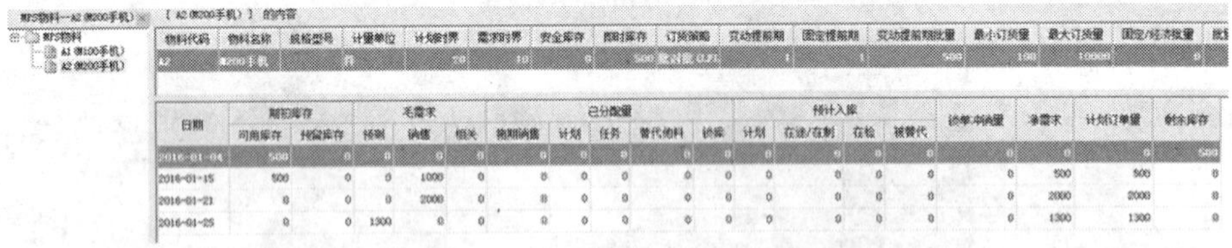

物料代码	物料名称	规格型号	计量单位	计划时界	需求时界	安全库存	即时库存	订货策略	变动提前期	固定提前期	变动提前期批量	最小订货量	最大订货量	固定/经济批量
A2	M200手机		件	20	10	0	500	批对批 (LFL)	1	1	500	100	10000	0

日期	期初库存		毛需求			已分配量					预计入库				锁单冲销量	净需求	计划订单量	剩余库存
	可用库存	预留库存	预测	销售	相关	拖期销售	计划	任务	替代他料	锁库	计划	在途/在制	在检	被替代				
2016-01-04	500	0	0	0	0	0	0	0	0	0	0	0	0	0	0	0	0	500
2016-01-15	500	0	0	1000	0	0	0	0	0	0	0	0	0	0	0	500	500	0
2016-01-21	0	0	0	2000	0	0	0	0	0	0	0	0	0	0	0	2000	2000	0
2016-01-25	0	0	1300	0	0	0	0	0	0	0	0	0	0	0	0	1300	1300	0

图 6－27 M200 手机的运算结果

（8）在向导界面中，单击【下一步】按钮，进入 MPS 运算完成界面。单击【完成】按钮，关闭向导，运算操作完成。

6.5.2 计算向导配置

MPS 计算向导窗口可以一步步指导 MPS 的数据计算，计划人员在熟悉 MPS 计算方式后，对有些步骤不需要再进行检查或查看，以提高 MPS 计算的效率。系统提供对计算向导进行配置的功能。

双击【计划管理】|【主生产计划】|【MPS 计算】|【计算向导配置】，系统弹出【计算向导配置】对话框，如图 6-28 所示。

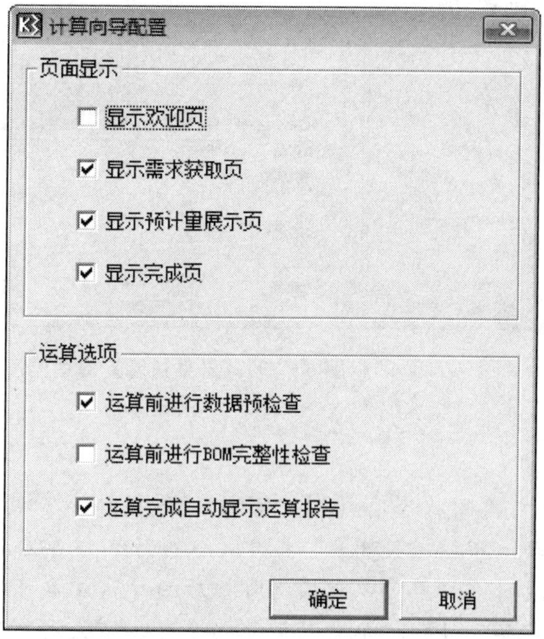

图 6-28 【计算向导配置】对话框

打钩表示选中，在 MPS 计算向导窗口中将显示该步骤，不选中则在 MPS 计算向导窗口中跳过该步骤。

6.6 MPS 维护

经过 MPS 计算得到计划状态的计划订单，这些计划订单是基于无限能力的，通常应在进行粗能力计算后通过 MPS 维护做相应调整，达到能力平衡后再审核和投放。为此，MPS 维护提供了多种功能来实现计划订单的调整。

6.6.1 MPS 计划订单序时簿

利用计划订单序时簿可以对计划订单进行各种相关处理，如新增、修改、删除、审核、关闭等，查询方法如下。

（1）选择【计划管理】|【主生产计划】|【MPS 维护】|【MPS 计划订单-维护】，双击弹出【条件过滤】对话框，如图 6-29 所示。在过滤窗口可以设置要过滤的“运算编号”，此处设置为“MPS0004”至“MPS0004”；还可以进行单据状态的选择。

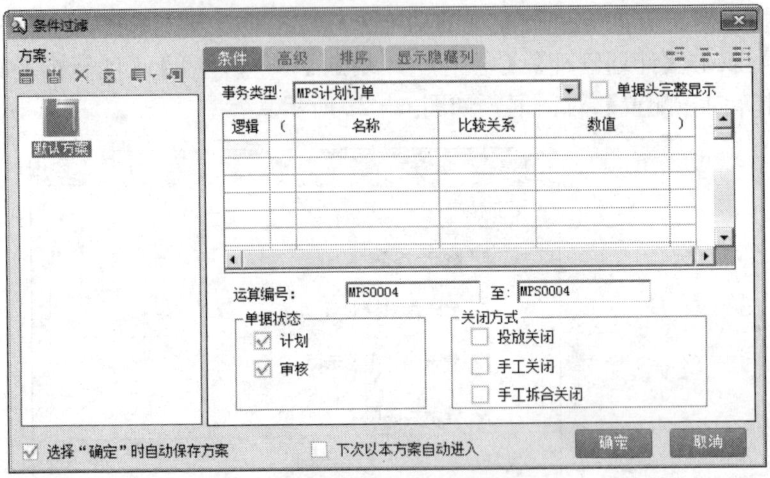

图 6-29 【条件过滤】对话框

实验提示

1. 计划订单的状态有计划、审核、关闭三种。计划订单生成时状态为计划，表示未做处理（审核或关闭），计划状态的计划订单在下次计算时会被系统删除；对计划状态的计划订单可以审核，审核后的计划订单可以投放、作为下级的需求或关闭；投放完毕，计划订单自动关闭，也可手工关闭。

2. 要查看投放关闭或手工关闭的计划订单，要注意勾选关闭方式栏中的各相关选项。

（2）在此保持默认值，单击【确定】按钮，进入【计划订单序时簿】窗口，可以看到前面计算得到的计划订单，此时订单为计划状态，如图 6-30 所示。

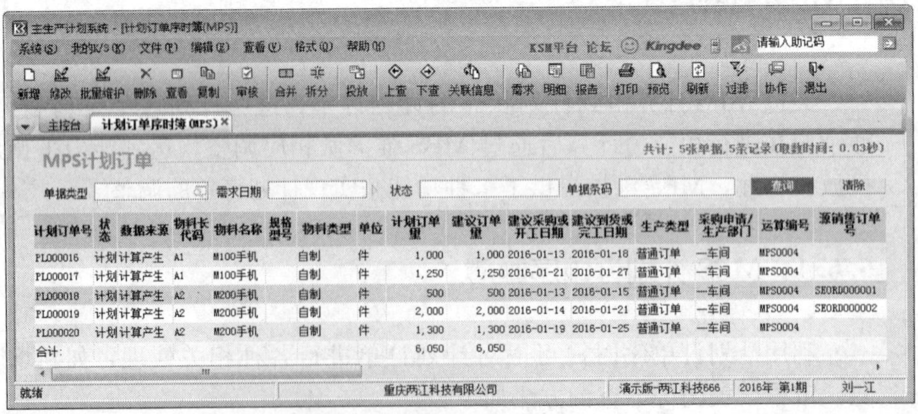

图 6-30 【计划订单序时簿】窗口

在窗口中可以查询到单据状态、计划物料是什么、建议订单量是多少、建议什么时候开工、什么时候完工以及数据来自哪一张销售订单或预测单等情况。

实验提示

在实际的实验结果中，计划订单号和运算编号可能和图 6－30 中的不同，只要生成的 MPS 中有如图 6－30 所示的计划物料、计划订单量、建议订单量及建议开工和完工日期，即可认为实验结果是正确的。

（3）这里暂时不进行审核操作，在完成粗能力计算后，再返回此计划订单序时簿对经过粗能力平衡调整后的计划订单进行审核。

（4）在【计划订单序时簿】窗口还可以进行计划订单的新增、修改、审核、合并、拆分和投放等操作，选择计划订单记录后，单击工具栏上相应的按钮即可完成相应的操作。限于篇幅，在此不逐一详细介绍各种功能操作，读者如需掌握工具栏上各按钮功能的操作，可备份账套后自行练习。

6.6.2 MPS/MRP 横式报表

横式报表反映需求物料在不同展望期内的需求数量，让计划人员对每个时间段的计划情况一目了然，其形式与企业实际的报表相同，查询方法如下。

（1）选择【计划管理】|【主生产计划】|【MPS 维护】|【MPS/MRP 横式报表】，双击弹出【条件过滤】对话框，如图 6－31 所示。根据情况设置过滤条件，这里主要设置了“建议到货/完工日期”和最近一次的“运算编号”，单击【确定】按钮。

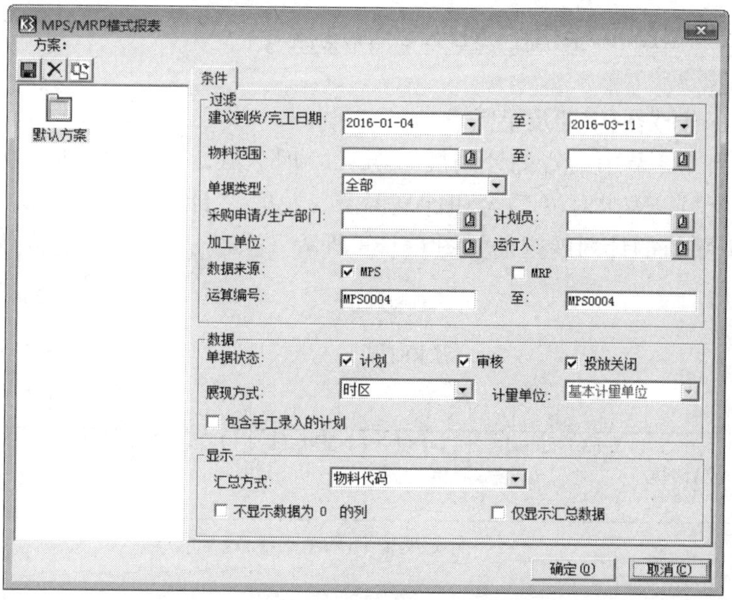

图 6－31 【条件过滤】对话框

图 6－31 中“建议到货/完工日期”为“2016-01-04”至“2016-03-11”，正好是 6.3 节中设置的计划展望期，有 10 时区共 50 个工作日。

（2）进入【MPS 横式报表】窗口，可以看到界面以时区方式展示了计划，如图 6－32 所示。

主控台　MPS横式报表

MPS横式报表

建议到货/完工日期：2016-01-04　　至：2016-03-11

物料代码范围：所有物料　　计划员：　　运算编号范围：MPS0004 -- MPS0004

单据类型：全部　　采购申请/生产部门：　　汇总方式：物料代码

物料代码	物料名称	规格型号	物料属性	基本计量单位	单据状态	合计	第1时区 ·04 ~ 201	第2时区 ·11 ~ 201	第3时区 ·18 ~ 201	第4时区 ·25 ~ 201	第5时区 ·01 ~ 201	第6时区 ·08 ~ 201	第7时区 ·15 ~ 201	第8时区 ·22 ~ 201	第9时区 ·29 ~ 201	第10时区 ·07 ~ 201
A1	M100手机		自制	件	计划	2,250			1,000	1,250						
A1（合计）	M100手机		自制	件		2,250			1,000	1,250						
A2	M200手机		自制	件	计划	3,800		500	2,000	1,300						
A2（合计）	M200手机		自制	件		3,800		500	2,000	1,300						
合计						6,050		500	3,000	2,550						

图 6－32　【MPS 横式报表】窗口

K/3 系统的 MPS 维护还提供了生产计划明细表、采购计划明细表、委外加工计划明细表、物料替代建议表和例外信息查询表等功能，此处不再详述，请读者参考有关手册。

6.7　MPS 运算结果分析

本书 1.2 节介绍了 MPS 的计算逻辑，下面结合 MPS 计算的基本原理和案例中的基础数据设置来讲解图 6－26、图 6－27 以及图 6－30 中 MPS 运算的结果。

6.7.1　M200 手机的 MPS 计算过程

1. 计划展望期及毛需求

由 6.3 节中设置的计划展望期（10 时区共 50 个工作日）及 M200 手机的物料计划资料（需求时界 7 天和计划时界 20 天），计划开始日期为 2016 年 1 月 4 日，M200 手机的计划展望期如图 6－33 所示。

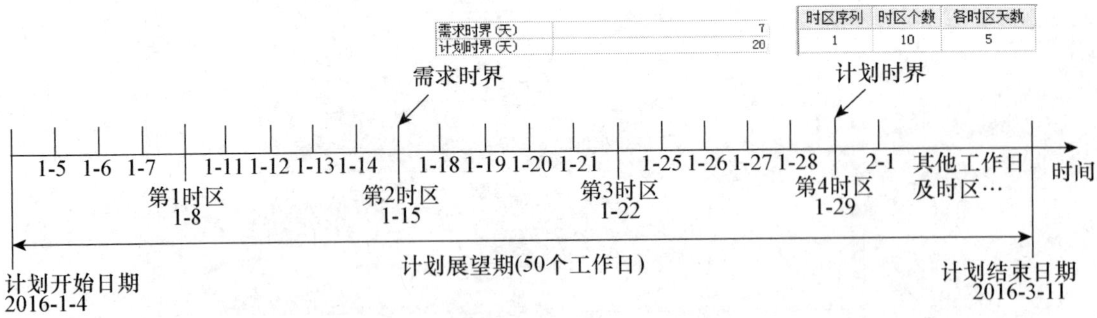

图 6－33　M200 手机的计划展望期

案例中 MPS 计算所选择的开始日期是 2016 年 1 月 4 日，计划展望期有 10 个时区，每个时区为 5 天，因此，计划展望期为 2016 年 1 月 4 日开始至 2016 年 3 月

11 日结束，工作时间跨度为 50 天。图 6－33 中根据工厂日历的设置排除了星期六和星期天等非工作日。

在物料设置中，将 M200 手机的计划策略设置为 MPS，同时设置了需求时界为 7 天，计划时界为 10 天。由 2016 年 1 月 4 日开始数 7 天就是需求时界，即 2016 年 1 月 12 日应当是需求时界，但在 K/3 系统中，由于 2016 年 1 月 12 日介于第 1 时区和第 2 时区之间，因此需求时界放大到第 2 时区为止，如图 6－33 所示，2016 年 1 月 15 日为需求时界。2016 年 1 月 4 日至 2016 年 1 月 15 日之间是需求时区，包含第 1 时区和第 2 时区。在 6.4.8 节 MPS 方案中，“需求来源”为“销售订单和产品预测”，且“是否考虑需求时界和计划时界”为“勾选”，因此，需求时区的毛需求量由销售订单确定；再由 2016 年 1 月 4 日开始数 20 天，正好是第 4 时区的截止日期 2016 年 1 月 29 日，故 2016 年 1 月 29 日就是计划时界，即 2016 年 1 月 18 日至 2016 年 1 月 29 日之间是计划时区，包含第 3 时区和第 4 时区，毛需求量由销售订单和预测量中的大者确定；2016 年 2 月 1 日至 2016 年 3 月 11 日之间是预测时区，包含第 5 时区至第 10 时区，毛需求量由预测量确定。

结合 6.2 节中的案例数据，对于 M200 手机，其需求数据如下。

产品预测的需求日期由预测开始日期确定，如表 6－7 所示。

表 6－7　　M200 手机的产品预测

需求日期	数量
2016-01-04	1 200
2016-01-11	1 300
2016-01-18	1 200
2016-01-25	1 300

销售订单如表 6－8 所示。

表 6－8　　M200 手机的销售订单

需求日期（即交货日期）	数量	备注
2016-01-15	1 000	客户：深圳天音
2016-01-21	2 000	客户：广东移动

将 M200 手机的需求数据标注到图 6－33 中，得到的结果如图 6－34 所示。

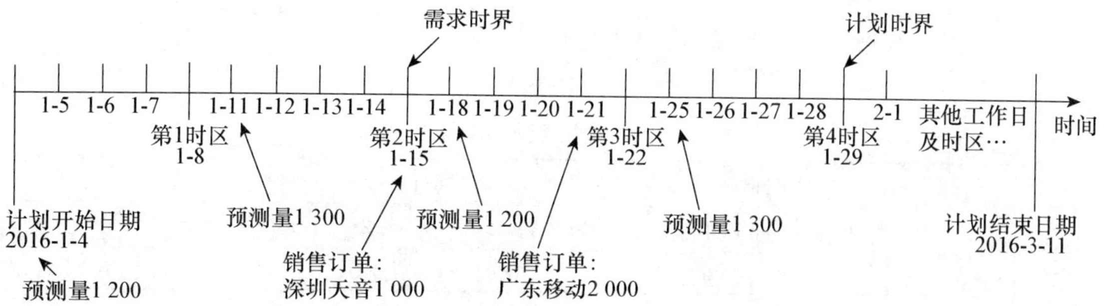

图 6－34　M200 手机的需求信息

接下来，可以得到 M200 手机不同时区相应的毛需求。

(1) 需求时区。需求时区中毛需求由销售订单确定。6.2.2 节案例数据中，深圳天音订购 M200 手机 1 000 件，交货日期为 2016 年 1 月 16 日，根据工厂日历的设定，其为星期六、非工作日，因此要提前一个工作日即 2016 年 1 月 15 日完工，以满足客户的订单需求，为此图 6-33 中 2016 年 1 月 15 日有一笔 1 000 件的销售订单。确定需求时区的毛需求如表 6-9 所示。

表 6-9　需求时区的毛需求

日期	数量
2016-01-15	1 000

(2) 计划时区。计划时区中毛需求量由销售订单和预测量中的大者确定。在 K/3 系统中，按照时区来汇总销售订单和预测量，取其大者作为毛需求（而不是按照工作日来比较销售订单和预测量，需要特别注意）。图 6-33 中，计划时区包含两个时区，即第 3 时区和第 4 时区。下面首先介绍第 3 时区毛需求量的确定方法。

1) 第 3 时区。

Sum(该时区所有的预测量)＝2016 年 1 月 18 日的预测量＝1 200

Sum(该时区所有的销售订单) ＝2016 年 1 月 21 日的销售订单量＝2 000

由于 Sum(该时区所有的销售订单)＞Sum(该时区所有的预测量)，因此取该时区内所有的销售订单量作为毛需求，如表 6-10 所示。

表 6-10　计划时区的毛需求（第 3 时区）

日期	数量
2016-01-21	2 000

2) 第 4 时区。由于第 4 时区中只在 2016 年 1 月 25 日有 1 300 的预测量，而没有销售订单，因此取该时区内所有的预测量作为毛需求，如表 6-11 所示。

表 6-11　计划时区的毛需求（第 4 时区）

日期	数量
2016-01-25	1 300

(3) 预测时区。本案例中预测时区没有数据。

综上所述，M200 手机的毛需求如表 6-12 所示。

表 6-12　M200 手机的毛需求信息

时段（天）	需求时区			计划时区							预测时区		
	1-4	…	1-15	1-18	…	1-21	…	1-25	…	1-29	2-1	…	3-11
毛需求			1 000			2 000		1 300					

表 6-12 中的数据和图 6-27 中的毛需求时间和数量是一致的。

2. 现有数据

（1）库存情况。由本书 4.5 节可知，成品库中有 500 件 M200 手机，即开始计划时预计可用库存量为 500。

（2）其他相关信息。由 4.4.8 节可知，M200 手机其他相关的物料信息如表 6 - 13 所示。

表 6 - 13　M200 手机的其他物料信息

固定提前期	1	安全库存	0	最小订货量	100
变动提前期	1	订货策略	批对批（LFL）	最大订货量	10 000
变动提前期批量	500	物料属性	自制		
批量增量	10				

3. 计算过程

从上面的分析可知，此次 MPS 计算的计划展望期从 2016 年 1 月 4 日至 2016 年 3 月 11 日。M200 手机的 MPS 计算过程如下：

（1）期初库存为 500。

（2）从 2016 年 1 月 4 日至 2016 年 1 月 14 日都没有毛需求，故 M200 手机的预计可用库存量保持为 500。

（3）2016 年 1 月 15 日的毛需求量为 1 000，同时没有预计接收量，根据净需求的计算公式

$$\text{净需求量}=\begin{matrix}\text{本时段}\\\text{毛需求量}\end{matrix}+\begin{matrix}\text{安全}\\\text{库存量}\end{matrix}-\left(\begin{matrix}\text{前一时段末的}\\\text{可用库存量}\end{matrix}+\begin{matrix}\text{本时段}\\\text{计划接收量}\end{matrix}\right)$$

可得：

$$\text{对于 2016 年 1 月 15 日的净需求量}=1\,000+0-(500+0)=500$$

（4）在计算方案的参数设置中选择了“净需求考虑订货策略和批量调整”，因此计划产出量根据批量法则来确定。本案例中，M200 手机的订货策略为批对批（LFL），最小订货量为 100，批量增量为 10。由于净需求量＞最小订货量，故确定 2016 年 1 月 15 日的计划产出量为 500。

（5）根据设置的提前期信息来确定计划投入量的投入时间和数量。M200 手机的固定提前期为 1 天，变动提前期为 1 天，变动提前期批量为 500。根据公式

$$\text{提前期}=\text{固定提前期}+\text{变动提前期}\times(\text{建议订单量}/\text{变动提前期批量})$$

可知，在本案例中，变动提前期批量为 500，固定提前期为 1 天，变动提前期为 1 天。2016 年 1 月 15 日的计划产出量为 500，则提前期＝1＋1×（500/500）＝2 天。因此，由 2016 年 1 月 15 日向前递推 2 天确定 M200 手机的计划投入时间为 2016 年 1 月 13 日，又因为假设物品的成品率为 100%，故可以确定计划投入量为 500。综上所述，M200 手机在 2016 年 1 月 13 日的计划投入量为 500。

（6）确定 2016 年 1 月 15 日末的预计可用库存量。根据公式

$$\begin{matrix}\text{预计可用}\\\text{库存量}\end{matrix}=\left(\begin{matrix}\text{前一时段末的}\\\text{可用库存量}\end{matrix}+\begin{matrix}\text{本时段}\\\text{计划接收量}\end{matrix}+\begin{matrix}\text{本时段}\\\text{计划产出量}\end{matrix}\right)-\begin{matrix}\text{本时段}\\\text{毛需求量}\end{matrix}$$

可得：

2016 年 1 月 15 日末的预计可用库存量＝(500＋0＋500)－1 000＝0

（7）其他时段的净需求量计算过程可以参考前面的计算步骤，M200 手机完整的 MPS 计算过程如表 6－14 所示。

表 6－14　　M200 手机的 MPS 计算过程

物料代码：A2
物料名称：M200 手机
现有库存量：500　　安全库存：0　　批量增量：10
固定提前期：1　　变动提前期：1　　变动提前期批量：500

时段（天）	需求时区					计划时区							预测时区		
	1-4	…	1-13	1-14	1-15	1-18	1-19	1-20	1-21	…	1-25	…	1-29	2-1	…	3-11
毛需求量					1 000				2 000		1 300					
计划接收量																
预计可用库存量	**500**	**500**	**500**	**500**	**0**	**0**	**0**	**0**	**0**	**0**	**0**	**0**	**0**	**0**	**0**	**0**
净需求量					*500*				*2 000*		*1 300*					
计划产出量					*500*				*2 000*		*1 300*					
计划投入量			*500*	*2 000*			*1 300*									

比较根据 MPS 原理计算的结果和软件自动计算的结果，可知两者的结果是一致的。

6.7.2　M100 手机的 MPS 计算过程

1. 计划展望期及毛需求

由于 M100 手机的物料计划资料（需求时界 7 天和计划时界 20 天）和 M200 手机是相同的，因此其计划展望期和 M200 手机也是相同的，如图 6－33 所示。

结合 6.2 节中的案例数据，对于 M100 手机，其需求数据如下。

产品预测的需求日期由预测开始日期确定，如表 6－15 所示。

表 6－15　　M100 手机的产品预测

需求日期	数量
2016-01-04	1 000
2016-01-11	1 000
2016-01-18	1 200
2016-01-25	1 000

销售订单如表 6 - 16 所示。

表 6 - 16　　M100 手机的销售订单

需求日期（即交货日期）	数量	备注
2016-01-15	200	客户：深圳天音
2016-01-27	1 250	客户：陕西联通

将 M100 手机的需求数据标注到图 6 - 33 中，得到的结果如图 6 - 35 所示。

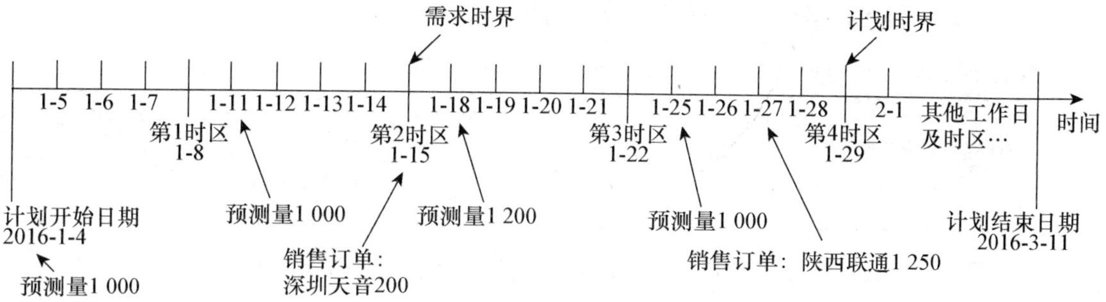

图 6 - 35　M100 手机的需求信息

接下来，可以得到 M100 手机不同时区相应的毛需求。

（1）需求时区。需求时区中毛需求量由销售订单确定。6.2.2 节案例数据中，深圳天音订购 M100 手机 200 件，交货日期为 2016 年 1 月 16 日，根据工厂日历的设定，其为星期六、非工作日，因此要提前一个工作日即 2016 年 1 月 15 日完工，以满足客户的订单需求，为此图 6 - 33 中 2016 年 1 月 15 日有一笔 200 件的销售订单。确定需求时区的毛需求如表 6 - 17 所示：

表 6 - 17　　需求时区的毛需求

日期	数量
2016-01-15	200

（2）计划时区。在 K/3 系统中，按照时区来汇总销售订单和预测量，取其大者作为毛需求。其推算过程与 M100 手机的推算过程类似。

1）第 3 时区。由于第 3 时区中只在 2016 年 1 月 18 日有 1 200 的预测量，而没有销售订单，因此取该时区内所有的预测量作为毛需求，如表 6 - 18 所示。

表 6 - 18　　计划时区的毛需求（第 3 时区）

日期	数量
2016-01-18	1 200

2）第 4 时区。

Sum(该时区所有的预测量)＝2016 年 1 月 25 日的预测量＝1 000

Sum(该时区所有的销售订单)＝2016 年 1 月 27 日的销售订单量＝1 250

由于 Sum(该时区所有的销售订单)＞Sum(该时区所有的预测量)，因此取该时区内所有的销售订单量作为毛需求，如表 6－19 所示。

表 6－19　计划时区的毛需求（第 4 时区）

日期	数量
2016-01-27	1 250

（3）预测时区。本案例中预测时区没有数据。

综上所述，M100 手机的毛需求如表 6－20 所示。

表 6－20　M100 手机的毛需求信息

时段（天）	需求时区			计划时区					预测时区		
	1-4	…	1-15	1-18	…	1-27	1-28	1-29	2-1	…	3-11
毛需求			200	1 200		1 250					

表 6－20 中的数据和图 6－26 中的毛需求时间和数量是一致的。

2. 现有数据

（1）库存情况。由本书 4.5 节可知，成品库中有 500 件 M100 手机，即开始计划时预计可用库存量为 500。

（2）其他相关信息。由 4.4.8 节可知，M100 手机其他相关的物料信息如表 6－21 所示。

表 6－21　M100 手机的其他物料信息

固定提前期	1	安全库存	100	最小订货量	200
变动提前期	1	订货策略	期间批量（POQ）	最大订货量	10 000
变动提前期批量	600	订货间隔期	6 天		
批量增量	10	物料属性	自制		

3. 计算过程

从上面的分析可知，此次 MPS 计算的计划展望期从 2016 年 1 月 4 日至 2016 年 3 月 11 日。M100 手机的 MPS 计算过程如下：

（1）期初库存为 500，但由于 M100 手机的安全库存为 100，从期初库存中预扣除 100 作为安全库存，故其期初的预计可用库存量为 400。

（2）从 2016 年 1 月 4 日至 2016 年 1 月 14 日都没有毛需求，故 M100 手机的预计可用库存量保持为 400。

（3）2016 年 1 月 15 日的毛需求量为 200，同时没有预计接收量，根据净需求的计算公式

$$\text{净需求量}=\begin{matrix}\text{本时段}\\\text{毛需求量}\end{matrix}+\begin{matrix}\text{安全}\\\text{库存量}\end{matrix}-\left(\begin{matrix}\text{前一时段末的}\\\text{可用库存量}\end{matrix}+\begin{matrix}\text{本时段}\\\text{计划接收量}\end{matrix}\right)$$

可得：

对于 2016 年 1 月 15 日的净需求量＝200＋0－(400＋0)＝－200

因此，在 2016 年 1 月 15 日没有产生净需求。

确定 2016 年 1 月 15 日末的预计可用库存量。根据公式

$$\text{预计可用库存量}=\left(\text{前一时段末的可用库存量}+\text{本时段计划接收量}+\text{本时段计划产出量}\right)-\text{本时段毛需求量}$$

可得：

2016 年 1 月 15 日末的预计可用库存量＝(400＋0＋0)－200＝200

(4) 2016 年 1 月 18 日的毛需求量为 1 200，同时没有预计接收量，根据净需求的计算公式

$$\text{净需求量}=\text{本时段毛需求量}+\text{安全库存量}-\left(\text{前一时段末的可用库存量}+\text{本时段计划接收量}\right)$$

可得：

对于 2016 年 1 月 18 日的净需求量＝1 200＋0－(200＋0)＝1 000

(5) 在计算方案的参数设置中选择了“净需求考虑订货策略和批量调整”，因此计划产出量根据批量法则来确定。本案例中，M100 手机的订货策略为期间批量(POQ)，最小订货量为 200，批量增量为 10。确定 2016 年 1 月 18 日的计划产出量为 1 000。

(6) 根据设置的提前期信息来确定计划投入量的投入时间和数量。M100 手机的固定提前期为 1 天，变动提前期为 1 天，变动提前期批量为 600。根据公式

提前期＝固定提前期＋变动提前期×(建议订单量/变动提前期批量)

可知，在本案例中，变动提前期批量为 600，固定提前期为 1 天，变动提前期为 1 天。2016 年 1 月 18 日的计划产出量为 1 000，则提前期＝1＋1×(1 000/600)＝3 天。因此，由 2016 年 1 月 18 日向前递推 3 天确定 M100 手机的计划投入时间为 2016 年 1 月 13 日，又因为假设物品的成品率为 100%，故可以确定计划投入量为 1 000。综上所述，M100 手机在 2016 年 1 月 13 日的计划投入量为 1 000。

需要注意的是：M100 手机的订货策略是期间批量（POQ），系统依据订货间隔期设定的天数（6 天），先计算该期间各天的净需求，然后按期间将各天的净需求汇总后进行批量调整，在各期间的第一天生成计划订单。本案例中，M100 手机的下一个净需求出现在 2016 年 1 月 27 日，它与 2016 年 1 月 18 日间隔的天数是 7 天，超过了设定的订货间隔期，因此，系统不对 2016 年 1 月 18 日和 2016 年 1 月 27 日的计划产出量进行汇总合并。

(7) 确定 2016 年 1 月 18 日末的预计可用库存量。根据公式

$$\text{预计可用库存量}=\left(\text{前一时段末的可用库存量}+\text{本时段计划接收量}+\text{本时段计划产出量}\right)-\text{本时段毛需求量}$$

可得：

2016 年 1 月 18 日末的预计可用库存量＝(200＋0＋1 000)－1 200＝0

（8）其他时段的净需求计算过程可以参考前面的计算步骤，M100 手机完整的 MPS 计算过程如表 6－22 所示。

表 6－22　　M100 手机的 MPS 计算过程

物料代码：A1
物料名称：M100 手机
现有库存量：500　　安全库存：100　　批量增量：10
固定提前期：1　　变动提前期：1　　变动提前期批量：600

时段（天）	需求时区					计划时区							预测时区		
	1-4	…	1-13	1-14	1-15	1-18	1-19	1-20	1-21	…	1-27	…	1-29	2-1	…	3-11
毛需求量					200	1 200					1 250					
计划接收量																
预计可用库存量	**400**	**400**	**400**	**400**	**200**	**0**	**0**	**0**	**0**	**0**	**0**	**0**	**0**	**0**	**0**	**0**
净需求量						*1 000*					*1 250*					
计划产出量						*1 000*					*1 250*					
计划投入量			*1 000*						*1 250*							

比较根据 MPS 原理计算的结果和软件自动计算的结果，可知两者的结果是一致的。

6.8 MPS 查询

MPS 查询功能包括 MPS 运算结果查询、参与 MPS 运算单据查询、按销售订单查询计划订单、按物料查询计划订单、销售订单综合跟踪表和物料需求汇总表查询。它能有效帮助企业计划人员查看具体物料的期初库存、毛需求、已分配量、预计入库、锁单冲销量、净需求、计划订单及剩余库存的变化，了解生产计划的产生来源，以确保生产计划的正确性。

上述查询的操作步骤较简单，重点是过滤条件的设置。这里不再详述，请读者自行操作练习。

6.9 MPS 日志

MPS 日志的功能是查询每次 MPS 运行时的参数设置、运行过程及其他相关信息，并对运行结果中需要特别注意的信息进行跟踪处理。每次 MPS 运行时，系统将相关信息写进日志里，并提供一个日志编码（MPS 运算时的运算编号）。日志编码是 MPS 运行日志的唯一标识。有了 MPS 日志，用户可以对每次 MPS 运算的过程及结果进行查询。

（1）选择【计划管理】|【主生产计划】|【MPS 日志】|【MPS 日志-查询】，双击打开【MPS 运算日志查询】窗口，如图 6－36 所示。

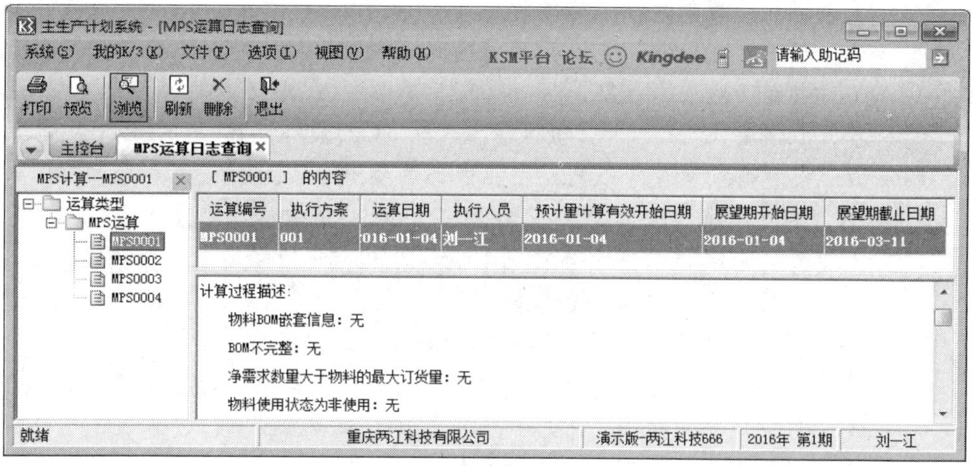

图 6－36　【MPS 运算日志查询】窗口

（2）选择窗口左侧的运算编号，窗口右侧会显示该运算编号的运算日志。

当系统内运算日志太多时，用户可以将其删除以提高系统效率。选中要删除的运算编号，单击工具栏上的【删除】按钮即可。删除日志时，系统会同时删除对应计算编号的计划订单。如果该次计算的计划订单未完全关闭，系统会提示。最近一次计算的日志不允许删除。

□ 复习题

一、单选题

1. 对产品做销售预测是（　　）的责任。

A. 订单录入　　B. 市场部门　　C. 主生产计划　　D. 制造部门

2. 以下关于主生产计划的陈述正确的是（　　）。

A. 主生产计划是需求预测

B. 主生产计划是计算机自动生成的计划

C. 主生产计划是关于要生产什么的计划

D. 主生产计划以月作为计划时区

3. 主生产计划的英文缩写是（　　）。

A. MRP　　B. MRPⅡ　　C. MPS　　D. CRP

4. 需求数量由企业外部也就是市场需求确定的物料称为（　　）。

A. 外部需求件　　B. 独立需求件

C. 相关需求件　　　　　　　　D. 市场需求件

5. 主生产计划是（　　）。

A. 关于生产产品的计划

B. 确定未来客户订单的计划

C. 确定长期的生产设施的计划

D. 管理层用于决定购买生产设备的工具

6. 主生产计划的对象是（　　）。

A. 工作中心　　B. 物料　　C. 最终产品　　D. 关键工作中心

7. 按照需求来源的不同，企业内部的物料可以分为（　　）。

A. 内部需求和外部需求　　　　B. 独立需求和相关需求

C. 弹性需求和非弹性需求　　　D. 非独立需求和相关需求

8. 以下关于展望期的描述错误的是（　　）。

A. 展望期决定参与计算的销售订单和预测单的范围

B. 不选中考虑需求时界和计划时界时，需求取展望期内二者的最大值

C. 展望期时间扣除了工厂日历中的休息日

D. 展望期起始日期不能早于系统当前日期

9. 需求来源选择（　　）时，可以考虑需求时界和计划时界。

A. 销售订单　　　　　　　　　B. 产品预测

C. 销售订单和产品预测的冲销结果　D. 销售订单和产品预测

10. 以下需求中不应当作为主生产计划的输入的是（　　）。

A. 最终项目的客户订单　　　　B. 备用件需求

C. 对最终项目的预测　　　　　D. 非独立需求

二、判断题

1. 展望期时间扣除了工厂日历中的休息日。（　　）

2. 进行 MPS 计算时，不可以考虑未审核的销售订单。（　　）

3. 系统允许手工关闭计划订单，手工关闭的计划订单允许反关闭。（　　）

4. 主生产计划确定每一个具体的产品在每一个具体时间段的生产计划。（　　）

5. K/3 系统允许手工新增计划订单。（　　）

三、思考题

1. 何为主生产计划？主生产计划有什么作用？

2. 分析主生产计划两个时界点的控制意义。

3. 假定某电子厂物料号为 100001 的产品现有库存量为 80，安全库存量为 50，生产批量为 100，批量增量为 100，生产提前期为 1，需求时界为 3，计划时界为 8，试编制该产品的主生产计划。

时段	当期	1	2	3	4	5	6	7	8	9	10	11
预测量		60	60	60	60	60	60	60	60	60	60	60
合同量		110	80	50	70	50	60	110	150	50		20
毛需求量												
计划接收量		100										
预计可用库存量	80											
净需求量												
计划产出量												
计划投入量												
可供销售量												

注：物料的成品率均认为是 100％。

4. 按以下主生产报表表头条件完成主生产计划报表。

物料代码：203001　　物料名称：激光打印机
现有库存量：80　　安全库存：50　　批量：100　　批量增量：100
提前期：2　　需求时界：8　　计划时界：8

时段	当期	1	2	3	4	5	6	7	8	9	10
预测量		60	80	80	60	60	60	60	60	60	60
订单量		110	90	70	70	50	60	80		50	20
毛需求量											
计划接收量											
预计可用库存量	80										
净需求量											
计划产出量											
计划投入量											

注：物料的成品率均认为是 100％。

第 7 章

Chapter 7

粗能力需求计划

7.1 粗能力需求计划概述

粗能力需求计划（RCCP）是指在闭环 MRP 设定完毕主生产计划（MPS）后，通过对关键工作中心生产能力和计划生产量的对比，判断主生产计划是否可行。

主生产计划的可行性主要通过粗能力需求计划进行验证。粗能力需求计划是对关键工作中心的能力进行运算而产生的一种能力需求计划。它的计划对象只针对设置为关键工作中心的工作能力，计算量要比能力需求计划小得多。约束理论（theory of constraints，TOC）认为，产量和库存量是由瓶颈资源决定的。从这点上来说，粗能力需求计划与约束理论的思想一致，即关键资源和瓶颈资源决定了企业的产能，只依靠提高非关键资源的能力来提高企业的产能是不可能的。粗能力需求计划的运算与平衡是确认主生产计划的重要过程，未进行粗能力平衡的主生产计划是不可靠的。

主生产计划和粗能力需求计划的关系如图 7－1 所示，粗能力需求计划流程如图 7－2 所示。

7.2 粗能力清单

7.2.1 粗能力清单生成

粗能力清单生成就是对 MPS 物料及其下级物料在相关关键工作中心的标准工时信息进行归集。

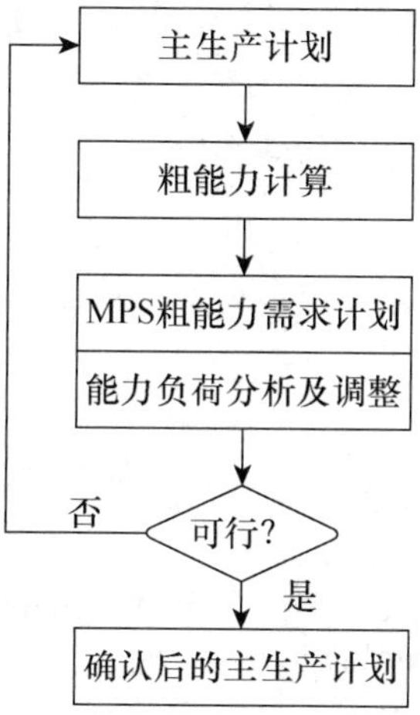

图 7 - 1　MPS 和 RCCP 关系图

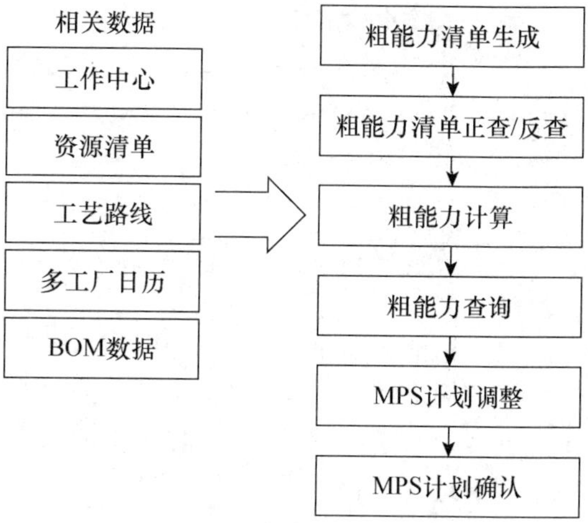

图 7 - 2　RCCP 流程图

出现以下情况时需要重新生成粗能力清单：(1) MPS 物料工艺路线变更；(2) MPS 物料工艺路线相关的工作中心的数据（标准工时等）变更；(3) MPS 物料主文件改变；(4) MPS 物料相关的任一 BOM 改变。

粗能力清单生成的操作方法如下：

(1) 确保已经正确准备了 MPS 物料的 BOM 数据、工艺路线数据、工作中心数据。

(2) 选择【计划管理】|【粗能力需求计划】|【粗能力清单】|【粗能力清单生成】，双击弹出【粗能力清单生成】对话框，如图 7 - 3 所示。

(3) 单击【确定】按钮，系统显示正在生成能力清单的信息，运算完毕，将会显示能力清单运算完毕的提示，如图 7 - 4 所示。

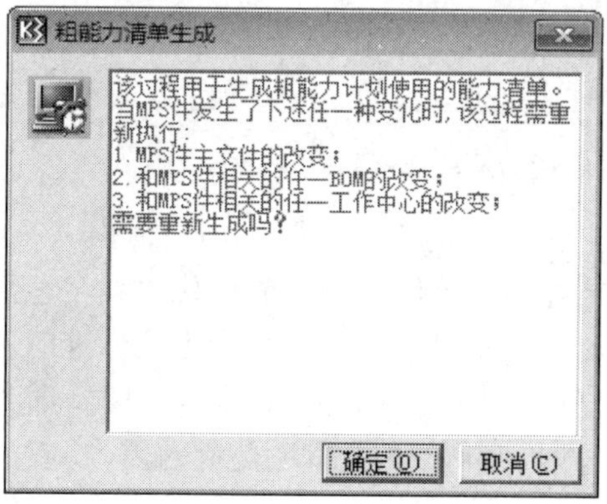

图 7 - 3　【粗能力清单生成】对话框

图 7 - 4　能力清单生成完成提示框

实验提示

1. 粗能力需求计划只对主生产计划所需的关键生产能力进行估算，给出能力需求的概貌。粗能力需求计划的处理过程直接将主生产计划与执行这些生产任务的关键工作中心联系起来，所以，它可以从能力方面评估主生产计划的可行性。

2. 负荷是指一个工作中心在某特定时段所完成或计划要完成的工作量。

3. 能力是指一个工作中心在某特定时段可处理的工作量。

7.2.2 粗能力清单正查

粗能力清单正查就是根据 MPS 物料查询该物料及其下级物料在各相关工作中心的标准能力（工时）。操作步骤如下。

（1）选择【计划管理】|【粗能力需求计划】|【粗能力清单】|【粗能力清单正查】，双击进入【粗能力清单正查】窗口，如图 7－5 所示。

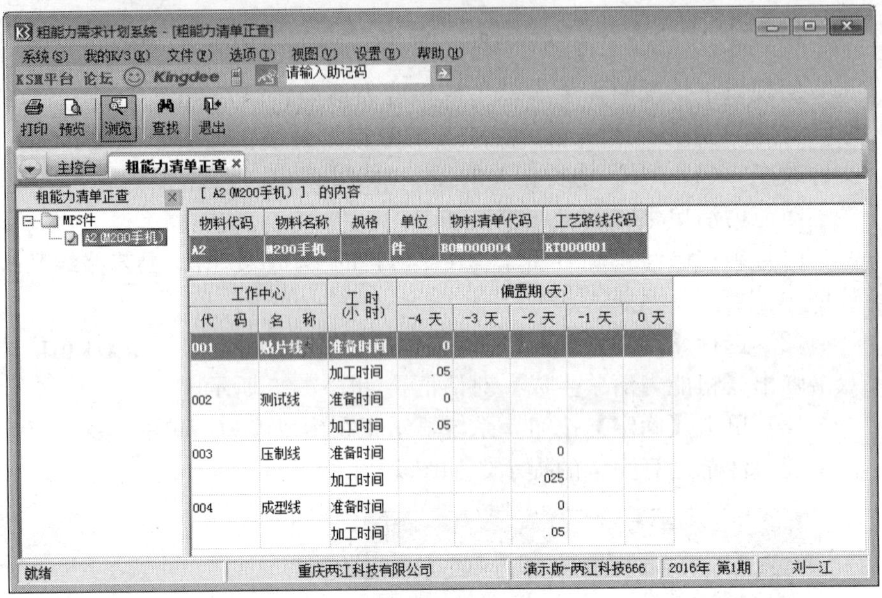

图 7－5 【粗能力清单正查】窗口

（2）左侧栏中显示系统定义了工艺路线的 MPS 物料，选择其中一个物料，右上侧区域显示该物料的代码、名称、规格、单位、物料清单代码、工艺路线代码等信息，右下侧区域则显示该物料及其下级物料在工作中心所需的标准时间（准备工时和加工工时），以及各工作中心之间的时间关系——提前偏置期（即某一工作中心的工作需在另一工作中心之前多长时间开始才能满足交货的需求）。选择菜单中的【设置】|【显示周期】命令，可设置偏置期显示的周期。

一般情况下，RCCP 的编制方法有两种，即资源清单法和分时间周期的资源清单法。K/3 系统采用的是分时间周期的资源清单法，计算的数据主要来源于工艺路线和物料的提前期设置。由 5.2.2 节可知，只对 M200 手机设置了工艺路线，而对 M100 手机没有指定工艺路线，因此 K/3 系统中只生成 M200 手机的粗能力清单，如图 7－5 所示。下面对其数据进行分析。

1. 偏置期分析

主生产计划的计划对象主要是独立需求型物料，如 M200 手机就是 MPS 的计划对象，不但其工艺路线中含有关键工作中心，而且其下属低层物料 M200 主板的工艺路线中也涉及关键工作中心。所有这些物料使用关键工作中心的日期同最终产品完工日期之间的时间间隔，称为偏置天数或提前偏置期。偏置期决定负荷在工作中心发生的具体时间。K/3 系统中有以下计算公式。

$$\text{MPS 物料本身的偏置期}=\text{固定提前期}+[\text{向上取整数}(\text{变动提前期}/\text{变动提前期批量})]$$

$$\begin{aligned}\text{子项物料的偏置期}&=\text{母项的偏置期}+\text{子项相对母项的偏置期}\\&=\text{母项的偏置期}+(\text{子项的固定提前期}+\text{变动提前期}-\text{提前期偏置})\end{aligned}$$

$$\text{MPS 物料粗能力清单正查的整个偏置期}=\text{Max}(\text{子项物料的偏置期,如果没有子项，则是本身的偏置期})$$

因此，案例中偏置期的计算逻辑如下。

$$\begin{aligned}\text{M200 手机的偏置期}&=\text{固定提前期}+[\text{向上取整数}(\text{变动提前期}/\text{变动提前期批量})]\\&=1+\text{向上取整数}(1/500)=2(\text{天})\end{aligned}$$

$$\begin{aligned}\text{子项 MAT 外壳的偏置期}&=\text{M200 手机的偏置期}+(\text{MAT 外壳的固定提前期}+\text{MAT 外壳的变动提前期}-\text{MAT 外壳的提前期偏置})\\&=2+(1+1-0)\\&=4(\text{天})\end{aligned}$$

物料 MAT 外壳的提前期数据参见 4.4.8 节表 4－8。其提前期偏置参见 5.3.3 节 M200 手机 BOM 的资料。

同理，子项 M200 主板的偏置期＝4 天。

因此，M200 手机的整个偏置期＝Max（子项物料的偏置期）＝4，与图 7－5 中显示的结果一致。

2. 负荷计算逻辑说明

粗能力清单中只计算准备时间和单件加工时间。

在 M200 手机的粗能力清单中，工作中心“001 贴片线”的负荷计算过程如下：子项 M200 主板产生的负荷，由 5.2.2 节工艺路线“RT00000 主板制作”可知，只有工序“贴片”在工作中心“001 贴片线”完成，准备时间为 0，单件加工时间＝运行时间/加工批量＝1/20＝0.05 小时。

同理，子项 M200 主板在工作中心“002 测试线”产生的负荷，准备时间为 0，单件加工时间＝运行时间/加工批量＝1/20＝0.05 小时。

而 M200 手机本身产生的负荷，由其工艺路线“RT000001 手机装配”可知，工序“压制”在工作中心“003 压制线”完成，准备时间为 0，单件加工时间＝运行时间/加工批量＝1/40＝0.025 小时。同理，工序“成型”在工作中心“004 成型线”完成，准备时间为0，单件加工时间=运行时间/加工批量=1/20=0.05小时。

根据偏置期和负荷可以得到M200手机的粗能力清单。

(1) 偏置期为-2的负荷：由M200手机本身产生，在工作中心“003压制线”中，准备时间为0，单件加工时间为0.025小时；在工作中心“004成型线”中，准备时间为0，单件加工时间为0.05小时。

(2) 偏置期为-4的负荷：由子项M200主板产生，在工作中心“001贴片线”中，准备时间为0，单件加工时间为0.05小时；在工作中心“002测试线”中，准备时间为0，单件加工时间为0.05小时。

上述计算结果与图7-5中显示的结果一致。

7.2.3 粗能力清单反查

粗能力清单反查是根据工作中心查询相关各MPS物料在此工作中心的标准工时。操作步骤如下。

(1) 选择【计划管理】|【粗能力需求计划】|【粗能力清单】|【粗能力清单反查】，双击进入【粗能力清单反查】窗口，如图7-6所示。

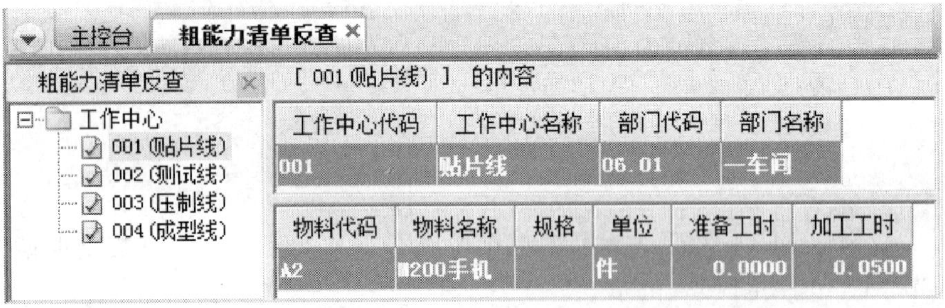

图7-6 【粗能力清单反查】窗口

(2) 在左侧栏中选择一个工作中心，右上侧区域显示该工作中心的代码、名称、所属部门等信息，右下侧显示在该工作中心生产的物料在该工作中心的标准时间（准备工时和加工工时）。

7.3 粗能力计算

粗能力计算是指根据计划订单或任务单，计算在某个指定的时区内资源的负荷及其能力以及二者之间的差值，为主生产计划的安排提供参考信息。

(1) 选择【计划管理】|【粗能力需求计划】|【粗能力计算】|【粗能力计算】，双击弹出【粗能力计算】的条件设置对话框，如图7-7所示。

(2) 根据需要设置计算的条件，单击【确定】按钮，系统开始计算。计算完毕，系统弹出提示框，如图7-8所示。单击【确定】按钮，计算操作完成。

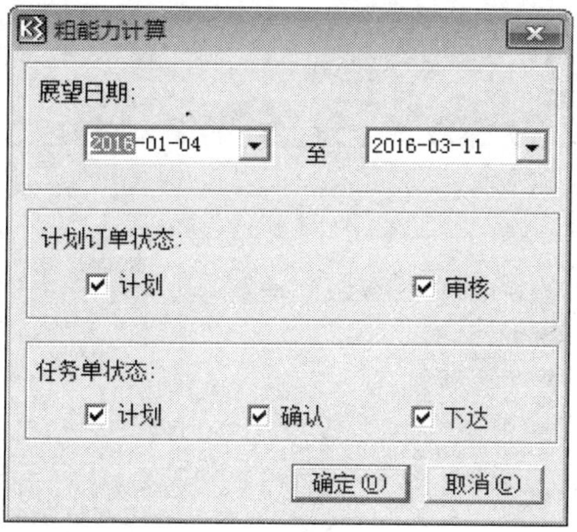

图 7-7 【粗能力计算】的条件设置对话框

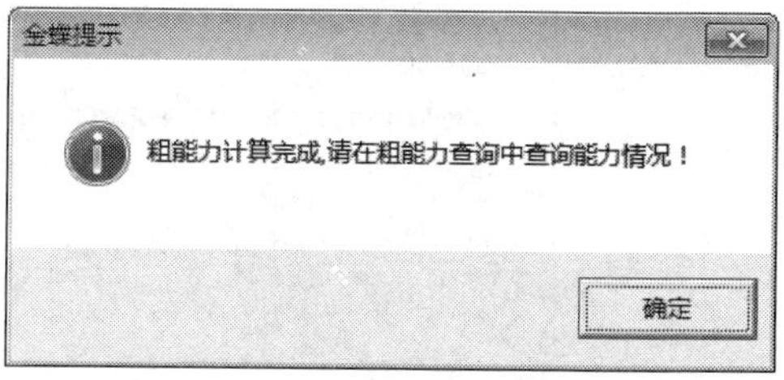

图 7-8 粗能力计算完成提示框

7.4 粗能力查询

粗能力查询实现对粗能力计算结果的查询，获得在指定的时区内，指定的关键工作中心上的负荷和能力及其之间的差值，为主生产计划的安排提供参考信息。

(1) 选择【计划管理】|【粗能力需求计划】|【粗能力查询】|【粗能力查询】，双击弹出【粗能力查询】的条件设置对话框，如图 7-9 所示。

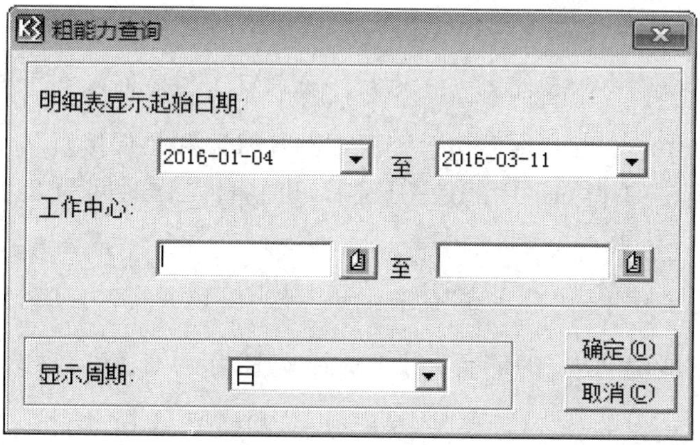

图 7-9 【粗能力查询】的条件设置对话框

(2) 查询日期范围为计划展望期 2016 年 1 月 4 日至 2016 年 3 月 11 日，单击【确定】按钮，进入【粗能力汇总报告】窗口，如图 7-10 所示。在此可以查看各关键工作中心对应的总能力、总负荷、差异率等信息，其中各项衡量指标的含义及计算公式如表 7-1 所示。

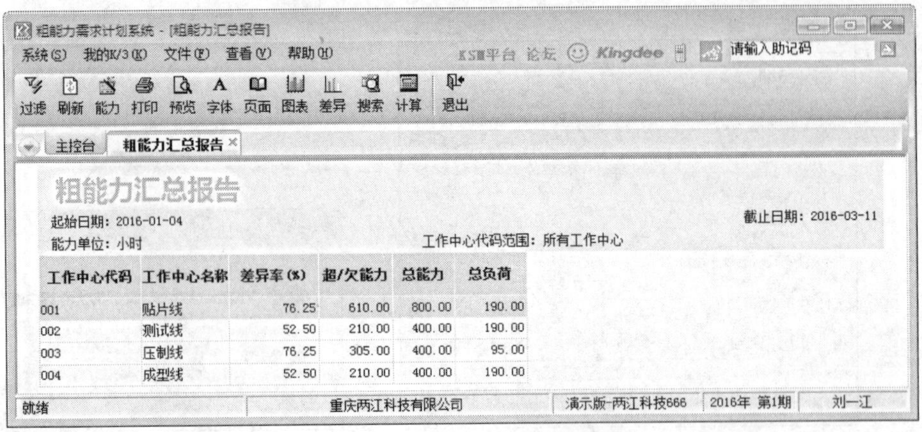

图 7-10 【粗能力汇总报告】窗口

表 7-1　　衡量指标的含义及计算公式

项目	含义及计算公式
日能力	特定工作中心在指定时间范围内能提供的能力（资源数×班制日工作时间×利用率×效率）
总负荷	在选定日期范围内在该工作中心生产的MPS件的能力需求累计值，以小时为单位
超/欠能力	标准能力－能力负荷
差异率	超/欠能力÷总能力（以百分数表示）

下面以工作中心“001贴片线”为例，对其数据进行分析。

1）总能力。

工作中心日能力＝资源数×班制日工作时间×利用率×效率

工作中心“贴片线”包含资源“贴片机”和“焊接机”，因此资源数为2；由实验资料表5-1得知采用的是一班制，班制日工作时间为8小时；利用率和效率都是100%。因此

工作中心“贴片线”的日能力＝2×8×100%×100%＝16（小时）

计划展望期从2016年1月4日到2016年3月11日，共50个工作日，因此

工作中心“贴片线”的总能力＝16×50＝800（小时）

2）总负荷。

生产任务的负荷＝准备时间＋数量×单件加工时间

式中，准备时间、加工时间数据来源于工艺路线，数量数据来源于生产任务单或者计划订单的相关物料加工量。

总负荷 ＝ $\sum$ 工作中心各生产任务负荷

由 6.6.1 节 MPS 计划订单序时簿可知，M200 手机有以下 3 笔建议订单，如表 7－2 所示。

表 7－2　　M200 手机的建议订单

建议订单量	建议开工日期	建议完工日期
500	2016-01-13	2016-01-15
2 000	2016-01-14	2016-01-21
1 300	2016-01-19	2016-01-25

因此

需求数量＝500＋2 000＋1 300＝3 800(件)

总负荷＝准备时间＋需求数量×单件加工时间

＝0＋3 800×0.05＝190(小时)

3）超/欠能力。

超/欠能力＝总能力－总负荷＝800－190＝610(小时)

4）差异率

$$差异率=\frac{超/欠能力}{总能力}\times 100\%=\frac{610}{800}\times 100\%=76.25\%$$

由图 7－10【粗能力汇总报告】窗口可知，在计划展望期内，所有关键工作中心的总能力都能满足总负荷。

(3) 选中某个工作中心，再单击【差异】按钮，即可打开【能力负荷差异图】窗口，以图形显示工作中心的总负荷与总能力的差异，作为能力调整的初步参考，如图 7－11 所示。

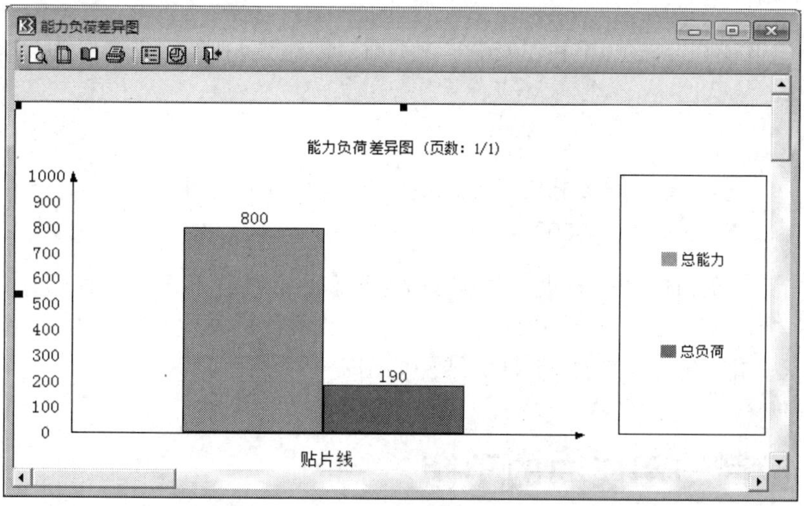

图 7－11　【能力负荷差异图】窗口

（4）在【粗能力汇总报告】窗口中，选中某个工作中心，如“001 贴片线”工作中心，再单击【能力】按钮，即可打开该工作中心的【粗能力查询明细表】窗口，查看每天的能力与负荷情况，如图 7－12 所示。

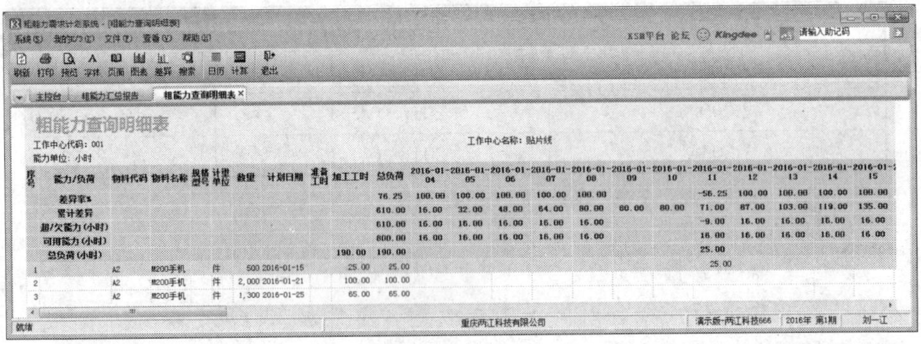

图 7－12 【粗能力查询明细表】窗口

在此窗口中，上方灰色背景区域显示该工作中心在指定时区范围内每一天所具有能力的实际状况，其中各项衡量指标的含义及计算公式如表 7－3 所示。下方的白色背景区域是 MPS 计划订单所形成的负荷，每一行列出计划订单的基本信息，并对应到时区，显示该计划订单具体在哪一天给该工作中心带来多少负荷。通过该界面能够一目了然地掌握该工作中心负荷与能力的总体情况。

表 7－3 衡量指标的含义及计算公式

项目	含义及计算公式
差异率	(可用能力－总负荷)/能力×100%
累计差异	截至当天的所有能力与负荷的差异，即前一天＋当天的超/欠能力
可用能力	工作中心的可用能力
总负荷	准备工时＋加工工时

下面以 M200 手机 2016 年 1 月 15 日建议订单量 500 件为例，对其数据进行分析。

1）负荷。

负荷＝准备时间＋需求数量×单件加工时间

＝0＋500×0.05＝25(小时)

2）负荷的发生日期。根据图 7－5【粗能力清单正查】窗口中的数据，工作中心“001 贴片线”的偏置期为－4，因此，负荷的发生日期为 2016 年 1 月 15 日提前 4 天，即 2016 年 1 月 11 日。结果如图 7－12 所示。

7.5 负荷与粗能力的平衡

进行 MPS 计算，在投放计划前需要进行能力与负荷平衡，虽然从图 7－10【粗能力汇总报告】窗口可知，在计划展望期内，所有关键工作中心的总能力都能满足总负荷，但在某个具体的时段是否也满足总能力≥总负荷这个条件，则未必。例如由图 7 - 12【粗能力查询明细表】窗口可知，2016 年 1 月 11 日“001 贴片线”工作中心的负荷为 25 小时，而可用的能力只有 16 小时，需要进行平衡处理。MPS 负荷与粗能力平衡的调整方法主要有以下几种。

（1）调整计划订单。拆分计划订单，重新设定开工或完工日期，可以分散工作负荷；合并计划订单，可以使工作负荷向某些工作日集中，避免休息日加班或某个工作日负荷不足；在负荷确实很重无法平衡能力时，可直接推迟完工日期，延期交货是一种不得已的选择。调整的原则是：考虑提前期的因素，不轻易改变作息时间，拆分订单要避免过于细碎而增加不必要的准备时间。

（2）采用替代工艺路线。在替代的工艺路线中，将能力不足的工作中心改为其他能力充足的工作中心或委外加工企业以解决瓶颈工序能力不足的问题。

（3）调整工作中心。当个别工作中心在某个工作日出现欠能力时，如果计划已经满足大多数工作中心能力与计划平衡，又不愿重新调整或无法找到更好的计划，可通过工作日历建立例外信息，使该工作中心在该工作日临时加班。

上述方法可组合使用，通过反复权衡调整才能获得较好的平衡结果。需要强调的是，MPS 是关于最终产品（即独立需求件）的计划，只能进行粗略的能力与负荷平衡，想对构成产品的零部件（即相关需求件）所用资源进行精细的平衡是不现实的。

下面结合“001 贴片线”工作中心 2016 年 1 月 11 日出现能力不足的情况简要介绍调整计划订单和工作日历的操作方法。

（1）根据 MPS 产生的计划订单计算得到 2016 年 1 月 11 日“001 贴片线”工作中心的生产负荷超过其能力，需要加班才能完成，而 2016 年 1 月 8 日生产能力还有富余，因此可以通过调整生产计划来平衡产能。

（2）选择【计划管理】|【主生产计划】|【MPS 维护】|【MPS 计划订单-维护】，双击弹出【条件过滤】对话框，单击【确定】按钮，进入计划订单序时簿界面。选中 PL000018 号计划订单，单击工具栏上的【拆分】按钮，进入【计划订单拆分】窗口。

（3）单击【新增行】按钮，增加一行，然后录入拆分的分录。第 1 行中建议订单量为“250”，建议开工日期为“2016－01－08”，建议完工日期为“2016－01－12”；第 2 行的建议订单量为“250”，建议开工日期为“2016－01－13”，建议完工日期为“2016－01－15”，如图 7 - 13 所示。单击【确定】按钮，系统弹出拆分成功提示框，单击【确定】按钮，返回计划序时簿界面。

（4）选择【计划管理】|【粗能力需求计划】|【粗能力查询】|【粗能力查询】，双击弹出【粗能力查询】的条件设置对话框，单击【确定】按钮，进入粗能力汇总报告界面。单击工具栏上的【计算】按钮，系统弹出提示框，如图 7 - 14 所示。单击【是】按钮，系统重新计算粗能力需求计划。

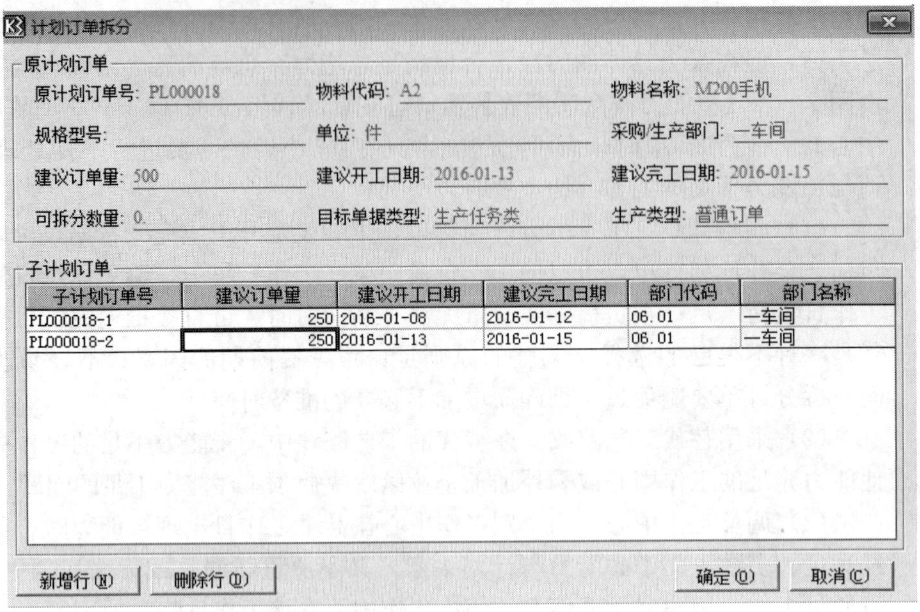

图 7-13 【计划订单拆分】窗口

图 7-14 粗能力重算提示框

（5）计算完毕，系统弹出提示框，单击【确定】按钮。选中“001 贴片线”工作中心，单击【能力】按钮，进入该工作中心的【粗能力查询明细表】窗口，查看负荷变动情况，如图 7-15 所示。可以看到经过上述拆分操作，2016 年 1 月 11 日的负荷 25 小时，拆分一半（12.5 小时）到 2016 年 1 月 8 日，负荷较原来均衡多了，但仍有不平衡的情况存在，如 2016 年 1 月 17 日仍处于欠能力状态。

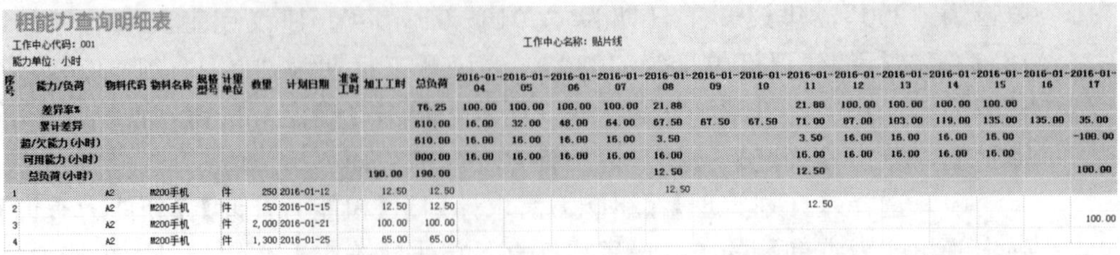

粗能力查询明细表

工作中心代码：001　　工作中心名称：贴片线

能力单位：小时

序号	能力/负荷	物料代码	物料名称	规格型号	计量单位	数量	计划日期	准备工时	加工工时	总负荷	2016-01-04	2016-01-05	2016-01-06	2016-01-07	2016-01-08	2016-01-09	2016-01-10	2016-01-11	2016-01-12	2016-01-13	2016-01-14	2016-01-15	2016-01-16	2016-01-17
	差异率%									76.25	100.00	100.00	100.00	100.00	21.88			21.88	100.00	100.00	100.00	100.00		
	累计差异									610.00	16.00	32.00	48.00	64.00	67.50	67.50	67.50	71.00	87.00	103.00	119.00	135.00	135.00	35.00
	超/欠能力(小时)									610.00	16.00	16.00	16.00	16.00	3.50			3.50	16.00	16.00	16.00	16.00		-100.00
	可用能力(小时)									800.00	16.00	16.00	16.00	16.00	16.00			16.00	16.00	16.00	16.00	16.00		
	总负荷(小时)								190.00	190.00					12.50			12.50						100.00
1		A2	M200手机		件	250	2016-01-12		12.50	12.50					12.50									
2		A2	M200手机		件	250	2016-01-15		12.50	12.50								12.50						
3		A2	M200手机		件	2,000	2016-01-21		100.00	100.00														100.00
4		A2	M200手机		件	1,300	2016-01-25		65.00	65.00														

图 7-15 “001 贴片线”工作中心的粗能力查询明细

实际上，企业在进行 MPS 运算之后，通常还要进行 MRP 运算。在 MPS 和粗能力需求计划总体平衡时，不仅要看某个工作日是否超负荷，还要考虑该超负荷工作日的前后几天是否也超负荷。如果这些工作日的能力足够消化超出的负荷，且满足交货期的要求，则可以暂不做处理，而是留待 MRP 与细能力平衡时再根据具体情况作出相应的处理。因此，对于本案例中仍存在的某些工作日能力不足，若其前后工作日的能力足够消化超出的负荷，可以将该计划在后期的 MRP 和细能力计划中进一步调整，在此不再调整。

7.6　MPS 计划订单审核

K/3 系统中，只有审核过的 MPS 计划订单才能被 MRP 作为详细物料需求计划排产的依据，因此需要审核所有的 MPS 计划订单。具体的操作步骤如下。

（1）选择【计划管理】|【主生产计划】|【MPS 维护】|【MPS 计划订单-维护】，双击弹出【条件过滤】对话框，单击【确定】按钮，进入计划订单序时簿界面。

（2）选中各计划订单，单击工具栏上的【审核】按钮，系统弹出审核成功的提示框，单击【退出】按钮，返回计划订单序时簿界面。

至此，主生产计划的主要工作完成，接下来进行 MRP 的排产工作。

□ 复习题

一、单选题

1. 主生产计划的可行性主要通过（　　）进行验证。

A. 资源需求计划　　B. 能力需求计划

C. 粗能力需求计划　　D. 执行能力计划

2. 粗能力需求计划只考虑（　　）。

A. 关键工作中心

B. 全部工作中心

C. 班制日工作时间为 8 小时的工作中心

D. 以上答案都不正确

3. 粗能力需求计划的操作流程为（　　）。

A. 【粗能力计算】|【粗能力清单生成】|【粗能力查询】|【平衡关键工作中心的能力负荷】

B. 【粗能力清单生成】|【粗能力计算】|【粗能力查询】|【平衡关键工作中心的能力负荷】

C. 【粗能力计算】|【粗能力清单生成】|【平衡关键工作中心的能力负荷】|【粗能力查询】

D. 【粗能力计算】|【粗能力查询】|【平衡关键工作中心的能力负荷】|【粗能力清单生成】

4.（ ）状态的计划订单不能参与粗能力计算。

A. 计划 B. 审核 C. 关闭 D. 以上选项都不正确

5. 粗能力计算设置的展望日期是指（ ）。

A. MPS运算的日期范围 B. 粗能力计算的日期范围

C. MRP计算的日期范围 D. 以上选项都不正确

二、思考题

1. 什么是粗能力需求计划？它的作用是什么？

2. 粗能力需求计划有何优缺点？

第8章 Chapter 8 物料需求计划

8.1 物料需求计划概述

8.1.1 概念

物料需求计划（MRP）有广义和狭义之分。广义的MRP是ERP发展的一个关键阶段，代表一种离散型制造企业的典型管理模式。本章讲解的是狭义的MRP，它与主生产计划（MPS）一样处于ERP系统的计划层，由MPS驱动MRP运行。

MRP是ERP系统的核心，它将主生产计划排产的产品分解成自制零部件的生产计划和采购件的采购计划。它主要解决企业生产中的物料需求与供给之间的关系，即无论是对独立需求的物料，还是相关需求的物料，物料需求计划都要解决“有什么需求、现有什么、还缺什么、什么时候需要”等问题。它是一个时段优先计划系统，主要对象是决定制造与采购的净需求计划，由主生产计划驱动运行，但反过来，它又是主生产计划的具体化和实现主生产计划的保证。

MRP有三种主要输入：主生产计划、物料清单和库存状态，通常要考虑工厂日历、工艺路线、提前期、物料属性等数据。根据这些数据计算所有物料的需求计划，MRP的输出结果主要有如下两项。

(1) 还缺什么，缺多少。（据此可生成外购物料的采购单或自制物料的加工单。）

(2) 这些物料的时间如何安排。（据此可确定采购单的发放/交货期和加工单的开工/完工期。）

MRP的逻辑流程如图8-1所示。

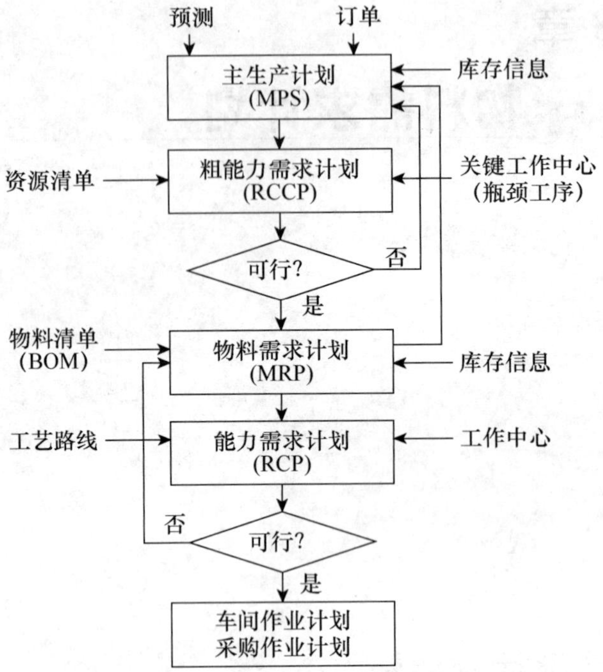

图 8-1　MRP 逻辑流程图

MRP 是一个将库存管理与生产进度计划结合为一体的计算机辅助生产管理系统。它的逻辑关系很简单，运算过程也用不着复杂的数学模型。

1. 产生主生产计划

物料需求计划为的是更有效地实施企业的主生产计划。主生产计划是推动物料需求计划系统运行的根源，它是 MRP 系统的实际效率与效果所依据的主要输入。MRP 要根据主生产计划中的项目逐层分解，得出各种零部件的需求量，而其他的输入信息只是为 MRP 分解主生产计划提供各种依据。从概念上说，主生产计划是全厂的生产大纲，不仅要反映所要生产的产品计划，而且应该包括独立需求预测和外部零部件订货的需求计划。但实际应用中，后两项内容通常不包括在主生产计划中，而以数据文件形式直接作为 MRP 系统的单独输入文件。概括地说，编制 MRP 的第一个条件是需要一个主生产计划。

2. 产生物料需求计划

MRP 进一步细化了主生产计划，例如，主生产计划中的需求是：第三周生产出 200 件 M200 手机、第四周生产出 100 件 M100 手机。那么经过 MRP 进一步细化后得到的可能是：第一周需要多少 MAT 面板、MAT 护镜等，第二周需要多少 MAT 外壳等。MRP 是根据什么进行分解的呢？如前所述，主生产计划是主要依据，除此之外还需要产品的 BOM 信息和库存文件中各种物料的库存信息，它们为 MRP 分解主生产计划提供各种必要的依据。其中，从 BOM 中能得到有关主生产计划项目中零部件及原材料的数量和结构关系信息，MRP 正是根据主生产计划和这种结构信息进行各种物料毛需求量的计算；在库存文件中，包含各种库存项目的状态数据（入库、出库、报废等）都要改变相应的库存项目的状态数据，后者又在 MRP 计算需求量的过程中被引用和修改。因此，库存事务处理报告便成为 MRP 的一种间接输入信息。至此，引出了编制 MRP 的另外两个条件：BOM 和库存记录文件。

3. 计划的执行

从主生产计划到 MRP 实际上是从粗到细的两个不同计划阶段，细计划产生之后，接下来就是计划的执行。如果某产品需要加工，就产生一个制造指令，并下达加工单到相应的车间和班组进行生产；如果需要采购或委外加工，就产生一个采购订单或委外加工订单。MRP 处理的问题与所需信息如表 8-1 所示。

表 8-1　　MRP 处理的问题与所需信息

处理的问题	所需信息
①生产什么？生产多少？何时完成？	来源于 MPS
②要用到什么？	准确的 BOM，及时的设计变更
③已有什么？ 已订货多少？何时到货？已分配多少？	准确的库存信息 已下达订单的数量、交付时间等跟踪信息，已预订物料的相关信息
④还缺什么？	根据计算可知，考虑批量规则、安全库存、成品率等因素
⑤下达订单的开始日期是哪一天？	根据提前期等时间要素和 BOM 的关系计算得出

8.1.2　MRP 的作用与意义

1. MRP 的作用

MRP 的作用就是利用有关输入信息，实现各个计划时间段的采购计划和生产计划。其主要作用体现在以下几个方面：

（1）从主生产计划中提取生产目标和生产数量；

（2）从产品的 BOM 中获得物料需求种类；

（3）从物料库存中获取已分配量和订货量；

（4）计算出还需要获取哪些物料；

（5）根据物料的提前期获得采购和生产的开始时间。

2. MRP 的意义

MRP 是生产管理的核心，它将主生产计划的产品分解成各个零部件的生产计划和采购件的采购计划。它主要根据主生产计划展开编制相关需求件的计划，也可以人工直接录入某些物料的需求量，除说明每种物料的需求量外，还要说明每一个加工件的开始日期和完成日期，说明每一个采购件的订货日期和入库日期。它把生产作业计划和物资供应计划统一起来。物料需求计划能帮助企业摆脱旧的按台或按套组织生产的管理方式，提供给企业一套全新的科学管理方式。

8.1.3 MRP 的特点

1. 需求的相关性

在流通企业中，各种需求往往是独立的。而在生产系统中，需求具有相关性。例如，根据订单确定了所需产品的数量之后，由产品结构文件 BOM 即可推算出各种零部件和原材料的数量，这种根据逻辑关系推算出来的物料数量称为相关需求。不但品种数量有相关性，需求时间与生产工艺过程也是相关的。

2. 需求的确定性

MRP 的需求都是根据主生产计划、产品结构文件和库存文件精确计算出来的，品种、数量和需求时间都有严格要求，不可改变。

3. 计划的复杂性

MRP 要根据主生产计划、产品结构文件、库存文件等把相关的零部件的需求数量、时间、先后关系等准确计算出来。当产品结构复杂、零部件数量特别多时，计算工作量极大，人力根本不能胜任，必须依靠计算机系统完成。

8.2 MRP 计划方案维护

K/3 系统中预先设置了相应的计算方案，便于 MRP 计算时调用，同时还提供了 MRP 简化方案，提供了更多的预设方案供计划员选择。MRP 计划方案中的参数和 MPS 计划方案中的参数相似，有关计划方案的详细的参数说明，可以参考 6.4 节，也可以参考金蝶 K/3 关于物料需求计划系统的用户手册。限于篇幅，本书不再赘述。

在进行 MRP 计算前，仍然需要制定 MRP 计划方案，通过 MRP 保障生产有序进行，同时对生产原材料和半成品进行有效管理。

1. 实验资料

（1）需求参数如表 8-2 所示。

表 8-2 需求参数

参数	值
方案编码	001
方案描述	按主生产计划进行计算
计划计算范围	主生产计划

（2）计算参数如表 8－3 所示。

表 8－3 计算参数

参数	值
考虑现有库存	勾选
考虑安全库存	勾选
考虑预计入库量和已分配量	勾选
净需求考虑订货策略和批量调整	勾选

（3）投放参数如表 8－4 所示。

表 8－4 投放参数

参数	值
采购申请人默认值	赵希文
统一按方案指定采购负责人	勾选
采购部门默认值	采购部
自制件默认生产类型	普通订单
自制件默认生产部门	一车间
生产任务单单据状态投放为	计划
采购申请单单据状态投放为	未审核

未提到的参数都采用系统默认值。

2. 实验过程

（1）以刘一江的身份登录本实例账套，选择【计划管理】|【物料需求计划】|【系统设置】|【MRP 计划维护】，打开【计划方案维护】窗口。

（2）单击工具栏上的【新增】按钮，再单击【需求参数】选项页，切换到【需求参数】设置窗口，根据表 8－2 设置需求参数，如图 8－2 所示。

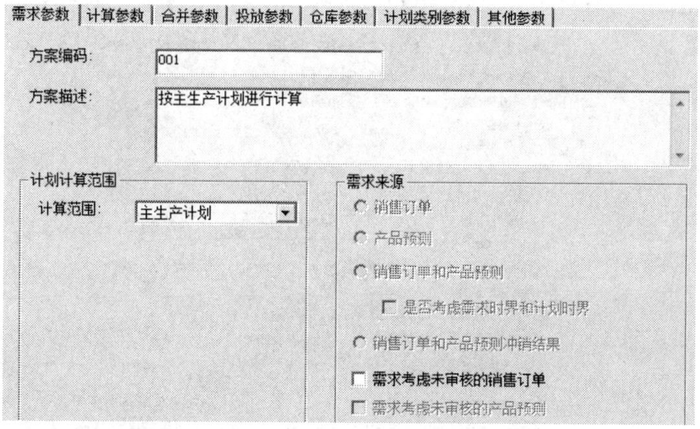

图 8－2 需求参数

实验提示

当“计算范围”选择“主生产计划”时，系统以主生产计划作为需求来源，此时只计算策略为MRP的物料，以MPS确认的计划订单作为需求来源，同时对MRP物料的独立需求也会计算在内。

(3) 切换到【计算参数】选项页，勾选“现有库存”、“安全库存”、“预计入库量和已分配量”和“净需求考虑订货策略和批量调整”参数，如图8-3所示。

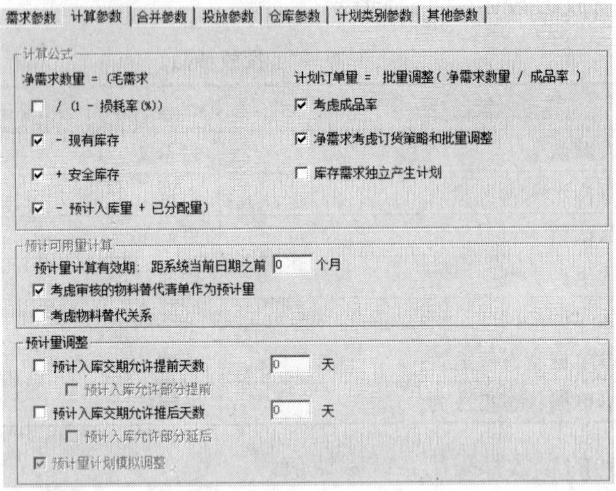

图8-3 计算参数

(4) 切换到【投放参数】选项页，勾选“运算完成直接投放计划订单”和“统一按方案指定采购负责人”；分别单击按钮，以关联方式设置“采购申请人默认值”为“赵希文”，“采购部门默认值”为“采购部”，“自制件默认生产类型”为“普通订单”，“自制件默认生产部门”为“一车间”；“生产任务单单据状态投放”为“计划”，“采购申请单单据状态投放”为“未审核”，如图8-4所示。

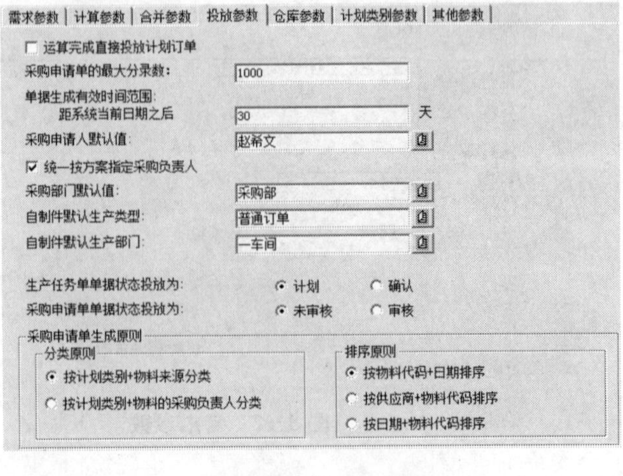

图8-4 投放参数

（5）其他选项页都采用默认值，单击【保存】按钮，保存计划方案 001。

实验提示

1. 哪些物料在 MRP 阶段被纳入计划？

MPS 主要对产成品（计划策略为 MPS 的物料）进行计划安排，而 MRP 要对生产产成品所用的半成品、原材料（计划策略为 MRP 的物料）进行计划。

2. MRP 和 MPS 计算逻辑的异同。

主要的不同体现在：MPS/MRP 两阶段计划中，MPS 阶段计算的依据来源于销售订单和预测单（独立需求）。MRP 的计划对象一般来源于 MPS 的产成品计划结果（相关需求），因此 MRP 计划方案中计划计算范围一般选择主生产计划。

3. 两阶段计划和一阶段计划。

对于生产过程复杂、生产能力平衡困难的企业，一般建议采用 MPS/MRP 两阶段计算方法，方便计划安排和产能平衡。

对于一些生产模式简单、产品极少、生产比较稳定的企业，也可以不采用 MPS/MRP 两阶段计划的方式，直接进行一阶段 MRP，省略 MPS 和 RCCP 的相关步骤。此时计划计算范围可以选择销售订单或预测单。这种方法适合生产过程比较简单的企业。

8.3　MRP 计算处理

8.3.1　MRP 计算

MRP 计算是 ERP 系统中的核心功能之一，是依据计划方案考虑的因素，根据 BOM 展开计算出相关需求单据的过程，也是将需求转化为计划的过程。当主生产计划、库存状态或 BOM 发生变化，需要重新安排净需求和库存储备计划时，就应进行 MRP 计算。

1. 实验资料

先将电脑的系统日期修改为 2016 年 1 月 4 日。根据计划方案“001”完成 MRP 的计算。

2. 实验过程

（1）选择【计划管理】|【物料需求计划】|【MRP 计算】|【MRP 计算】，双击进入【MRP 运算向导】窗口，如图 8－5 所示。

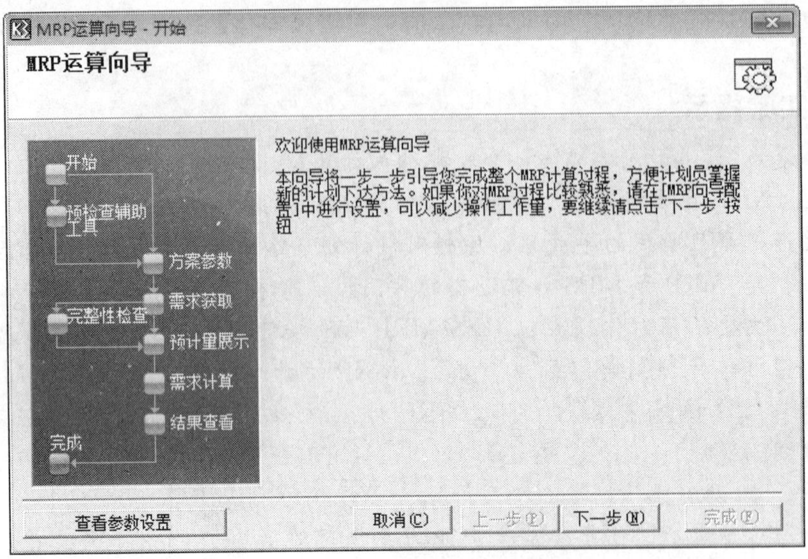

图 8-5 【MRP 运算向导-开始】界面

MRP 运算向导窗口向企业计划人员展示 MRP 运算的计算流程，帮助他们了解 MRP 运算包括哪些步骤，形成物料需求计划操作层面的概念。

（2）单击【下一步】按钮，进入 MRP 运算预检查界面，此步骤在运算前对 BOM 的合法性、完整性及物料的低位码进行检查及维护，从而保证 MRP 运算结果的正确性，如图 8-6 所示。

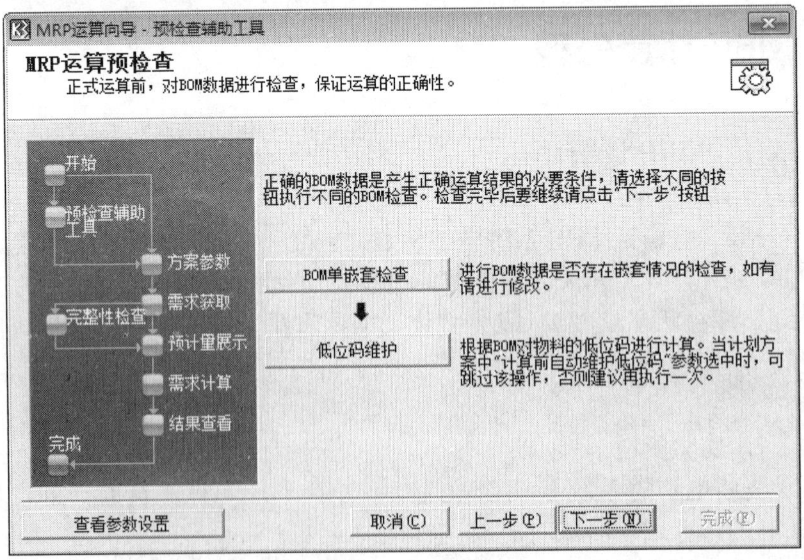

图 8-6 【MRP 运算向导-预检查辅助工具】界面

（3）检查完相关数据，如果确认无误，可直接单击【下一步】按钮，进入 MRP 运算方案参数设置界面，如图 8-7 所示。

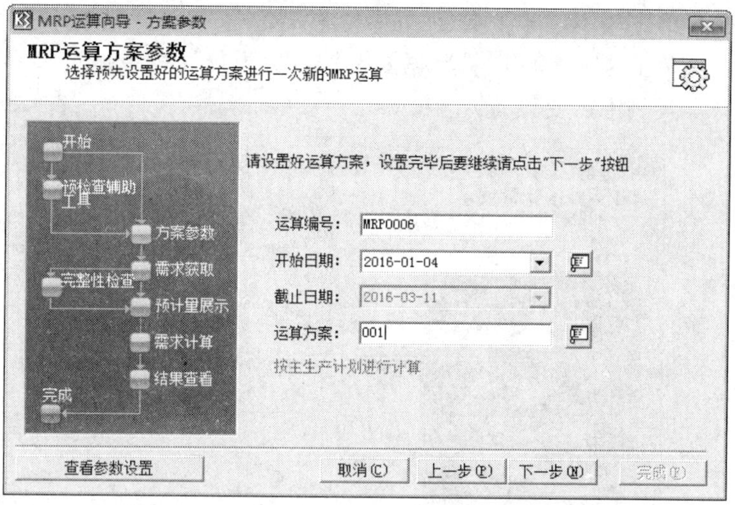

图 8－7　【MRP 运算方案参数】设置对话框

其中各项说明如下：

运算编号：系统每进行一次 MRP 计算，运算编号自动累计，方便 MRP 计划单据的管理。在进行 MRP 计划订单序时簿管理时，可以针对某次 MRP 运算生成的计划订单进行维护，此时就需要用到运算编号的信息。

开始日期：默认设为系统当前时间，可自行指定开始日期，但不能小于系统当前时间。本实验中指定开始日期为 2016 年 1 月 4 日。

运算方案：即 MRP 计算的计划方案。单击“运算方案”右侧的（关联）按钮，系统弹出【计划方案维护】界面，双击选择“001”，返回【MRP 运算方案参数】设置对话框。

（4）单击【下一步】按钮，进入【MRP 运算需求获取】对话框，如图 8－8 所示。由于案例前面指定的运算方案考虑的是主生产计划，这里仅有说明文字，不需进行获取操作。

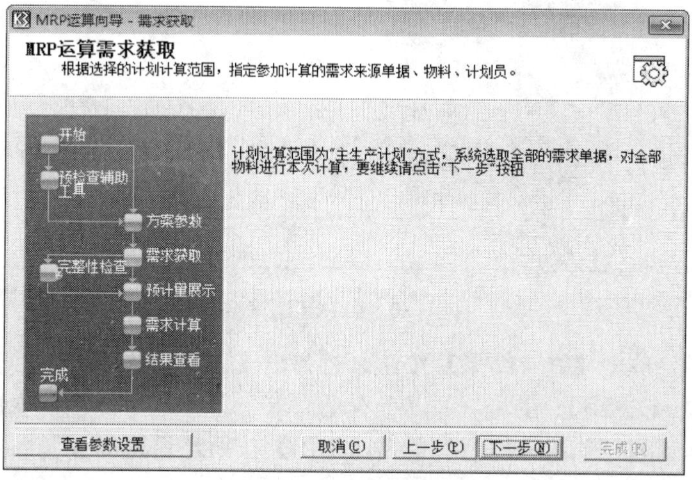

图 8－8　【MRP 运算需求获取】对话框

（5）单击【下一步】按钮，进入【MRP 运算预计量展示】对话框，如图 8－9 所示。可单击【显示预计量单据】按钮，进入预计量单据选择界面，根据需要进行设置（本案例不需要设置）。

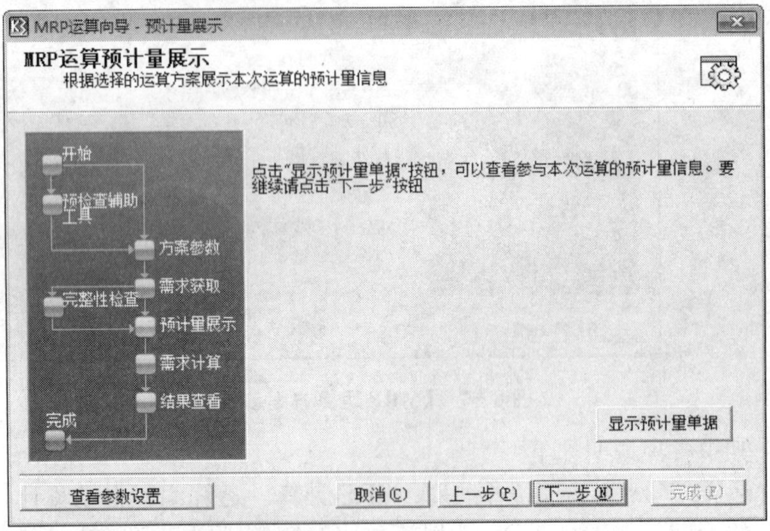

图 8－9 【MRP 运算预计量展示】对话框

（6）单击【下一步】按钮，进入需求计算界面，系统后台进行需求计算。计算完成后，系统出现【MRP 运算结果查看】对话框，如图 8－10 所示。

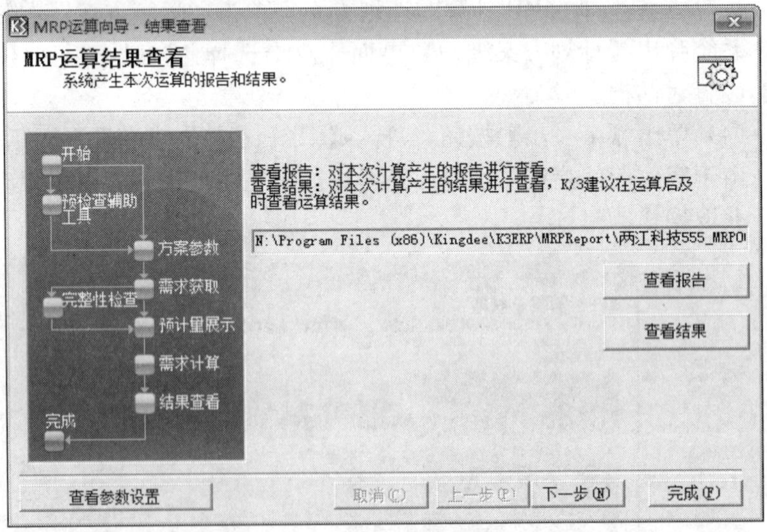

图 8－10 【MRP 运算结果查看】对话框

（7）单击【查看结果】按钮，将弹出【MRP 运算结果查询】窗口，如图 8－11 至图 8－17 所示。在此，可以查看毛需求、已分配量、预计入库、锁单冲销量、净需求和计划订单量等信息。单击【退出】按钮，返回向导界面。

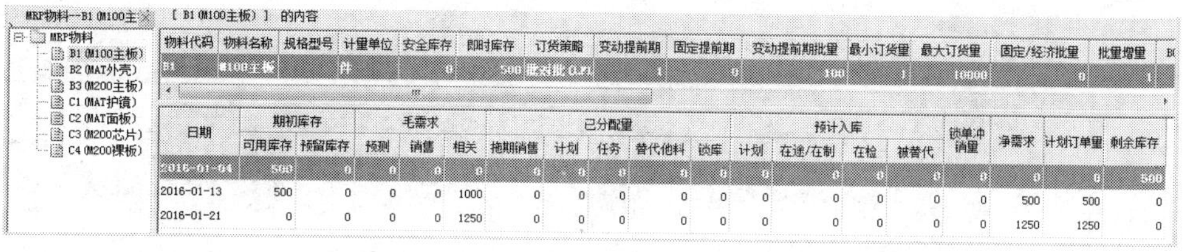

物料代码	物料名称	规格型号	计量单位	安全库存	即时库存	订货策略	变动提前期	固定提前期	变动提前期批量	最小订货量	最大订货量	固定/经济批量	批量增量	B
B1	M100主板		件	0	500	批对批(LFL	1	0	100	1	10000	0	1	

日期	期初库存		毛需求			已分配量					预计入库				锁单冲销量	净需求	计划订单量	剩余库存
	可用库存	预留库存	预测	销售	相关	拖期销售	计划	任务	替代他料	锁库	计划	在途/在制	在检	被替代				
2016-01-04	500	0	0	0	0	0	0	0	0	0	0	0	0	0	0	0	0	500
2016-01-13	500	0	0	0	1000	0	0	0	0	0	0	0	0	0	0	500	500	0
2016-01-21	0	0	0	0	1250	0	0	0	0	0	0	0	0	0	0	1250	1250	0

图 8－11　B1（M100 主板）的运算结果

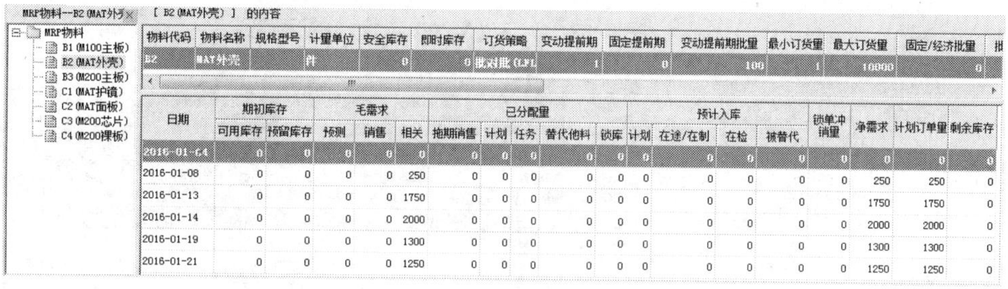

物料代码	物料名称	规格型号	计量单位	安全库存	即时库存	订货策略	变动提前期	固定提前期	变动提前期批量	最小订货量	最大订货量	固定/经济批量	批
B2	MAT外壳		件	0	0	批对批(LFL	1	0	100	1	10000	0	

日期	期初库存		毛需求			已分配量					预计入库				锁单冲销量	净需求	计划订单量	剩余库存
	可用库存	预留库存	预测	销售	相关	拖期销售	计划	任务	替代他料	锁库	计划	在途/在制	在检	被替代				
2016-01-04	0	0	0	0	0	0	0	0	0	0	0	0	0	0	0	0	0	0
2016-01-08	0	0	0	0	250	0	0	0	0	0	0	0	0	0	0	250	250	0
2016-01-13	0	0	0	0	1750	0	0	0	0	0	0	0	0	0	0	1750	1750	0
2016-01-14	0	0	0	0	2000	0	0	0	0	0	0	0	0	0	0	2000	2000	0
2016-01-19	0	0	0	0	1300	0	0	0	0	0	0	0	0	0	0	1300	1300	0
2016-01-21	0	0	0	0	1250	0	0	0	0	0	0	0	0	0	0	1250	1250	0

图 8－12　B2（MAT 外壳）的运算结果

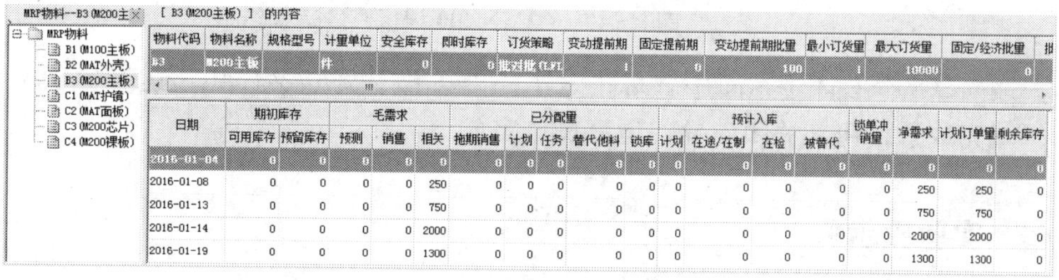

物料代码	物料名称	规格型号	计量单位	安全库存	即时库存	订货策略	变动提前期	固定提前期	变动提前期批量	最小订货量	最大订货量	固定/经济批量	批
B3	M200主板		件	0	0	批对批(LFL	1	0	100	1	10000	0	

日期	期初库存		毛需求			已分配量					预计入库				锁单冲销量	净需求	计划订单量	剩余库存
	可用库存	预留库存	预测	销售	相关	拖期销售	计划	任务	替代他料	锁库	计划	在途/在制	在检	被替代				
2016-01-04	0	0	0	0	0	0	0	0	0	0	0	0	0	0	0	0	0	0
2016-01-08	0	0	0	0	250	0	0	0	0	0	0	0	0	0	0	250	250	0
2016-01-13	0	0	0	0	750	0	0	0	0	0	0	0	0	0	0	750	750	0
2016-01-14	0	0	0	0	2000	0	0	0	0	0	0	0	0	0	0	2000	2000	0
2016-01-19	0	0	0	0	1300	0	0	0	0	0	0	0	0	0	0	1300	1300	0

图 8－13　B3（M200 主板）的运算结果

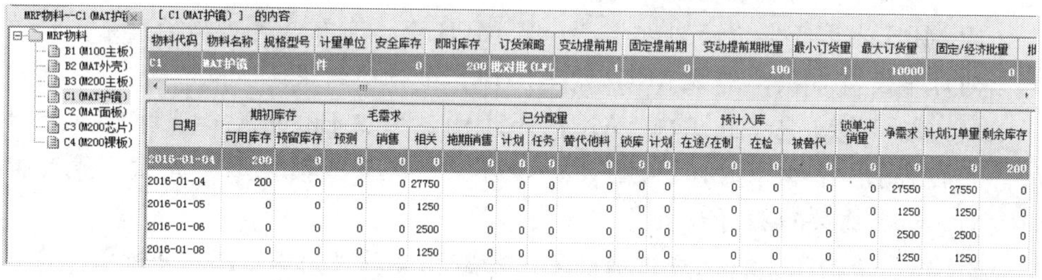

物料代码	物料名称	规格型号	计量单位	安全库存	即时库存	订货策略	变动提前期	固定提前期	变动提前期批量	最小订货量	最大订货量	固定/经济批量	批
C1	MAT护镜		件	0	200	批对批(LFL	1	0	100	1	10000	0	

日期	期初库存		毛需求			已分配量					预计入库				锁单冲销量	净需求	计划订单量	剩余库存
	可用库存	预留库存	预测	销售	相关	拖期销售	计划	任务	替代他料	锁库	计划	在途/在制	在检	被替代				
2016-01-04	200	0	0	0	0	0	0	0	0	0	0	0	0	0	0	0	0	200
2016-01-04	200	0	0	0	27750	0	0	0	0	0	0	0	0	0	0	27550	27550	0
2016-01-05	0	0	0	0	1250	0	0	0	0	0	0	0	0	0	0	1250	1250	0
2016-01-06	0	0	0	0	2500	0	0	0	0	0	0	0	0	0	0	2500	2500	0
2016-01-08	0	0	0	0	1250	0	0	0	0	0	0	0	0	0	0	1250	1250	0

图 8－14　C1（MAT 护镜）的运算结果

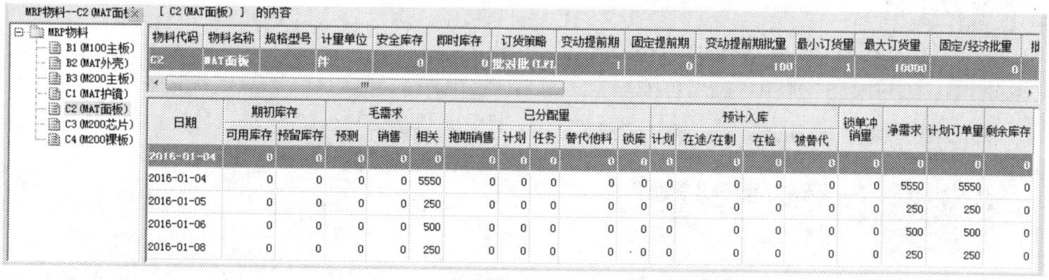

物料代码	物料名称	规格型号	计量单位	安全库存	即时库存	订货策略	变动提前期	固定提前期	变动提前期批量	最小订货量	最大订货量	固定/经济批量	批
C2	MAT面板		件	0	0	批对批(LFL	1	0	100	1	10000	0	

日期	期初库存		毛需求			已分配量					预计入库				锁单冲销量	净需求	计划订单量	剩余库存
	可用库存	预留库存	预测	销售	相关	拖期销售	计划	任务	替代他料	锁库	计划	在途/在制	在检	被替代				
2016-01-04	0	0	0	0	0	0	0	0	0	0	0	0	0	0	0	0	0	0
2016-01-04	0	0	0	0	5550	0	0	0	0	0	0	0	0	0	0	5550	5550	0
2016-01-05	0	0	0	0	250	0	0	0	0	0	0	0	0	0	0	250	250	0
2016-01-06	0	0	0	0	500	0	0	0	0	0	0	0	0	0	0	500	500	0
2016-01-08	0	0	0	0	250	0	0	0	0	0	0	0	0	0	0	250	250	0

图 8－15　C2（MAT 面板）的运算结果

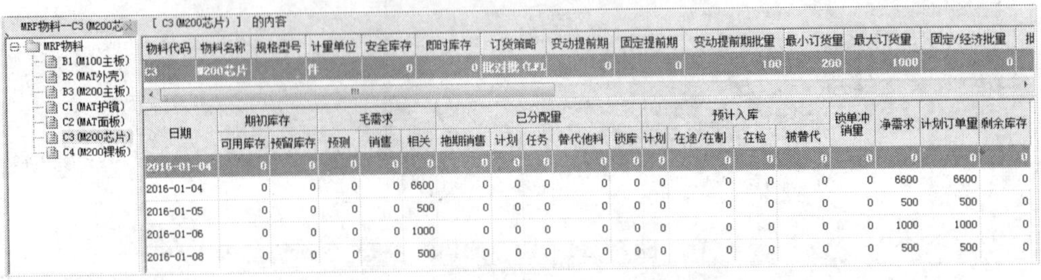

图 8-16 C3（M200 芯片）的运算结果

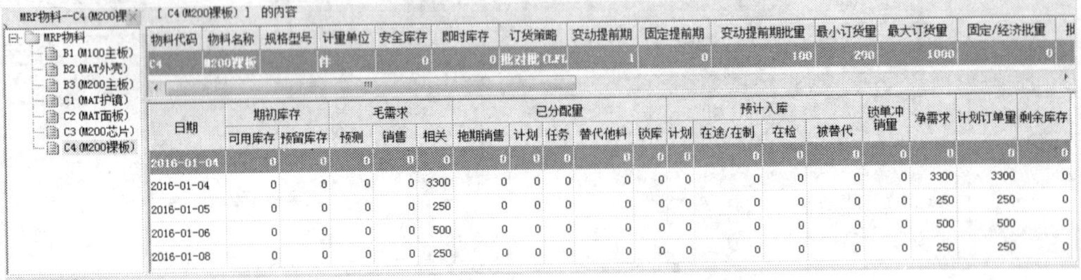

图 8-17 C4（M200 裸板）的运算结果

（8）在向导界面中，单击【下一步】按钮，进入 MRP 运算完成界面。单击【完成】按钮，关闭向导，运算操作完成。

实验提示

确保 MRP 计算正确的条件如下：

1. MPS 计算出计划订单并且计划订单已经审核未关闭。MRP 计算数据来源于 MPS 计算产生的计划订单，如果 MPS 计算没有产生正确的结果，或者产生的计划单没有审核，那么 MRP 就无法计算出正确结果。

2. BOM 完整且正确。MRP 计算需要根据 BOM 展开计算所有原材料和半成品的需求量和需求时间。BOM 中物料、可用量、损耗率、成品率等关键信息应填写正确，需要审核并设置为“使用”状态。

3. 物料相关属性应正确设置。物料相关属性是 MRP 计算时需要考虑的重要参数。例如，计划策略、固定提前期、变动提前期、变动提前期批量、最小订货量等。

4. 合理设置 MRP 方案。

8.3.2 计算向导配置

MRP 计算向导窗口可以一步步指导 MRP 的数据计算，计划人员在熟悉 MRP 计算方式后，对有些步骤不需要再进行检查或查看，以提高 MRP 计算的效率。系统提供对计算向导进行配置的功能。

双击【计划管理】|【物料需求计划】|【MRP 计算】|【计算向导配置】，系统弹出【计算向导配置】对话框，如图 8－18 所示。

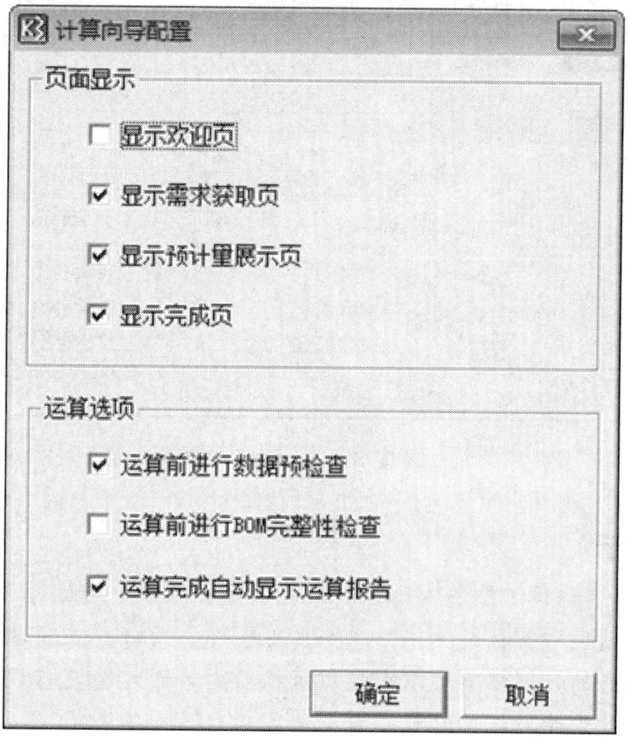

图 8－18　【计算向导配置】对话框

打钩表示选中，在 MRP 计算向导窗口中将显示该步骤，不选中则在 MRP 计算向导窗口中跳过该步骤。

8.4　MRP 维护

MRP 维护主要用于对物料需求计划生成的计划订单进行手工调整和维护，不进行 MRP 运算的企业也可以通过 MRP 维护直接手工录入计划订单。

8.4.1　MRP 计划订单序时簿

利用计划订单序时簿可以对计划订单进行各种相关处理，如新增、修改、删除、审核、关闭等，查询方法如下。

（1）选择【计划管理】|【物料需求计划】|【MRP 维护】|【MRP 计划订单－维护】，双击弹出【条件过滤】对话框，如图 8－19 所示。在过滤窗口可以设置要过滤的“运算编号”，进行单据状态的选择。

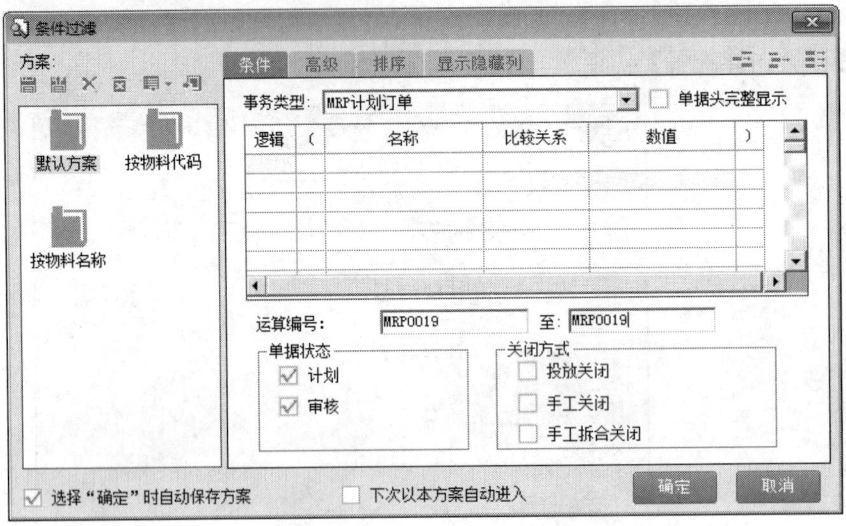

图 8-19 【条件过滤】对话框

实验提示

1. 计划订单的状态有计划、审核、关闭三种，计划订单生成时的状态为计划，表示未做处理（审核或关闭），计划状态的计划订单在下次计算时会被系统删除；对计划状态的计划订单可以审核，审核后的计划订单可以投放、作为下级的需求或关闭；投放完毕，订单的状态自动关闭，也可手工关闭。

2. 要查看投放后或手工关闭的计划订单，要注意勾选关闭方式栏中的各相关选项。

（2）在此保持默认值，单击【确定】按钮，进入【计划订单序时簿】窗口，可以看到前面计算得到的计划订单，此时订单为计划状态，如图 8-20 和图 8-21 所示。

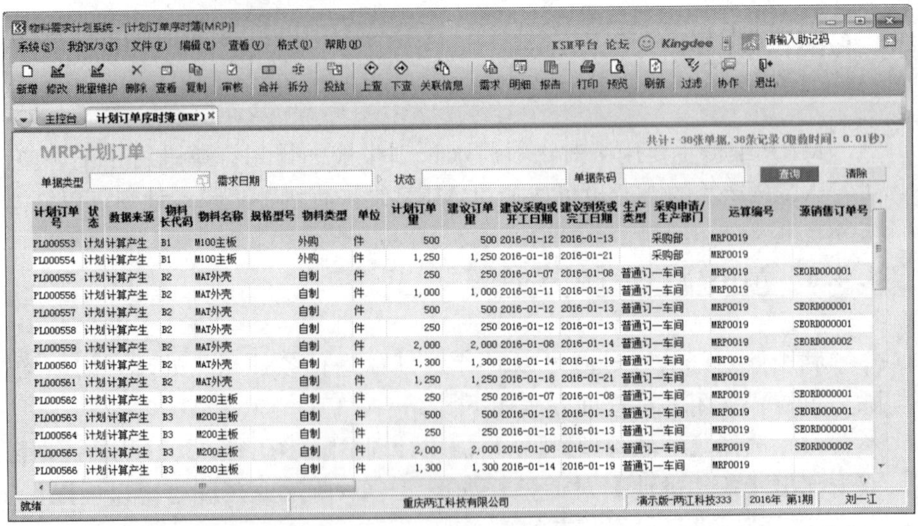

图 8-20 【计划订单序时簿】窗口，含物料 B1，B2 和 B3

MRP计划订单 共计：38张单据，38条记录（取数时间：0.01秒）

单据类型 需求日期 状态 单据条码 查询 清除

计划订单号	状态	数据来源	物料长代码	物料名称	规格型号	物料类型	单位	计划订单量	建议订单量	建议采购或开工日期	建议到货或完工日期	生产类型	采购申请/生产部门	运算编号	源销售订单号
PL000567	计划	计算产生	C1	MAT护镜		外购	件	1,050	1,050	2016-01-06	2016-01-07		采购部	MRP0019	SEORD000001
PL000568	计划	计算产生	C1	MAT护镜		外购	件	10,000	10,000	2016-01-06	2016-01-08		采购部	MRP0019	SEORD000002
PL000569	计划	计算产生	C1	MAT护镜		外购	件	5,000	5,000	2016-01-08	2016-01-11		采购部	MRP0019	
PL000570	计划	计算产生	C1	MAT护镜		外购	件	2,500	2,500	2016-01-11	2016-01-12		采购部	MRP0019	SEORD000001
PL000571	计划	计算产生	C1	MAT护镜		外购	件	1,250	1,250	2016-01-11	2016-01-12		采购部	MRP0019	SEORD000001
PL000572	计划	计算产生	C1	MAT护镜		外购	件	6,500	6,500	2016-01-12	2016-01-14		采购部	MRP0019	
PL000573	计划	计算产生	C1	MAT护镜		外购	件	6,250	6,250	2016-01-15	2016-01-18		采购部	MRP0019	
PL000574	计划	计算产生	C2	MAT面板		外购	件	250	250	2016-01-06	2016-01-07		采购部	MRP0019	SEORD000001
PL000575	计划	计算产生	C2	MAT面板		外购	件	2,000	2,000	2016-01-04	2016-01-08		采购部	MRP0019	SEORD000002
PL000576	计划	计算产生	C2	MAT面板		外购	件	1,000	1,000	2016-01-08	2016-01-11		采购部	MRP0019	
PL000577	计划	计算产生	C2	MAT面板		外购	件	500	500	2016-01-11	2016-01-12		采购部	MRP0019	SEORD000001
PL000578	计划	计算产生	C2	MAT面板		外购	件	250	250	2016-01-11	2016-01-12		采购部	MRP0019	SEORD000001
PL000579	计划	计算产生	C2	MAT面板		外购	件	1,300	1,300	2016-01-11	2016-01-14		采购部	MRP0019	
PL000580	计划	计算产生	C2	MAT面板		外购	件	1,250	1,250	2016-01-15	2016-01-18		采购部	MRP0019	
PL000581	计划	计算产生	C3	M200芯片		外购	件	500	500	2016-01-06	2016-01-07		采购部	MRP0019	SEORD000001
PL000582	计划	计算产生	C3	M200芯片		外购	件	4,000	4,000	2016-01-04	2016-01-08		采购部	MRP0019	SEORD000002
PL000583	计划	计算产生	C3	M200芯片		外购	件	1,000	1,000	2016-01-11	2016-01-12		采购部	MRP0019	SEORD000001
PL000584	计划	计算产生	C3	M200芯片		外购	件	500	500	2016-01-11	2016-01-12		采购部	MRP0019	SEORD000001
PL000585	计划	计算产生	C3	M200芯片		外购	件	2,600	2,600	2016-01-11	2016-01-14		采购部	MRP0019	
PL000586	计划	计算产生	C4	M200裸板		外购	件	250	250	2016-01-06	2016-01-07		采购部	MRP0019	SEORD000001
PL000587	计划	计算产生	C4	M200裸板		外购	件	2,000	2,000	2016-01-04	2016-01-08		采购部	MRP0019	SEORD000002
PL000588	计划	计算产生	C4	M200裸板		外购	件	500	500	2016-01-11	2016-01-12		采购部	MRP0019	SEORD000001
PL000589	计划	计算产生	C4	M200裸板		外购	件	250	250	2016-01-11	2016-01-12		采购部	MRP0019	SEORD000001
PL000590	计划	计算产生	C4	M200裸板		外购	件	1,300	1,300	2016-01-11	2016-01-14		采购部	MRP0019	
合计:								64,600	64,600						

图 8-21 【计划订单序时簿】窗口，含物料 C1，C2，C3 和 C4

在窗口中可以查询到单据状态、计划物料是什么、建议订单量是多少、建议什么时候开工、什么时候完工以及数据来自哪一张销售订单或预测单等情况。同时还可以进行计划单据的审核、合并和拆分及投放等操作。双击某行计划单，如双击图 8-20 中第一行计划订单，进入计划订单编辑窗口，如图 8-22 所示。

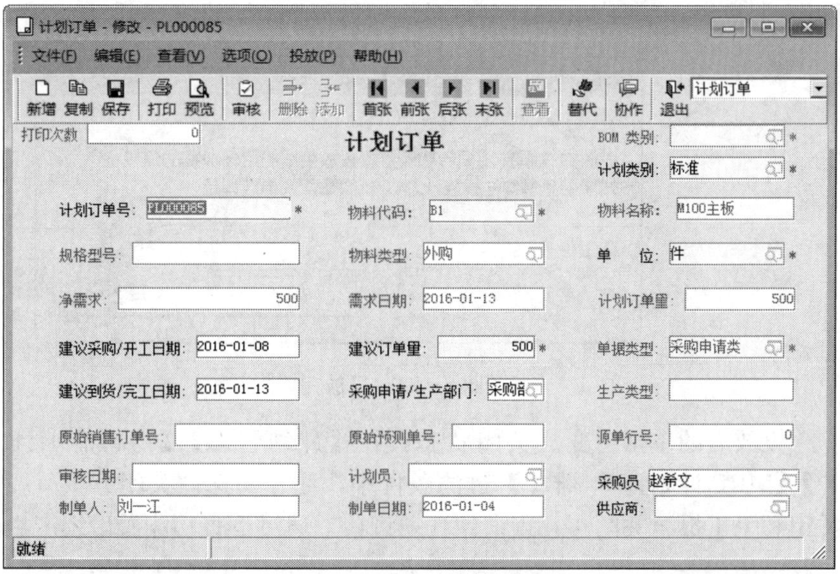

图 8-22 【计划订单-修改】窗口

在编辑窗口可以进行计划订单的数据修改、审核和投放等操作。

实验提示

在实际实验结果中，计划订单号和运算编号可能和图 8－20、图 8－21 中的不同，只要生成的 MRP 中有如图 8－20 及图 8－21 所示的计划物料、计划订单量、建议订单量及建议开工日期、完工日期，即可认为实验结果是正确的。

8.4.2 MRP 计划订单审核和投放

完成 MPS/MRP 的相关运算后，生产计划基本排定。已经安排好的计划需要下达给采购部门和生产部门，通知它们进行物料采购和生产组织。具体的操作步骤如下。

（1）选择【计划管理】|【物料需求计划】|【MRP 维护】|【MRP 计划订单-维护】，双击弹出【条件过滤】对话框，单击【确定】按钮，进入计划订单序时簿界面。

（2）使用 Shift 键或 Ctrl 键，选择所有计划状态的订单，单击工具栏上的【审核】按钮，系统开始对订单进行审核。稍后系统弹出审核成功的提示框，单击【退出】按钮，返回计划订单序时簿界面。若有审核不成功的计划订单，系统会说明审核不成功的原因。

（3）继续使用 Shift 键或 Ctrl 键，选择所有审核状态的订单，单击工具栏上的【投放】按钮，投放所有 MRP 产生的计划订单。稍后系统弹出如图 8－23 所示的提示框，单击【是】按钮，系统显示计划订单投放生成目标单据的详细信息，单击【退出】按钮，返回 MRP 计划订单序时簿界面。

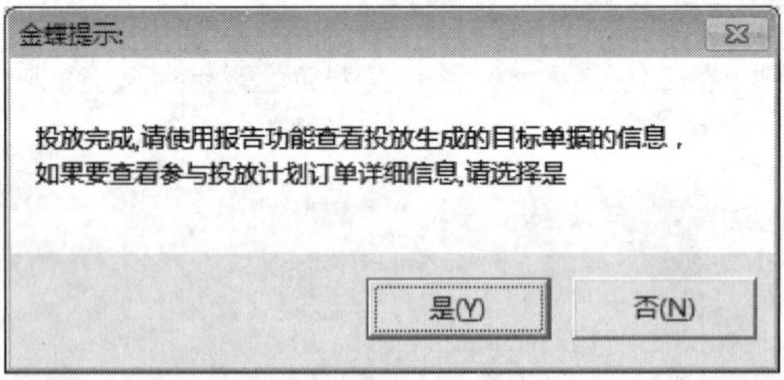

图 8－23　投放完成提示框

投放后的单据会变成关闭状态，在【计划管理】|【物料需求计划】|【MRP 维护】|【MRP 计划订单-维护】过滤条件中，注意勾选“关闭方式（投放关闭、手工关闭和手工拆合关闭）”，查询到计划订单，通过下查功能看后续产生的单据。

8.4.3 MPS/MRP 横式报表

横式报表反映需求物料在不同展望期内的需求数量，让计划员对每个时间段的计划情况一目了然，其形式与企业实际的报表相同，查询方法如下。

（1）选择【计划管理】|【物料需求计划】|【MRP 维护】|【MPS/MRP 横式报表】，双击弹出【条件过滤】对话框，如图 8－24 所示。根据情况设置过滤条件，这里主要设置了“建议到货/完工日期”，为“2016－01－04”至“2016－03－11”，数据来源选中“MRP”，以及要过滤的“运算编号”，单击【确定】按钮。

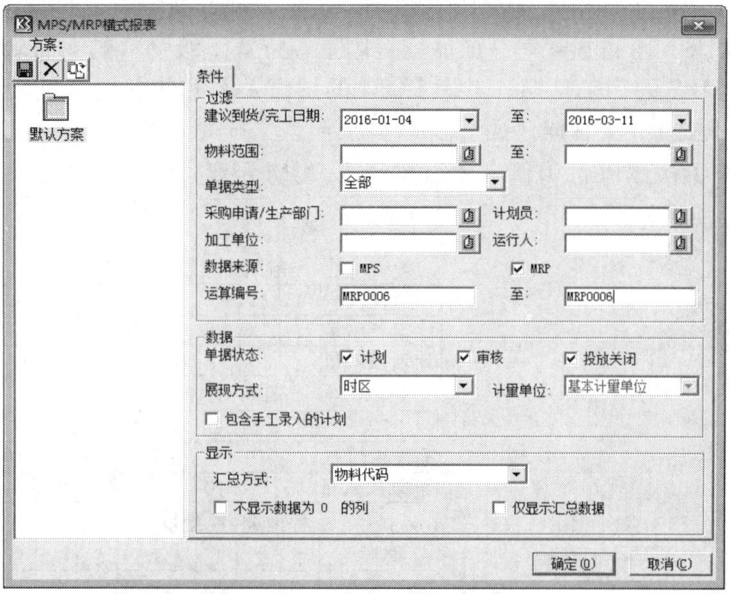

图 8－24　【条件过滤】对话框

（2）进入【MRP 横式报表】窗口，可以看到界面以时区方式展示了计划，如图 8－25 所示。

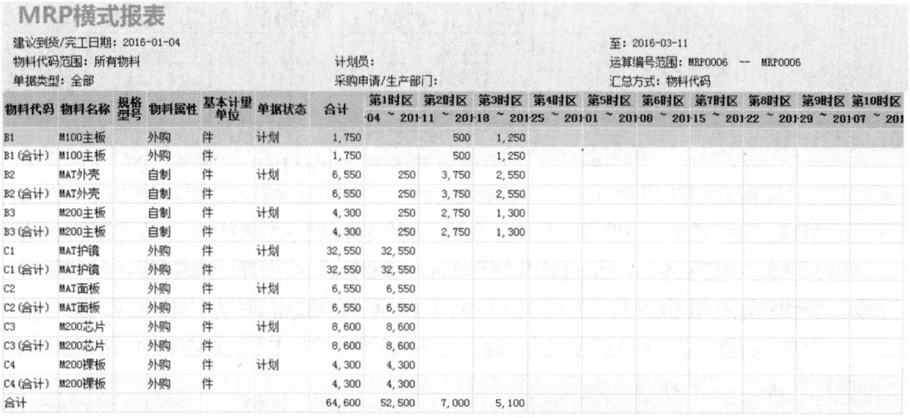

MRP横式报表

建议到货/完工日期：2016-01-04　　至：2016-03-11
物料代码范围：所有物料　　计划员：　　运算编号范围：MRP0006 -- MRP0006
单据类型：全部　　采购申请/生产部门：　　汇总方式：物料代码

物料代码	物料名称	规格型号	物料属性	基本计量单位	单据状态	合计	第1时区 -04	第2时区 ~ 2011	第3时区 ~ 2018	第4时区 ~ 2025	第5时区 ~ 2001	第6时区 ~ 2008	第7时区 ~ 2015	第8时区 ~ 2022	第9时区 ~ 2029	第10时区 ~ 2007 ~ 201
B1	M100主板		外购	件	计划	1,750		500	1,250							
B1(合计)	M100主板		外购	件		1,750		500	1,250							
B2	MAT外壳		自制	件	计划	6,550	250	3,750	2,550							
B2(合计)	MAT外壳		自制	件		6,550	250	3,750	2,550							
B3	M200主板		自制	件	计划	4,300	250	2,750	1,300							
B3(合计)	M200主板		自制	件		4,300	250	2,750	1,300							
C1	MAT护镜		外购	件	计划	32,550	32,550									
C1(合计)	MAT护镜		外购	件		32,550	32,550									
C2	MAT面板		外购	件	计划	6,550	6,550									
C2(合计)	MAT面板		外购	件		6,550	6,550									
C3	M200芯片		外购	件	计划	8,600	8,600									
C3(合计)	M200芯片		外购	件		8,600	8,600									
C4	M200裸板		外购	件	计划	4,300	4,300									
C4(合计)	M200裸板		外购	件		4,300	4,300									
合计						64,600	52,500	7,000	5,100							

图 8－25　【MRP 横式报表】窗口

K/3 系统的 MRP 维护还提供了生产计划明细表、采购计划明细表、委外加工计划明细表，主要用于查看计划订单的信息，其操作较为简单，此处不再详述，请参考有关手册。

8.5 MRP 运算算法解析

1. MRP 展开逻辑

物料需求计划依据 MPS，按 BOM 层级展开所有物料的需求计划，根据 BOM 标准用量，考虑损耗率、成品率等因素，计算下级物料的毛需求量（相关需求量）。根据 MPS 的完工日期，考虑 BOM 的层级关系和物料的提前期等时间要素倒排物料的开工和完工日期，如图 1－10 所示。

下面以 X 产品为例来介绍如何按 BOM 层级逐级展开倒排物料需求计划，如图 8－26 所示。

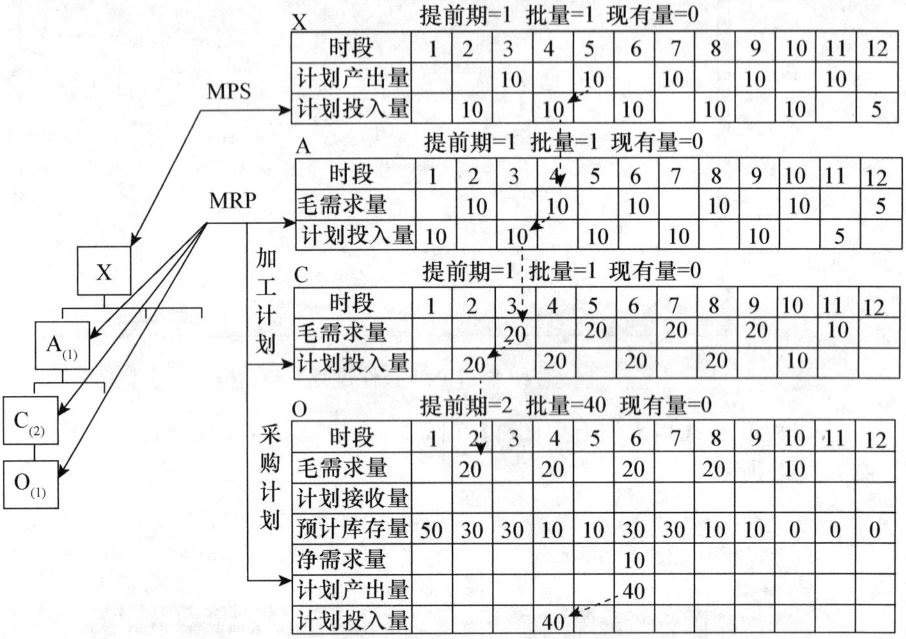

X 提前期=1 批量=1 现有量=0

时段	1	2	3	4	5	6	7	8	9	10	11	12
计划产出量			10		10		10		10		10	
计划投入量		10		10		10		10		10		5

A 提前期=1 批量=1 现有量=0

时段	1	2	3	4	5	6	7	8	9	10	11	12
毛需求量		10		10		10		10		10		5
计划投入量	10		10		10		10		10		5	

C 提前期=1 批量=1 现有量=0

时段	1	2	3	4	5	6	7	8	9	10	11	12
毛需求量			20		20		20		20		10	
计划投入量		20		20		20		20		10		

O 提前期=2 批量=40 现有量=0

时段	1	2	3	4	5	6	7	8	9	10	11	12
毛需求量		20		20		20		20		10		
计划接收量												
预计库存量	50	30	30	10	10	30	30	10	10	0	0	0
净需求量						10						
计划产出量						40						
计划投入量				40								

图 8－26 按 BOM 层级展开的 MRP 计算逻辑图

（1）产品 X。产品 X 按 MPS 进行计划，现已排出其生产计划订单，在第 5 时段的计划产出量为 10 件，提前期为 1，因此需要提前一个时段，开始时间为第 4 时段，计划投入量也为 10（假设损耗率为 0%，成品率为 100%）。

（2）物料 A。物料 A 按 MRP 进行排产，其毛需求根据上层物料即产品 X 的计划投入来确定，计算公式如下：

物料 A 的毛需求量＝产品 X 的计划投入量×1 件产品 X 所需物料 A 的用量

物料 A 的需求时间＝产品 X 的计划投入量所在的时段

如图 8－26 所示，第 4 时段产品 X 的计划投入量为 10 件，根据 BOM 可知，生产 1 件产品 X 要用到 1 件物料 A，因此，可以确定在第 4 时段物料 A 的毛需求量为

10 件。

考虑物料 A 现有的库存为 0，不考虑安全库存、预计入库等因素，可以确定在第 4 时段的净需求量为 10 件，考虑批量为 1，故第 4 时段的计划产出量为 10 件，从图中可知提前期为 1，所以，物料 A 在第 3 时段的计划投入量为 10 件。

（3）物料 C。物料 C 按 MRP 进行排产，其毛需求根据上层物料即物料 A 的计划投入来确定。如图 8－26 所示，第 3 时段物料 A 的计划投入量为 10 件，根据 BOM 可知，生产 1 件物料 A 要用到 2 件物料 C，因此，可以确定在第 3 时段物料 C 的毛需求量为 20 件。物料 C 的计算过程与物料 A 类似，可以得出物料 C 在第 3 时段的计划产出量为 20 件，提前期为 1，所以，物料 C 在第 2 时段的计划投入量为 20 件。

（4）物料 O。物料 O 按 MRP 进行排产，其毛需求根据上层物料即物料 C 的计划投入来确定。如图 8－26 所示，第 2 时段物料 C 的计划投入量为 20 件，根据 BOM 可知，生产 1 件物料 C 要用到 1 件物料 O，因此，可以确定在第 2 时段物料 O 的毛需求量为 20 件。物料 O 的计算过程与物料 A 类似，在此不再详述。

2. 物料低位码是 MRP 计算结束的依据

低位码记录了任一物料在 BOM 中的最低层级。同一物料可能在不同 BOM 中处于不同层级，对于某一物料，只有计算到该物料的最低层级，才能确定该物料所有计划都已安排，才能对该物料的需求量进行汇总。因此，低位码是某一物料在 MRP 计算中结束的依据。依据低位码可确保任一物料的需求汇总完整，计算物料完整的毛需求，形成基于时间坐标的需求计划。

3. 考虑计划时间范围内的所有库存变动情况

考虑物料的现有库存和未来库存的变动（预计入库量和已分配量）等情况，计算 MRP 物料的净需求，并根据批量调整参数对净需求进行调整，确定计划订单量。再计算每个时间周期的期末库存（即下一时间周期的期初库存）。按照时间坐标先后顺序计算计划时间范围内所有物料的需求计划。计算公式如下：

净需求量＝毛需求量(1－损耗率)＋已分配量＋安全库存量
　　　　　－现有库存－预计入库量

若计算值≤0，则不产生净需求；若计算值＞0，则安排净需求。

计划订单量＝批量调整(净需求量÷成品率)

期末库存＝期初库存＋预计入库量＋计划订单量－毛需求量－已分配量

4. K/3 系统中 MRP 算法的关键数量因素

表 8－5 列出了 MRP 算法的关键数量因素。

表 8-5　　MRP 算法的关键数量因素

毛需求量	在对应的日期对该物料的总需求量，主要考虑 3 种因素	
	预测	在对应的日期，由产品预测单产生的毛需求量
	销售	在对应的日期，由销售订单产生的毛需求量
	相关	在对应的日期，由上层物料产生的毛需求量
已分配量	在对应的日期该物料已经被预定使用的数量，有 5 种因素	
	拖期销售	在对应的日期，由过去时间的销售订单产生的已分配量
	计划	在对应的日期，由其他计划订单产生的已分配量
	任务	在对应的日期，由投料单产生的已分配量
	替代他料	在对应的日期，由于物料替代清单产生的已分配量
	锁库	在对应的日期，由于对销售订单进行锁库产生的已分配量
预计入库量	在对应的日期该物料预计将要入库的数量，有 4 种因素	
	计划	由没有执行的计划订单、采购申请、生产任务单等产生的预计入库量
	在途/在制	由执行过程中由没有完成的采购订单、生产任务单等产生的预计入库量
	在检	在检过程中的预计入库量
	被替代	由替代物料清单产生的预计入库量
锁单冲销量	对销售订单锁单后进行冲销的数量	
净需求量	在对应的日期该物料的净需求量，净需求量＝毛需求量（1－损耗率）＋已分配量＋安全库存量－现有库存－预计入库量	
计划订单量	计划订单量＝批量调整（净需求量/成品率），净需求经过批量调整后的值，可以在 MPS/MRP 维护中进行调整	
剩余库存	在对应的日期经过出入库计算后的预计剩余库存量；计算公式为：剩余库存量＝期初库存量＋预计入库量＋计划订单量－毛需求量－已分配量	

以上项目可以和【计划管理】|【物料需求计划】|【MRP 查询】|【MRP 运算结果查询】中的表格对照查看。

8.6 MRP 运算结果分析

结合本书 MRP 计算的基本原理和示例中的基础数据设置来讲解图 8-11 至图 8-17，以及图 8-20 和图 8-21 中 MRP 运算的结果。

首先，在 MRP 计算原理中已经讲解过 MRP 的计算是根据 BOM 来展开计算的，而 BOM 中各物料的低位码是 MRP 计算的次序。M100 手机和 M200 手机的产品结构树中各种不同的物料处于不同的层次中，可以确定各物料的低位码，如表 8-6 所示，MRP 就是按照低位码的顺序来计算的。

表 8-6 物料的低位码

低位码	代码	名称	计划策略
0	A1	M100 手机	MPS
0	A2	M200 手机	MPS
1	B1	M100 主板	MRP
1	B2	MAT 外壳	MRP
1	B3	M200 主板	MRP
2	C1	MAT 护镜	MRP
2	C2	MAT 面板	MRP
2	C3	M200 芯片	MRP
2	C4	M200 裸板	MRP

其次，MRP 计算的计划展望期和 MPS 计算的计划展望期相同，请参考图 6-33。同时，由 MPS 计划订单序时簿可知，MPS 物料 M100 手机和 M200 手机生成的计划订单及经过粗能力需求计划平衡后的结果如图 8-27 所示。

MPS计划订单

单据类型　　需求日期　　状态

计划订单号	状态	数据来源	物料长代码	物料名称	规格型号	物料类型	单位	计划订单量	建议订单量	建议采购或开工日期	建议到货或完工日期	生产类型	采购申请/生产部门
PL000016	关闭	计算产生	A1	M100手机		自制	件	1,000	1,000	2016-01-13	2016-01-18	普通订单	一车间
PL000017	关闭	计算产生	A1	M100手机		自制	件	1,250	1,250	2016-01-21	2016-01-27	普通订单	一车间
PL000018	关闭	计算产生	A2	M200手机		自制	件	500	500	2016-01-13	2016-01-15	普通订单	一车间
PL000019	关闭	计算产生	A2	M200手机		自制	件	2,000	2,000	2016-01-14	2016-01-21	普通订单	一车间
PL000020	关闭	计算产生	A2	M200手机		自制	件	1,300	1,300	2016-01-19	2016-01-25	普通订单	一车间
PL000018-1	关闭	拆分产生	A2	M200手机		自制	件	500	250	2016-01-08	2016-01-12	普通订单	一车间
PL000018-2	关闭	拆分产生	A2	M200手机		自制	件	500	250	2016-01-13	2016-01-15	普通订单	一车间
合计:								7,050	6,550				

图 8-27 MPS 计划订单

最后，根据各物料低位码的次序来分析 MRP 的计算过程。此次 MRP 计算的计划展望期从 2016 年 1 月 4 日至 2016 年 3 月 11 日。各物料的计算过程如下。

1. 物料：B1-M100 主板

首先，需要确定 M100 主板毛需求的日期和数量。由 BOM 可知，其母件物料为 A1-M100 手机。在 M100 手机的主生产计划中已经计算出它的计划投入量有两笔，一笔是 2017 年 1 月 13 日数量为 1 000 件的计划投入量，另一笔是 2017 年 1 月 21 日数量为 1 250 件的计划投入量，如表 8-7 所示。一方面，由于 BOM 中母件物料的计划投入日期即为它的下层子件的需求日期，因此 M100 主板的需求日期分别为 2016 年 1 月 13 日和 2016 年 1 月 21 日。另一方面，某时段下层物料的毛需求是根据母件物料在该时段的计划投入量和上下层数量关系计算出来的，在本例中，生产 1 件 M100 手机需要 1 件 M100 主板。因此 M100 主板的毛需求有两笔，一笔日期为 2016 年 1 月 13 日，数量为 1 000 件；另一笔日期为 2016 年 1 月 21 日，数量为 1 250 件。

表 8-7 M100 主板的 MRP 计算过程

物料代码：B1
物料名称：M100 主板
现有库存量：500 安全库存：0 批量增量：10
固定提前期：0 变动提前期：2 变动提前期批量：1 000

时段（天）	1-4	…	1-12	1-13	1-14	1-15	1-18	1-19	1-20	1-21	…	1-29	2-1	…	3-11
M100 手机的计划投入量				1 000						1 250					
毛需求量				1 000						1 250					
计划接收量															
预计可用库存量	**500**	**500**	**500**	**0**	**0**	**0**	**0**	**0**	**0**	**0**	**0**	**0**	**0**	**0**	**0**
净需求量				*500*						*1 250*					
计划产出量				*500*						*1 250*					
计划投入量			*500*				*1 250*								

在确定了毛需求之后，就可以进行净需求的计算。由于计划接收量为 0，期初库存量都为 500 件，可以确定 2016 年 1 月 13 日的净需求量为 500 件，因此可以确定 2016 年 1 月 13 日的计划产出量为 500 件。在本例中，物料 M100 主板的固定提前期为 0，变动提前期为 2 天，变动提前期批量为 1 000 件（参见表 4-9）。2016 年 1 月 13 日的计划产出量为 500 件，则提前期＝0＋向上取整［2×(500/1 000)］＝1 天。因此，由 2016 年 1 月 13 日向前递推 1 天，最终确定计划投入日期为 2016 年 1 月 12 日。又因为在物品的 BOM 中成品率设置为 100%，故可以确定计划投入量为 500 件。综上所述，物料 M100 主板在 2016 年 1 月 12 日的计划投入量为 500 件。同理，可以确定 M100 主板在 2016 年 1 月 18 日的计划投入量为 1 250 件。MRP 计算结果如表 8-7 所示。

M100 主板的固定提前期为 0，根据各计划产出量确定计划投入量的过程如下：

(1) 1 月 13 日计划产出量 500 件，提前期＝向上取整［2×(500/1 000)］＝1 天，因此，计划投入量的日期为 1 月 12 日。

(2) 1 月 21 日计划产出量 1 250 件，提前期＝向上取整［2×(1 250/1 000)］＝3 天，因此，计划投入量的日期为 1 月 18 日。

2. 物料：B2-MAT 外壳

物料 MAT 外壳的母件物料有两个，即 A1-M100 手机和 A2-M200 手机，因此其毛需求根据 M100 手机和 M200 手机的计划投入量来确定。其计算过程参见 M100 主板的计算过程，计算结果如表 8-8 所示。M200 手机在 2016 年 1 月 13 日的计划投入量有两笔，数量分别为 500 件和 250 件，因此在表 8-8 中表示为“500＋250”。

MAT 外壳的固定提前期为 0，根据各计划产出量确定计划投入量的过程如下：

表 8-8　MAT 外壳的 MRP 计算过程

物料代码：B2
物料名称：MAT 外壳
现有库存量：0　　安全库存：0　　批量增量：10
固定提前期：0　　变动提前期：1　　变动提前期批量：500

时段（天）	1-4	…	1-7	1-8	1-11	1-12	1-13	1-14	1-15	1-18	1-19	1-20	1-21	…	1-29	2-1	…	3-11
M100 手机的计划投入量							1 000						1 250					
M200 手机的计划投入量				250			500 +250	2 000			1 300							
毛需求量				250			1 000 +500 +250	2 000			1 300		1 250					
计划接收量																		
预计可用库存量	**0**	**0**	**0**	**0**	**0**	**0**	**0**	**0**	**0**	**0**	**0**	**0**	**0**	**0**	**0**	**0**	**0**	**0**
净需求量				*250*			*1 750*	*2 000*			*1 300*		*1 250*					
计划产出量				*250*			*1 000* *+500* *+250*	*2 000*			*1 300*		*1 250*					
计划投入量			*250*	*2 000*	*1 000*	*500* *+250*		*1 300*		*1 250*								

(1) 1月8日计划产出量250件，提前期=向上取整［1×(250/500)］=1天，因此，计划投入量的日期为1月7日。

(2) 1月13日计划产出量1 000件，提前期=向上取整［1×(1 000/500)］=2天，因此，计划投入量的日期为1月11日。同日，数量分别为500件和250件的计划产出量，其计划投入量的日期推算为1月12日。

(3) 1月14日计划产出量2 000件，提前期=向上取整［1×(2 000/500)］=4天，因此，计划投入量的日期为1月8日。

(4) 1月19日计划产出量1 300件，提前期=向上取整［1×(1 300/500)］=3天，因此，计划投入量的日期为1月14日。

(5) 1月21日计划产出量1 250件，提前期=向上取整［1×(1 250/500)］=3天，因此，计划投入量的日期为1月18日。

3. 物料：B3-M200主板

物料B3-M200主板的计算结果如表8-9所示。

M200主板的固定提前期为0，根据各计划产出量确定计划投入量的过程如下：

(1) 1月8日计划产出量250件，提前期=向上取整［1×(250/500)］=1天，因此，计划投入量的日期为1月7日。

(2) 1月13日计划产出量500件，提前期=向上取整［1×(500/500)］=1天，因此，计划投入量的日期为1月12日。同日，数量为250件的计划产出量，其计划投入量的日期也推算为1月12日。

(3) 1月14日计划产出量2 000件，提前期=向上取整［1×(2 000/500)］=4天，因此，计划投入量的日期为1月8日。

(4) 1月19日计划产出量1 300件，提前期=向上取整［1×(1 300/500)］=3天，因此，计划投入量的日期为1月14日。

4. 物料：C1-MAT护镜

低位码为1的物料计算完成后，可继续计算低位码为2的物料，如MAT护镜。MAT护镜的母件物料为MAT外壳，因此，其毛需求由MAT外壳的计划投入来确定。计算结果如表8-10所示。

MAT护镜的固定提前期为0，根据各计划产出量确定计划投入量的过程如下：

(1) 1月7日计划产出量1 050件，提前期=向上取整［1×(1 050/5 000)］=1天，因此，计划投入量的日期为1月6日。

(2) 1月8日计划产出量10 000件，提前期=向上取整［1×(10 000/5 000)］=2天，因此，计划投入量的日期为1月6日。

(3) 1月11日计划产出量5 000件，提前期=向上取整［1×(5 000/5 000)］=1天，因此，计划投入量的日期为1月8日。

(4) 1月14日计划产出量6 500件，提前期=向上取整［1×(6 500/5 000)］=2天，因此，计划投入量的日期为1月12日。

表 8 - 9　　**M200 主板的 MRP 计算过程**

物料代码：B3
物料名称：M200 主板
现有库存量：0　　安全库存：0　　批量增量：10
固定提前期：0　　变动提前期：1　　变动提前期批量：500

时段（天）	1-4	…	1-7	1-8	1-11	1-12	1-13	1-14	1-15	1-18	1-19	1-20	1-21	…	1-29	2-1	…	3-11
M200 手机的计划投入量				250			500 +250	2 000			1 300							
毛需求量				250			500 +250	2 000			1 300							
计划接收量																		
预计可用库存量	**0**	**0**	**0**	**0**	**0**	**0**	**0**	**0**	**0**	**0**	**0**	**0**	**0**	**0**	**0**	**0**	**0**	**0**
净需求量				*250*			*750*	*2 000*			*1 300*							
计划产出量				*250*			*500 +250*	*2 000*			*1 300*							
计划投入量			*250*	*2 000*		*500 +250*		*1 300*										

表 8-10 MAT 护镜的 MRP 计算过程

物料代码：C1
物料名称：MAT 护镜
现有库存量：0
固定提前期：0

安全库存：0
变动提前期：1

批量增量：10
变动提前期批量：5 000

时段（天）	1-4	1-5	1-6	1-7	1-8	1-11	1-12	1-13	1-14	1-15	1-18	…	1-29	2-1	…	3-11
MAT 外壳的计划投入量				250	2 000	1 000	750		1 300		1 250					
毛需求量				1 250	10 000	5 000	3 750		6 500		6 250					
计划接收量																
预计可用库存量	**200**	**200**	**200**	**0**	**0**	**0**	**0**	**0**	**0**	**0**	**0**	**0**	**0**	**0**	**0**	**0**
净需求量				*1 050*	*10 000*	*5 000*			*6 500*		*6 250*					
计划产出量				*1 050*	*10 000*	*5 000*			*6 500*		*6 250*					
计划投入量			*1 050 +10 000*		*5 000*		*6 500*		*6 250*							

（5）1 月 18 日计划产出量 6 250 件，提前期＝向上取整［1×(6 250/5 000)］＝2 天，因此，计划投入量的日期为 1 月 14 日。由图 8－11 可知，软件给出的建议开工日期为 1 月 15 日，略微不一致。

5. 物料：C2-MAT 面板

物料 C2-MAT 面板的计算结果如表 8－11 所示。

MAT 面板的固定提前期为 0，根据各计划产出量确定计划投入量的过程如下：

（1）1 月 7 日计划产出量 250 件，提前期＝向上取整［1×(250/500)］＝1 天，因此，计划投入量的日期为 1 月 6 日。

（2）1 月 8 日计划产出量 2 000 件，提前期＝向上取整［1×(2 000/500)］＝4 天，因此，计划投入量的日期为 1 月 4 日。

（3）1 月 11 日计划产出量 1 000 件，提前期＝向上取整［1×(1 000/500)］＝2 天，因此，计划投入量的日期为 1 月 7 日。由图 8－21 可知，软件给出的建议开工日期为 1 月 8 日，略微不一致。

（4）1 月 12 日计划产出量 500 件，提前期＝向上取整［1×(500/500)］＝1 天，因此，计划投入量的日期为 1 月 11 日。同日，另一计划产出量 250 件，其计划投入量的日期也为 1 月 11 日。

（5）1 月 14 日计划产出量 1 300 件，提前期＝向上取整［1×(1 300/500)］＝3 天，因此，计划投入量的日期为 1 月 11 日。

（6）1 月 18 日计划产出量 1 250 件，提前期＝向上取整［1×(1 250/500)］＝3 天，因此，计划投入量的日期为 1 月 13 日。由图 8－21 可知，软件给出的建议开工日期为 1 月 15 日，略微不一致。

6. 物料：C3-M200 芯片

物料 C3-M200 芯片的计算结果如表 8－12 所示。

M200 芯片的固定提前期为 0，根据各计划产出量确定计划投入量的过程如下：

（1）1 月 7 日计划产出量 500 件，提前期＝向上取整［1×(500/1 000)］＝1 天，因此，计划投入量的日期为 1 月 6 日。

（2）1 月 8 日计划产出量 4 000 件，提前期＝向上取整［1×(4 000/1 000)］＝4 天，因此，计划投入量的日期为 1 月 4 日。

（3）1 月 12 日计划产出量 1 000 件，提前期＝向上取整［1×(1 000/1 000)］＝1 天，因此，计划投入量的日期为 1 月 11 日。同日，另一计划产出量 500 件，其计划投入量的日期也为 1 月 11 日。

（4）1 月 14 日计划产出量 2 600 件，提前期＝向上取整［1×(2 600/1 000)］＝3 天，因此，计划投入量的日期为 1 月 11 日。

7. 物料：C4-M200 裸板

物料 C4-M200 裸板的计算结果如表 8－13 所示。

表 8-11 **MAT 面板的 MRP 计算过程**

物料代码：C2
物料名称：MAT 面板
现有库存量：0
固定提前期：0

安全库存：0
变动提前期：1

批量增量：10
变动提前期批量：500

时段（天）	1-4	1-5	1-6	1-7	1-8	1-11	1-12	1-13	1-14	1-15	1-18	…	1-29	2-1	…	3-11
MAT 外壳的计划投入量				250	2 000	1 000	500 +250		1 300		1 250					
毛需求量				250	2 000	1 000	500 +200		1 300		1 250					
计划接收量																
预计可用库存量	**0**	**0**	**0**	**0**	**0**	**0**	**0**	**0**	**0**	**0**	**0**	**0**	**0**	**0**	**0**	**0**
净需求量				*250*	*2 000*	*1 000*	*750*		*1 300*		*1 250*					
计划产出量				*250*	*2 000*	*1 000*	*500* *+250*		*1 300*		*1 250*					
计划投入量	*2 000*		*250*	*1 000*		*500* *+250* *+1 300*		*1 250*								

表 8-12 **M200 芯片的 MRP 计算过程**

物料代码：C3
物料名称：M200 芯片
现有库存量：0　　安全库存：0　　批量增量：10
固定提前期：0　　变动提前期：1　　变动提前期批量：1 000

时段（天）	1-4	1-5	1-6	1-7	1-8	1-11	1-12	1-13	1-14	1-15	…	1-29	2-1	…	3-11
M200 主板的计划投入量				250	2 000		500 +250		1 300						
毛需求量				500	4 000		1 000 +500		2 600						
计划接收量															
预计可用库存量	**0**	**0**	**0**	**0**	**0**	**0**	**0**	**0**	**0**	**0**	**0**	**0**	**0**	**0**	**0**
净需求量				*500*	*4 000*		*1 500*		*2 600*						
计划产出量				*500*	*4 000*		*1 000* *+500*		*2 600*						
计划投入量	*4 000*		*500*			*1 000* *+500* *+2 600*									

表 8-13　M200 裸板的 MRP 计算过程

物料代码：C4
物料名称：M200 裸板
现有库存量：0　　安全库存：0　　批量增量：10
固定提前期：0　　变动提前期：1　　变动提前期批量：500

时段（天）	1-4	1-5	1-6	1-7	1-8	1-11	1-12	1-13	1-14	1-15	…	1-29	2-1	…	3-11
M200 主板的计划投入量				250	2 000		500 +250		1 300						
毛需求量				250	2 000		500 +250		1 300						
计划接收量															
预计可用库存量	**0**	**0**	**0**	**0**	**0**	**0**	**0**	**0**	**0**	**0**	**0**	**0**	**0**	**0**	**0**
净需求量				*250*	*2 000*		*750*		*1 300*						
计划产出量				*250*	*2 000*		*500* *+250*		*1 300*						
计划投入量	*2 000*		*250*			*500* *+250* *+1 300*									

M200 裸板的固定提前期为 0，根据各计划产出量确定计划投入量的过程如下：

(1) 1 月 7 日计划产出量 250 件，提前期＝向上取整［1×(250/500)］＝1 天，因此，计划投入量的日期为 1 月 6 日。

(2) 1 月 8 日计划产出量 2 000 件，提前期＝向上取整［1×(2 000/500)］＝4 天，因此，计划投入量的日期为 1 月 4 日。

(3) 1 月 12 日计划产出量 500 件，提前期＝向上取整［1×(500/500)］＝1 天，因此，计划投入量的日期为 1 月 11 日。同日，另一计划产出量 250 件，其计划投入量的日期也为 1 月 11 日。

(4) 1 月 14 日计划产出量 1 300 件，提前期＝向上取整［1×(1 300/500)］＝3 天，因此，计划投入量的日期为 1 月 11 日。

比较根据 MRP 原理计算的结果和软件自动计算的结果，可以知道，除了个别物料的计划投入日期与软件建议日期不一致外，两者的结果是一致的。

8.7 MRP 查询

物料需求计划查询功能主要是在确定物料需求计划后，查看具体物料的期初库存、毛需求、已分配量、预计入库、锁单冲销量、净需求、计划订单及剩余库存的变化，帮助企业计划人员了解生产计划的产生来源，确定生产计划的准确性。

K/3 系统中提供了 MRP 运算结果查询、参与 MRP 运算单据查询、按销售订单查询计划订单、按物料查询计划订单、销售订单综合跟踪表、物料供需汇总表等查询方式。上述查询的操作步骤较简单，限于篇幅，这里不再详述，请读者自行操作练习。

8.8 MRP 日志

通过 MRP 日志可以了解每次 MRP 运行时的参数设置、运行过程及其他相关信息，并对运行结果中需要特别注意的信息进行跟踪处理。每次 MRP 运行时，系统将相关信息写进日志，并提供一个日志编码（MRP 运算时的运算编号）。日志编码是 MRP 运行日志的唯一标识。有了 MRP 日志，用户可以对每次 MRP 运算的过程及结果进行查询。

选择【计划管理】|【物料需求计划】|【MRP 日志】|【MRP 日志-查询】，双击打开【MRP 运算日志查询】窗口，选择其中的一个运算编号，即可查看详细信息。

□ 复习题

一、单选题

1. 在ERP中有不同的计划层次，其中（　　）是将MPS排产的产品分解成原材料采购件的采购计划、委外件的委外加工计划和各种自制件的加工装配计划。

A. 能力需求计划　　B. 主生产计划

C. 企业计划　　D. 物料需求计划

2. MRP在进行计算时是根据（　　）展开的。

A. 产品工艺路线　　B. 工作中心数据

C. 相关需求数据　　D. 物料清单（BOM）

3. 物料需求计划由（　　）推动。

A. 市场　　B. MPS　　C. BOM　　D. WC

4. 如果一项物料的损耗率是20%，为了得到200件的计划产出量，计划订单下达量应当是（　　）件。

A. 280　　B. 220　　C. 200　　D. 250

5. 以下各项中不是MRP系统的输入的是（　　）。

A. 主生产计划　　B. 物料清单　　C. 库存记录　　D. 工艺路线

6. 以下各项中是MRP计算的结果的是（　　）。

A. 净需求　　B. 独立需求　　C. 能力需求　　D. 提前期

7. MRP的处理过程包括：①计算物料毛需求；②分解BOM；③计算物料净需求；④下达作业计划；⑤读取MPS数据。正确的处理顺序是（　　）。

A. ⑤④②①③　　B. ④⑤②①③　　C. ⑤②①③④　　D. ②①③④⑤

8. 产品D由2单位的X及1单位的B组成，D的生产提前期为2天，X的采购提前期为5天，B的采购提前期为2天，企业现有库存100单位D、1 000单位X及300单位B，现有一客户要求一次性发送600单位D，则至少需要（　　）天才能向客户发货。

A. 7　　B. 5　　C. 4　　D. 2

9. 计划订单投放后，计划订单的状态是（　　）。

A. 计划　　B. 审核　　C. 关闭　　D. 作废

10. 物料需求可分为两种：独立需求和相关需求，其中相关需求由（　　）来编制。

A. MPS　　B. CRP　　C. MRP　　D. RCCP

二、判断题

1. BOM的完整性检查是对BOM各数据项本身及各数据项之间的限制关系进行检查。（　　）

2. MPS/MRP 横式报表可以包含手工录入的计划订单。（　　）

3. MRP 计算前不必进行展望期的设置和维护。（　　）

4. 物料的低位码是系统分配给物料清单上每个物品一个从 0 至 N 的数字码。（　　）

5. MRP 计算时必须先进行低位码维护。（　　）

三、思考题

1. 什么是低位码？

2. 简述 MRP 的工作原理及其输入输出项的内涵。

3. 净需求是如何产生的？求净需求量有何意义？

4. 某产品 W 的 BOM 如图 8－28 所示，MRP 的有关输入见表 8－14，请编制物料 X，Y，A，B，C 的 MRP 计划。

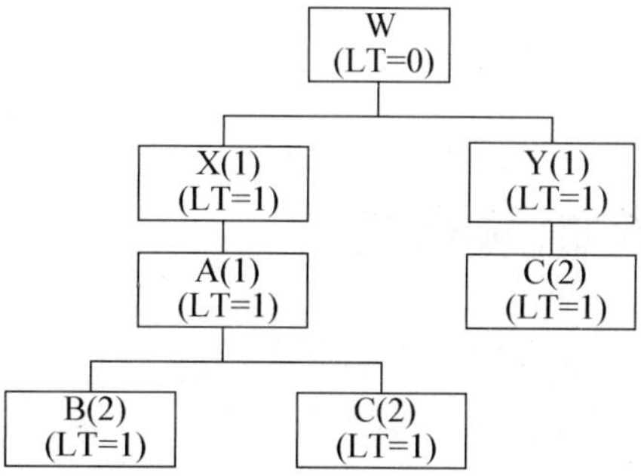

图 8－28　产品 W 的 BOM 结构

表 8－14　编制 W 的物料需求计划输入数据表

(a) 产品 W 主生产计划清单

时段	1	2	3	4	5	6	7	8
产品 W				20	20	20	20	20

(b) 物料 C 的独立需求清单

时段	1	2	3	4	5	6	7	8
物料 C	5	5	5	5	5	5	5	5

(c) 库存信息

项目	计划接收量（计划周期）								现有库存	已分配量	提前期	固定批量
	1	2	3	4	5	6	7	8				
X				40					45	10	1	40
Y			30						45	20	1	30
A					50				50	10	1	50
B							50		65	5	1	50
C		35							95	15	1	35

第 9 章

Chapter 9

细能力需求计划

9.1 细能力需求计划概述

9.1.1 概念

广义的能力计划分为粗能力需求计划和细能力需求计划。粗能力需求计划是在制定主生产计划后，通过对关键工作中心生产能力和计划生产量的对比，判断主生产计划是否可行（参见第 7 章介绍）。本章介绍的是细能力需求计划，简称能力需求计划。

能力需求计划（CRP）是对物料需求计划所需能力进行核算的一种计划管理方法。能力需求计划与物料需求计划（MRP）相伴而行，根据准备下达、已下达和未接订单的任务负荷，按时段对各工作中心所需的各种资源进行精确计算，得出人力负荷、设备负荷等资源负荷情况，并做好生产能力负荷的平衡工作。具体来讲，CRP 就是对 MRP 涉及的物料加工使用的工作中心进行负荷和能力的精确计算，并据此进行生产能力与生产负荷的平衡。物料需求计划与能力需求计划的关系如图 9－1 所示。

能力需求计划中的能力是指在充分利用企业资源的前提下在单位时间内企业能持续保持的最大产出，能力需求计划的对象是工作中心。

能力需求计划相对于物料需求计划更为抽象，因为物料需求计划的对象是物料，物料是具体的、形象的、可见的。而能力需求计划的对象是工作中心，工作中心的能力是随生产效率、人员变动、设备状况等因素而变化的，具有较大的不确定性。

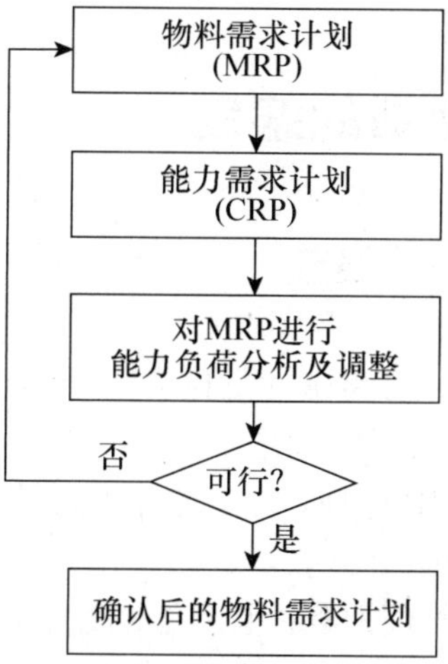

图 9－1　MRP 和 CRP 关系图

9.1.2　CRP 的作用

能力需求计划是通过分析比较 MRP 的需求和企业现有生产能力，及早发现能力的瓶颈，为实现企业的生产任务提供能力方面的保障。

能力需求计划可解决如下问题：

（1）生产目标是什么？什么时候生产？

（2）MRP 涉及的物料经过哪些工作中心？负荷或需用能力是多少？

（3）工作中心的可用能力是多少？

能力需求计划与粗能力需求计划的功能相似，都是为了平衡工作中心的能力与负荷，从而保证计划的可行性与可靠性。但能力需求计划与粗能力需求计划又有区别，详见表 9－1。

表 9－1　CRP 与 RCCP 的区别

项目	区别	
	粗能力需求计划（RCCP）	能力需求计划（CRP）
计划阶段	MPS 编制阶段	MRP 编制阶段
能力计算对象	MPS 物料涉及的关键工作中心	MRP 物料涉及的工作中心
负荷计算对象	最终产品和独立需求物料	相关需求物料
提前期	以计划周期为最小单位	物料的开始/完成时间，精确到天或小时
批量	因需求定量	批量规则
订单类型	计划、确认为主	全部订单
计划对象	主生产计划	物料需求计划

9.2 细能力需求计划的编制

9.2.1 MPS计划订单投放

在计划制定阶段采用倒排计划的方法，先安排成品的MPS，再安排原材料和半成品的MRP。执行阶段的顺序恰好相反，一般是按照生产时间先后顺序先投放原材料和半成品的MRP计划订单，然后投放MPS产生的计划订单。具体的操作步骤如下。

（1）选择【计划管理】|【主生产计划】|【MPS维护】|【MPS计划订单-维护】，双击弹出【条件过滤】对话框，单击【确定】按钮，进入计划订单序时簿界面。

（2）使用Shift键，选中所有已审核的计划订单，单击【投放】按钮，投放生成任务单以便进行细能力计算，系统弹出提示框，如图9－2所示。单击【是】按钮，系统弹出投放完成的提示框。

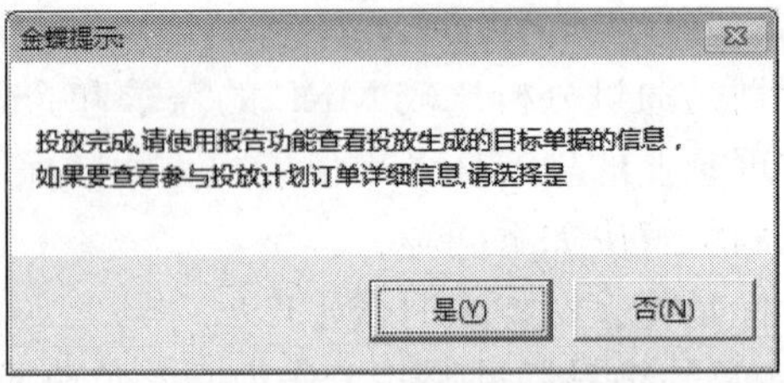

图9－2 投放完成提示框

投放后的单据会变成关闭状态，在【计划管理】|【主生产计划】|【MPS维护】|【MPS计划订单-维护】过滤条件中注意勾选“投放关闭状态”，查询计划订单，通过下查功能看后续产生的单据。

实验提示

MPS和MRP计算都会产生计划订单，计划完成后，两处的计划订单都要投放。计划订单投放后会自动生成生产任务单，如果没有生产任务单，则在进行细能力计算时会提示没有可用的生产任务。

9.2.2 生产任务单序时簿

生产任务单序时簿中可以进行生产任务单的维护，如新增、修改、删除、查看、确认、下达、结案、挂起、作废、分割和生成相关单据等业务处理。

（1）选择【生产管理】|【生产任务管理】|【生产任务】|【生产任务单-维护】，双击弹出【条件过滤】对话框，如图9－3所示。生产任务单通常较多，设置合适的

过滤条件可以帮助计划人员快速找出要处理的单据。

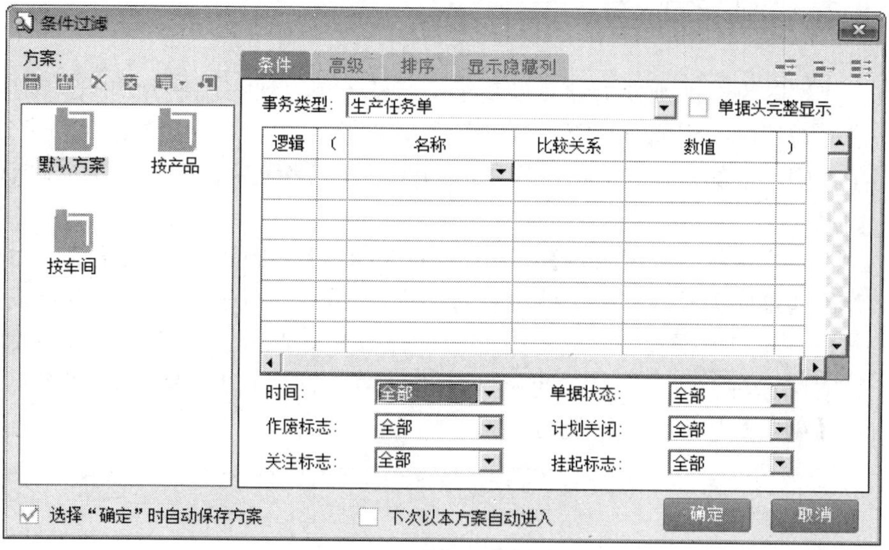

图 9-3　【条件过滤】对话框

（2）选择默认方案，将其他选项都设置成“全部”，单击【确定】按钮，进入【生产任务单序时簿】窗口，如图 9-4 所示。

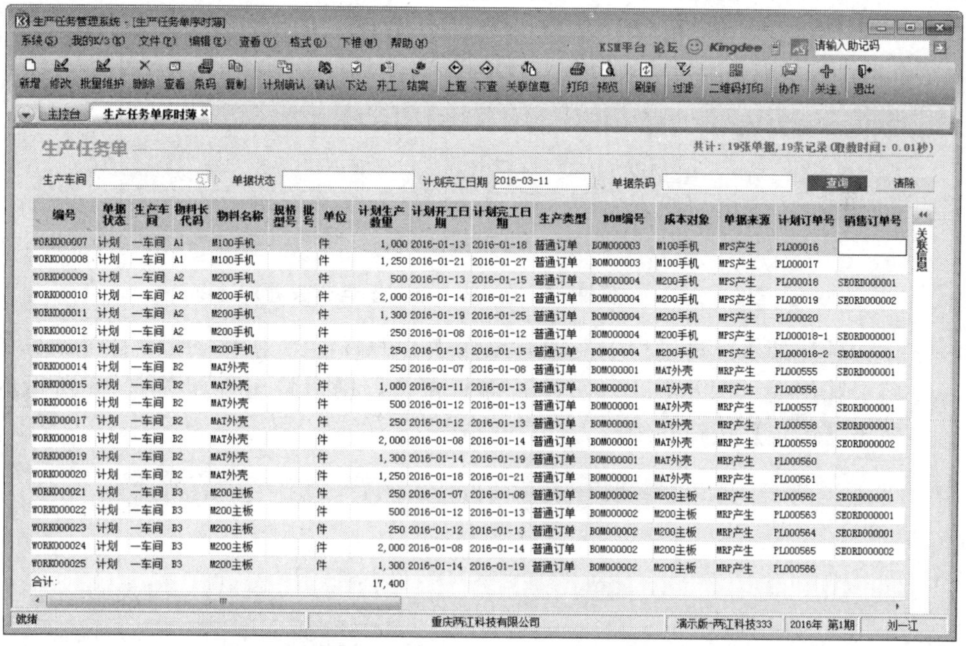

图 9-4　【生产任务单序时簿】窗口

图中列出了 MPS 和 MRP 计算完成后，根据计划订单投放后自动生成的生产任务单。

9.2.3 细能力计算

K/3 系统的细能力计算是基于生产任务单（要实现平衡调整，则应处于计划状态）进行的。细能力计算主要计算在某个指定的时区，指定的生产任务单在指定的工作中心上的负荷和对应工作中心的能力及二者之间的差值，为生产计划提供参考信息。

（1）选择【计划管理】|【细能力需求计划】|【细能力计算】|【细能力计算】，双击弹出【细能力计算】的条件设置对话框，如图 9－5 所示。根据需要设置起始日期、截止日期和单据状态，或者指定生产任务单，此处的计算时间和 MPS/MRP 的计算时间保持一致，开始日期为 2016 年 1 月 4 日，截止日期为 2016 年 3 月 11 日，单击【确定】按钮进行细能力计算。

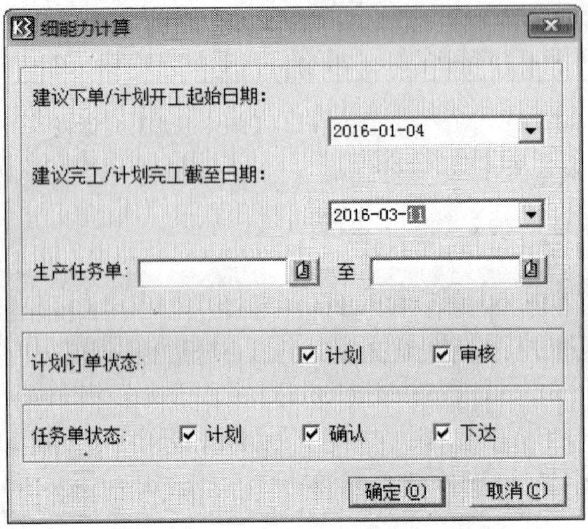

图 9－5 【细能力计算】条件设置对话框

（2）如果计算过程中发现有工作中心的日能力为零，或没有可计算的任务单，将会弹出提示框并中止计算。若计算正常，稍后将出现如图 9－6 所示的提示框，单击【确定】按钮，细能力计算完成。

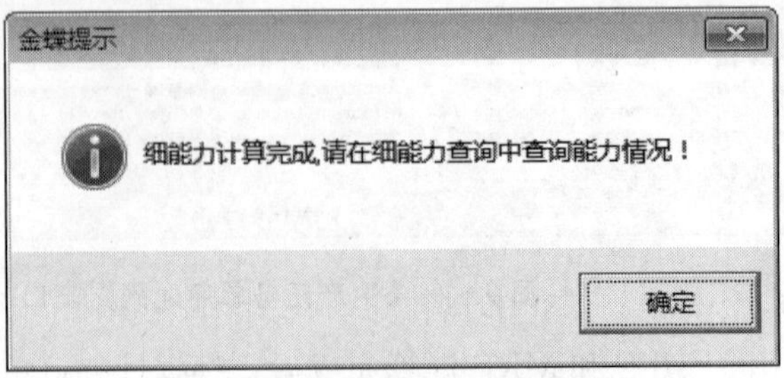

图 9－6 细能力计算完成提示框

实验提示

ERP计算能力需求计划的方式有无限能力计划和有限能力计划两种。

（1）无限能力计划。无限能力计划一般采用两个阶段进行计划安排，首先不考虑生产能力的限制计算物料需求计划，然后对各个工作中心的能力与负荷进行计算，得出工作中心的负荷情况，对超负荷的工作中心进行负荷调整，平衡产能。现行的ERP大多数采用这种方式，金蝶K/3就采用无限能力计划模式。

（2）有限能力计划。有限能力计划认为工作中心的能力是有限的，在进行物料需求计划安排的同时就考虑产能问题，根据物料的优先级和BOM，综合考虑工艺路线、产能等要素，将产能合理安排给优先级高的物料，MRP计算和CRP计算同步完成，计算出的结果符合产能需求。高级计划与排程（advanced planning and scheduling，APS）系统就是基于有限能力思想设计的生产计划方法，利用先进的信息科技及规划技术（如约束理论、基因算法、作业分析等），具备同步规划能力，不但使规划结果更具合理性和可执行性，而且使企业能够真正达到供需平衡。APS计划对企业运营的精细化和数据的准确度要求较高，只有具有较好管理基础的企业才能较好地利用该系统。

9.3 细能力查询

细能力查询可查看指定的时区内生产任务单在相关工作中心的负荷和能力及二者之间的差值，同时还提供了调整、平衡工作中心能力与负荷的功能。

（1）选择【计划管理】|【细能力需求计划】|【细能力查询】|【细能力查询】，双击弹出【细能力查询】的条件设置对话框，如图9－7所示。

图9－7 【细能力查询】条件设置对话框

（2）查询日期范围即计划展望期 2016 年 1 月 4 日至 2016 年 3 月 11 日，单击【确定】按钮，进入【细能力汇总报告】窗口，如图 9－8 所示。在此可以查看各工作中心对应的总能力、总负荷、差异率等信息，其中各项衡量指标的含义及计算公式如表 9－1 所示。

细能力汇总报告

起始日期：2016-01-04　　截止日期：2016-03-11

能力单位：小时　　工作中心代码范围：所有工作中心

工作中心代码	工作中心名称	资源代码	资源名称	差异率（%）	超/欠能力	总能力	总负荷	下达负荷	计划负荷	MTO/MPS/MRP负荷
001	贴片线			73.00	584.00	800.00	216.00		216.00	
002	测试线			46.00	184.00	400.00	216.00		216.00	
003	压制线			72.50	290.00	400.00	110.00		110.00	
004	成型线			46.00	184.00	400.00	216.00		216.00	
005	包装线			-43.33	-325.00	750.00	1,075.00		1,075.00	

图 9－8　【细能力汇总报告】窗口

表 9－1　衡量指标的含义及计算公式

项目	含义及计算公式
总能力	特定工作中心在指定时间范围内能提供的能力（资源数×班制日工作时间×利用率×效率）
总负荷	在选定日期范围内在该工作中心生产的 MPS/MRP 件的能力需求累计值，以小时为单位
超/欠能力	标准能力－能力负荷
差异率	超/欠能力÷总能力（以百分数表示）

下面以工作中心“001 贴片线”为例，对其数据进行分析。

1）总能力。

工作中心日能力＝资源数×班制日工作时间×利用率×效率

计算过程请参考 7.4 粗能力查询，工作中心“001 贴片线”从 2016 年 1 月 4 日到 2016 年 3 月 11 日，总能力为 800 小时。

2）总负荷。

生产任务的负荷＝准备时间＋数量×单件加工时间

式中，准备时间、加工时间数据来源于工艺路线，数量来源于生产任务单或者计划订单的相关物料加工量。

$$总负荷 = \sum 该工作中心各生产任务负荷$$

由表 5－11 BOM 实验资料可知，制作 M200 主板时要在工作中心“001 贴片线”上加工，由图 9－4 生产任务单序时簿可以查询到 M200 主板主要有 5 份生产任务单，如表 9－2 所示。

表 9－2　M200 主板的生产任务单

计划生产数量	计划开工日期	计划完工日期
250	2016-01-07	2016-01-08
500	2016-01-12	2016-01-13
250	2016-01-12	2016-01-13
2 000	2016-01-08	2016-01-14
1 300	2016-01-14	2016-01-19

由表 5－7 工艺路线资料可知，工作中心“001 贴片线”中的准备时间为 0，加工批量为 20 件，运行时间为 1 小时，因此单件加工时间为 0.05 小时。针对表 9－2 中的生产数量计算负荷，结果如表 9－3 所示。

表 9－3　工作中心“001 贴片线”的负荷

计划生产数量	计划开工日期	计划完工日期	负荷
250	2016-01-07	2016-01-08	12.5，取整后为 13
500	2016-01-12	2016-01-13	25
250	2016-01-12	2016-01-13	12.5，取整后为 13
2 000	2016-01-08	2016-01-14	100
1 300	2016-01-14	2016-01-19	65
负荷合计			216

3）超/欠能力。

$$超/欠能力=总能力-总负荷=800-216=584(小时)$$

4）差异率。

$$差异率=\frac{超/欠能力}{总能力}\times100\%=\frac{584}{800}\times100\%=73\%$$

计算结果和图 9－8【细能力汇总报告】窗口中工作中心“001 贴片线”的能力数据是一致的。

（3）选中某个工作中心，再单击【差异】按钮，即可打开【能力负荷差异图】窗口，以图形显示工作中心的总负荷与总能力的差异，作为能力调整的初步参考，如图 9－9 所示。

（4）在【细能力汇总报告】窗口中，选中某个工作中心，如“001 贴片线”工作中心，再单击【能力】按钮，即可打开该工作中心的【细能力查询明细表】窗口，查看每天的能力与负荷情况，如图 9－10 所示。

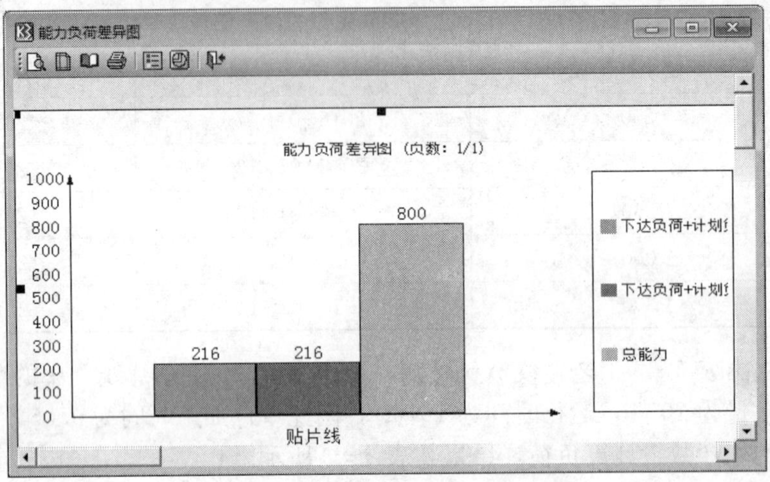

图 9-9 【能力负荷差异图】窗口

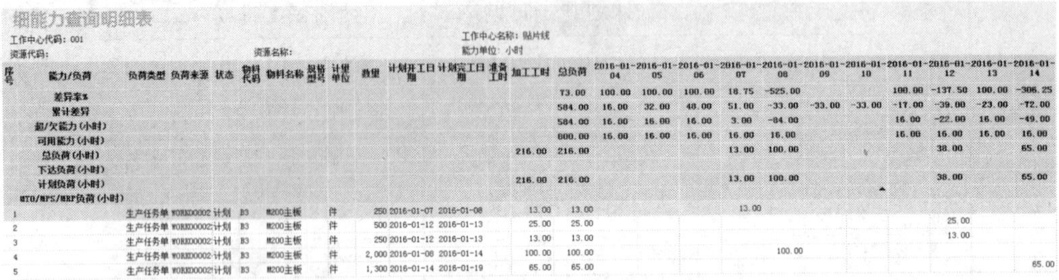

细能力查询明细表

工作中心代码：001　　工作中心名称：贴片线

资源代码：　　资源名称：　　能力单位：小时

序号	能力/负荷	负荷类型	负荷来源	状态	物料代码	物料名称	规格型号	计量单位	数量	计划开工日期	计划完工日期	准备工时	加工工时	总负荷
	差异率%													73.00
	累计差异													584.00
	超/欠能力（小时）													584.00
	可用能力（小时）													800.00
	总负荷（小时）												216.00	216.00
	下达负荷（小时）													
	计划负荷（小时）												216.00	216.00
	MTO/MPS/MRP负荷（小时）													
1		生产任务单	WORK0002	计划	B3	M200主板		件	250	2016-01-07	2016-01-08		13.00	13.00
2		生产任务单	WORK0002	计划	B3	M200主板		件	500	2016-01-12	2016-01-13		25.00	25.00
3		生产任务单	WORK0002	计划	B3	M200主板		件	250	2016-01-12	2016-01-13		13.00	13.00
4		生产任务单	WORK0002	计划	B3	M200主板		件	2,000	2016-01-08	2016-01-14		100.00	100.00
5		生产任务单	WORK0002	计划	B3	M200主板		件	1,300	2016-01-14	2016-01-19		65.00	65.00

序号	能力/负荷	2016-01-04	2016-01-05	2016-01-06	2016-01-07	2016-01-08	2016-01-09	2016-01-10	2016-01-11	2016-01-12	2016-01-13	2016-01-14
	差异率%	100.00	100.00	100.00	18.75	-525.00			100.00	-137.50	100.00	-306.25
	累计差异	16.00	32.00	48.00	51.00	-33.00	-33.00	-33.00	-17.00	-39.00	-23.00	-72.00
	超/欠能力（小时）	16.00	16.00	16.00	3.00	-84.00			16.00	-22.00	16.00	-49.00
	可用能力（小时）	16.00	16.00	16.00	16.00	16.00			16.00	16.00	16.00	16.00
	总负荷（小时）				13.00	100.00				38.00		65.00
	下达负荷（小时）											
	计划负荷（小时）				13.00	100.00				38.00		65.00
	MTO/MPS/MRP负荷（小时）											
1					13.00							
2										25.00		
3										13.00		
4						100.00						
5												65.00

图 9-10 【细能力查询明细表】窗口

在此窗口中，上方灰色背景区域显示该工作中心在指定时区范围内的每一天所具有能力的实际状况，其中各项衡量指标的含义及计算公式如表 9-4 所示。下方的白色背景区域是生产任务单所形成的负荷，每一行列出生产任务单的基本信息，并对应时区，显示该生产任务单具体在哪一天给该工作中心带来多少负荷。通过该界面能够一目了然地掌握该工作中心负荷与能力的总体情况。

表 9-4　　衡量指标的含义及计算公式

项目	含义及计算公式
差异率	(可用能力－总负荷)/能力×100%
累计差异	截至当天的所有能力与负荷的差异，即前一天＋当天的超/欠能力
可用能力	工作中心的可用能力
总负荷	准备工时＋加工工时

下面以 M200 主板 2016 年 1 月 7 日计划生产数量 250 件为例，对其数据进行分析。

1）负荷。

负荷＝准备时间＋需求数量×单件加工时间

　　＝0＋250×0.05＝13(小时)(取整)

2）负荷的发生日期。负荷的发生日期即计划开工日期 2016 年 1 月 7 日，结果如图 9－10 所示。

9.4　负荷与细能力的平衡

通常，在 MPS 计算之后经过粗能力调整，关键工作中心的能力与负荷已经大体平衡，细能力计算仅根据生产任务单来进行。因此，MRP 负荷与细能力平衡主要是针对所有相关的工作中心做局部调整。

MRP 负荷与细能力的平衡调整方法如下。

（1）调整生产任务单。修改生产任务单的开工和完工日期，可以避开过于集中在某时区使用某工作中心引起的能力与负荷不平衡；通过生产任务管理分割生产任务单，使工作中心的负荷均衡。

（2）调整工作中心的日历。建立例外信息，使该工作中心在该工作日临时加班来解决欠能力问题。

由于系统默认采用倒排方式，因此在调整时应根据各工序的前后关系，尽量将那些可以早开工的工序提前，以便给后续工序留出调整的余地。

下面结合案例介绍工作中心"001 贴片线"中细能力与负荷平衡的操作。

由图 9－9 可知，在计划展望期内总负荷（216 小时）远小于总能力（800 小时），经初步判定应该能够通过生产计划的时间调整达到产能平衡的目的。但由图 9－10 可以发现，在 2016 年 1 月 8 日、2016 年 1 月 12 日和 2016 年 1 月 14 日都出现超负荷现象，需要进行平衡。

工作中心"001 贴片线"单件加工时间为 0.05 小时，每日的能力为 16 小时，因此每日的最大生产量为 16/0.05＝320 件。根据表 9－2 来考虑细能力与负荷平衡方案。

（1）2016 年 1 月 7 日开始至 2016 年 1 月 8 日结束，数量为 250 的生产任务。不进行调整。

（2）2016 年 1 月 12 日开始至 2016 年 1 月 13 日结束，数量为 250 的生产任务。不进行调整。

（3）2016 年 1 月 8 日开始至 2016 年 1 月 14 日结束，数量为 2 000 的生产任务。将其计划开工日期提前到 2016 年 1 月 4 日，在 2016 年 1 月 4 日至 2016 年 1 月 6 日、2016 年 1 月 8 日、2016 年 1 月 11 日和 2016 年 1 月 13 日共 6 天每天安排生产 320 件，则计划生产数量为 6×320＝1 920 件。

剩下的 80 件则安排在原来的非生产日期 2016 年 1 月 9 日（星期六）生产。

（4）2016 年 1 月 12 日开始至 2016 年 1 月 13 日结束，数量为 500 的生产任务。经过第（3）步的调整，只剩下非生产日期 2016 年 1 月 9 日（星期六）和 2016 年 1 月 10 日（星期日）可以考虑采用临时加班的方式来提高工作中心的能力。因此，将生产任务提前到 2016 年 1 月 9 日，安排 2016 年 1 月 9 日生产 210 件，2016 年 1

月 10 日生产 290 件。需要注意的是，2016 年 1 月 9 日还需要生产第（3）步中的 80 件 M200 主板，这天总的生产数量也是 290 件。

（5）2016 年 1 月 14 日开始至 2016 年 1 月 19 日结束，数量为 1 300 的生产任务。在 2016 年 1 月 14 日、2016 年 1 月 15 日、2016 年 1 月 16 日（星期六）、2016 年 1 月 17 日（星期日）和 2016 年 1 月 18 日共 5 天每天安排生产 260 件，则计划生产数量为 5×260=1 300 件。调整方案如表 9－5 所示，从表中可以知道工作中心“001 贴片线”不再存在欠能力情况。

表 9－5　　M200 主板的生产任务调整方案

计划生产数量	计划开工日期	计划完工日期	1－4	1－5	1－6	1－7	1－8	1－9	1－10	1－11	1－12	1－13	1－14	1－15	1－16	1－17	1－18
日能力			16	16	16	16	16	16	16	16	16	16	16	16	16	16	16
日负荷			16	16	16	13	16	15	15	16	13	16	13	13	13	13	13
250	1－7	1－8				250											
500	1－12	1－13						210	290								
250	1－12	1－13									250						
2 000	1－8	1－14	320	320	320		320	80		320		320					
1 300	1－14	1－19											260	260	260	260	260

由前面的分析可知，工作中心“001 贴片线”需要在 2016 年 1 月 9 日（星期六）、2016 年 1 月 10 日（星期日）、2016 年 1 月 16 日（星期六）和 2016 年 1 月 17 日（星期日）安排临时加班来提高能力。具体操作步骤如下：

（1）打开工作中心“001 贴片线”的【细能力查询明细表】窗口，单击工具栏上的【日历】按钮，进入多工厂日历设置界面；在左侧栏中，选中“一车间”，如图 9－11 所示。

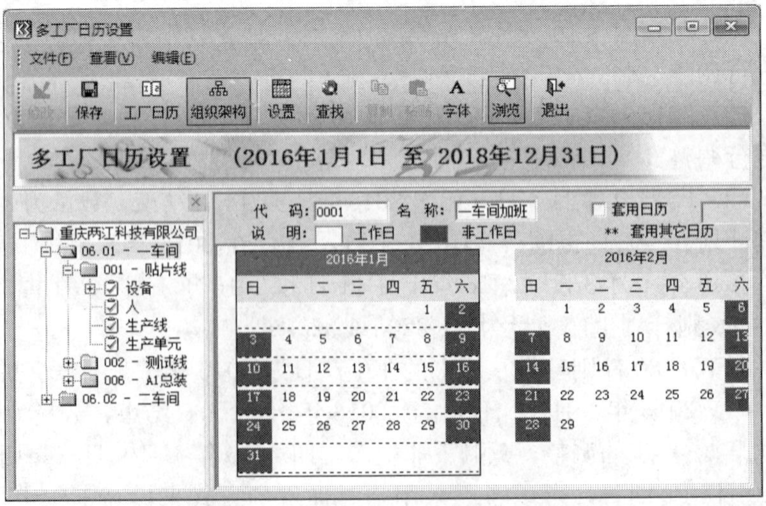

图 9－11　【多工厂日历设置】界面

（2）选择菜单【编辑】|【修改工厂日历】，使日历呈修改状态，然后单击 2017 年 1 月 9 日，系统自动将该日期置换为“白色”。类似地，将 2017 年 1 月 10 日、2017 年 1 月 16 日和 2017 年 1 月 17 日修改为工作日，如图 9－12 所示。单击【保存】按钮，按图 9－13 所示录入信息保存新增的工作日历。

图 9－12　将非工作日修改为工作日

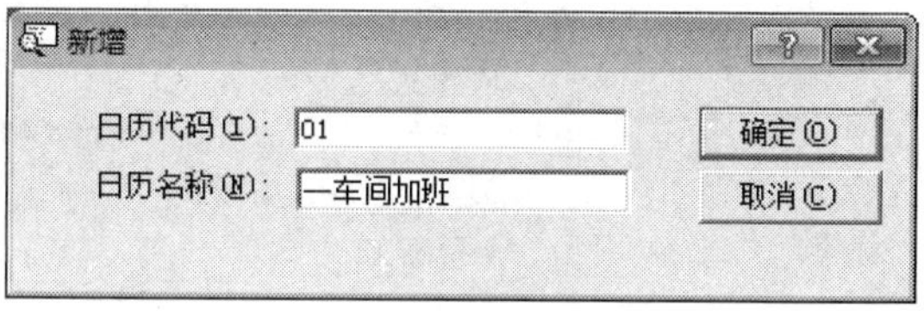

图 9－13　新增工作日历

（3）在【多工厂日历设置】界面中单击工具栏上的【退出】按钮，返回【细能力查询明细表】窗口。单击工具栏上的【计算】按钮，在弹出的提示框中，单击【是】按钮，进行细能力重算；在弹出的计算完成提示框中，单击【确定】按钮，系统将刷新细能力查询明细，如图 9－14 所示。

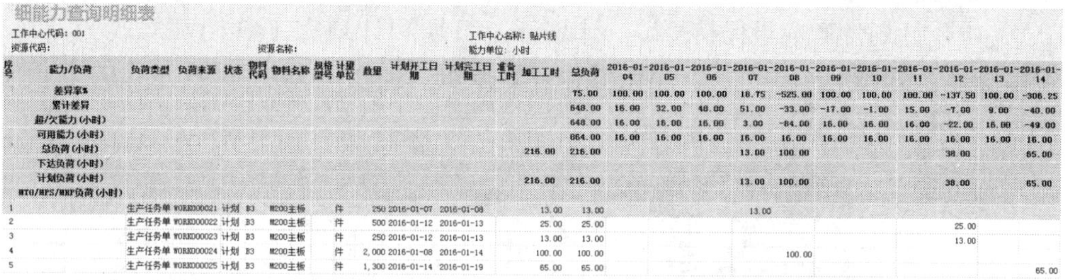

细能力查询明细表

工作中心代码：001　　工作中心名称：贴片线
资源代码：　　资源名称：　　能力单位：小时

序号	能力/负荷	负荷类型	负荷来源	状态	物料代码	物料名称	规格型号	计量单位	数量	计划开工日期	计划完工日期	准备工时	加工工时	总负荷	2016-01-04	2016-01-05	2016-01-06	2016-01-07	2016-01-08	2016-01-09	2016-01-10	2016-01-11	2016-01-12	2016-01-13	2016-01-14
	差异率%													75.00	100.00	100.00	100.00	18.75	-525.00	100.00	100.00	100.00	-137.50	100.00	-306.25
	累计差异													648.00	16.00	32.00	48.00	51.00	-33.00	-17.00	-1.00	15.00	-7.00	9.00	-40.00
	超/欠能力(小时)													648.00	16.00	16.00	16.00	3.00	-84.00	16.00	16.00	16.00	-22.00	16.00	-49.00
	可用能力(小时)													864.00	16.00	16.00	16.00	16.00	16.00	16.00	16.00	16.00	16.00	16.00	16.00
	总负荷(小时)												216.00	216.00				13.00	100.00				38.00		65.00
	下达负荷(小时)																								
	计划负荷(小时)												216.00	216.00				13.00	100.00				38.00		65.00
	MTO/MPS/MRP负荷(小时)																								
1		生产任务单	WORK000021	计划	B3	M200主板		件	250	2016-01-07	2016-01-08		13.00	13.00				13.00							
2		生产任务单	WORK000022	计划	B3	M200主板		件	500	2016-01-12	2016-01-13		25.00	25.00									25.00		
3		生产任务单	WORK000023	计划	B3	M200主板		件	250	2016-01-12	2016-01-13		13.00	13.00									13.00		
4		生产任务单	WORK000024	计划	B3	M200主板		件	2,000	2016-01-08	2016-01-14		100.00	100.00					100.00						
5		生产任务单	WORK000025	计划	B3	M200主板		件	1,300	2016-01-14	2016-01-19		65.00	65.00											65.00

图 9－14　设置临时加班后“001 贴片线”的细能力查询明细表

对照图 9－14 和图 9－10，可以发现在 2016 年 1 月 9 日（星期六）、2016 年 1 月 10 日（星期日）、2016 年 1 月 16 日（星期六）和 2016 年 1 月 17 日（星期日）的可用能力都更新为 16 小时。

安排临时加班来提高工作中心“001 贴片线”的能力后，还需要按表 9－4 的思路来调整安排生产任务。具体步骤如下：

（1）将安排在 2016 年 1 月 8 日生产数量为 2 000 的生产任务，细分到 2016 年 1 月 4 日、2016 年 1 月 5 日、2016 年 1 月 6 日、2016 年 1 月 8 日、2016 年 1 月 11 日和 2016 年 1 月 13 日共 6 天每天安排生产 320 件，剩下的 80 件则安排到 2016 年 1 月 9 日（星期六）生产。选中数量为 2 000 的任务单（WORK000024 任务单对应行），单击【任务】按钮，进入【生产任务单-修改】窗口，将计划生产数量修改为“320”，计划开工日期和计划完工日期都修改为“2016-01-08”，如图 9－15 所示。

单击【保存】按钮。至此 2016 年 1 月 8 日的生产任务设置完成。

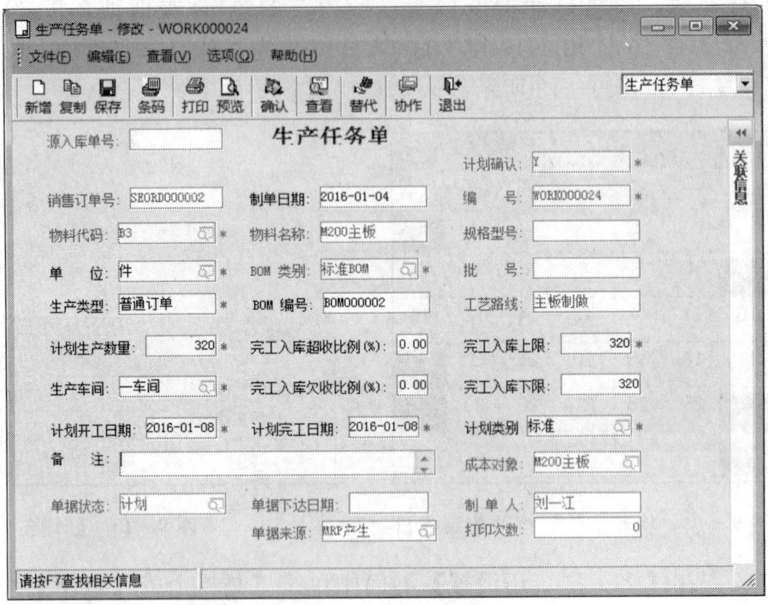

图 9-15 【生产任务单-修改】窗口

（2）单击【生产任务单-修改】窗口工具栏上的【复制】按钮，系统将新增一张生产任务单，将生产任务单“WORK000024”的信息复制到新增加的生产任务单中，计划生产数量保持 320，计划开工日期和计划完工日期都修改为“2016-01-04”，如图 9-16 所示。单击【保存】按钮。至此 2016 年 1 月 4 日的生产任务设置完成。

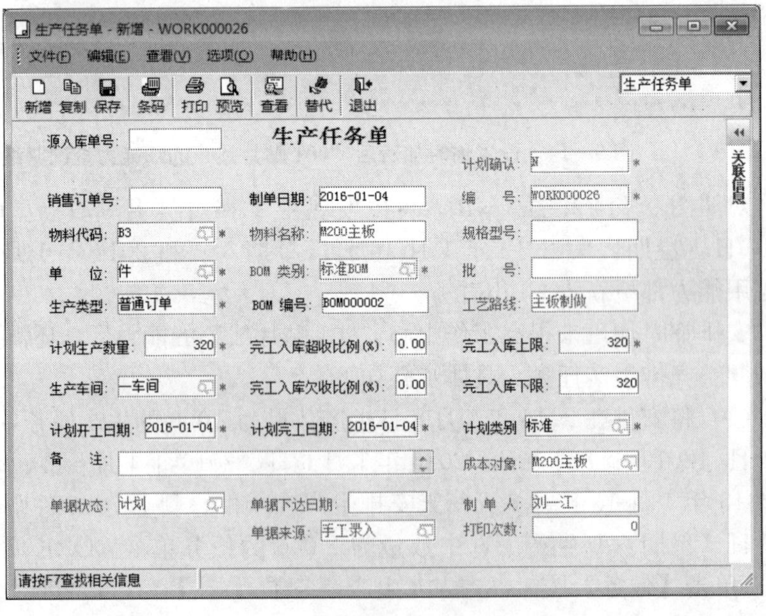

图 9-16 【生产任务单-新增】窗口

(3) 2016 年 1 月 5 日、2016 年 1 月 6 日、2016 年 1 月 11 日和 2016 年 1 月 13 日也参照第 (2) 步的过程分别修改计划开工日期和计划完工日期；2016 年 1 月 9 日除了需要修改计划开工日期和计划完工日期外，还需要修改计划生产数量为 80；通过复制新增的生产任务单，分解表 9－4 中计划生产数量为 2 000 的生产任务到相应的日期进行生产。

(4) 安排在 2016 年 1 月 12 日生产数量为 500 的生产任务，提前到 2016 年 1 月 9 日和 2016 年 1 月 10 日分别安排生产 210 件和 290 件，参照第 (1)～(3) 步的过程进行。

(5) 安排在 2016 年 1 月 14 日生产数量为 1 300 的生产任务，细分到 2016 年 1 月 14 日、2016 年 1 月 15 日、2016 年 1 月 16 日、2016 年 1 月 17 日和 2016 年 1 月 18 日共 5 天每天安排生产 260 件，参照第 (1)～(3) 步的过程进行。保存新增的生产任务单后，单击【退出】按钮，返回细能力查询明细表界面。

(6) 单击【计算】按钮，在弹出的是否进行细能力重算提示框中，单击【是】按钮。系统重算后，细能力查询明细表界面自动刷新。可以看到工作中心“001 贴片线”不再欠能力，如图 9－17 所示。

细能力查询明细表

工作中心代码：001　　工作中心名称：贴片线

资源代码：　　资源名称：　　能力单位：小时

序号	能力/负荷	负荷类型	负荷来源	状态	物料代码	物料名称	规格型号	计量单位	数量	计划开工日期	计划完工日期	准备工时	加工工时	总负荷	2016-01-04	2016-01-05	2016-01-06	2016-01-07	2016-01-08	2016-01-09	2016-01-10	2016-01-11	2016-01-12
	差异率%													74.88				18.75		6.25	6.25		18.75
	累计差异													647.00				3.00	3.00	4.00	5.00	5.00	8.00
	超/欠能力（小时）													647.00				3.00		1.00	1.00		3.00
	可用能力（小时）													864.00	16.00	16.00	16.00	16.00	16.00	16.00	16.00	16.00	16.00
	总负荷（小时）												217.00	217.00	16.00	16.00	16.00	13.00	16.00	15.00	15.00	16.00	13.00
	下达负荷（小时）																						
	计划负荷（小时）												217.00	217.00	16.00	16.00	16.00	13.00	16.00	15.00	15.00	16.00	13.00
	MTO/MPS/MRP负荷（小时）																						
1		生产任务单	WORK000021	计划	B3	M200主板		件	250	2016-01-07	2016-01-08		13.00	13.00				13.00					
2		生产任务单	WORK000022	计划	B3	M200主板		件	210	2016-01-09	2016-01-09		11.00	11.00						11.00			
3		生产任务单	WORK000023	计划	B3	M200主板		件	250	2016-01-12	2016-01-13		13.00	13.00									13.00
4		生产任务单	WORK000024	计划	B3	M200主板		件	320	2016-01-08	2016-01-08		16.00	16.00					16.00				
5		生产任务单	WORK000025	计划	B3	M200主板		件	260	2016-01-14	2016-01-14		13.00	13.00									
6		生产任务单	WORK000026	计划	B3	M200主板		件	320	2016-01-04	2016-01-04		16.00	16.00	16.00								
7		生产任务单	WORK000027	计划	B3	M200主板		件	320	2016-01-05	2016-01-05		16.00	16.00		16.00							
8		生产任务单	WORK000028	计划	B3	M200主板		件	320	2016-01-06	2016-01-06		16.00	16.00			16.00						
9		生产任务单	WORK000029	计划	B3	M200主板		件	320	2016-01-11	2016-01-11		16.00	16.00								16.00	
10		生产任务单	WORK000030	计划	B3	M200主板		件	320	2016-01-13	2016-01-13		16.00	16.00									
11		生产任务单	WORK000031	计划	B3	M200主板		件	80	2016-01-09	2016-01-09		4.00	4.00						4.00			
12		生产任务单	WORK000032	计划	B3	M200主板		件	290	2016-01-10	2016-01-10		15.00	15.00							15.00		
13		生产任务单	WORK000033	计划	B3	M200主板		件	260	2016-01-15	2016-01-15		13.00	13.00									
14		生产任务单	WORK000034	计划	B3	M200主板		件	260	2016-01-16	2016-01-16		13.00	13.00									
15		生产任务单	WORK000035	计划	B3	M200主板		件	260	2016-01-17	2016-01-17		13.00	13.00									
16		生产任务单	WORK000036	计划	B3	M200主板		件	260	2016-01-18	2016-01-18		13.00	13.00									

图 9－17 更新后的细能力查询明细表界面

(7) 按照前述步骤对其他工作中心进行负荷与细能力的平衡。

由此可见，通过 K/3 系统的细能力查询，计划人员能更方便地对所有工作中心进行精细的调整。但是如何处理能力与负荷的矛盾，仍需要计划人员的分析与判断，尤其是在生产任务单比较多的情况下，需要反复分析和调整才能形成比较满意的方案。

□ 复习题

一、单选题

1. 对能力需求计划进行调整，通常有调整能力和调整负荷等方法，下列方法中属于调整能力的方法的是（　　）。

A. 撤销订单　B. 安排加班　C. 转包合同　D. 修改MRP

2. 在ERP中有不同的计划层次，其中（　　）是将生产计划转换成相应的能力需求计划，计算可用的生产能力并确定协调措施，发现和解决能力与需求之间的瓶颈，实现均衡生产。

A. 能力需求计划　B. 生产计划

C. 主生产计划　D. 物料需求计划

3. 下面关于CRP的描述错误的是（　　）。

A. CRP是一种将MRP输出的物料的分时段需求计划转变成对企业各个工作中心的分时段需求计划的管理工具

B. CRP是一种协调能力需求与可用能力之间平衡管理的处理过程

C. CRP是一种协调MRP的计划内容和确保MRP在现有生产环境中有效可行的计划管理方法

D. CRP是一个把MPS转换成MRP的转换器

4. 粗能力需求计划的能力计算根据（　　）计算，能力需求计划的能力计算根据（　　）计算。

A. 全部工作中心，全部工作中心　B. 全部工作中心，关键工作中心

C. 关键工作中心，关键工作中心　D. 关键工作中心，全部工作中心

5. 能力需求计划的主要目的在于评价（　　）。

A. 负荷和提前期　B. 负荷

C. 负荷和能力　D. 提前期和能力

二、判断题

1. 细能力汇总报告可以查询到计划负荷。（　　）

2. 细能力查询明细表可以查询到某一天的能力/负荷情况。（　　）

3. 计划状态的任务单不能参与细能力计算。（　　）

4. 生产任务单分割是指对计划状态且未作废的任务单进行生产车间、生产数量和时间分布上的分割。（　　）

5. 能力需求计划考虑的订单包括计划及确认订单，不含已下达订单。（　　）

三、思考题

1. 什么是能力需求计划？能力需求计划的种类有哪些？

2. 当能力与负荷出现不平衡时应如何处理？

3. 能力需求计划与粗能力需求计划有何区别？

第 10 章 Chapter 10 采购管理

10.1 采购管理概述

采购是指企业在一定的条件下从供应市场获取产品或服务作为企业资源，以保证企业生产及经营活动正常开展。因此，采购模块涵盖与购买、维护及支付等业务过程有关的业务处理。由于商业信用关系，大多数企业存在赊购现象，通过购货活动先获取资源，在一定信用期后才支付货款。所以，采购过程与应付业务有密切的联系。

采购模块是 K/3 系统重要的组成部分，其主要的功能有采购业务管理和采购核算，其中业务核算是采购模块的基础。通过采购业务管理，企业可在经营计划中拟定采购计划，并在经营过程中合理配置采购资金和人力资源，监控计划的执行情况；同时可对供应渠道、商品质量、价格、优惠条件进行管理，选择优秀的合作伙伴，提高商品采购的性价比；当然，也可以对业务部门及业务人员进行业绩考评。采购核算的功能是处理商品或材料等的购进业务，以及在采购过程中发生的各种费用的摊销。系统通过采购单据来记载采购过程，并根据这些采购单据形成对供应商的应付账款，同时可对受托代销商品进行管理和核算，针对直运销售业务专门提供直运采购的核算，以及生成采购记账凭证、查询及打印各种账表等。

10.1.1 采购的作用

采购管理在企业经营中占据非常重要的位置，任何企业要向市场提供产品或服务都离不开原材料或消耗品的采购。对于制造业来说，物料成本占整个产品成本的比重较大，一般占 50%以上。在石油炼制企业，原材料成本占销售额的 80%。即使是原材料费用最少的制药企业，原材料成本也要占到30%。由此可见采购管理在企业管理中的分量。对于企业采购部门来说，必须适时、适量、适质地完成采购任务，为生产部门提供所需的原材料或委外加工件。

物料在产品成本中的占比较大，采购部门必须想方设法降低采购成本，同时还要考虑物料的库存。如果库存积压量过大，就意味着库存成本的增加和资金占用的增加。降低物料成本、提高采购作业的质量是企业追求的目标。

10.1.2 采购业务概述

采购业务的作业程序包括以下六个步骤：

(1) 接受物料需求或采购指示。物料需求主要来自生产计划的需求，采购部门必须按照物料规格、数量、需求时间及质量要求提供给生产部门。如果是委外加工的物料，要由生产技术部门（或生产部门）与采购部门共同确定委外加工方案。另外，部分物料不是由生产部门（或计划部门）提出需求，而是由库存部门提出，因为部分物料是按订货点控制需求的，当其库存量降到一定水平（即订货点）之下时库存部门就会提出采购请求。

(2) 选择供应商。供应商处于企业供需链的供应端，从这种意义上说，供应商也是企业资源之一。采购部门掌握越多的供应商，企业的供应来源就越丰富。企业在选择供应商时要对其质量、服务、价格等要素进行综合评价。

传统企业与供应商的关系是一种短期、松散、竞争对手的关系。这种关系容易产生价格波动、质量不稳定、供货期不可靠等现象。现代管理思想趋向于建立企业与供应商之间的合作伙伴关系，把建立和发展与供应商的关系作为企业经营战略的重要部分，与供应商共同分析成本与质量因素，并向供应商提供技术支持。在 ISO 9000 质量保证与管理体系中，要求企业必须对分供方（供应商）进行评估，并向分供方提供全部的质量与技术要求，帮助分供方改善质量。

但是企业对供应商过度依赖容易产生供应商缺乏竞争力的现象，从而增加企业风险。企业对每种物料至少与两家供应商保持合作比较合适，同时根据自身特点和企业环境制定合作策略。

(3) 下达订单。根据物料需求计划制定采购计划，并根据采购计划选择供应商，下达采购订单。采购员在订单上要写明对材料的质量要求、数量要求及交货时间要求，准确无误地下达给供应商。虽然企业的质量管理人员、技术人员、生产人员、计划人员都会对采购工作给予支持，但采购人员还是应当熟悉企业所需材料的技术要求和制造工艺，具有采购方面的专业知识。

(4) 跟踪订单。采购员发出采购订单后，为了保证订单按期、按质及按量交货，要对采购订单进行跟踪检查，控制采购进度。

(5) 到货验收入库。供应商交货后，采购部门要协助库存与检验部门对供应商来料进行验收入库。对于质量不合格的物料，还应进行退货和退款或补充货品、返工等业务处理。

（6）发票接收与采购结算。包括采购发票的接收、采购货款结算、其他费用结算、应付账款的处理、费用差异分析等。

10.2　应付系统初始化

采购业务发生后，就需要进行采购货款的结算，因此，供应链系统中的采购管理模块往往需要和财务系统的应付账款管理模块相衔接。供应链系统中的销售管理模块和财务系统的应收账款管理模块也有类似的衔接关系。

金蝶 K/3 系统支持两种应用模式：（1）采购管理和应付系统、销售管理和应收系统协同使用，可实现采购后的应付账款和付款结算的一体化运作、销售后的应收账款和收款结算的一体化运作，保持两者数据的一致；（2）采购管理和应付系统、销售管理和应收系统相对独立，不保持两者之间的数据同步。

两种模式的选择由系统参数控制：在【系统设置】|【系统设置】|【存货核算】|【系统设置】的“供应链整体选项”中，如果勾选“若应收应付系统未结束初始化，则业务系统发票不允许保存”为第一种模式；否则为第二种模式。

本书主要介绍 K/3 系统中关于生产管理系统和供应链系统应用的内容，因此，案例中采用第二种模式。操作步骤如下：

（1）选择【系统设置】|【系统设置】|【存货核算】|【系统设置】，打开【系统参数维护】窗口。

（2）在左侧窗口中选中“供应链整体选项”，在右侧的表格中，对“若应收应付系统未结束初始化，则业务系统发票不允许保存”的选项值取消勾选即可，如图 10－1 所示。

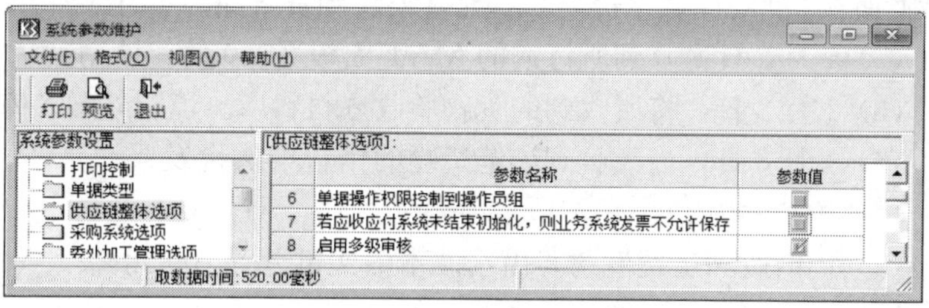

图 10－1　【系统参数维护】窗口

10.3　采购业务处理

10.3.1　标准采购业务流程

采购管理通过采购申请、采购订货、进料检验、仓库收料、采购退货、购货发票处理等功能的综合运用，对采购物流和资金流的全过程进行有效的双向控制和跟踪，实现完善的企业物资供应信息管理。其基本业务流程如图 10-2 所示。

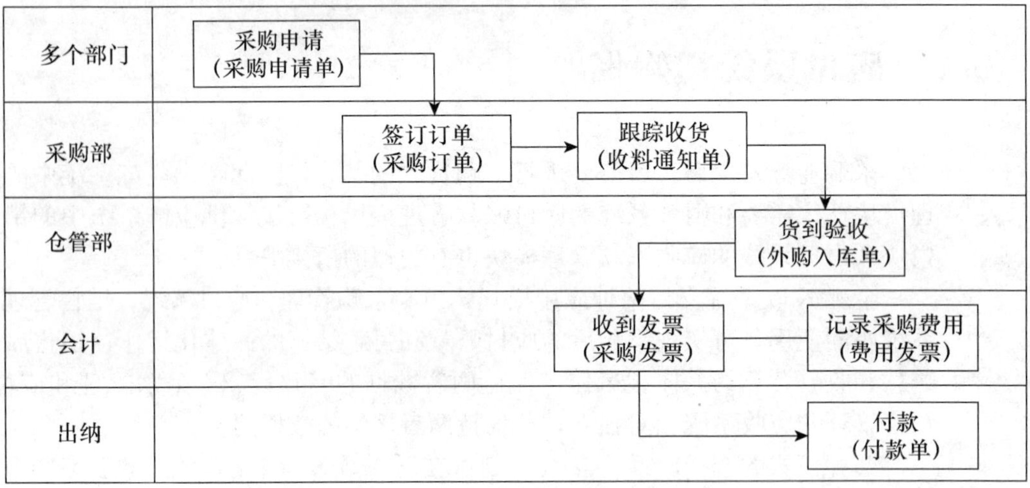

图 10-2 标准采购业务流程图

该流程体现的实际业务是：货先到，发票后到，最后付款，入库单和发票都在同一个期间入账，处理相对简单。其中，除付款单外，其他单据在采购系统中处理。采购申请单和收料通知单可以根据企业需要选择是否使用。为方便讲解，以同一用户身份模拟后续各业务环节的操作。

1. 实验资料

(1) 2016 年 1 月 4 日采购员杨真按照 MRP 采购计划向供应商宁波泰信订购 MAT 面板 2 000 件，单价为 3.5 元，要求到货日期为 1 月 8 日。

(2) 1 月 8 日，收到所订购的 MAT 面板 2 000 件。填制到货单。

(3) 1 月 8 日，将所收到的货物验收入材料库。填制外购入库单。

(4) 1 月 8 日，当天收到该笔货物的销售增值税发票一张，金额与采购订单一致，增值税税率为 17%，发票号为 4001。

(5) 同时收到运费发票，由宁波泰信代付运费 200 元。

2. 实验过程

(1) 采购申请。采购申请是指各业务部门或计划部门根据主生产计划、物料需求计划、库存管理需要、销售订货或零星需求等实际情况，向采购部门提出购货申请。它常常是整个采购业务的发起点。

本例中，由于 8.4.2 节中 MRP 投放已经产生采购申请单，因此无须再录入采购申请单，只需要找到建议采购日期为 2016 年 1 月 4 日、到货日期为 2016 年 1 月 8 日、数量为 2 000 件 MAT 面板的采购申请单，对其进行审核，然后根据采购申请单下推后续单据即可。具体步骤如下：

1）以采购员杨真的身份登录，选择【供应链】|【采购管理】|【采购申请】|【采购申请单-维护】，双击弹出【条件过滤】对话框，选择默认方案，在条件选项页中输入条件“物料代码等于 C2 并且数量等于 2 000”，如图 10－3 所示，单击【确定】按钮，进入采购申请单序时簿界面，如图 10－4 所示。

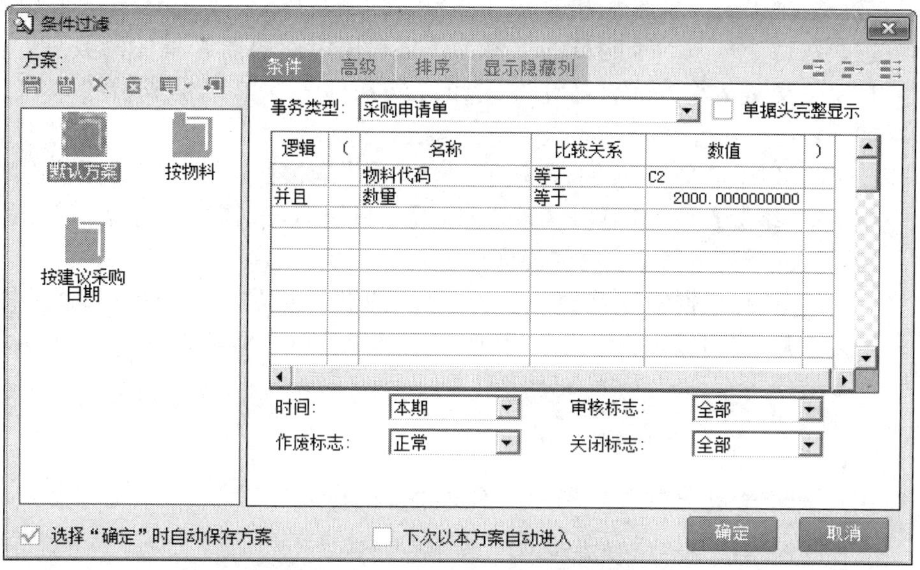

图 10－3 【条件过滤】对话框

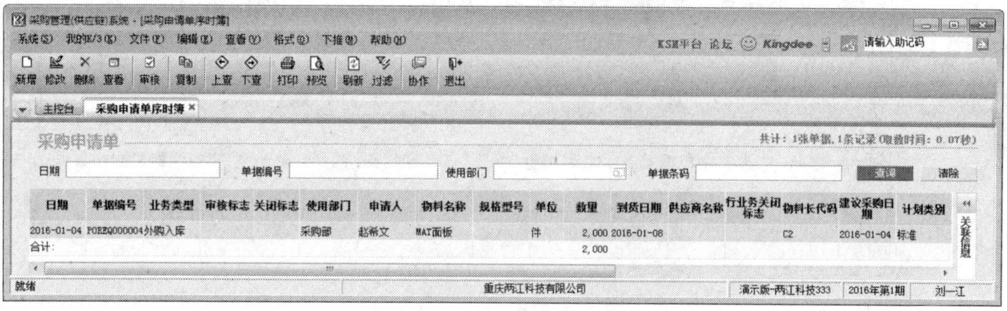

图 10－4 采购申请单序时簿

2）选择由 MRP 投放产生的建议采购日期为 2016 年 1 月 4 日、到货日期为 2016 年 1 月 8 日、数量为 2 000 件 MAT 面板的采购申请单，即单据编号为 POREQ000004 的采购申请单，单击【审核】按钮完成审核工作。审核是业务处理的重要环节，通过审核操作，主管人员可以随时监控业务的开展状况，同时也只有已审核的单据才可以被其他单据关联和获取数据，进行相关的业务处理。

填写采购申请单时，一般并不确定供应商，之后由采购员决定供应商的选择。但是有时企业会由于生产质量、原料价格等方面的原因，定向从某供应商处采购，那么可以填写“供应商”栏。对于采购的其他特殊要求可以在“用途”栏中加以说明。

（2）采购申请单下推采购订单。采购订单是企业采购部门根据各种采购申请单制定，并交给供应商作为订货依据的单据。采购订单在采购订货业务工作中非常重要，通过采购订单可以向供应商订货并可查询采购订单的收料情况和订单执行状况。

本例采用关联采购申请单下推生成采购订单，系统会继承采购申请单的信息。在订货环节，采购员的主要工作是和供应商协商好具体的数量、价格、交货日期、交货运输方式、结算方式和付款条件等。单据生成后要审核。具体步骤如下：

1）以采购员杨真的身份登录，选择【供应链】|【采购管理】|【采购申请】|【采购申请单-维护】，双击弹出【条件过滤】对话框，选择默认方案，单击【确定】按钮，进入采购申请单序时簿界面。

2）选择单据编号为 POREQ000004 的采购申请单，选择菜单【下推】|【生成采购订单】，弹出【采购申请单 生成 采购订单】对话框，如图 10－5 所示。

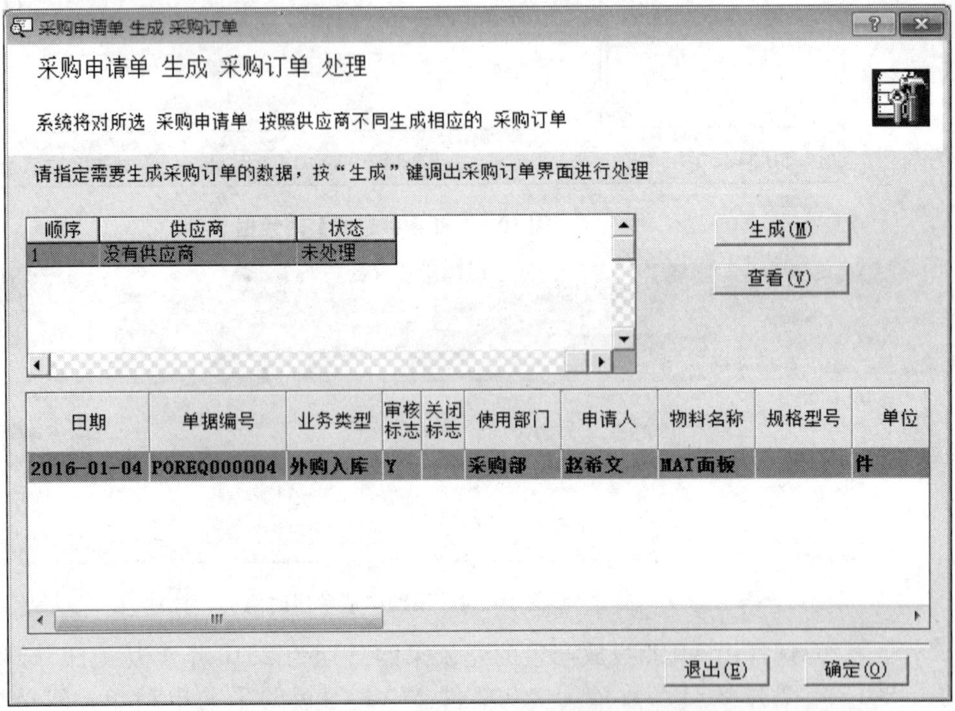

图 10－5 【采购申请单 生成 采购订单】对话框

3）在图 10－5 中单击【生成】按钮，弹出【采购订单-新增】窗口，补充采购订单信息，供应商选择为“宁波泰信”，单价为“3.50”元，部门为“采购部”，业务员为“杨真”，输入完毕，单击【保存】按钮完成单据保存，单击【审核】按钮完成审核工作，系统生成的采购订单的编号为 POORD 000001，如图 10－6 所示。

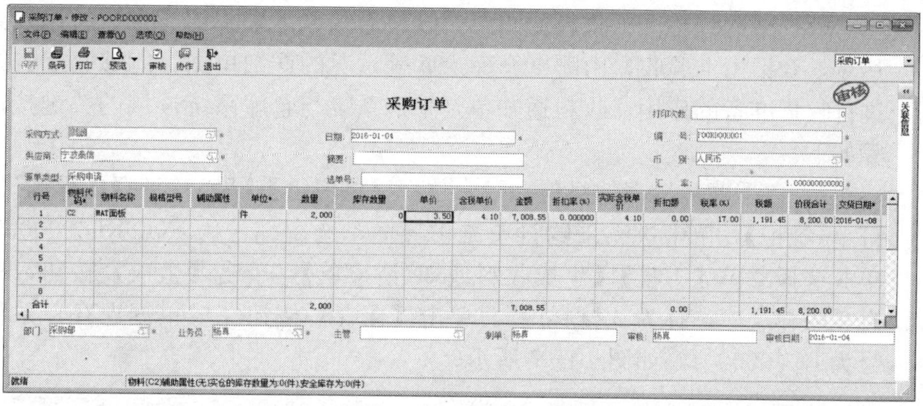

图 10－6 采购订单

完成采购订单，可以在【采购订单-维护】界面选中该单据，通过“上查”功能查询其上游单据。

在录入采购申请单、采购订单、外购入库单、采购发票的过程中，都可以查询基础资料、采购价格、库存，方法是选择“查看”菜单功能下的“库存查询”“历史价格查询”等功能。

实验提示

1. 根据采购申请单进行订货时，填写采购订单必须体现和采购申请之间的关联关系。关联是指单据之间建立的一种传递业务信息的关系，即在连续的业务处理过程中，将某一流程的业务信息传递给下一流程单据，使两者之间保持业务的连续性，同时也减少大量相同信息的重复录入，包括上引式生成和下推式生成两种关联方式。

2. 下推式生成：对于A单据生成B单据，可以在A单据的维护界面选择目标单据（多行单据需要多选），选择菜单【下推】|【下推B单据】，单击【生成】按钮就可以生成B单据，填写相关信息并保存单据。新产生的B单据可以在B单据的维护界面查询和修改。本例中先学习下推方式产生单据，上引方式在介绍销售管理时再学习。

3. 上引式生成：对于A单据生成B单据，可以在B单据的新增界面中，在“源单类型”中选择A单据类型，在“选单号”中按F7键，在待选列表中选择目标单据（多行单据需要多选），单击【←】返回按钮，填写相关信息并保存单据。新产生的B单据可以在B单据的维护界面查询和修改。

4. 当单据保存后，可以在此界面上直接审核，或者在单据查询界面审核。本例未启用多级审核功能，因此每份单据只须审核一次即可通过。注意“制单”“审批人”“审批时间”栏是系统自动填写的，不能修改。“制单”栏填写当前操作用户，“审批人”栏填写当前进行审批操作的用户，“审批时间”栏填写审核时服务器的系统时间。

（3）采购订单下推收料通知单。收料通知单是采购部门在物料计划到达时或到达后，登记由谁验收，由哪个仓库入库等情况的详细单据，能够起到告知仓库提前进行收货准备的作用。收料通知单是采购系统与仓库系统连接的关键接口。具体步骤如下：

1）以采购员杨真的身份登录，选择【供应链】|【采购管理】|【采购订单】|【采购订单-维护】，单击进入采购订单维护界面，选中编号为 POORD 000001 的采购订单。选择菜单【下推】|【生成收料通知/请检单】，单击【生成】按钮，补充相关信息，收料仓库选择为“材料库”，单击【保存】按钮完成单据保存，系统生成的编号为 DD 000001，如图 10－7 所示。

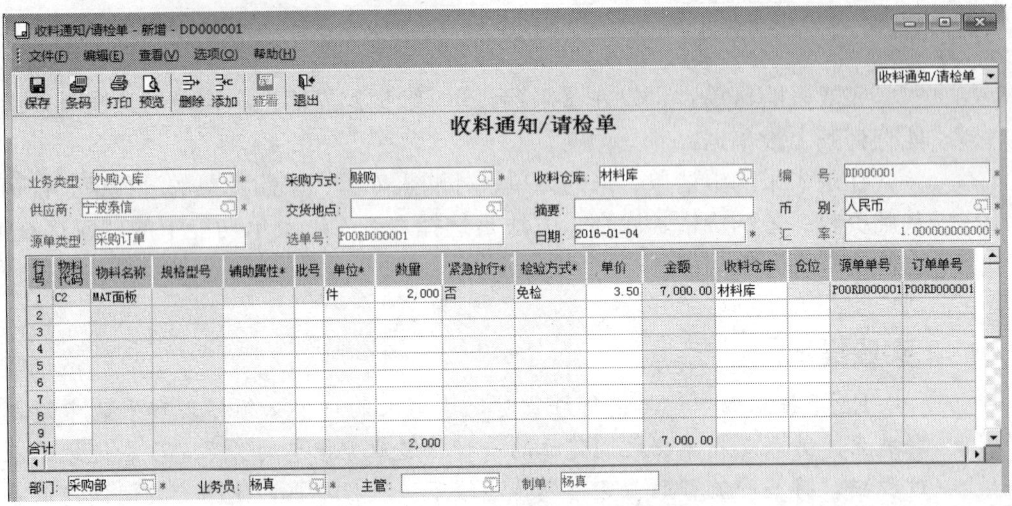

图 10－7 收料通知/请检单

2）单击【审核】按钮完成审核工作。

（4）收料通知单下推外购入库单。外购入库单又称收货单、验收入库单等，是确认货物入库的书面证明。外购入库单在 K/3 供应链系统中具有非常重要的意义。

首先，它是体现库存业务的重要单据。供应链系统的最大特色是以独立于企业物流的有形单据流转代替业务中无形的存货流转轨迹，从而将整个物流业务流程统一为一个有机整体。外购入库单不仅体现了货物转移，而且是所有权实际转移的重要标志。其次，外购入库单是货币资金转为储备资金的标志。外购入库单一方面体现了实物的流入，形成储备资金；另一方面预示着货币资金的流出或债务的产生，因此，相关的采购发票处理与其关系非常密切。最后，外购入库单也是财务人员据以记账、核算成本的重要原始凭证。在 K/3 供应链系统中，外购入库单确认后，需要继续处理采购发票与外购入库单的核销或外购入库单的暂估、自动生成记账凭证、原材料成本的核算，从而为正确进行成本核算和结账打下基础。这一连串的连续业务处理说明外购入库单是重要的核算单据。

由收料通知单下推外购入库单的具体步骤如下：

1）以采购员杨真的身份登录，选择【供应链】|【采购管理】|【收料通知单】|【收

料通知单-维护】，单击进入收料通知单维护界面，选中编号为 DD 000001 的收料通知单。选择菜单【下推】|【生成外购入库单】，单击【生成】按钮，补充相关信息，保管和验收选择为“陈力”，单击【保存】按钮完成单据保存，系统生成的编号为 WIN000001，如图 10-8 所示。

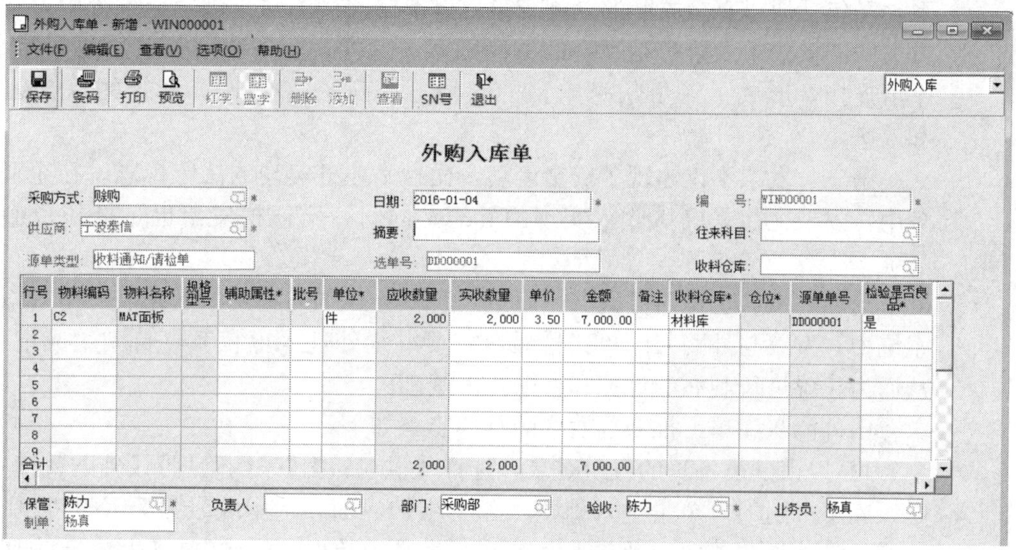

图 10-8　外购入库单

2）单击【审核】按钮完成审核工作。

实验提示

外购入库单上必须填写入库的仓库，如果该仓库还进行仓位管理，那么需要选择存储位。在单据头部和单据体中都有“收料仓库”字段，系统最终只存储单据体中字段。但是，当一次需要入库多笔物料，并且收入相同仓库的时候，则通过填写单据头的“收料仓库”，可以快速批量填充单据体中“收料仓库”字段，起到方便单据输入的作用。

(5) 外购入库单下推采购发票。采购发票是企业采购物料时供应商开具的凭据，是会计核算的重要原始单据。采购发票在形式上分为专用和普通两种。同时，发票还分蓝字和红字发票，蓝字发票是真正的采购发票，而红字采购发票是指退货发票。

采购发票具有业务和财务双重性质，是 K/3 供应链系统的核心单据之一，具体表现如下。

第一，发票处理是企业采购业务中的一个重要环节，发票以有形的单据流代替企业生产经营活动中无形的资金流动轨迹，并与反映物流的外购入库单一起钩稽，实现资金流和业务流的双轨并行，从而将整个物流业务流程统一为一个有机整体。

第二，采购发票是供应链的重要信息中心之一，是联系财务和业务系统的重要桥梁。采购发票在采购系统中联系的单据最多，采购发票与采购订单、收（退）料通知单、外购入库单等业务单据都有联系；同时与应付款系统实现发票共享，并与采购合同、付款单、预付单据联系紧密。这种联系既包括单据与单据关联的直接联系，又包括通过直接关联的单据与第三方单据间接关联。供应链系统中，在两种三方关联的模式中发票都是基本的关联因素。这样，业务和财务信息之间紧密结合，平滑连接，形成了一个信息丰富的整体，提高了整个 K/3 系统的综合运作水平和效率。

第三，发票不仅体现了资金流动，而且是业务实现的法定标志。在企业购销业务中，发票往往是确认收入实现的标志；同时，增值税发票也是抵扣税额的法定凭证。

第四，发票也是财务人员据以记账、核算成本的重要原始凭证。在 K/3 供应链系统中，发票与外购入库单钩稽后，需要继续处理入库核算，自动生成记账凭证，从而为正确进行利润的计算和结账打下基础。

由外购入库单下推采购发票的具体步骤如下：

1）以采购员杨真的身份登录，选择【供应链】|【采购管理】|【外购入库单】|【外购入库单-维护】，单击进入外购入库单维护界面，选中编号为 WIN000001 的外购入库单。选择菜单【下推】|【生成购货发票（专用）】，单击【生成】按钮，单击【保存】按钮完成单据保存，系统生成的编号为 ZPOFP000001，如图 10-9 所示。

图 10-9 购货发票（专用）

2）单击【审核】按钮完成审核工作。

（6）录入相关费用发票。费用发票是运输单位开给购货单位据以付款、记账、纳税的依据。采购过程常常伴随发生各种相关费用，如运费、装卸费等。在 K/3 系统中，把费用发票和采购发票的关系定位为连属关系（伴随关系），不同于外购入库单和采购发票的关联关系（前后联系关系）。在操作上只能通过单击【连属】按钮查询，而不能通过【上查/下查】按钮查询。

录入费用具体的操作步骤如下：

1）以采购员杨真的身份登录，选择【供应链】|【采购管理】|【采购发票】|【采购发票-维护】，单击进入采购发票维护界面，选中编号为 ZPOFP000001 的采购发票。单击工具栏上【费用】按钮，弹出如图 10－10 所示的提示框，单击【是(Y)】按钮，弹出新增费用发票窗口，如图 10－11 所示。

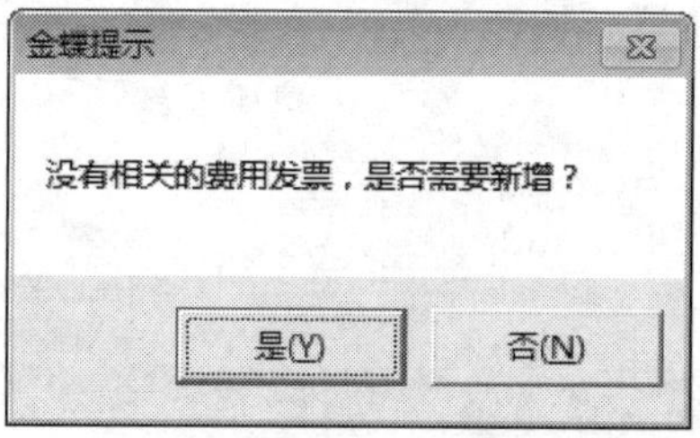

图 10－10　提示框

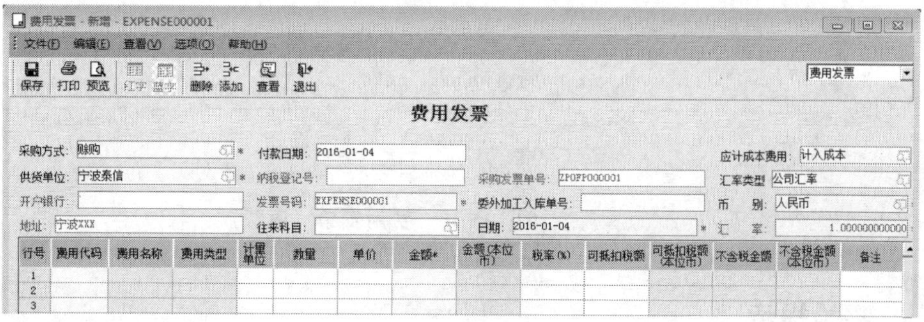

图 10－11　费用发票

2）在费用代码处按 F7 键，单击“新增”，建立运费的代码与费用名称，如图 10－12 所示。

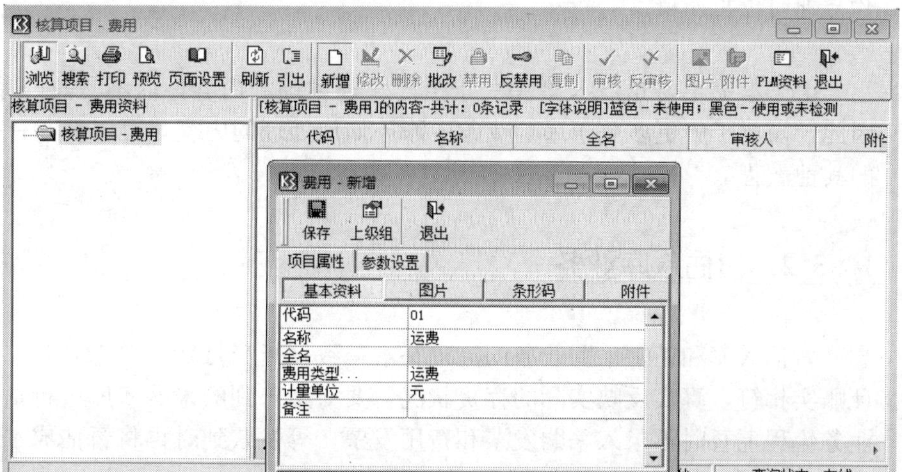

图 10－12　增加运费核算项目

单击【保存】完成录入。

单击【浏览】，选择“01 运费”，输入案例数据，单击【保存】按钮并审核该费用单据，系统生成的编号为 EXPENSE000001，如图 10－13 所示。

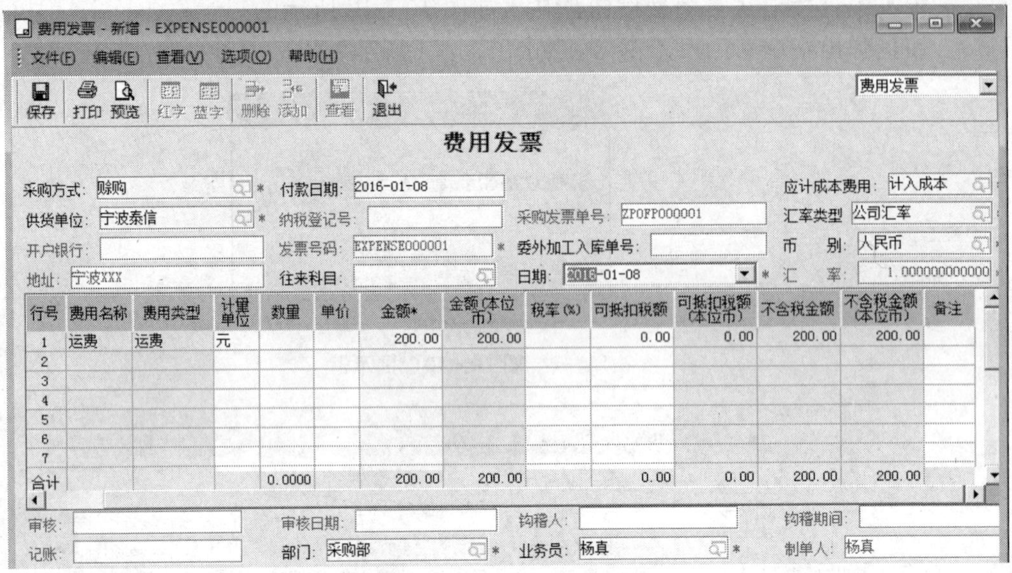

图 10－13 费用发票（运费）

实验提示

应计成本费用包括“计入成本”和“不计入成本”两种类型。如果是“计入成本”，则在入库核算时会将费用作为入库成本的一部分来计算入库的单位成本；如果是“不计入成本”，则在入库核算时不会将费用作为入库成本的一部分，而直接作为期间费用处理。

由于本书主要介绍 K/3 中关于生产管理系统的内容，而不是总账系统的内容，因此，需要了解更多关于采购业务中账务如何处理的内容，可以参考有关 K/3 系统的其他教程。

10.3.2 暂估入库业务

暂估入库和正常采购业务的流程基本一致，指当月货到票未到时，企业为了保证账实相符，真实反映实际的存货状况，要对票未到的采购入库进行估价入账，在业务流程上暂时不录入采购发票和费用发票，等发票到时再将暂估成本调整为实际成本，如图 10－14 所示。

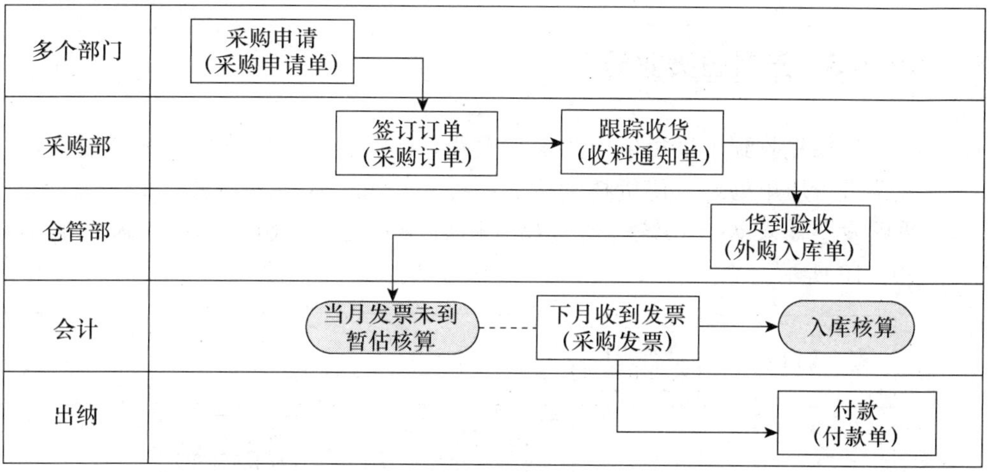

图 10-14 采购暂估入库业务流程图

1. 实验资料

1 月 6 日，收到德国 MOT 公司提供的 MAT 护镜 2 000 件，验收并入材料库。由于月底发票仍未收到，故按暂估记账处理。

2. 实验过程

双击执行【供应链】|【采购管理】|【外购入库】|【外购入库单-新增】，直接录入采购入库单，系统生成的编号为 WIN000003，如图 10-15 所示。

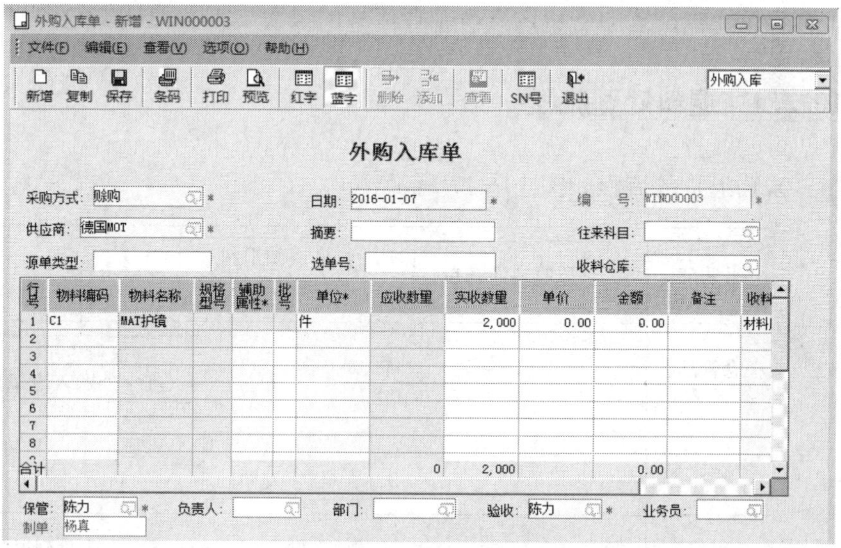

图 10-15 外购入库单

录入完成后，单击【保存】按钮完成保存并完成单据审核。在暂估入库时可先不录入单价，月末进行存货估价入账时再录入估计的单价，请参见 13.2.2 节。

10.3.3 先票后货业务

如果先收到了供货单位的采购发票，而没有收到供货单位的货物，可以对采购发票进行压单处理，待货物到达后，再一并输入 K/3 系统做报账结算处理。也可将采购发票输入 K/3 系统，待货物到达后，再填制外购入库单并做采购结算，如图 10-16 所示。

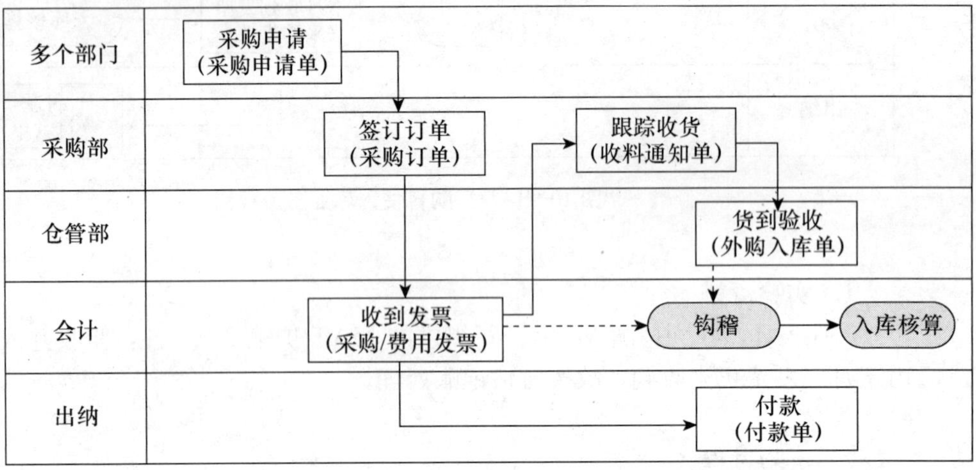

图 10-16 先票后货业务流程图

企业可以根据管理模式和业务需要调整采购流程，行业领先的 ERP 软件基本上都提供流程配置的平台以支持企业流程的灵活配置和使用。

10.3.4 退料处理流程

采购退货的流程如图 10-17 所示。

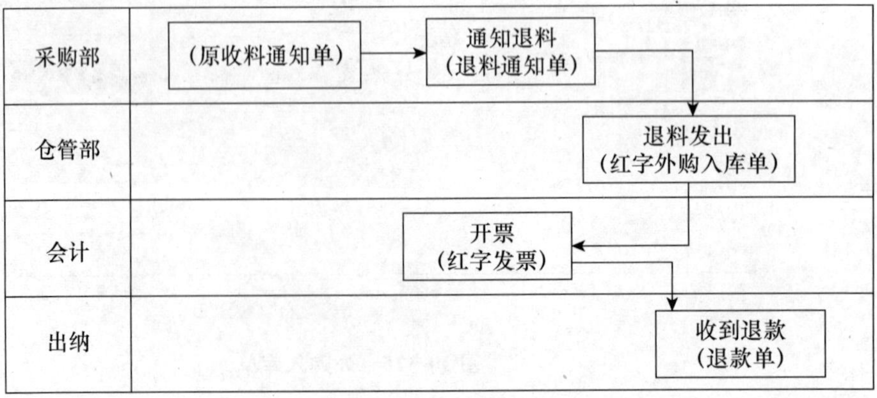

图 10-17 采购退货退款处理流程图

1. 实验资料

（1）1 月 10 日，仓库保管员陈力发现之前向宁波泰信购买入库的 MAT 面板中有 10 件存在质量问题，采购人员杨真和供应商协商后决定退货。

（2）1 月 11 日采购人员杨真完成退货手续，并收到宁波泰信开具的 10 件 MAT 面板的红字发票一张。

2. 实验过程

（1）原收料通知单下推退料通知单。退料通知单是由于质量不合格、价格不正确或与采购订单、合同的相关条款不相符等原因，向供货单位做退货处理的业务单据，是收料通知单的反向操作单据。退料通知单的反向作用主要表现在以下方面。

第一，作为收料通知单的反向执行单据，可以作为红字外购入库单的源单据执行退货操作。

第二，退料通知单是采购质量管理中的不合格品退库单。在收货质量检验过程中，不合格品不能入库，要退回供应商。

第三，作为受托加工物料加工完毕，交给委托单位的业务处理单据。

第四，在涉及集团内部的分销业务处理中，与退货通知单一起作为处理集团内部退货业务的重要单据，并在集团企业账套间相互传递，以完成业务流程，相互沟通业务信息。

具体步骤如下：以采购员杨真的身份登录，选择【供应链】|【采购管理】|【收料通知】|【收料通知单-维护】，双击进入收料通知单维护界面，选中退货所对应的原收料通知单（编号为 DD 000001），选择菜单【下推】|【生成退料通知单】，单击【生成】按钮，填写实际退货数量，合理补充其他相关信息，保存并审核单据，系统生成的退料通知单编号为 POOUT000001，如图 10－18 所示。

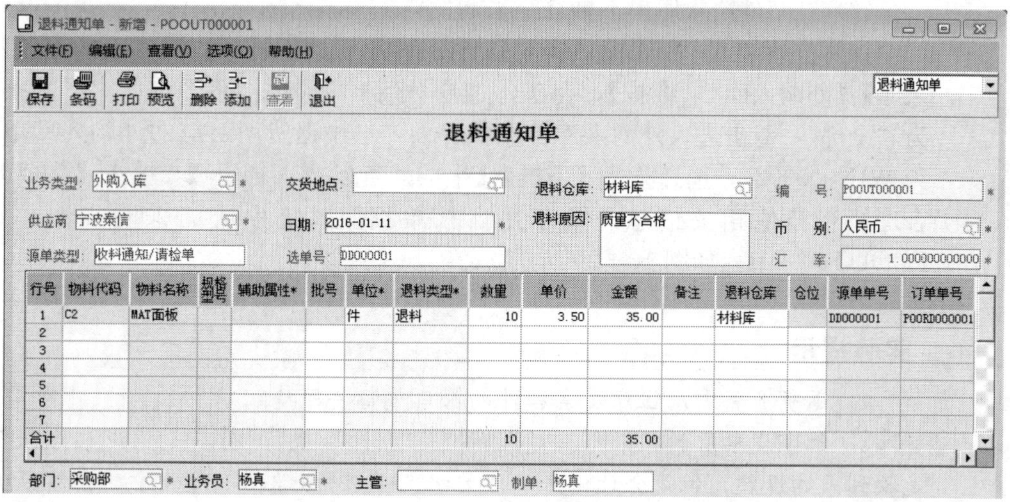

图 10－18 退料通知单

（2）退料通知单下推红字外购入库单。K/3 系统中沿用了财务会计的习惯，在会计处理中，红字表示反方向操作。所有红字类的单据都是与原使用作用相反的单据，红字外购入库单表示从企业退货给供应商。

由退料通知单下推红字外购入库单的具体步骤如下：以采购员杨真的身份登录，选择【供应链】|【采购管理】|【退料通知】|【退料通知单-维护】，双击进入退料通知单维护界面，选中对应的退料通知单（编号为 POOUT000001），选择菜单【下推】|【生成外购入库】，单击【生成】按钮，合理补充其他相关信息，保存并审核红字外购入库单，系统生成的外购入库单编号为 WIN000002，如图 10－19 所示。

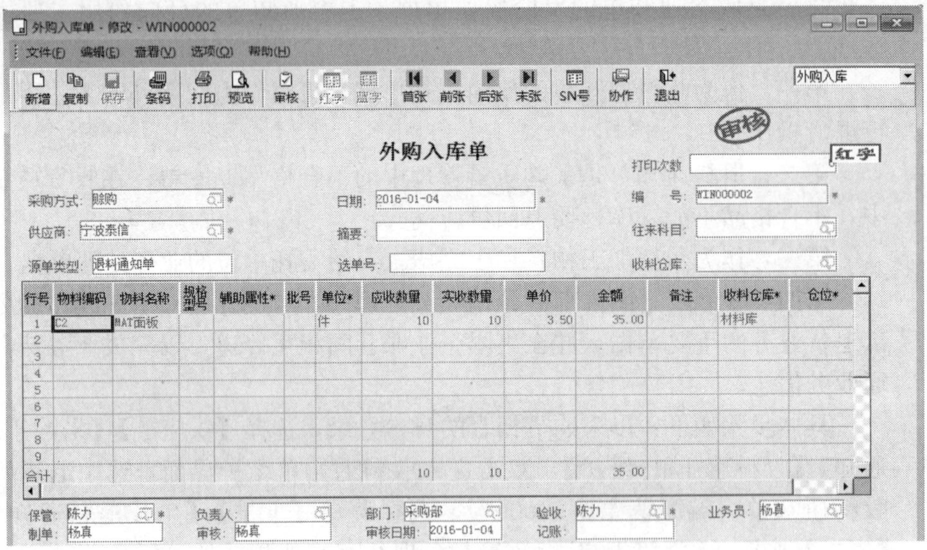

图 10－19　红字外购入库单

（3）红字外购入库单下推红字采购发票。

具体步骤如下：以采购员杨真的身份登录，选择【供应链】|【采购管理】|【外购入库】|【外购入库单-维护】，在条件过滤对话框中，需要将“红蓝字”的条件设置为“全部”，双击进入外购入库单维护界面，选中退货所对应的外购入库单（编号为 WIN000002），选择菜单【下推】|【生成购货发票（专用）】，单击【生成】按钮，合理补充其他相关信息，保存并审核单据，系统生成的采购发票单编号为 POOUT000001，如图 10－20 所示。

实验提示

1. 退货业务中，注意发票和外购入库单都要保持红字。

2. 红字发票中的往来科目填写的是“应付账款”，而不是“应收账款”，虽然是收到采购退款，但是会计记账一般要记入“应付账款”，用来冲减应付账款。

图 10－20　红字购货发票（专用）

10.4　采购业务查询

ERP 系统提供了大量的查询功能和报表帮助企业查询统计所需要的数据，为企业提供了高效快速的工具来分析数据、发现问题，以提升管理水平。

10.4.1　采购订单执行情况明细表

采购订单执行情况明细表是由供应商反映每张采购订单的详细执行情况的表格，它与汇总表一起，分别从详细和汇总的角度反映订货的入库情况。

执行是指采购订单通过直接关联外购入库单，或者通过关联收料通知/请检单、再关联外购入库单的间接关联方式，显示货物的订货数量和实际入库数量，进行比较并显示差异。如果企业进行分销管理业务操作，还要包括采购订单关联收料通知/请检单、再关联其他入库单这种集团内调拨业务的间接关联方式，它是订单执行管理功能在报表处理上的延续，也是对订单执行结果的综合体现。

选择【供应链】|【采购管理】|【采购订单】|【采购订单执行情况明细表】，单击进入报表过滤条件窗口。根据需要修改过滤条件，如设置起始日期为 2016 年 1 月 1 日，截止日期为 2016 年 1 月 31 日，其他内容按默认条件设置，单击【确定】按钮，系统显示采购订单执行情况明细表界面。

进入采购订单执行情况明细表界面后，用户可以查询到当前根据过滤条件筛选出的数据，即按供应商分类显示的每张订单的订购数量、执行的入库数量、未入库数量，并分基本计量单位和采购常用计量单位两种计量方式反映，就此可以详细反映不同订单的具体执行情况。

10.4.2 采购汇总表

采购汇总表是综合反映一定时间内物料的汇总购进情况，提供采购发票和外购入库情况的综合查询，反映采购基本业务——入库情况和购进成本的对应情况及差异的报表，也是最常用的报表之一。

选择【供应链】|【采购管理】|【报表分析】|【采购汇总表】，单击进入报表过滤条件窗口。根据需要修改过滤条件，如设置起始日期为 2016 年 1 月 1 日，截止日期为 2016 年 1 月 31 日，其他内容按默认条件设置，单击【确定】按钮，系统显示采购汇总表界面。

进入报表后，用户可以查询到当前根据过滤条件筛选出的数据，即发票的不同物料类别或大类发生的数量、金额；相对应入库的数量、成本，并分析其中的差异，就此可以反映业务钩稽情况和业务处理情况。

□ 复习题

一、单选题

1. 一般地，采购作业计划的实施是通过（　　）来完成的。

A. 询价单　　B. 采购订单　　C. 到货单　　D. 请购单

2. 可进行单据反审核操作的人员有（　　）。

A. 有审核权限的所有人员　　B. 单据的原审核人

C. 系统管理员　　D. 以上所有人员都可以

3. 以下不属于采购系统主要单据的是（　　）。

A. 采购申请单　　B. 采购订单　　C. 外购入库单　　D. 采购发票

4. 以下对产品入库单的描述正确的是（　　）。

A. 产品入库单不录入仓库也能保存

B. K/3 系统可以自动生成产品入库单

C. 产品入库单只能手工录入

D. 以上选项都不正确

5. 以下对于 MRP 计划订单投放生成的采购申请单描述正确的是（　　）。

A. 不能修改　　B. 不能删除

C. 可以删除　　D. 以上选项都不正确

6. 在采购订单序时簿中，如果要查看本单据关联生成的收料通知单，需进行（　　）操作。

A. 上查　　B. 下查　　C. 上推　　D. 下推

7. 采购申请单上的使用部门是指（　　）。

A. 采购部门　　B. 生产部门　　C. 申请部门　　D. 仓库

8. 在采购管理中采购申请单下推生成（　　）。

A. 采购订单　　B. 外购入库单　　C. 采购发票　　D. 产品入库单

9.（　　）的采购申请单可以下推生成采购订单。

A. 未审核　　B. 审核且关闭　　C. 审核未关闭　　D. 作废

10. 在金蝶 K/3 供应链系统中，采购申请单下推生成的采购订单，执行（　　）操作可以查询到。

A. 单击采购申请单序时簿的“上查”　B. 单击采购申请单序时簿的“下推”

C. 采购订单序时簿　D. 单击采购订单序时簿的“上查”

二、判断题

1. 采购订单的关闭不可以对某行执行关闭。（　　）
2. 只有关联生成的采购申请单上的源单单号才有数据。（　　）
3. 采购申请单通过下推式关联按供应商（来源）生成采购订单。（　　）
4. 在采购订单中直接填入的是含税单价。（　　）
5. MRP 计划订单审核投放后分别生成采购订单和生产任务单。（　　）

三、思考题

1. 采购管理的主要业务有哪些？
2. 采购订单是由哪些部分组成的？每个部分应该包含哪些信息？（每个部分至少写出 4 项。）
3. 试利用流程图描述采购作业的典型业务流程。
4. 采购管理中采购申请单的来源有哪些？

第 11 章

Chapter 11 生产任务管理

11.1 生产任务管理概述

11.1.1 生产管理模块功能概述

K/3 系统中生产管理模块有四个：生产任务管理、重复生产计划、车间作业管理和设备管理。

生产任务管理模块是核心模块，能够支持各种类型的生产任务的管理。生产任务将生产过程看作一个整体，实现对生产任务的计划下达和变更管理，实现生产任务的投料和产出控制，对于生产过程进行更加细化的工序级管理，需要车间作业管理模块的支持。此外，委外加工方式也是企业中经常发生的业务，是指企业由于无相应加工设备或其他原因，提供原材料委托外协单位加工，完成后由企业支付加工费的协作方式。限于篇幅，本书在此不详述委外加工业务流程，请参考相应模块的文档。

重复生产计划模块是对生产任务管理模块的一种改进，增加了更适合重复性生产过程的产线排程、任务分解等功能。适合产品相对标准化、生产节奏稳定的企业采用。

车间作业管理模块能够支持生产过程更加细化的工序管理要求，实现对生产工序的全程监控和投入产出控制，实现企业更加精细化的管理。

设备管理模块是生产管理的一个辅助功能，用来对生产企业日常设施设备的使用、维修、保养、资产状态记录的全生命周期管理，帮助企业合理使用设备。

11.1.2 生产任务管理模块概述

工厂中任何一项生产活动都应该由主管部门发出一张生产任务单作为生产部门生产的依据。生产任务单上所记载的信息除包括产品名称、生产数量、预计开工日期、完工日期外，还应该说明所要使用的物料清单与工艺路线等。生产任务单在不同的工厂使用的名称可能不同，如工单、制造通知单、生产命令等，但其意义及作用基本相同。

生产任务单的信息作为核算材料用量、确定目标产量、明确生产进度的主要依据，直接控制生产投料、生产领料、产品入库、工序跟踪和工序汇报相关过程及单据的生成，其流程如图 11－1 所示。

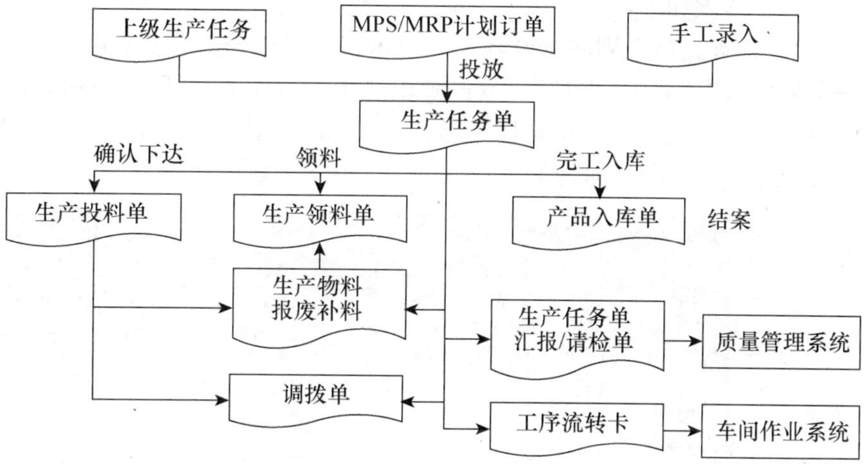

图 11－1 生产任务单流程图

生产车间的具体生产过程由车间作业管理模块进行管理，具体操作方法参考相应模块的文档，限于篇幅，本书在此不再详述。

11.2 生产任务执行

11.2.1 生产任务单的调整、确认和下达

生产任务单的新增有两种方法：一种是由 MPS/MRP 计算出生产计划单，投放后在【生产任务单-维护】中进行处理，如确认、下达和结案等操作；另一种是手工录入，如未使用 MRP 系统，则只能以手工方法录入生产任务单。

生产部门接到生产任务单后，可以按照任务要求安排生产，下达生产任务。在下达任务前如需要对生产任务进行调整，可以对生产任务单的内容进一步修改。例如，调整生产部门、生产类型、BOM 单等信息。完成调整后，需要对生产任务进

行确认。在生产开工时间临近时，可将相应生产任务下达给车间以进行生产。

1. 实验资料

根据 MPS/MRP 计算结果的建议，对物料 MAT 外壳计划于 2016 年 1 月 7 日开工、2017 年 1 月 8 日完工的 250 件的生产任务单进行确认并下达。

2. 实验过程

(1) 生产任务单的确认。确认生产任务相当于审核生产任务，确认状态下的生产任务会按照 BOM 用量自动生成投料单，在【生产投料单-维护】中可以进行投料单的修改和审核等操作。如果有工序管理的生产类型，还会产生工序计划单用于车间作业和工序跟踪。

具体步骤如下：

1) 以计划员余刚的身份登录，双击执行【生产管理】|【生产任务管理】|【生产任务】|【生产任务单-维护】，双击弹出【条件过滤】对话框，选择默认方案，在条件选项页中输入条件“物料长代码等于 B2”，如图 11-2 所示，单击【确定】按钮，进入【生产任务单序时簿】窗口，如图 11-3 所示。

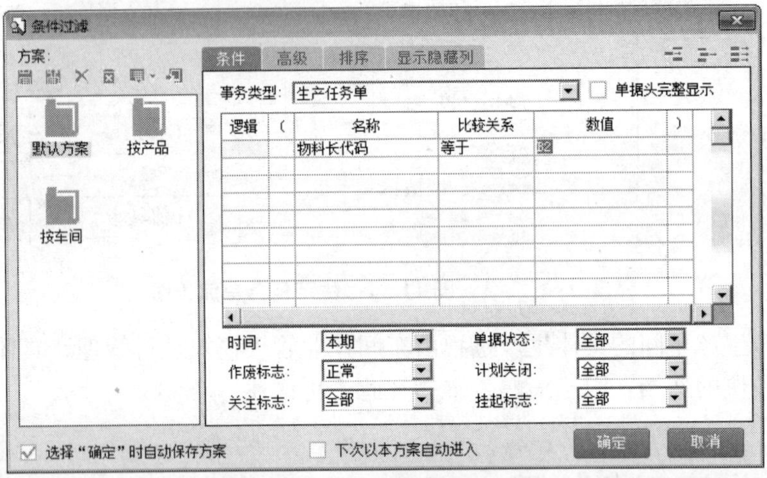

图 11-2 【条件过滤】对话框

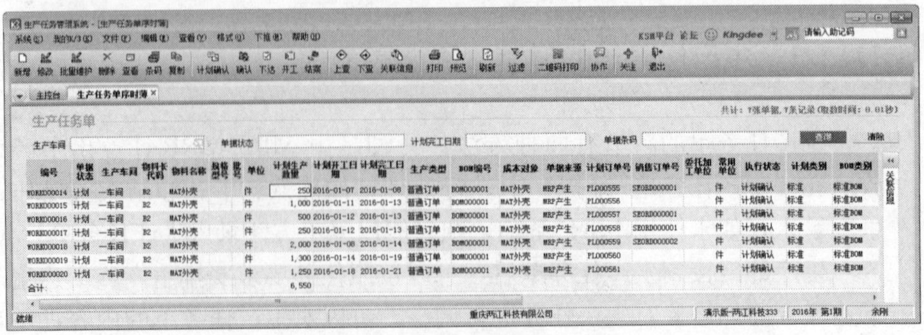

图 11-3 【生产任务单序时簿】窗口

2）根据案例资料，编号为 WORK000014 的生产任务单即要确认的任务单。选中 WORK000014 号生产任务单，单击工具栏上的【确认】按钮，系统会提示确认成功。

3）确认后的生产任务会按照 BOM 用量自动生成投料单。投料单中列出的物料数量是根据计划产量、BOM 标准用量、损耗率等因素计算出来的。投料单起到控制物料用量的作用，实际领料量会自动记录到投料单上，避免重复领料或者超领物料的发生。查询确认后生成投料单的方法是：切换回【主控台】，双击【生产管理】|【生产任务管理】|【备料管理】|【生产投料单-维护】，系统弹出【条件过滤】对话框，保持默认值，单击【确认】按钮，系统进入【生产投料单序时簿】窗口，如图 11-4 所示。

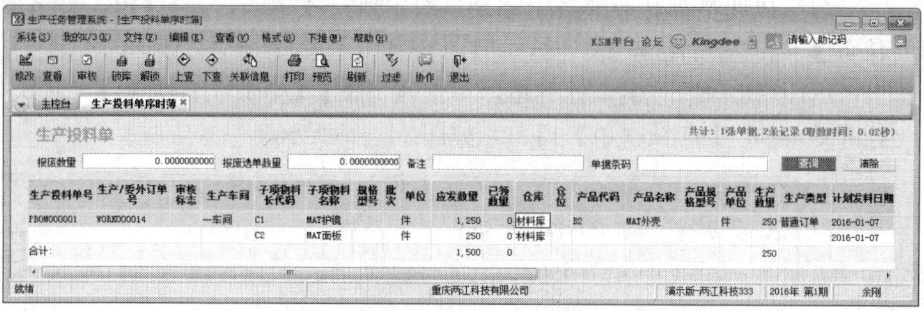

图 11-4 【生产投料单序时簿】窗口

该窗口中生产投料单号为 PBOM000001 的投料单即刚才确认后生成的，请注意当前投料单为非审核状态。

（2）生产任务单的下达。下达生产任务是指生产任务以指令的形式下达给生产车间，作为生产车间可以正式开工的依据。下达生产任务后，才能进行后续的生产领料、加工和完工产品入库。

具体步骤如下：在【生产任务单序时簿】窗口，选中 WORK000014 号生产任务单，单击工具栏上的【下达】按钮，系统会提示下达成功。下达生产任务单后，可以根据生产任务单下推生成"生产领料单"和"产品入库单"。在系统设置参数选中"下达生产任务时自动审核投料单"（注：系统默认选中该参数），则投料单同步审核。WORK000014 号生产任务单下达后，在【生产投料单序时簿】窗口可以发现 PBOM000001 号投料单的"审核标志"栏显示"Y"，表示同步审核成功。

11.2.2　生产领料管理

生产任务下达后，物料分配给指定的生产任务，计划员将依据生产投料单进行生产领料。生产领料单主要是录入因半成品、成品生产业务而形成的从仓库领料业务，生产领料单可以参照生产任务单和外购入库单等单据生成，若无源单据引用，可以直接手工录入。投料单上的应发数量与已领数量之差将作为生产领料单的应发数量，多张生产领料单上的已领数量之和将作为投料单上的已领数量。计划员可根据客户订单的要求、工程的变化、物料的库存状况、生产现场的反馈灵活定制投料计划，免除了反复修改标准 BOM 的麻烦。

1. 实验资料

下达生产任务后，一车间接到生产任务指令，将按照生产任务单的时间进度和要求组织生产，领用材料。

2016 年 1 月 7 日，为了加工 WORK000014 号生产任务单，一车间孙胜业到材料库领用所需物料，陈力发料。

2. 实验过程

（1）以职员孙胜业的身份登录，双击执行【生产管理】|【生产任务管理】|【生产任务】|【生产任务单-维护】，查询后在生产任务单序时簿窗口选中“WORK000014”号生产任务单，单击【下推】|【生成生产领料】，系统弹出【生产任务单 生成 生产领料单】窗口，如图 11-5 所示。

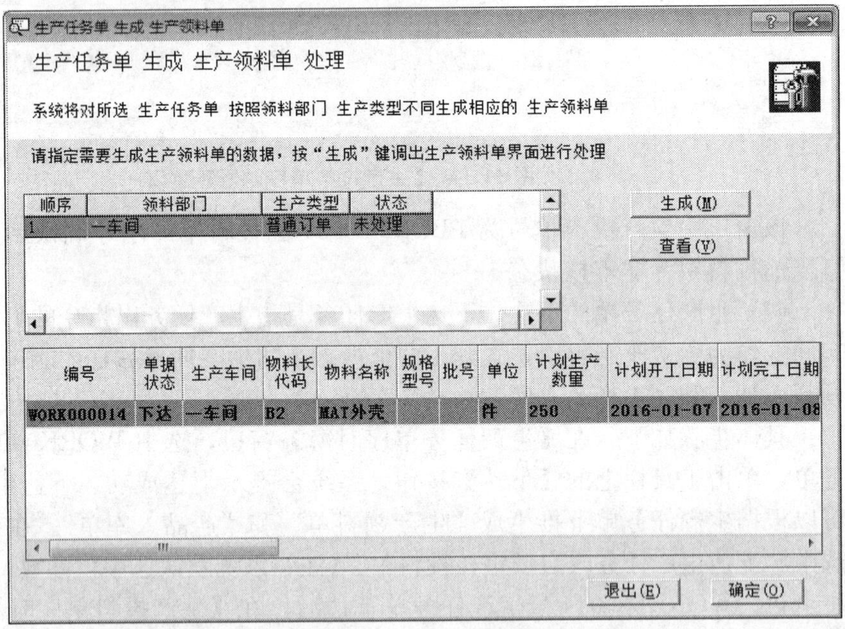

图 11-5 【生产任务单 生成 生产领料单】窗口

（2）选择要进行生产领料的目标任务单，单击【生成】按钮，系统弹出生产领料单的【录入单据】窗口，系统自动将生产任务单关联的生产投料单信息引入生产领料单。

（3）在领料单窗口补充相关信息，输入完毕，单击【保存】按钮完成单据保存，并单击【审核】按钮完成审核工作，系统生成的领料单的编号为 SOUT000001，如图 11-6 所示。

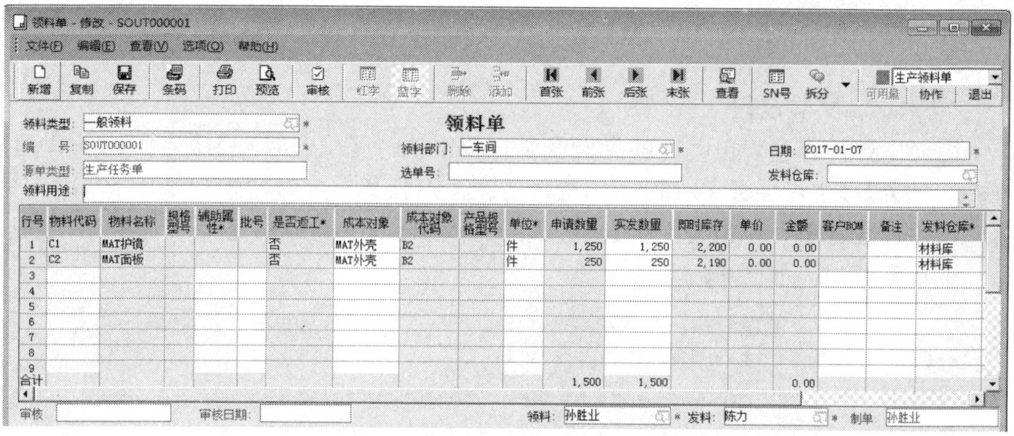

图 11－6 领料单

采用向上关联生产任务单生成领料单的步骤如下：在【供应链】|【仓库管理】|【领料发货】|【生产领料单-新增】中新增生产领料单。录入时，单据中“源单类型”选择“生产任务单”，“选单号”选择生产任务单所对应的生产投料单的编号。

实验提示

1. 生产领料受到生产投料单的控制，无论分几次领料，总领料数量都不能大于生产投料数量。如果由于生产方面的某些原因确实需要超量领料，那么要先修改生产投料单的数量，才能完成领料。

2. 下推领料单后发现某物料应发数量为0，说明生产该产品需要的对应物料已经全部领出，不能再重复领料。

3. 多张生产任务单可以一起下推领料单，进行合并领料。但是具有父子关系的物料不能一起领料，因为子物料未生产是无法再生产父项物料的。

4. 输入领料单时，一般不需要输入价格。物料的价格是在存货核算后计算得到的。

5. 当领料需要从多个仓库领用物料时，一般建议按仓库分多张单据录入。如果需要在一张单据上输入，注意填写单据中每种物料的领用仓库。

11.2.3 产品完工管理

产品入库单是指在生产任务完成后，生产部门将产品提交给仓库部门入库时所作记录的单据。产品入库单可以参照生产任务单和产品检测单等单据生成，若无源单据引用，可以直接手工录入。产品入库是企业生产物料在内部的流转过程。产品入库单是生产物料完工入库的凭证，也是后续核算投入产出情况、计算成本的依据。

1. 实验资料

2016 年 1 月 8 日，一车间完成 WORK000014 号生产任务单后，孙胜业将加工完成的物料 MAT 外壳送回一车间现场库，陈力验收入库。

2. 实验过程

（1）以仓管员陈力的身份登录，双击执行【生产管理】|【生产任务管理】|【生产任务】|【生产任务单-维护】，查询后在生产任务单序时簿窗口选中 WORK000014 号生产任务单，单击【下推】|【生成产品入库】，系统弹出【生产任务单 生成 产品入库】窗口，如图 11-7 所示。

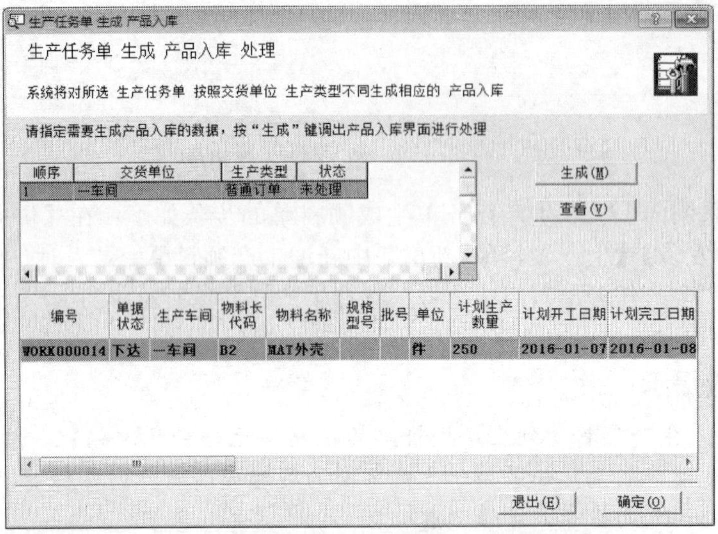

图 11-7 【生产任务单 生成 产品入库】窗口

（2）选择要生成产品入库的目标任务单，单击【生成】按钮，系统弹出产品入库单的【录入单据】窗口，系统自动将生产任务单关联的信息引入产品入库单。

（3）在产品入库单窗口补充相关信息，输入完毕，单击【保存】按钮完成单据保存，并单击【审核】按钮完成审核工作，系统生成的产品入库单的编号为 CIN000001，如图 11-8 所示。

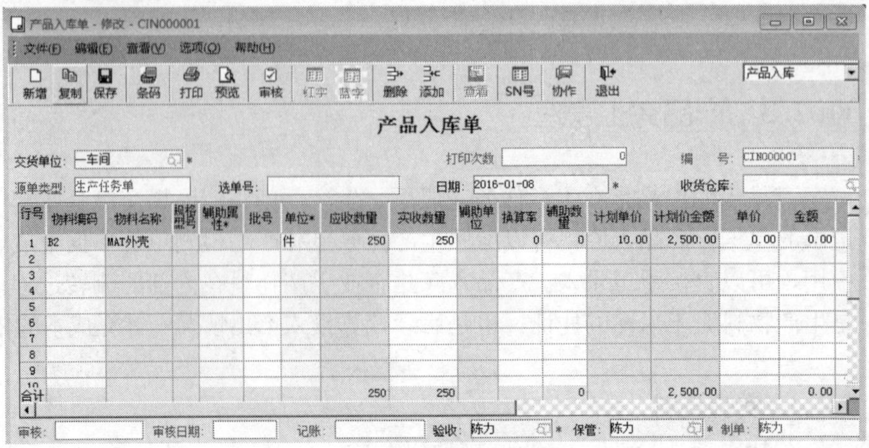

图 11-8 产品入库单

产品入库一经审核，系统自动更新产品的库存数据并更新关联的生产任务单的入库数量。一旦生产任务的入库数量达到或超过计划生产数量，系统自动标识生产任务的执行状态为结案状态。

实验提示

加工完成的产品入库，一般不需要输入价格。加工的半成品或成品的价格是通过成本管理计算得到的。

11.2.4　生产任务结案

生产任务结案是指生产任务完工、产品入库后结束生产任务或因生产情况变化结束生产任务。系统中的结案分为两种方式，即自动结案与手工结案。

1. 自动结案

当生产任务单所需要的物料全部领出（实际领用量≥投料量），加工的产品全部入库（实际入库量≥计划生产量），该生产任务单会自动结案。结案的生产任务单不能再进行领料和产品入库处理。如果需要变更，可以手工反结案该生产任务，然后修改对应的领料单和产品入库单。

2. 手工结案

用户也可以对已经结束但产品入库数量小于计划数量的生产任务单进行手工结案。手工结案的操作步骤如下：

(1) 执行【生产管理】|【生产任务管理】|【生产任务】|【生产任务单-维护】，系统弹出查询界面，录入查询条件后单击【确定】按钮，系统弹出【生产任务单序时簿】窗口，选中要操作的目标生产任务单的行，单击【编辑】|【结案】，若结案成功，系统弹出提示：“结案【…】单据成功!”

(2) 单击【确定】按钮，系统自动填入“结案人”与“结案日期”，并将单据状态变为“结案”状态。

11.3　报表分析

K/3 系统提供了丰富的报表查询功能，除基本报表查询功能外，还提供强大的报表分析查询功能，可以进行任务单全程跟踪，完成生产任务单执行明细表、月生产进度统计表和任务单领料明细表等报表，并且可以自定义查询分析工具。

11.3.1 任务单全程跟踪

生产任务单全程跟踪是对生产任务单各个环节的执行情况提供查询信息。通过该功能，可以了解生产任务的诸多信息：生产管理部门事前对生产进行准备的投料单等生产准备信息；仓库部门正常领料、报废补料等物料控制信息；产品完成后向质检部门提出申请和质检部门进行具体检验的质检信息；具体生产部门完工后进行的任务单汇报/请检和产品入库等实际生产信息的全方位展示；如果有车间的工序管理，也可以将工序信息展示出来，从而将生产任务的全过程展现在一个界面中，方便用户有效进行生产进度控制及根据需要调整生产计划。

双击执行【生产管理】|【生产任务管理】|【任务单全程跟踪】|【任务单全程跟踪】，系统进入【任务单全程跟踪】窗口，光标放在“选单”处，获取要跟踪的任务单并返回跟踪窗口，然后在窗口右侧显示该生产任务单的跟踪情况，如图 11 - 9 所示。

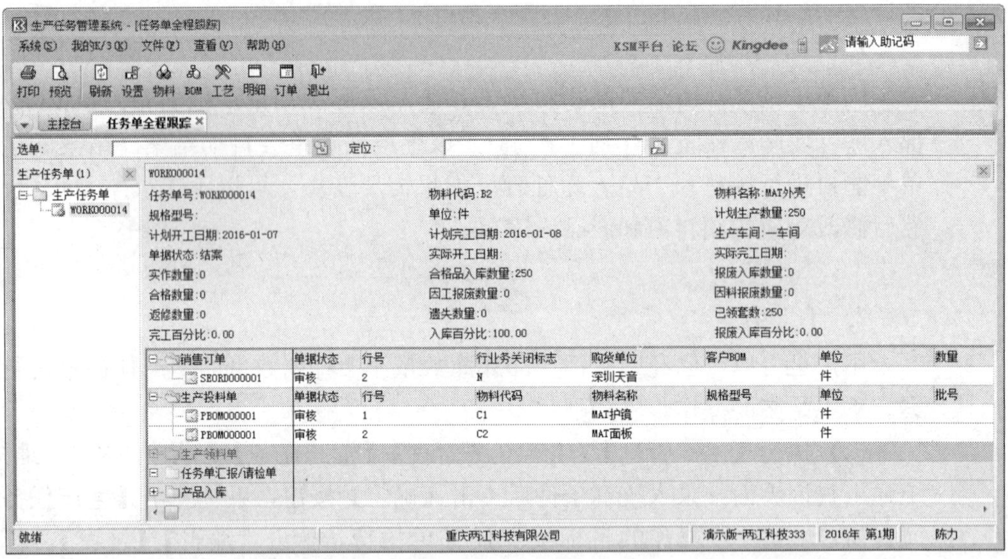

图 11 - 9 【任务单全程跟踪】窗口

11.3.2 生产任务单执行明细表

生产任务单执行情况明细表是指指定物料范围内已下达的生产任务单清单，按计划日期列出生产任务单，用以催查已下达到生产车间或供应商的生产任务单。

双击执行【生产管理】|【生产任务管理】|【生产任务】|【生产任务单执行情况明细表】，系统弹出选择查询条件窗口，日期范围设置为“2016-01-01”至“2016-01-31”，其他项目保持默认值，单击【确定】按钮，系统会自动在服务器中读取数据，可以完整地查询到生产任务单的进度情况，如图 11 - 10 所示。

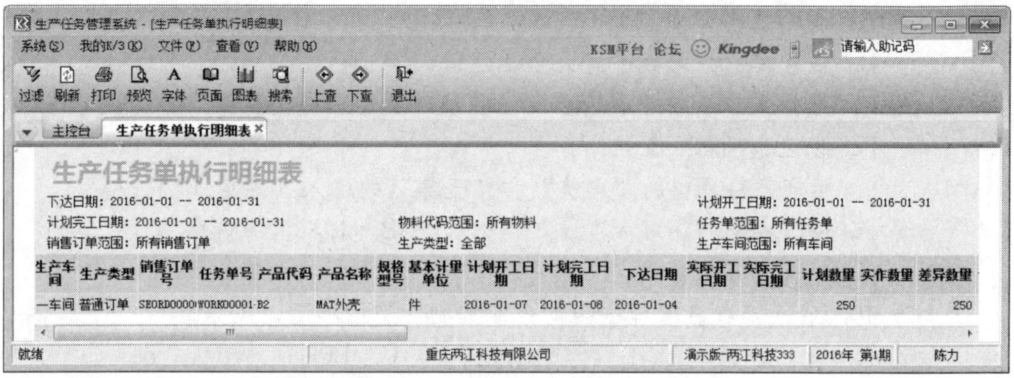

图 11-10　生产任务单执行明细表

□ 复习题

一、单选题

1. 生产任务单录入时，生产车间可以选择部门属性为（　　）的部门。

A. 非车间　　　　B. 车间

C. 无　　　　D. 以上选项都不正确

2. 生产任务单的来源有（　　）。

A. 手工新建　　　　B. 由销售订单生成

C. 由 MPS/MRP 的计划订单投放　　　　D. 以上几项都正确

3. 生产投料单在（　　）情况下生成。

A. 任务单结案　　　　B. 任务单确认

C. 任务单下达　　　　D. 以上几项都不正确

4. 手工新增的任务单，保存后的计划确认状态为（　　）。

A. N　　　　B. Y

C. 随机　　　　D. 以上选项都不正确

5. 以下对生产投料单的生产数量描述正确的是（　　）。

A. 手工录入　　　　B. 取对应生产任务单的生产数量

C. 取生产任务单对应的入库数量　　　　D. 以上选项都不正确

6. 任务单全程跟踪查询的任务单的时间范围是（　　）。

A. 当天　　　　B. 本周

C. 当期　　　　D. 以上选项都正确

7. 对于已经结案的生产任务单描述正确的是（　　）。

A. 可以删除　　　　B. 可以下推产品入库

C. 不能下推产品入库　　　　D. 以上选项都不正确

8. 以下各项中，可实现任务单下达时自动审核投料单的是（　　）。

A. 使用任务单对应的BOM

B. 任务单的分录数不能大于10

C. 选择系统参数“下达生产任务单时自动审核投料单”

D. 以上选项都不正确

9. 生产领料单中的“单价”和“金额”的填入方式是（　　）。

A. 手工录入　　B. 材料出库核算

C. 产品出库核算　　D. 材料入库核算

10. 在生产任务管理中帮助企业控制物料的核心单据是（　　）。

A. 生产投料单　B. 生产任务单　C. BOM　D. 生产领料单

二、判断题

1. 生产任务单的计划开工日期必须是工作日。（　　）

2. 分割后的明细生产任务单的计划生产数量之和应该等于原生产任务单的计划生产数量。（　　）

3. 产品入库单由生产领料单下推生成。（　　）

4. 生产任务单确认下达后会自动生成生产投料单。（　　）

5. 在存货核算未完成前生产领料单中没有原材料价格。（　　）

三、思考题

1. 生产任务单的来源有哪些?

2. 简述生产任务单“确认”状态的意义。

3. 简述生产任务单“下达”状态的意义。

第 12 章 Chapter 12 销售管理

12.1 销售管理概述

销售是企业生产经营成果的实现过程，一方面，企业向客户提供产品，物料流出企业；另一方面，资金流入企业，形成企业的现金或应收账款，用于补偿为生产产品而消耗的材料成本、人工成本、税金及其他成本费用。同时，销售又是整个企业的核心驱动力，企业的各种活动都是围绕确保销售实现组织的，并通过销售完成价值循环。以制造企业为例，一般来说，销售过程决定了企业的生产计划，而生产计划又决定了购买过程中所需的资源。因此，如果销售过程不能很好地发挥作用，无论其他过程多么有效，企业也不可能取得足够的收入来维持运营。

12.1.1 销售的作用

企业的目的是满足消费者的需求，企业的销售就是企业与客户交换产品和价值，从而获得利润或需要的东西的过程。从根本上来看，企业的销售过程就是企业资本利润化的过程。

12.1.2 销售业务概述

一般的销售过程涉及的主要业务有：

（1）制定销售计划和产品报价。

（2）管理客户。开拓市场，对企业客户进行分类管理，维护客户档案信息，制定合理的价格政策，并建立长期稳定的销售渠道。

（3）进行市场销售预测。根据市场需求信息，对于历史和现在的销售数据进行分析，结合市场调查统计结果，对未来的市场情况和发展趋势作出推测，指导今后的销售活动和生产活动。销售预测是企业制定销售计划和生产计划的重要依据。

（4）编制销售计划。按照客户订单、市场预测情况、企业生产情况，对某段时期内企业的销售品种、销售量、销售价格作出安排。销售计划通常是按时间制定的，如按月制定，或者按连续几个月的计划滚动，也可以制定针对某个地区或某个销售人员的销售计划。

（5）制定销售订单。根据客户需求、交货信息、产品信息和其他事项制定销售订单，并通过对企业的生产情况、产品定价情况、客户信誉的考察来确认销售订单，之后传递给生产计划人员用于安排生产，并进行订单跟踪管理。销售订单是生产、销售、发货、货款结算的依据，因而也是销售工作的核心。

（6）组织货源。按照销售订单的交货期组织货源、下达提货单、组织发货，并将发货情况告知财务部门。发货管理是根据销售订单中已到交货期的订单进行库存分配，下达提货单。如果是在工厂内交货，则由客户持提货单到仓库提货；如果是在工厂外交货，则按提货单组织出库与发运。

（7）开出销售发票，向客户催收货款，传给财务部门记账。如果客户退货，可以开红字发票来冲抵销售收入。销售账款结算是指财务部门根据销售发票收取货款，也就是把客户来款分配到尚未收款的发票上；对于拖欠货款的客户，销售人员要做好收款计划，同时配合财务人员积极催款。

（8）为客户提供相关服务。企业为客户提供的服务分为售前、售中和售后三个阶段，销售部门解答售前的客户咨询，跟踪合同、交货情况、客户对产品质量和交货期的满意程度，提供售后支持（如产品安装、调试、维护、维修），并向技术部门和质量部门提供产品的售后质量记录。

（9）销售统计分析。销售统计分析指的是对各种销售信息进行汇总和统计分析，包括各种产品的订货情况、销售情况、收款情况、发货情况、销售计划完成情况、销售盈利情况等，可以从地区、销售人员、销售方式等多个角度进行统计与分析。

12.2 销售业务处理

12.2.1 标准销售业务流程

销售过程包括接受客户订购单，核准购货方信用，备货出库及装运商品，开具销售发票，销售结算等业务。其基本业务流程如图 12-1 所示。

图 12-1 中，除收款单外，其他单据在销售系统中处理。发货通知单可以根据

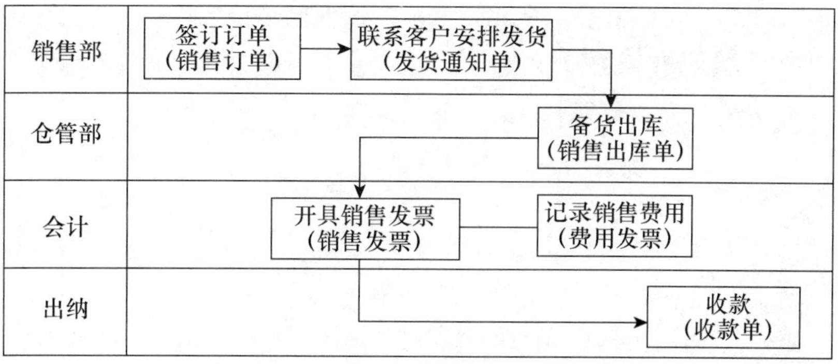

图 12-1　标准销售业务流程图

企业需要选择是否使用。销售出库单也可以在仓库系统中新增。为方便讲解，以同一用户身份模拟后续各业务环节操作。

销售模块采用上拉/向上关联的方式制作单据，和下推达到的效果相同。

1. 实验资料

(1) 销售部周力于 2016 年 1 月 2 日和深圳天音签订订单，销售 M100 手机 200 件，不含税价 2 200 元；增值税税率为 17%，交货期为 2016 年 1 月 16 日，送货上门。

(2) 1 月 12 日，周力通知仓库包装备货，准备寄送。

(3) 1 月 13 日，从成品仓库向深圳天音发出其所订货物。同日，财务部会计李东平开出增值税发票一并寄送给客户。

(4) 委托快递公司运输，支付托运费 200 元，费用由深圳天音承担。

2. 实验过程

(1) 新增销售订单。销售订单是销售契约成立的重要单证，是企业重要的对外使用单据，常常需要买卖双方签字确认。其中，客户、物料、数量、价格、税率、交货日期、币别、汇率是必须有的关键信息。另外，往往需要约定付款结算的方式和日期。

本业务已在 6.2.2 节录入并审核，请参见编号为 SEORD 000001 的销售订单。

(2) 发货通知单上拉生成。发货通知单是企业销售部门在销售产品向客户发货时向仓库发出的通知单，一般作为仓储部门备货的依据，是销售系统与仓存系统连接的关键接口。该单据一般由销售部门制作，交给仓库部门执行。有时，企业为了控制风险，采用客户预付全款或部分货款才能发货的管理模式，这时财务部门会在确认收款后制作或审核发货通知单，告知仓库可以发货。

具体步骤如下：

1) 以销售员刘一江的身份登录，选择【供应链】|【销售管理】|【发货通知】|【发货通知单-新增】，双击进入【发货通知单-新增】窗口，如图 12-2 所示。

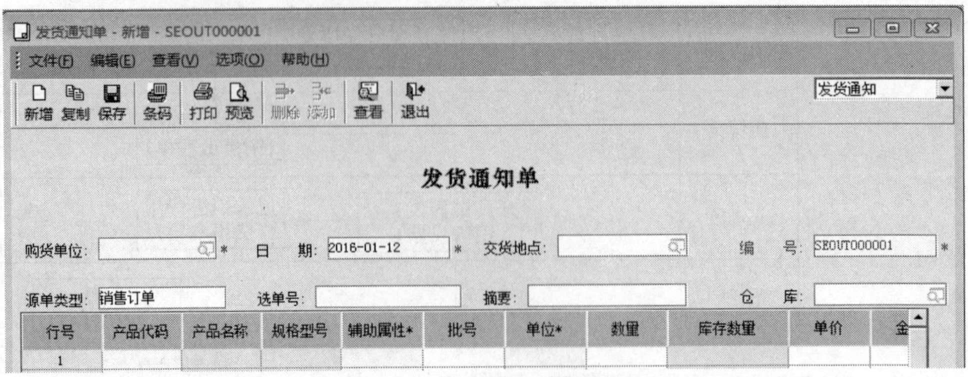

图 12-2 发货通知单

发货通知单可以通过前面录入的销售订单数据关联转入。先选择源单类型，此处选择“销售订单”，在选单号处按 F7 键可以调出已经审核的销售订单，如图 12-3 所示。

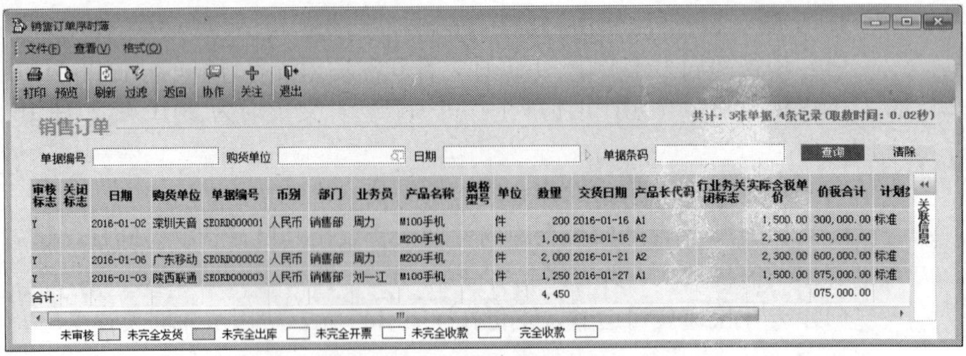

图 12-3 关联销售订单

选中相应的销售订单数据行，本案例中是单据编号为 SEORD000001、产品为 M100 手机的数据行，单击【返回】按钮（注意：若需要选中多行单据数据，单击数据行时要同时按 Ctrl 键或 Shift 键），自动将选中的单据数据传送到发货通知单中。最后补充其他相关信息，完成发货通知单的数据录入，系统生成的发货通知单编号为 SEOUT000001，如图 12-4 所示。

2）保存发货通知单后，单击【审核】按钮对其完成审核工作。

（3）销售出库单上拉生成。销售出库单是确认销售发货完成的单据。一般该单据会打印多联单，发货时交给客户，客户签收确认后返回作为收款的重要凭证。该单据录入审核完成后，库存数量会进行调整。

具体步骤如下：

1）以销售员刘一江的身份登录，选择【供应链】|【销售管理】|【销售出库】|【销售出库单-新增】，双击进入【销售出库单-新增】窗口，首先选择“源单类型”为“发货通知单”，再在“选单号”处按 F7 键，找到相应的发货通知单 SEOUT000001，单击【返回】按钮，如图 12-5 所示。

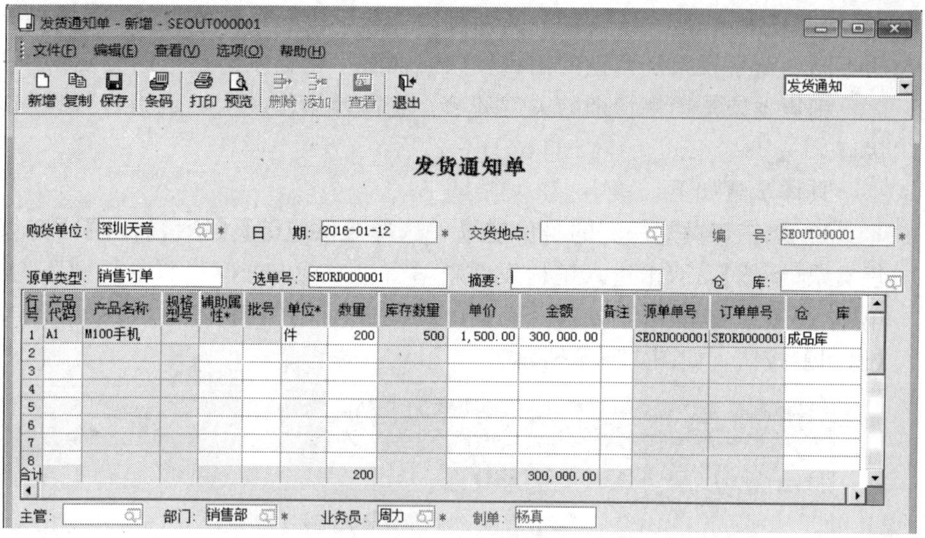

图 12-4 发货通知单

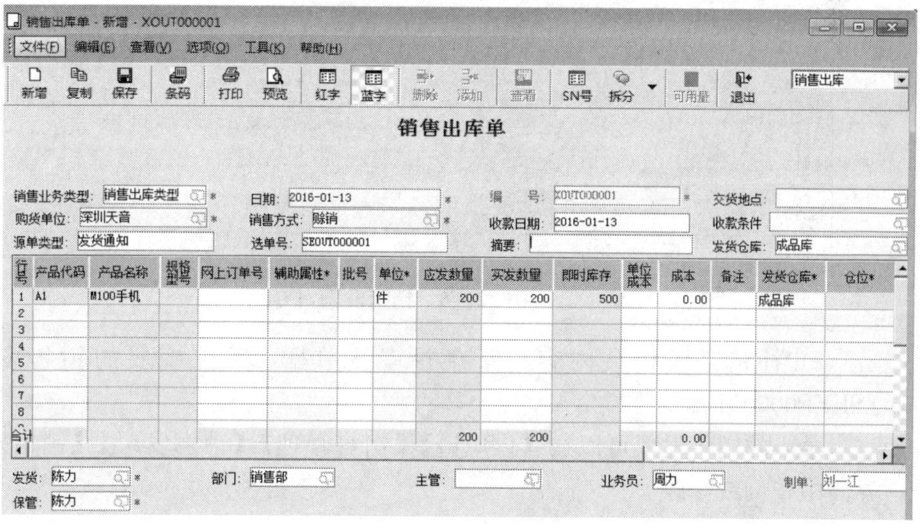

图 12-5 销售出库单

2）输入发货仓库、发货人和保管人等信息，保存并审核单据，系统生成的发货通知单编号为 XOUT000001。

实验提示

对于出库采用批次管理方式的货物，必须选择“批次”，在批号输入栏中按 F7 键或 F12 键，就可以查看库存货物的批次和数量情况。

（4）销售发票上拉生成。销售发票是企业销售产品时销售部门开具的发票，是财务上非常重要的一种原始单据。销售发票在形式上分为专用和普通两种。不管是专用发票还是普通发票，都分为两种，即蓝字发票、红字发票，它们的生成方式有所不同。蓝字发票是真正的销售发票，而红字销售发票是指退货发票。

销售发票是销售管理的关键环节，它涉及销售收入，是销售管理与存货核算的接口。

具体步骤如下：

1）以销售员刘一江的身份登录，选择【供应链】|【销售管理】|【销售发票】|【销售发票-新增】，双击进入销售发票新增窗口，首先选择“源单类型”为“销售出库单”，再在“选单号”处按F7键，找到相应的销售发货单XOUT000001，单击【返回】按钮，如图12-6所示。

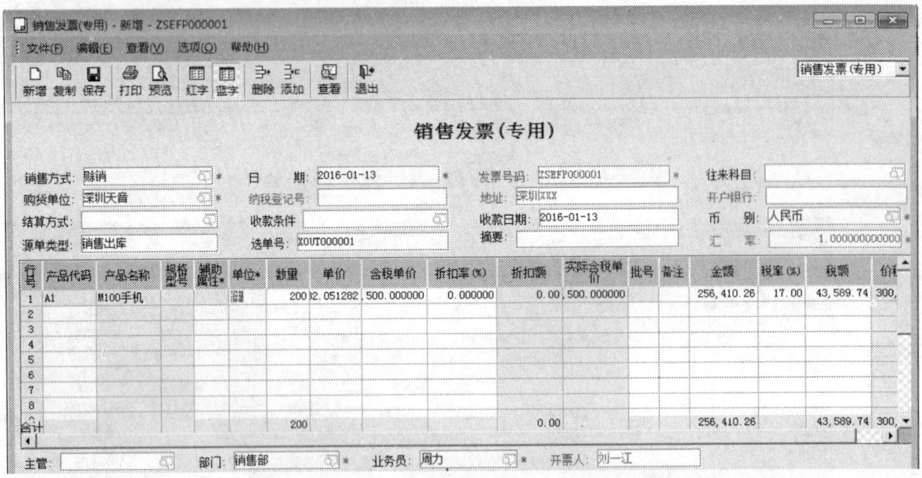

图12-6　销售发票（专用）

2）补充完成相关内容，保存并审核单据，系统生成的销售发票编号为ZSEFP000001。

录入的销售发票可以在【供应链】|【销售管理】|【销售发票】|【销售发票-维护】界面中查询或修改。

实验提示

在新增销售发票时，默认打开的是专用发票界面，可以单击右上角的下位框切换。销售和应收账款管理一体化运作时，录入发票时需要录入“往来科目”字段，选择往来类科目，一般选择“应收账款”。

（5）费用发票上拉生成。销售费用发票记录销售过程中发生的相关费用。如果出现代收代付销售费用的情况，还要记录销售费用所属的应收/应付的类型，以方便财务部门进行收付款处理。

具体步骤如下：

1）以销售员刘一江的身份登录，选择【供应链】|【销售管理】|【费用发票】|【费

用发票-新增】，双击进入销售费用新增窗口，首先在“发票类型”栏选择“应付费用发票”，再在“销售发票号”处按 F7 键，找到相应的销售发票 ZSEFP000001，单击【返回】按钮，如图 12－7 所示。

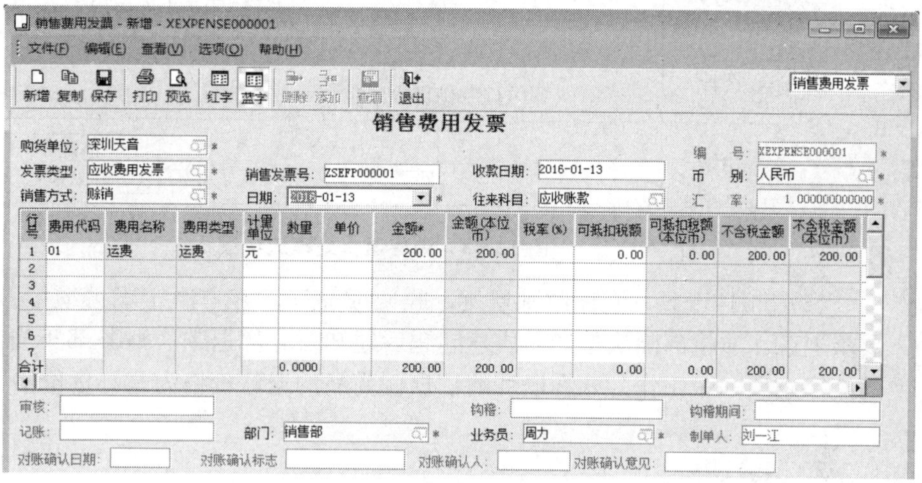

图 12－7　销售费用发票

2）在往来科目处选择“应收账款”，并补充完成相关内容，保存并审核单据，系统生成的销售费用编号为 XEXPENSE000001。

录入的销售发票可以在【供应链】|【销售管理】|【费用发票】|【费用发票-维护】界面中查询或修改。

实验提示

1. 销售发生的费用是我方支付，就直接填写应付费用发票，支付给承运第三方。如果费用是我方垫付，还要填写应收费用发票，后期向客户收钱。

2. 销售发票和费用发票的关系不是上下级关系（下推关系），而是伴随发生的关系，金蝶系统中称为连属关系。

12.2.2　销售退货处理流程

销售退货的业务流程如图 12－8 所示。

图 12－8 中除退款单外，其他单据在销售系统处理。

1. 实验资料

（1）1 月 20 日，接到深圳天音的投诉，它购买的 M100 手机中部分产品有质量问题，准备退回 2 件，刘一江通知仓库准备接收退回货物。预计 1 月 25 日左右收到退货。

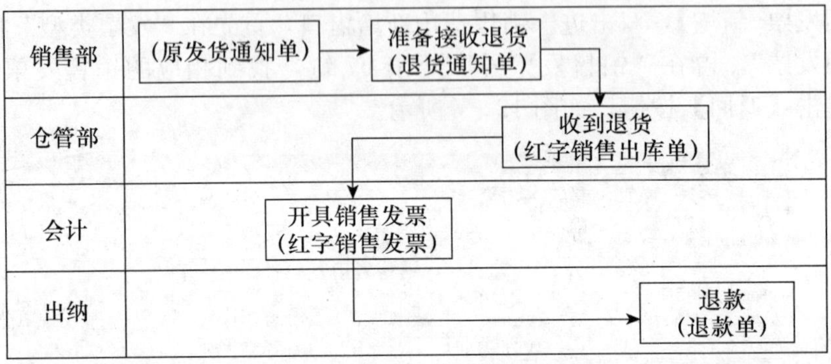

图 12-8 销售退货处理流程图

(2) 1 月 25 日，仓库收到退货，收回成品库。客户决定不再继续购买该产品，要求退款。质检部确认是产品质量问题后通知财务部退款。财务部于当日开具相应的红字发票一张，作为办理退款的依据。商品的退款价格为原订货价格。

2. 实验过程

(1) 退货通知单。退货通知单是处理由于质量不合格、价格不正确或与销售订单、合同的相关条款不相符等原因，购货单位将销售货物退回的业务单据，是发货通知单的反向操作单据。退货通知单的反向作用主要表现在作为发货通知单的反向执行单据，可以作为红字销售出库单的源单据，执行退货操作。另外，由于退货通知单部分反映了产品质量中的不合格情况，因此对企业的产品质量管理具有重要参考价值。同时，在涉及集团内部的分销业务处理中，它与发货通知单一起作为处理集团内部购销业务和集团内部调拨业务的重要单据，在集团企业账套间相互传递，以完成业务流程、相互沟通业务信息。

具体步骤如下：以销售员刘一江的身份登录，选择【供应链】|【销售管理】|【退货通知】|【退货通知单-新增】，双击进入【退货通知单-新增】窗口，首先在“源单类型”栏选择“发货通知单”，再在“选单号”处按 F7 键，找到相应的发货通知单 SEOUT000001，单击【返回】按钮，填写实际退货数量，合理补充其他相关信息，保存并审核单据，系统生成的退货通知单编号为 SEIN000001，如图 12-9 所示。

实验提示

退货通知单从源发货通知单获取时，注意将单据中的数量更改为实际的退货数量。

(2) 红字销售出库单。在 K/3 系统中沿用了财务会计的习惯，即在会计处理中，红字表示反方向操作。所有红字类的单据都是与原使用作用相反的单据，红字销售出库单表示客户退货到本企业。

具体步骤如下：以销售员刘一江的身份登录，选择【供应链】|【销售管理】|【销售出库】|【销售出库单-新增】，双击进入【销售出库单-新增】窗口，首先单击【红

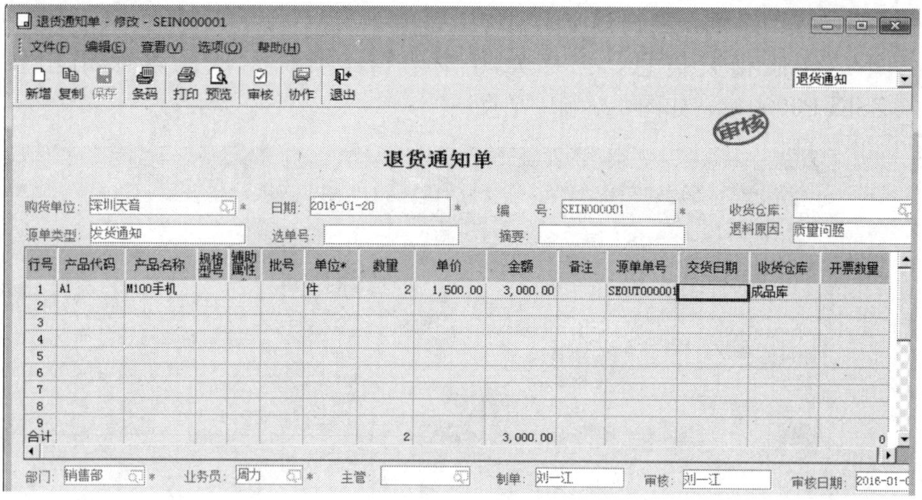

图 12 - 9 退货通知单

字】按钮，再选择“源单类型”为“退货通知”，在“选单号”处按 F7 键，找到相应的退货通知单 SEIN000001，单击【返回】按钮，合理补充其他相关信息，保存并审核单据，系统生成的红字销售出库单编号为 XOUT000002，如图 12 - 10 所示。

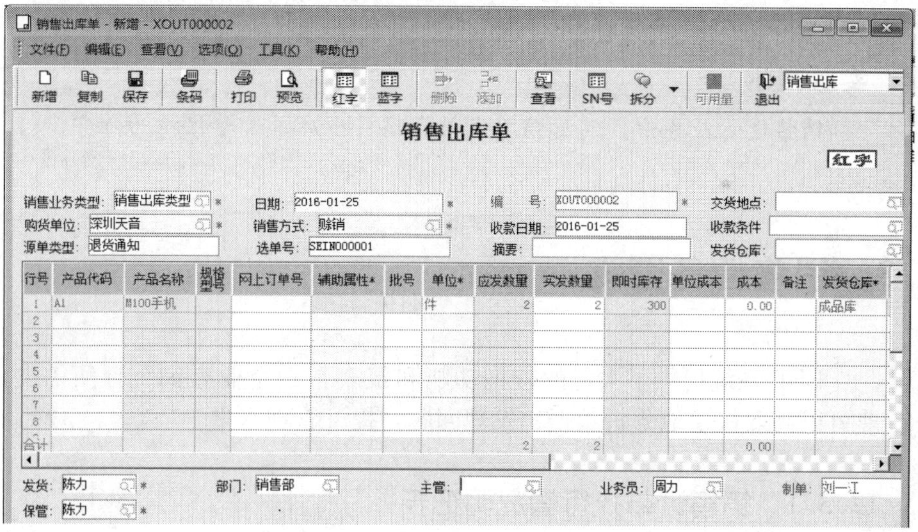

图 12 - 10 红字销售出库单

录入的红字销售出库单可以在【供应链】|【销售管理】|【销售出库】|【销售出库单-维护】界面中查询或修改，其中红字销售出库单的数量都为负数。注意：查询时如果只查询蓝字，就无法看到红字单据。

（3）红字销售发票。红字销售发票是进行后续退款的依据。

具体步骤如下：以销售员刘一江的身份登录，选择【供应链】|【销售管理】|【销售发票】|【销售发票-新增】，双击进入销售发票新增窗口，首先根据发票类型，在左上角切换，再单击【红字】按钮。选择“源单类型”为“销售出库”，在“选单

号”处按 F7 键，找到相应的销售出库单 XOUT000002，单击【返回】按钮，合理补充其他相关信息，保存并审核单据，系统生成的红字销售发票编号为 ZSEFP000002，如图 12-11 所示。

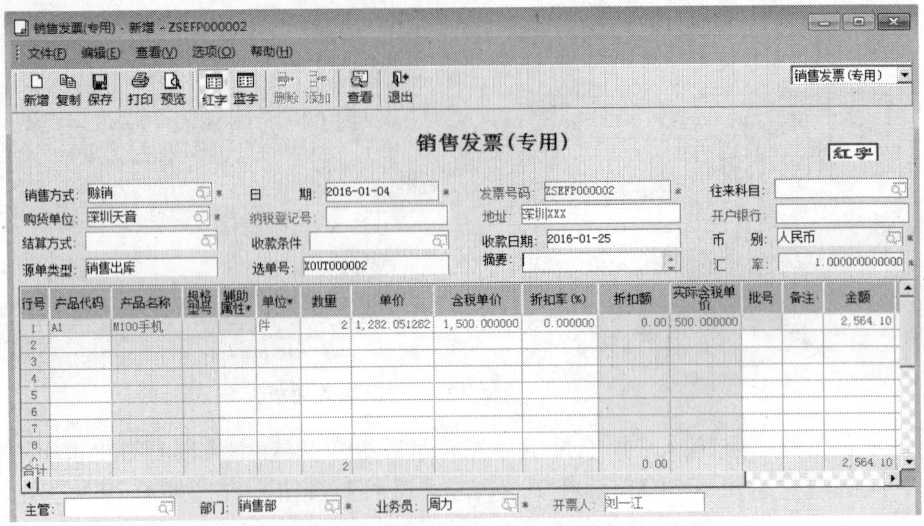

图 12-11 红字销售发票（专用）

实验提示

销售退货业务中，注意销售发票和销售出库单都要保持为红字。

12.3 销售业务查询

ERP 系统提供了大量的查询功能和报表帮助企业查询统计所需要的数据，企业可以高效快速地分析数据、发现问题，提升管理水平。

12.3.1 销售订单执行情况明细表

销售订单执行情况明细表是指客户反映的每张销售订单的详细执行情况，它与汇总表一起，分别从详细和汇总的角度反映订货的出库情况。

执行是指销售订单通过直接关联销售出库单，或者通过关联发货通知单、再关联销售出库单的间接关联方式，显示货物的订货数量和实际出库数量，进行比较并显示差异。如果发货、退货要进行检验，还需包括订单关联发货检验申请再出库或者订单关联退货检验申请再退库的线路。

选择【供应链】|【销售管理】|【销售订单】|【销售订单执行情况明细表】，单击进入报表过滤条件窗口。根据需要修改过滤条件，如设置起始日期为 2016 年 1 月 1

日，截止日期为 2016 年 1 月 31 日，其他内容按默认条件设置，单击【确定】按钮，系统显示销售订单执行情况明细表界面。

进入销售订单执行情况明细表界面后，用户可以查询到当前根据条件过滤筛选出的数据，即按客户显示的每张订单的订货数量、执行的出库数量、未出库数量，并以基本计量单位和常用计量单位两种计量方式反映。用户可以详细了解不同订单的具体执行情况。

12.3.2　产品销售增长分析

产品销售增长分析是分析产品销售数量和金额与上年同期的增减幅度。它的记录内容包括产品代码、产品名称、规格型号、计量单位（常用和基本），销售数量本期数、上年同期数和增减百分比数，销售金额本期数、上年同期数和增减百分比数等，这些数据便于使用者了解销售的整体增减情况，为业务调整提供参考依据。

产品销售增长分析是针对销售订单、销售发票、收款数据进行的。

选择【供应链】|【销售管理】|【报表分析】|【产品销售增长分析】，单击进入报表过滤条件窗口。根据需要修改过滤条件，如指定查询会计期间为 2016 年 1 月，其他内容按默认条件设置，单击【确定】按钮，系统显示产品销售增长分析界面。

进入报表后，用户可以查询到当前根据设置参数筛选出的数据，即每种产品的销售数量、销售收入情况，以及数量、收入与上年同期（或上期）的增减百分比，用户可以据此分析不同产品销售增长的趋势，把握销售业务的增长情况。

□ 复习题

一、单选题

1. （　　）是反映由购销双方确认的客户订货需求的单据。

A. 发货通知单　　B. 销售订单　　C. 产品报价　　D. 询价单

2. 对产品做销售预测是（　　）的责任。

A. 订单录入人员　　B. 市场部门

C. 主生产计划员　　D. 制造部门

3. 销售发票中不能手工录入的项目是（　　）。

A. 数量　　B. 审核　　C. 日期　　D. 购货单位

4. 在销售订单序时簿中，如果要查看本单据关联生成的销售报价单，需进行（　　）操作。

A. 上查　　B. 下查　　C. 上推　　D. 下推

5. 在销售系统中，如发生退货业务，关于发票录入的表述正确的是（　　）。

A. 在销售发票中数量录入负数即可

B. 直接做退货发票

C. 直接做红字发票

D. 在销售发票中选择红字，数量录入负数

二、判断题

1. 销售订单在销售系统整个业务流程中可以缺省不录入。（　　）

2. 在金蝶K/3系统中，已经销售出库但没有开发票的退货业务的处理流程，可以由销售出库单直接生成红字出库单。（　　）

3. 进行反审核操作的人员一定不是审核人。（　　）

4. 销售订单上的摘要不可以携带到销售出库单和销售发票上。（　　）

5. 现销的销售发票不可以传递到应付系统。（　　）

三、思考题

1. ERP销售管理包括哪些功能？请简单介绍。

2. 销售订单是由哪些部分组成的？每个部分中应该包含哪些信息？（每个部分至少写出4项。）

3. 试利用流程图描述销售作业的典型业务流程。

第 13 章
Chapter 13
库存和存货核算管理

存货是指企业在日常活动中持有以备出售的产成品、商品、生产过程中的在产品、生产过程或提供劳务过程中耗用的物料等。存货是保证企业生产经营顺利进行的必要条件。为了保障生产经营过程连续不断地进行，企业要不断地购入、耗用或销售存货。

库存管理就是对企业的存货流动、循环进行动态控制和管理，它是企业物流管理的核心；存货核算是企业财务部门对存货的价值流动的管理与核算。库存管理与存货核算一般结合使用，充分体现了企业业务和财务的一体化，从而为存货的管理与核算提供全面完整的信息。

13.1 库存管理

13.1.1 库存管理概述

库存管理是 K/3 供应链中的重要模块，提供物料的外购入库、产成品入库、其他入库、委外加工入库、验收入库、生产领料、销售出库、其他出库、委外加工发料、货位管理、批次管理、调拨业务和盘点业务等全面的业务应用。

库存管理模块可以单独使用，也可以与采购管理、销售管理、物料需求计划及存货核算等模块集成使用，发挥更加强大的应用功能。

13.1.2 入库、出库业务

K/3 系统中入库业务在验收入库子功能下，主要是处理所有物料的入库业务，包含外购入库、产品入库、委外加工入库和其他入库业务。

K/3 系统中出库业务在领料发货子功能下，主要是处理所有物料的出库业务，包含销售出库、生产领料、委外加工出库和其他出库业务。

为了使读者能快速了解库存管理的日常业务处理，在此以生产业务为主线讲述物料出入库业务处理方法。

1. 外购入库

外购入库单是由采购业务所产生的入库单据，可以参照采购订单或采购来料通知单生成，若无源单据引用，则可以直接手工录入。

K/3 系统中可以通过【供应链】|【仓库管理】|【验收入库】|【外购入库单-新增】或【供应链】|【采购管理】|【外购入库单】|【外购入库单-新增】来新增外购入库单据。【仓库管理】中的外购入库单与【采购管理】中的外购入库单同步更新，即在【采购管理】中的外购入库处理后，在【仓库管理】中可以查询、修改和审核等；同理，在【仓库管理】中的外购入库处理后，在【采购管理】中可以查询、修改和审核等。外购入库的案例参见 10.3.1 节。

2. 生产领料

生产领料主要是录入因生产半成品/成品业务而形成的仓库领料业务，生产领料单可以参照生产任务单和外购入库单等单据生成，若无源单据引用，则可以直接手工录入。生产领料的案例参见 11.2.2 节。

3. 产品入库

产品入库是处理生产车间领料后，组装生产半成品或成品物料的入库业务，产品入库单可以参照生产任务单和产品检测单等单据生成，若无源单据引用，则可以直接手工录入。产品入库的案例参见 11.2.3 节。

4. 销售出库

销售出库单处理的是由销售行为所形成的产品出库单，销售出库单可以参照销售订单和销售发票等单据生成，若无源单据引用，则可以直接手工录入。

K/3 系统中可以通过【供应链】|【仓库管理】|【领料发货】|【销售出库-新增】或【供应链】|【销售管理】|【销售出库】|【销售出库单-新增】来新增销售出库单据。【仓库管理】中的销售出库单与【销售管理】中的销售出库单同步更新，即在【销售管理】中的销售出库处理后，在【仓库管理】中可以查询、修改和审核等；同理，在【仓库管理】中的销售出库处理后，在【销售管理】中可以查询、修改和审核等。销售出库的案例参见 12.2.1 节。

5. 其他入库

其他入库主要是处理非由销售行为和生产行为所形成的入库业务，如赠品业务入库、盘盈入库等，系统也同时提供参照发运单、收料通知单和其他出库单据等生成其他入库单。

（1）实验资料。

1 月 6 日，在完成初始化正式启用系统后，仓管员发现系统录入初始数据时遗漏了部分数据。材料库遗漏了 200 件 MAT 面板，成本价为 3.5 元。现补录系统，该物料是中山电机供应的。

（2）实验过程。

具体步骤如下：以仓管员陈力的身份登录，选择【供应链】|【仓库管理】|【验收入库】|【其他入库-新增】，单击进入其他入库单新增界面，按照案例资料录入相关信息，保存并审核单据，系统生成的编号为 QIN000001，如图 13-1 所示。

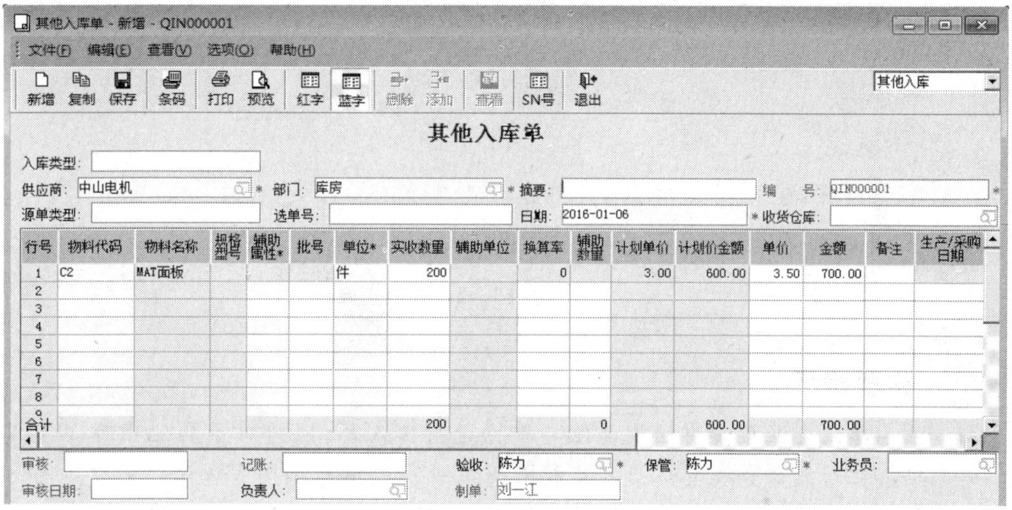

图 13-1　其他入库单

实验提示

由于采用其他入库单的原因较多，可以根据原因对其他入库单进行分类，以方便统计，可以在其他入库单单据的“入库类型”中选择类型。“入库类型”数据可以在【公共资料】|【辅助资料】中自定义，满足企业多样性的需要。

6. 其他出库

其他出库主要是处理非由销售行为和生产行为所形成的出库业务，如赠品业务出库、盘亏出库等，系统也同时提供参照发货通知单和其他入库单据等生成其他出库单。

（1）实验资料。

1 月 12 日，销售部业务员刘一江因为洽谈业务的需要从成品库领用了 M100 手机、M200 手机各 1 件，作为样品送给了客户陕西联通。

（2）实验过程。

具体步骤如下：以销售员刘一江的身份登录，选择【供应链】|【仓库管理】|【领料发货】|【其他出库-新增】，单击进入其他出库单新增界面，按照案例资料录入相关信息，保存并审核单据，系统生成的编号为 QOUT000001，如图 13－2 所示。

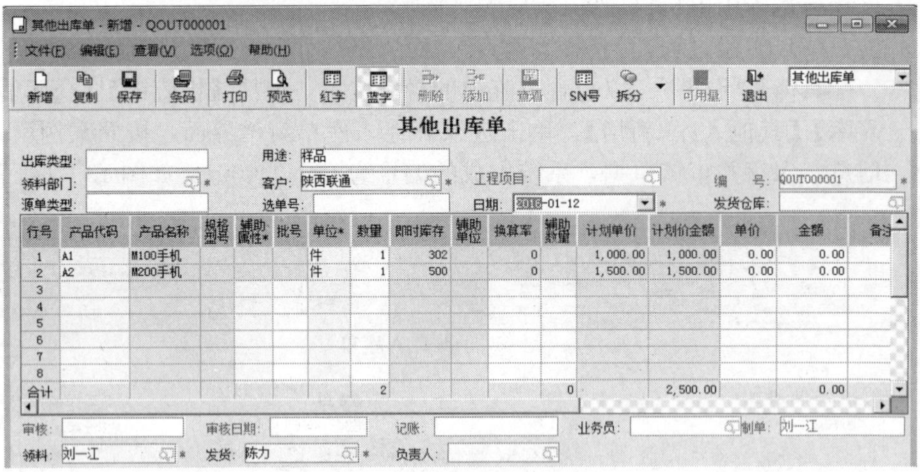

图 13－2 其他出库单

实验提示

建议企业尽量少使用其他类单据进行出入库。因为对于其他出库单和其他入库单，在后续财务核算环节并不能采用统一模式核算和生成凭证，需要财务人员逐一甄别，核算工作量较大，容易形成财务黑洞，使用过多易造成混乱。

13.1.3 盘点业务

企业存货品种多，由于各种原因易造成存货账实不相符。为了保护企业流动资产的安全和完整，做到账实相符，企业必须对存货进行定期或不定期的清查，确定企业各种存货的实际库存量，并与账面记录核对，查明存货盘盈、盘亏和毁损的数量以及原因，据以编制存货盘点报告表，按规定程序报有关部门审批。

1. 实验资料

1 月 28 日，对材料库进行盘点，发现 MAT 面板比账面多出 10 件。经确认，该键盘的成本为 3.5 元/件。

2. 实验过程

(1) 新建盘点方案。以仓管员陈力的身份登录，执行【供应链】|【仓库管理】|【盘点作业】|【盘点方案-新增】，进入盘点进程窗口。单击【新建】按钮，打开【备

份仓库数据】对话框，如图 13－3 所示。选择需要盘点的仓库，备份日期选择“即时库存”，单击【确定】按钮，完成仓库数据备份，返回盘点进程窗口，如图 13－4 所示。

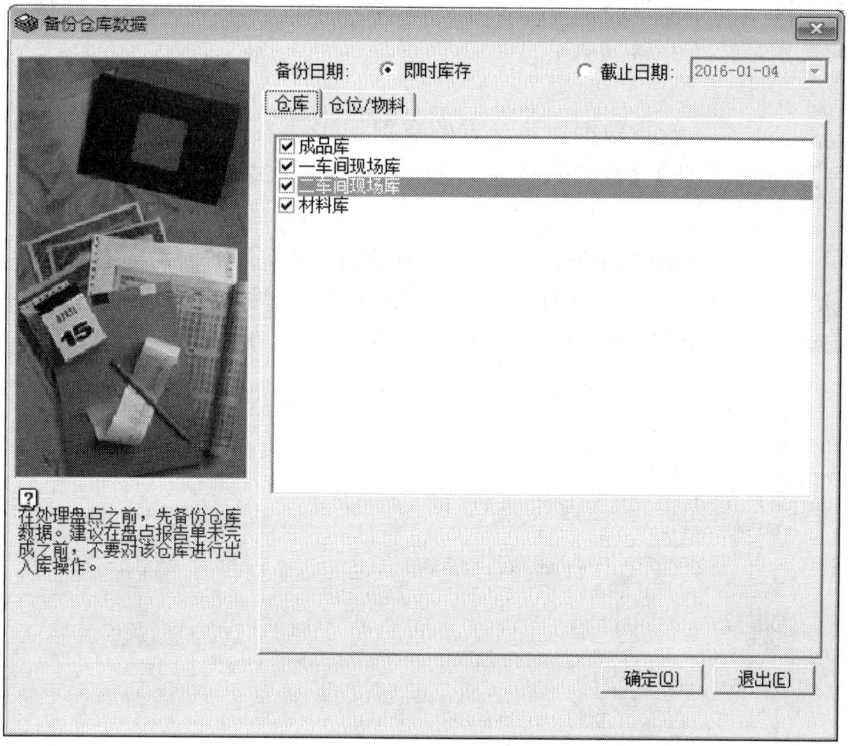

图 13－3　【备份仓库数据】对话框

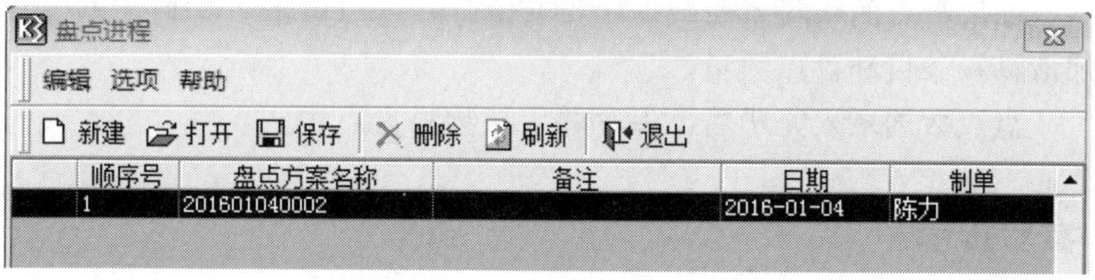

图 13－4　新建盘点方案

备份时，系统会进行数据检查，备份截止时间前，如果仓库还有未审核的出入库单据，系统将提示不能备份，可以通过【供应链】|【仓库管理】|【报表分析】|【出入库流水账】查询，找出有哪些未审核的单据，审核完相应单据后才能进行盘点备份操作。

如果某仓库已经备份，但还未输出盘点单，系统也不能备份该仓库数据。

（2）打印盘点表。即引出需盘点数据，提供仓存人员进行盘点的存货列表。选择【供应链】|【仓库管理】|【盘点作业】|【盘点表打印】，进入物料盘点表界面，单击工具栏中的【打印】按钮即可打印该表。

实验提示

盘点表打印为什么没有账面数据？

K/3系统采用的是盲盘方式，盘点人员盘点时不知道账存数据，可以减少舞弊的发生，提高数据准确度。

(3) 录入盘点数据。将盘点的数据如实录入盘点表。执行【供应链】|【仓库管理】|【盘点作业】|【盘点数据录入】，进入录入数据的界面，直接在“盘点数量”栏录入数据。

如果盘点的物料在备份数据中有库存，则将调整后的数据直接录入“盘点数量”栏。例如，MAT面板的账存数量有2 190件，比账面多出10件，那么在“盘点数量”栏录入2 200件，盘点数据如图13-5所示。

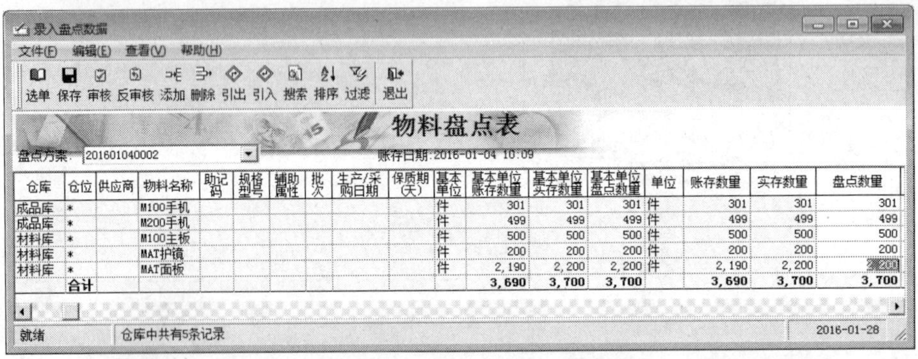

图13-5 【录入盘点数据】窗口

如果盘点的物料备份数据中没有库存，可以单击工具栏上的【添加】按钮，添加该物料条目和盘点数量。

盘点数据录入完毕后，保存并审核物料盘点表。

实验提示

账存数、实存数、盘点数和调整数的含义：

1. 账存数是与盘点日最近的账面截止日（即盘点备份日）的库存余额。

2. 实存数是截止账面日库存实际的余额，它是盘点的实际数量和还未入账的出入库单加/减之后的库存余额，系统通过“选单”选择盘点期间的单据并自动计算实存数。

3. 盘点数是盘点日盘点人实际清点的库存额。

4. 调整数是调整的账存数量，调整数量录入后会影响盘点报告单的账存数量（在录入盘点数据界面账存数量不会有变化），从而影响盘盈盘亏数量。盘点报告单界面账存数量=录入盘点数据界面账存数量+调整数量。用户须注意，在录入数据时，此栏数据慎重录入。

（4）编制盘点报告/生成盘盈单和盘亏单。执行【供应链】|【仓库管理】|【盘点作业】|【编制盘点报告】，进入物料盘点报告单界面，分别单击物料盘点报告单左上角的“盘盈单”和“盘亏单”，系统自动生成盘盈单/盘亏单，并给予审核确认，如图 13－6 所示。

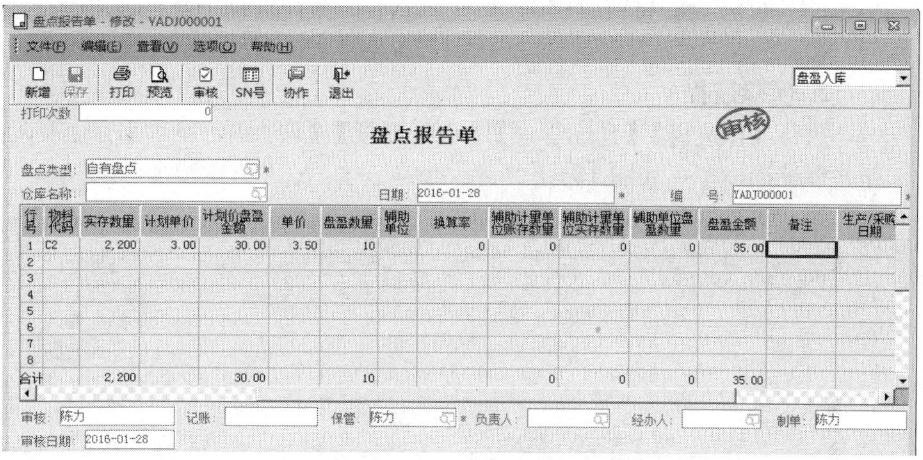

图 13－6　盘点报告单

生成的盘盈单/盘亏单可以在【供应链】|【仓库管理】|【盘点作业】|【盘盈单-维护】或【盘亏单-维护】中进行修改。

实验提示

注意，在 K/3 系统中盘盈单和盘亏单必须一次生成，如果只生成其中一种单据就退出编制盘点报告界面，那么另外一种单据将无法继续生成。只有将之前生成的单据删除，才能重新进入编制盘点报告界面，一起生成两种单据。

13.1.4　调拨业务

调拨是指将物料从一个仓库转移到另一个仓库，也可以进行一个仓库之中不同货位的移动，如图 13－7 所示。有些企业拥有很多仓库，经常需要将物料移动，此时就会用到仓库调拨。仓库调拨的关键是要区分调入仓库和调出仓库，不要混淆。仓库调拨单是记录库间或库内移动，实现对物料的位置完整跟踪的单据。

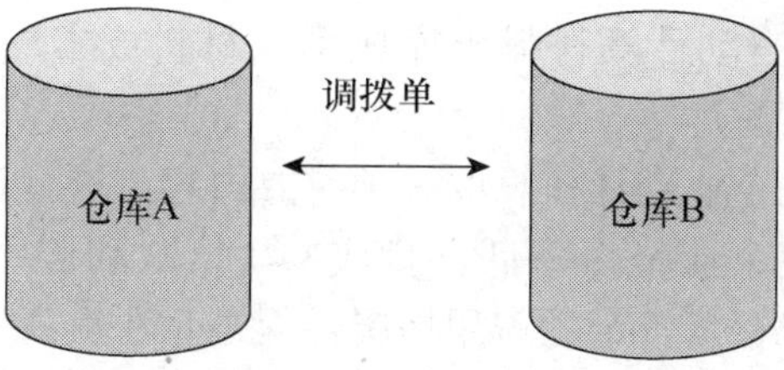

图 13－7　调拨

调拨的调出一方会减少仓库的库存，调入的一方会增加库存，从企业总体来看并没有增加和减少物料的库存。

1. 实验资料

1 月 30 日，将材料库中的 10 件 MAT 面板调拨到一车间现场库。

2. 实验过程

执行【供应链】|【仓库管理】|【仓库调拨】|【调拨单-新增】，输入调拨信息，保存并审核调拨单，如图 13－8 所示。

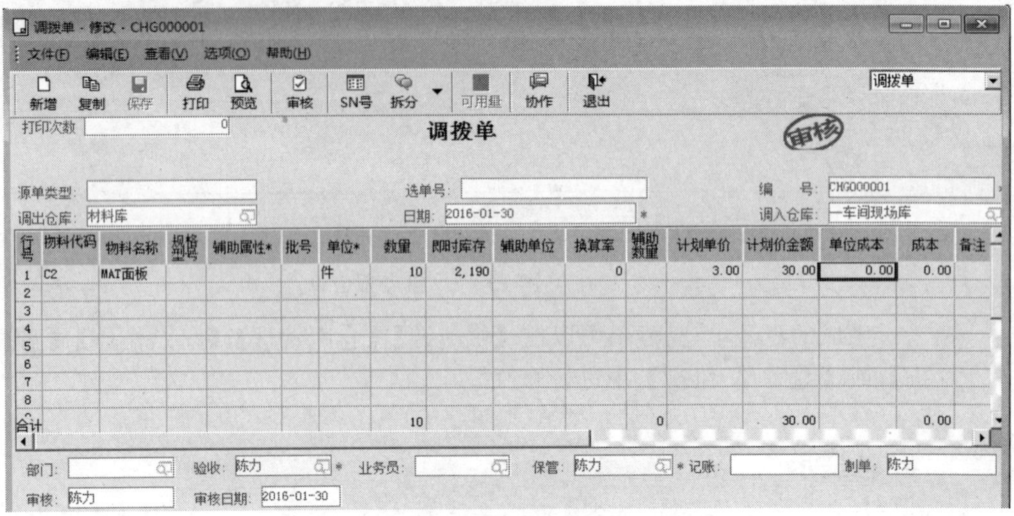

图 13－8　调拨单

13.2 存货核算

13.2.1 存货核算概述

存货核算系统主要是对出入库的存货进行出入库成本计算，对各种出入库单据（采购入库单、成品入库单、销售出库单、材料领用单等）进行审核、钩稽后，根据预先定义好的物料成本计价方法（如先进先出法、加权平均法、个别计价法等），系统自动计算材料出库成本。材料成本核算后的单据生成凭证将传递到总账中。

存货核算是企业会计核算的一项重要内容。进行存货核算，应该正确计算存货购入成本，促使企业努力降低存货成本，反映和监督存货的收发、领退和保管情况，反映和监督存货资金的占用情况，促进企业提高资金的使用效率。

存货核算模块不可以单独使用，须与采购管理、销售管理和仓存管理等模块集成使用，才能正确核算材料成本。

13.2.2　入库核算

入库核算功能主要是用来核算各种入库类型的存货入库（如外购入库和自制入库等）的实际成本。不同类型的入库的核算方法不同，外购入库的成本还应依据相钩稽的采购发票计入采购费用，才能计算入库成本；若外购入库未收到发票，可以进行暂估入库处理；自制入库的存货成本要手工录入单价；委外加工入库的成本由材料费和加工费组成。

1. 外购入库核算

外购入库核算主要核算外购入库实际成本，包括买价和采购费用两个部分。买价由与外购入库单相钩稽的发票确定，采购费用通过采购费用发票确定，可先按数量或金额手工分配到发票上物料的每个金额栏，再通过核算功能，将买价与采购费用之和根据钩稽关系分配到对应的入库单上，作为外购入库的实际成本。

（1）钩稽采购发票。采购发票与采购入库单产生的时间大多不同，而且发票上的数量、单价、金额与实际入库的数量、单价、金额可能不一致，这在实际工作中很常见。

采购发票的钩稽具有特殊性，实际上就是指采购发票和采购入库单的核对，也叫作“配单”——发票与采购入库单进行匹配。钩稽的主要作用是进行实际成本的匹配确认，最后通过采购入库核算后，使采购入库单的成本与采购发票保持一致。

无论是本期还是以前期间的发票，钩稽后都作为钩稽当期发票来计算成本。

1）实验资料。

对 10.3.1 节中的采购发票和外购入库单进行钩稽。

2）实验过程。

双击执行【供应链】|【采购管理】|【采购发票】|【采购发票-维护】，弹出采购发票过滤窗口，设置选择条件，进入采购发票序时簿。

选择一张还没有钩稽的发票，如本案例中的 ZPOFP000001 号采购发票，再选择【钩稽】按钮。发票钩稽窗口的上半部分显示了参与钩稽的发票列表，左边显示本次发票钩稽的数量。发票钩稽窗口的下半部分显示了参与钩稽的采购入库单列表，左边显示了本次钩稽的采购入库数量。本次钩稽的发票数量与本次钩稽的采购入库数量原则上应保持一致，如图 13－9 所示。

有多行的话，可以先按 Ctrl 键或 Shift 键，然后单击鼠标在单据和发票上进行多项选择，单击工具栏上的【钩稽】按钮，完成钩稽后系统会提示钩稽成功。

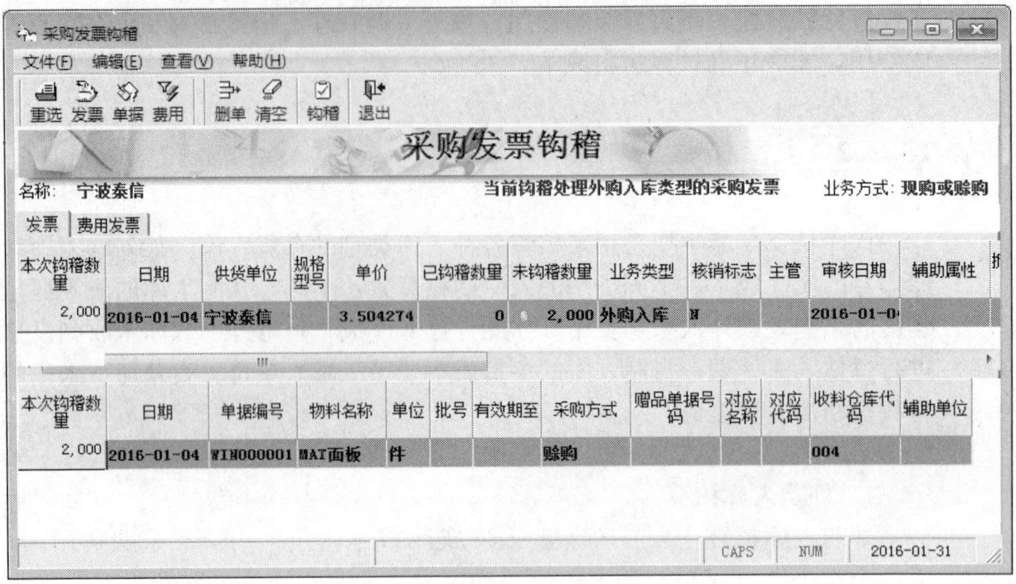

图 13-9 采购发票钩稽

实验提示

1. 如果只收到部分物料，但对方已经全额开具发票，发票数量大于入库单数量，钩稽前需要在发票序时簿上先将该发票进行拆分处理。同样，如果物料全部入库，但只收到部分采购发票，发票数量小于外购入库单数量，钩稽前需要在采购入库单序时簿上先将入库单进行拆分处理。

2. 在供应链系统中，一张采购发票可以与多张外购入库单、多张费用发票钩稽，多张发票也可以与一张外购入库单、一张费用发票钩稽，同样，多张采购发票可以与多张外购入库单、多张费用发票钩稽。

执行【供应链】|【采购管理】|【采购发票】|【采购发票-钩稽日志】，可以查看发票与入库单的钩稽日志情况，如图 13-10 所示。

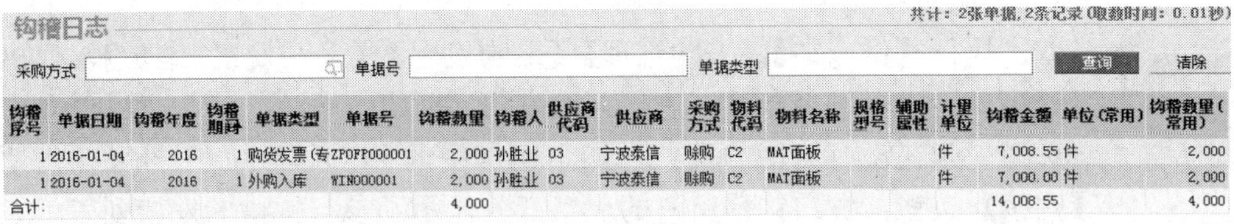

图 13-10 钩稽日志

(2) 分配采购费用。在外购入库核算时分配的费用必须是能够摊入物料成本的采购费用。费用分配方式有两种：一种是按数量分配，以发票上物料的基本计量单位数量作为权重对采购费用进行分配；另一种是按金额分配，以发票上物料的金额为权重进行分配。

1）实验资料。

将 10.3.1 节中的采购费用分配到原材料的采购单位成本。

2）实验过程。

选择【供应链】|【存货核算】|【入库核算】|【外购入库核算】，即可进行采购费用分配，如图 13－11 所示。

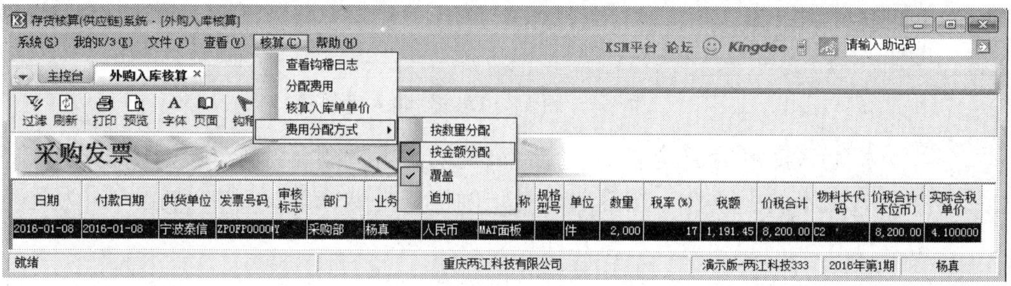

图 13－11　采购费用分配

先选择要进行费用分配的发票，如本案例中的 ZPOFP000001 号采购发票，然后选择【核算】|【费用分配方式】|【按金额分配】。

执行【核算】|【分配费用】，系统自动完成费用的分配工作。系统在执行分配任务时，先将采购费用总额和税金分别除以分配标准之和（选定发票上所有物料的数量或金额总和），然后分别乘以各自的分配标准（数量或金额），得到物料的采购费用和运费税金。

执行【核算】|【核算入库单价】，完成后会显示结束提示。

费用分配完成后，可选择【供应链】|【采购管理】|【外购入库】|【外购入库单-维护】，进入外购入库序时簿，如图 13－12 所示。

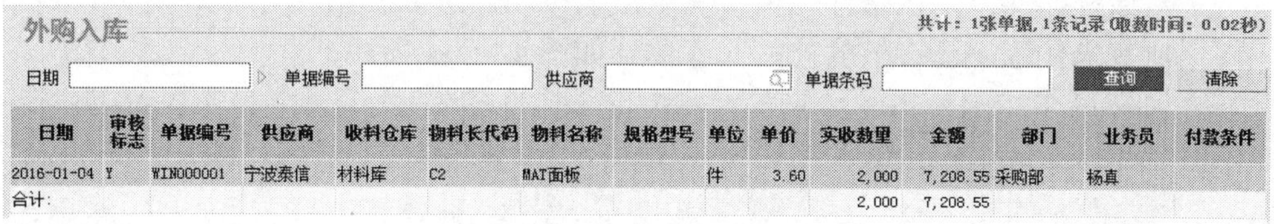

图 13－12　费用分配后的入库单

这时可以发现 MAT 面板的单价已经从 3.5 元变为 3.6 元，金额也产生了相应变化。

（3）进行核算。

1）实验资料。

对 10.3.1 节中的采购业务进行外购入库成本核算。

2）实验过程。

选择【供应链】|【存货核算】|【入库核算】|【外购入库核算】，单击【核算】按钮完成外购入库成本的核算，如图 13－13 所示。

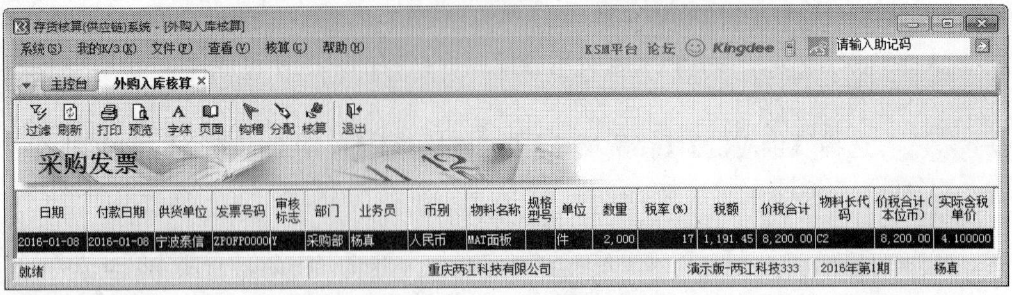

图 13-13 外购入库核算

外购入库核算成功后，系统将采购发票上的单价、金额返填到采购入库单，保持采购成本的一致性。核算成功是正确生成外购入库凭证的前提，因为只有经过核算才能保证采购发票与外购入库单金额平衡。

参考上述操作逐一核算其他采购发票。

2. 存货估价入账

月末结算时，对于已经采购入库的物料，如果还未收到销售发票，就难以准确确定其价格，但是因为月末结算，需要暂时给予一个估计价格，所以按估价记账，待以后收到发票后以准确价格记账，并调整差异。

（1）实验资料。

10.2.2 节暂估入库中采购的 MAT 护镜的价格经财务部门查询历史存货价值，估计为 4 元/件，据此登记入账。

（2）实验过程。

选择【供应链】|【存货核算】|【入库核算】|【存货估价入账】，弹出【条件过滤】对话框，保持默认条件，单击【确定】按钮，进入暂估入库核算窗口，窗口显示出所有未钩稽、已审核的外购入库单，如图 13-14 所示。

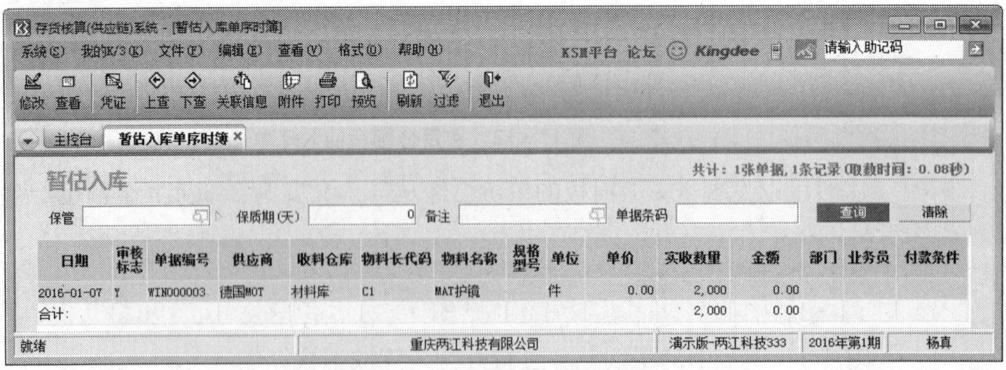

图 13-14 暂估入库单序时簿

选中单据编号为 WIN000003 的外购入库单，双击入库单据，打开后直接输入成本，保存并退出即可。

实验提示

1. 暂估是指企业未收到已经入库物料的采购发票，不能正确地核算入库物料的成本，所以用估价的方式核算该物料的成本，待该笔物料的采购发票实际收到时，再核算正确的物料入库成本。

2. 暂估是一种估计行为，所以该单据核算的成本凭证必须冲回，回冲方式有差额调整和单到回冲两种方式，可通过【系统设置】|【系统设置】|【存货核算】|【系统设置】进行设置。

3. 自制入库核算

企业的自制品包括自制产成品和自制半成品，它们的成本由生产成本中的直接成本、直接材料、制造费用和其他费用汇总分配后核算得出，应由财务人员计算获得。如果启用了成本管理系统，自制入库产品的单价可以由成本管理系统引入，否则财务人员需手工填入，当物料采用计划成本或实际成本计价方式时，录入方式不同。

（1）实验资料。

财务部门对自制半成品和成品生产过程中耗用的直接材料、直接人工和制造费用进行归集并分配，计算得出 11.2.3 节中入库的半成品 MAT 外壳的成本价为 10 元/件。

（2）实验过程。

选择【供应链】|【存货核算】|【入库核算】|【自制入库核算】，弹出【条件过滤】对话框，事务类型框中选择“产品入库（计划成本部分）”，单击【确定】按钮，进入自制入库核算窗口，窗口显示对本期所有已审核的产品入库单进行核算，如图 13-15 所示。

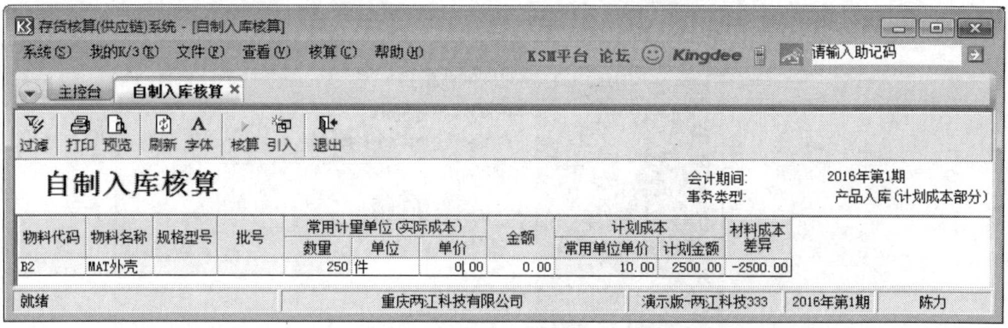

图 13-15 【自制入库核算】窗口

选中物料 MAT 外壳 250 件的产品入库单，手工录入单位成本，单击【核算】按钮，系统会将汇总计算出的单价、金额回填到单据，同一部门、同一产品的单位成本相同。

实验提示

存货核算中的自制品单据是接收的【仓库管理】中的产品入库单据，所以只有产品入库单审核后，才能在存货核算中进行入库成本核算。

13.2.3 出库核算

在销售、生产领料、库存业务处理中，各种物料的出库只录入数量，而没有录入金额。出库核算是指系统根据物料档案所采用的计价方法自动计算出物料的出库成本。

1. 材料出库核算

材料出库核算时，系统首先检查是否还有未记账的入库单，如有，则提示后中断退出。这时需要把未记账的入库单记账，才能重新进行出库成本核算。采用实际成本法时，系统自动按照在基础设置中针对每种物料设定的存货计价方法计算出每一张出库单上各物料的发出单价；采用计划成本法时，系统首先计算材料成本差异率，然后在出库单上自动填入计划单价并计算发出金额，最后计算发出材料应分摊的材料成本差异。

本功能主要用来核算材料（物料属性为外购类的物料）出库成本，一般在成本计算、委外加工入库核算、其他入库核算前必须进行材料出库核算，如未先进行材料出库核算，而直接进行成本计算、委外加工入库核算、其他入库核算，可能造成对应的产品成本不准确。

选择【供应链】|【存货核算】|【出库核算】|【材料出库核算】，单击【下一步】按钮，进入如图13-16所示的对话框，选择“结转本期所有物料”。

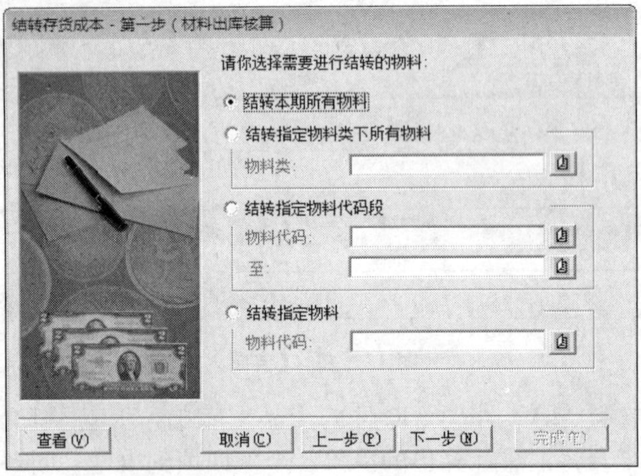

图13-16 【结转存货成本】对话框

存货品种较多，出入库单据量较大时，为了加快结转成本的速度，一般分次分段进行存货成本的结转。对于有生产制造过程的企业，一般先通过存货出库核算结转原材料的出库成本，然后加上人工费、制造费，核算出产品的入库成本，最后通过存货出库核算结转产成品的销售出库成本。也可以通过生产管理系统进行领料和入库的跟踪，通过生产成本核算实现原材料出库成本和成品入库成本的自动核算。

进入下一步操作，选择结转成本的有关选项，一般选择默认参数即可。单击【下一步】按钮，进入下一界面。单击【完成】按钮，系统开始进行成本的自动计算。计算完毕，系统会给出提示。可以单击【查看报告】按钮查看具体的计算情况，文档中有详细的计算过程，如图 13－17 所示。

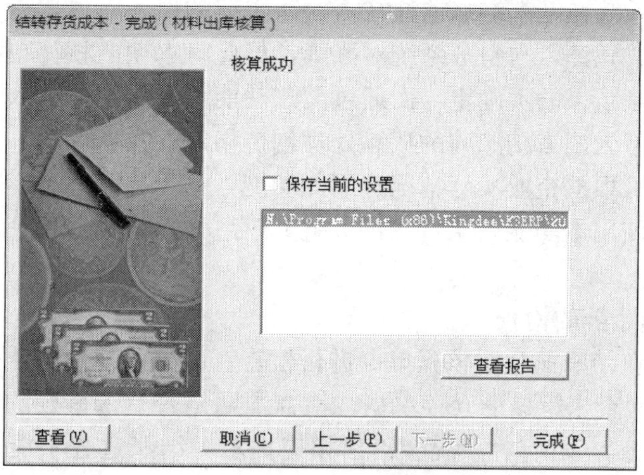

图 13－17　结转存货成本计算完毕

此时查看单据或汇总表，会发现发出的产成品的成本都已计算出来。

实验提示

材料出库核算的异常处理：

1. 若材料入库核算未完成（有入库单的单价为零，包括红字），系统会提示出错。根据选项决定是否停止继续核算其他材料。用户应选择入库核算模块，完成相关的入库核算。

2. 若出现负结存出库，系统会根据系统设置中的负结存出库选项来决定出库成本，若选择手工录入，则会收集到不能确定单价的单据。

3. 对于红字出库单据和调拨单，系统也会根据系统选项设置来决定出库成本。

4. 关于先进先出法、加权平均法等核算方法的计算逻辑，请参考财务会计的相关知识。

2. 产成品出库核算

产成品出库核算主要用于物料属性为非外购类的物料核算出库成本。

执行【供应链】|【存货核算】|【出库核算】|【产成品出库核算】命令，进入结转存货成本的向导窗口，按照系统提示完成操作。

13.2.4 业务期末结账

期初、期末库存余额是进行存货核算以及仓库管理的重要依据。期末结账指将本期的所有数据计算处理后结转到下一期，包括结存数量、结存金额。

1. 关账

物流系统在期末结账前往往需要对本期的出入库单据进行后续处理，如出入库核算，生成凭证，与财务系统对账等，但此时本期的核算单据录入尚未截止，可能会造成对账结果的不确定，而通过关账功能可截止本期出入库单据的录入和其他处理，有利于为期末结账前的核算处理创造稳定的数据环境。

用户可根据企业实际情况选用此功能，是否关账并不影响期末结账。

如要使用本功能，执行【供应链】|【存货核算】|【期末处理】|【期末关账】。

2. 结账前的检查

系统在结账前会对核算单据进行检查，以确认本期的业务已处理完整。

(1) 检查未审核的仓存单据。检查本期是否有未审核的单据（包括调拨单、成本调整单等），若有，系统会给出相应提示，结账过程不能进行。此时应查看相关的序时簿，进行相应处理。

(2) 检查金额为零的出入库单据。检查本期是否有金额为零的库存单据，若有，系统会给出相应提示，结账过程不能进行。此时应进行相应的出入库核算再结账。

(3) 检查是否还有未生成凭证的核算单据。此检查根据核算选项进行，若选择期末结账时检查未记账的单据，则系统会检查所有的核算单据是否已生成凭证，包括成本调整单和调价单；若同时选择了“同价调拨单生成凭证”选项，在期末结账时对同价调拨单是否生成凭证进行检查；若未选择“同价调拨单生成凭证”选项，则不需要检查同价调拨单是否生成凭证。

(4) 检查未生成凭证的应收应付单据。

3. 结账过程

(1) 计算本期收发数量、金额合计。根据本期所有的出入库单据，计算本期各个仓库（位）中各种物料（批次）的本期收入数量、金额合计，发出数量、金额合计，并写入存货余额表。

(2) 计算本年累计收发数量、金额合计。根据上期的本年累计收入数量、金额，发出数量、金额，以及本期收发数量、金额合计，计算截至本期的本年累计收发数量、金额。

(3) 计算本期期末余额，结转到下一期。根据本期期初余额和本期收发数量、金额合计，计算各个仓库（位）中各种物料（批次）的本期期末余额，并将它结转为下一期的期初余额。

注意：若物料需进行保质期管理，在处理余额表时，还会按生产日期和保质期汇总。

(4) 更新即时库存数据。若在期末结账界面选中“核对即时库存”，则系统会重算即时库存数量。该选项并非必选，只有在即时库存由于某种异常情况与报表数据不一致时，才需要使用。

检查本期是否有未生成凭证的应收应付单据，若有，系统会给出相应提示，结账过程不能进行。此时应进行相应的单据处理再结账。

期末结账后，以前期间的数据不能再进行更改，因此一定要仔细，如果本期还有未处理的出入库单据，则结账会失败。

执行期末结账，选择【供应链】|【存货核算】|【期末处理】|【期末结账】完成。

若结账后发现有误，可选择【供应链】|【存货核算】|【反结账处理】|【反结账】进行反结账。

□ 复习题

一、单选题

1. （　　）是指与库存物料相关的计划和控制活动。它主要是依据企业的生产经营计划，使物料管理工作标准化和高效化，以降低库存成本和提高供货率。

A. 销售管理　　B. 生产管理　　C. 采购管理　　D. 库存管理

2. 产品成本的构成为（　　）。

Ⅰ. 直接材料费　　Ⅱ. 直接人工费　　Ⅲ. 制造费　　Ⅳ. 销售费

A. 只有Ⅰ和Ⅳ　　B. 只有Ⅰ，Ⅱ和Ⅲ

C. 只有Ⅱ和Ⅳ　　D. 只有Ⅰ，Ⅲ和Ⅳ

3. 仓库调拨单可用于的业务是（　　）。

A. 虚仓之间的调拨　　B. 实仓之间的调拨

C. 代管仓之间的调拨　　D. 虚实仓之间的调拨

4. 以下对于关账的说法不正确的是（　　）。

A. 可截止本期出入库单据的录入和其他处理，有利于为期末结账前的核算处理创造稳定的数据环境

B. 关账后，当前会计期间将发生改变，即结转至下月

C. 关账后对本期的核算单据不能再修改、作废和反审核

D. 关账就是月末结账

5. 在 K/3 系统中存货核算的顺序应该是（　　）。

A. 外购入库核算→自制入库核算→材料出库核算→产品出库核算

B. 外购入库核算→材料出库核算→自制入库核算→产品出库核算
C. 材料出库核算→产品出库核算→外购入库核算→自制入库核算
D. 材料出库核算→外购入库核算→产品出库核算→自制入库核算

二、判断题

1. 当月的进货必须当月做发票录入。 ( )
2. 如果销售出库单是在销售系统中制作的，那么在仓存系统中可查看该单据。 ( )
3. 系统允许直接删除已经生成了盘盈单的盘点方案。 ( )
4. 自制入库核算时产品成本包括直接材料成本和分摊成本。 ( )
5. 采购发票钩稽时发票中的数量应与外购入库单的数量一致。 ( )

三、思考题

1. 库存管理的主要业务有哪些?
2. 简述仓库盘点流程。
3. 存货核算能否单独进行?
4. 试从库存管理在 ERP 系统中的作用入手分析，为什么库存记录准确程度的高低是衡量 ERP 系统实施成功与否的基本标志。

附录　实验案例资料

一、基础设置

（一）新建账套

建账的基本参数如下：

账套号：999。在实验中，学生要用学号作为账套号，以便于区分。

账套名称：两江科技。

账套类型：选择“标准供应链解决方案”。

数据库实体：采用系统默认。为了方便管理，当存在多个账套时，可以修改为比较容易识别的名称，如“两江科技 2016”。

数据库文件路径和数据库日志文件路径：自行选定。

系统账号：选择 SQL Server 身份验证方式。系统用户名为 sa；系统口令要与 SQL Server 安装时设置的密码一致。

（二）设置账套属性

账套的基本参数如下：

机构名称：重庆两江科技有限公司

地址：重庆市江北区建新东路 120 号

电话：（023）61234567

本位币符号：RMB　　　　　　　　本位币：人民币

启用会计年度：2016 年　　　　　　启用会计期间：1 月

在实验中，可以用当时的年份作为启用会计年度，如本年为 2016 年，则启用会计年度为“2016”，后面案例中的“本年”均要设为当年的年份。

会计期间数：采用默认值，一个会计期间有 12 期，一个月为一个会计期间，如1月1日至1月31日，2月1日至2月28日，……，12月1日至12月31日。

起始日期：2016年01月01日　　　　结束日期：2016年12月31日

勾选“凭证过账前必须审核”选项。

(三) 用户管理

会计工作分工和各岗位权限资料如表A-1所示。

表A-1　　　　岗位分工

操作员组	主要操作权限	说明
系统管理员组	全部功能	
会计组	基础资料、总账、工资、固定资产、报表、财务分析、存货核算、应收应付	非业务类凭证制作、个人往来账管理、会计报表制作
出纳组	出纳管理，基础资料查询权	现金管理
采购组	采购管理，应收应付的查询权、基础资料查询权	物料采购处理
销售组	销售管理，应收应付的查询权、基础资料查询权	商品销售处理
库房组	仓库管理，基础资料查询权	各种出入库业务、库存盘点等业务的管理
生产管理组	生产管理系统，基础资料	生产计划的制定

操作人员明细资料如表A-2所示。

表A-2　　　　操作人员

姓名	认证方式	权限属性	操作员组
王少红	密码认证，传统认证方式，密码：123456	可以进行业务操作 具有用户管理权限	系统管理员组
李东平	密码认证，传统认证方式，密码：123456	可以进行业务操作	会计组
张中杨	密码认证，传统认证方式，密码：123456	可以进行业务操作 高级授权：凭证审核、过账、反过账权	
赵小兵	密码认证，传统认证方式，密码：123456	可以进行业务操作	出纳组
杨真	密码认证，传统认证方式，密码：123456	可以进行业务操作	采购组
周力	密码认证，传统认证方式，密码：123456	可以进行业务操作	销售组
刘一江	密码认证，传统认证方式，密码：123456	可以进行业务操作	销售组

续前表

姓名	认证方式	权限属性	操作员组
陈力	密码认证，传统认证方式，密码：123456	可以进行业务操作	库房组
余刚	密码认证，传统认证方式，密码：123456	可以进行业务操作	生产管理组
孙胜业	密码认证，传统认证方式，密码：123456	可以进行业务操作	

（四）系统设置

1. 核算参数

系统核算参数如表 A－3 所示。

表 A－3　核算参数

参数名称	参数值
启用年度	2016
启用期间	1
核算方式	数量、金额核算
库存更新控制	单据审核后才更新
是否启用门店管理	不启用

2. 工厂日历

工厂日历参数如表 A－4 所示。

表 A－4　工厂日历参数

参数名称	参数值
工厂日历起始日	2016－01－01
其他	周六、周日是休息日

（五）币别

启用账套后，系统自动新增了一条币别记录——代码：RMB；名称：人民币。本实验不需要使用外币，因此省略了其他币别和汇率体系资料的输入。

（六）会计科目

从模板中引入科目，选择“新会计准则科目”。

（七）凭证字

凭证字如表 A－5 所示。

表 A-5　　凭证字

凭证字	凭证名称	科目范围限制
收	收款凭证	借方必有：1001—1002
付	付款凭证	贷方必有：1001—1002
转	转账凭证	借和贷必无：1001—1002

（八）计量单位

计量单位如表 A-6 所示。

表 A-6　　计量单位

计量单位组	代码	计量单位名称	换算方式	换算率	是否默认
重量组	KG	千克	固定换算	1	是
	T	吨	固定换算	1 000	
数量组	J	件	固定换算	1	是
	X	箱	固定换算	50	

（九）客户和供应商

客户和供应商的资料如表 A-7 所示。

表 A-7　　客户和供应商的资料

性质	代码	单位名称	单位地址	联系电话	联系人
客户	01	深圳天音	深圳×××	0755-6634502	王飞
客户	02	广东移动	广东×××	020-68167860	陈力
客户	03	陕西联通	陕西×××	0651-1234567	刘陕北
供应商	01	德国 MOT	德国×××	(0049) 06633-642123	张山
供应商	02	中山电机	中山×××	0760-11223344	李四
供应商	03	宁波泰信	宁波×××	0574-33445566	王五

（十）部门和职员

部门的资料如表 A-8 所示。

表 A-8　　部门的资料

部门代码	部门名称	部门属性	成本核算类型
01	行政部	非车间	期间费用部门
02	财务部	非车间	期间费用部门
03	销售部	非车间	期间费用部门
04	采购部	非车间	期间费用部门
05	生产计划部	非车间	期间费用部门
06	生产车间	车间	基本生产部门

续前表

部门代码	部门名称	部门属性	成本核算类型
06.01	一车间	车间	基本生产部门
06.02	二车间	车间	基本生产部门
07	库房	非车间	期间费用部门

职员的资料如表 A-9 所示。

表 A-9　　职员的资料

职员编码	职员名称	部门名称	性别	职员类别	职务	入职日期
0101	张文峰	行政部	男	管理人员	总经理	1987-05-06
0102	李天华	行政部	男	管理人员	职员	2001-02-01
0201	李东平	财务部	男	管理人员	职员	2001-07-08
0202	王少红	财务部	女	管理人员	部门经理	2000-03-05
0203	张中杨	财务部	男	管理人员	职员	2008-10-11
0204	赵小兵	财务部	女	管理人员	职员	2003-01-05
0301	周力	销售部	男	经营人员	部门经理	1995-03-15
0302	刘一江	销售部	男	经营人员	职员	2008-01-20
0401	赵希文	采购部	男	经营人员	部门经理	2003-01-21
0402	杨真	采购部	女	经营人员	职员	2006-07-08
0501	余刚	生产计划部	男	管理人员	职员	2010-06-07
0601	胡兵	一车间	男	管理人员	车间主任	2004-03-25
0602	孙胜业	一车间	男	工人	职员	1995-09-16
0603	徐英	二车间	男	工人	职员	1999-07-12
0701	陈力	库房	男	管理人员	职员	2004-07-01

（十一）仓库

仓库的资料如表 A-10 所示。

表 A-10　　仓库的资料

代码	名称	仓库属性	仓库类型	是否 MPS/MRP 可用量
001	成品库	良品	普通仓	√
002	一车间现场库	良品	普通仓	√
003	二车间现场库	良品	普通仓	√
004	材料库	良品	普通仓	√
005	待检库	在检品	待检仓	

（十二）物料

（1）物料资料（基本资料）如表 A-11 所示。

表 A-11　　物料的基本资料

代码	名称	物料属性	计量单位组	基本计量单位	默认仓库	数量精度	安全库存量	最低存量
A1	M100 手机	自制	数量组	件	成品库	0	100	1
A2	M200 手机	自制	数量组	件	成品库	0	0	0
B1	M100 主板	外购	数量组	件	材料库	0	0	0
B2	MAT 外壳	自制	数量组	件	一车间现场库	0	0	0
B3	M200 主板	自制	数量组	件	二车间现场库	0	0	0
C1	MAT 护镜	外购	数量组	件	材料库	0	0	0
C2	MAT 面板	外购	数量组	件	材料库	0	0	0
C3	M200 芯片	外购	数量组	件	材料库	0	0	0
C4	M200 裸板	外购	数量组	件	材料库	0	0	0

（2）物料资料（物流资料）如表 A-12 所示。

表 A-12　　物料的物流资料

代码	名称	计划单价	销售单价	存货科目代码
A1	M100 手机	1 000.00	1 500.00	1405 库存商品
A2	M200 手机	1 500.00	2 300.00	1405 库存商品
B1	M100 主板	800.00		1403 原材料
B2	MAT 外壳	10.00		1403 原材料
B3	M200 主板	380.00		1403 原材料
C1	MAT 护镜	4.00		1403 原材料
C2	MAT 面板	3.00		1403 原材料
C3	M200 芯片	100.00		1403 原材料
C4	M200 裸板	3.00		1403 原材料

上述物料的其他物流资料属性按表 A-13 设置。

表 A-13　　物料的物流资料（其他属性）

物料属性	内容
是否采用业务批次管理	否
是否进行保质期管理	否
计价方法	移动平均法
销售成本科目代码	6401　主营业务成本
销售收入科目代码	6001　主营业务收入
成本差异科目代码	1404　材料成本差异
单价精度	2

(3) 物料资料（计划资料）如表 A-14 所示。

表 A-14 物料的计划资料

代码	名称	计划策略	订货策略	订货间隔期	固定提前期	变动提前期	最小订货量	最大订货量	批量增量	变动提前期批量	需求时界	计划时界
A1	M100 手机	MPS	期间订货量（POQ）	6	1	1	200	10 000	10	600	7	20
A2	M200 手机	MPS	批对批（LFL）	0	1	1	100	10 000	10	500	7	20
B1	M100 主板	MRP	批对批（LFL）	0	2	1	1	10 000	1	100		
B2	MAT 外壳	MRP	批对批（LFL）	0	1	1	1	10 000	1	100		
B3	M200 主板	MRP	批对批（LFL）	0	1	1	1	10 000	1	100		
C1	MAT 护镜	MRP	批对批（LFL）	0	2	1	1	10 000	1	100		
C2	MAT 面板	MRP	批对批（LFL）	0	2	1	1	10 000	1	100		
C3	M200 芯片	MRP	批对批（LFL）	0	2	1	200	1 000	10	100		
C4	M200 裸板	MRP	批对批（LFL）	0	2	1	200	1 000	10	100		

注：时间单位默认为天。

二、业务初始数据

2015 年 12 月 31 日，对各个仓库进行盘点，获得如表 A-15 所示的期初库存数据。

表 A-15 库存盘点表

仓库名称	物料代码	物料名称	单位	期初数量	期初金额
材料库	B1	M100 主板	件	500	380 000
	C1	MAT 护镜	件	200	800
	C2	MAT 面板	件		
	C3	M200 芯片	件		
	C4	M200 裸板	件		
一车间现场库	B2	MAT 外壳	件		
二车间现场库	B3	M200 主板	件		
成品库	A1	M100 手机	件	500	480 000
	A2	M200 手机	件	500	750 000
合计					1 610 800

三、生产数据管理

(一) 工作中心和资源清单

1. 班制

二班制的资料如表 A-16 所示。

表 A-16　　二班制的资料

班次	时段	首时段	开始时段		结束时段		工作小时数
			时	分	时	分	
白班上	白班上	√	7	00	11	00	4
白班下	白班下		11	30	15	30	4
中班上	中班上		16	00	20	00	4
中班下	中班下		20	30	23	30	3

2. 工作中心

工作中心的资料如表 A-17 所示。

表 A-17　　工作中心的资料

代码	工作中心名称	所属部门	是否关键工作中心	班制	效率（%）	利用率（%）	能力计算类型
001	贴片线	一车间	是	一班制	100	100	设备
002	测试线	一车间	是	一班制	100	100	设备
003	压制线	二车间	是	一班制	100	100	设备
004	成型线	二车间	是	一班制	100	100	设备
005	包装线	二车间		二班制	100	100	人
006	A1 总装	一车间		二班制	100	100	人

3. 资源清单

资源清单组别的资料如表 A-18 所示。

表 A-18　　资源清单组别的资料

组别代码	组别名称
001	设备
002	人力

资源清单的资料如表 A-19 所示。

表 A-19　　资源清单的资料

组别	资源代码	资源名称	工作中心
设备	001	贴片机	贴片线
	002	焊接机	贴片线
	003	无线测试仪	测试线
	004	压制机	压制线
	005	注塑机	成型线
人力	006	工人	包装线
	007	工人	A1 总装

（二）工序和工艺路线

1. 工序

工序的资料如表 A-20 所示。

表 A-20　　工序的资料

工序号	工序名称
1	贴片
2	测试
3	压制
4	成型
5	包装

2. 工艺路线

工艺路线组别的资料如表 A-21 所示。

表 A-21　　工艺路线组别的资料

组别代码	组别名称
001	手机装配
002	主板制作

工艺路线的资料如表 A-22 所示。

表 A-22　　工艺路线的资料

组别	工艺路线	名称	生产产品	工序号	工序名称	工作中心	时间单位	加工批量	运行时间
手机装配	RT000001	手机装配	M200 手机	3	压制	压制线	小时	40	1
手机装配	RT000001	手机装配	M200 手机	4	成型	成型线	小时	20	1
手机装配	RT000001	手机装配	M200 手机	5	包装	包装线	小时	10	2.5
主板制作	RT000002	主板制作	M200 主板	1	贴片	贴片线	小时	20	1
主板制作	RT000002	主板制作	M200 主板	2	测试	测试线	小时	20	1

(三) 物料清单

BOM 组别的资料如表 A-23 所示。

表 A-23　　BOM 组别的资料

组别代码	组别名称
001	手机
002	外壳
003	主板

M 系列手机物料清单分解后的 BOM 单如表 A-24 所示。

表 A-24　　BOM 单的资料

<table>
<tr><th>组别</th><th>父项代码</th><th>名称</th><th>子项代码</th><th>名称</th><th>子项用量</th><th>发料仓库</th><th>工艺路线</th><th>工序</th></tr>
<tr><td rowspan="2">外壳</td><td rowspan="2">B2</td><td rowspan="2">MAT 外壳</td><td>C1</td><td>MAT 护镜</td><td>5</td><td>材料库</td><td rowspan="2"></td><td rowspan="2"></td></tr>
<tr><td>C2</td><td>MAT 面板</td><td>1</td><td>材料库</td></tr>
</table>

续前表

组别	父项代码	名称	子项代码	名称	子项用量	发料仓库	工艺路线	工序
主板	B3	M200 主板	C3	M200 芯片	2	材料库	主板制作	贴片
			C4	M200 裸板	1	材料库		测试
手机	A1	M100 手机	B1	M100 主板	1	材料库		
			B2	MAT 外壳	1	一车间现场库		
手机	A2	M200 手机	B2	MAT 外壳	1	一车间现场库	手机装配	压制
			B3	M200 主板	1	一车间现场库		包装

(四) 多工厂日历

将 2016 年 12 月 31 日至 2017 年 1 月 2 日设置为非工作日。

四、主生产计划

(一) 需求来源

1. 产品预测

M 系列手机预测单的建立日期为 2016 年 1 月 1 日，实验资料如表 A－25 所示。

表 A－25　　预测单的资料

产品	数量	预测开始日期	预测结束日期
M100 手机	1 000	2016-01-04	2016-01-08
	1 000	2016-01-11	2016-01-15
	1 200	2016-01-18	2016-01-22
	1 000	2016-01-25	2016-01-29
M200 手机	1 200	2016-01-04	2016-01-08
	1 300	2016-01-11	2016-01-15
	1 200	2016-01-18	2016-01-22
	1 300	2016-01-25	2016-01-29

2. 销售订单

(1) 销售部周力于 2016 年 1 月 2 日和深圳天音签订订单，销售 M100 手机 200 件，不含税价 2 200 元；M200 手机 1 000 件，不含税价 2 050 元；增值税税率 17%，交货日期为 2016 年 1 月 16 日，送货上门，运费由客户承担。

(2) 销售部周力于 2016 年 1 月 6 日和广东移动签订订单，销售 M200 手机 2 000 件，不含税价 2 050 元；增值税税率 17%，交货日期为 2016 年 1 月 21 日，委托物流公司托运发货。

(3) 销售部刘一江于 2016 年 1 月 3 日和陕西联通签订订单，销售 M100 手机 1 250 件，不含税价 2 180 元；增值税税率 17%，交货日期为 2016 年 1 月 27 日，委托物流公司托运发货。

(二) MPS计划方案维护

(1) 需求参数如表 A-26 所示。

表 A-26 需求参数

参数	值
方案编码	001
方案描述	主要演示 MTO 模式，根据销售订单安排生产计划
计划计算范围	全部计划对象
需求来源	销售订单和产品预测
是否考虑需求时界和计划时界	勾选

(2) 计算参数如表 A-27 所示。

表 A-27 计算参数

参数	值
考虑现有库存	勾选
考虑安全库存	勾选
考虑预计入库量和已分配量	勾选
净需求考虑订货策略和批量调整	勾选

(3) 投放参数如表 A-28 所示。

表 A-28 投放参数

参数	值
运算完成直接投放计划订单	勾选（不勾选）
采购申请人默认值	赵希文
统一按方案指定采购负责人	勾选
采购部门默认值	采购部
自制件默认生产类型	普通订单
自制件默认生产部门	一车间
生产任务单单据状态投放为	计划
采购申请单单据状态投放为	未审核

未提到的参数都采用系统默认值。

(三) MPS计算

先将电脑的系统日期修改为2016年1月4日。根据计划方案“001”完成MPS的计算。

五、粗能力需求计划

（1）将工作中心“001 贴片线”在 2016 年 1 月 11 日的计划订单进行拆分，具体如下：

- 建议订单量为“250”，建议开工日期为“2016-01-08”，建议完工日期为“2016-01-12”；
- 建议订单量为“250”，建议开工日期为“2016-01-13”，建议完工日期为“2016-01-15”。

（2）审核所有的 MPS 计划订单。

六、物料需求计划

（一）MRP 计划方案维护

（1）需求参数如表 A-29 所示。

表 A-29　需求参数

参数	值
方案编码	001
方案描述	按主生产计划进行计算
计划计算范围	主生产计划

（2）计算参数如表 A-30 所示。

表 A-30　计算参数

参数	值
考虑现有库存	勾选
考虑安全库存	勾选
考虑预计入库量和已分配量	勾选
净需求考虑订货策略和批量调整	勾选

（3）投放参数如表 A-31 所示。

表 A-31　投放参数

参数	值
采购申请人默认值	赵希文
统一按方案指定采购负责人	勾选
采购部门默认值	采购部
自制件默认生产类型	普通订单
自制件默认生产部门	一车间

续前表

参数	值
生产任务单单据状态投放为	计划
采购申请单单据状态投放为	未审核

未提到的参数都采用系统默认值。

（二）MRP 计算

先将电脑的系统日期修改为 2016 年 1 月 4 日。根据计划方案“001”完成 MRP 的计算。

（三）MRP 计划订单审核和投放

审核并投放所有的 MRP 计划订单。

七、细能力需求计划

1. 工作中心“001 贴片线”在 2016 年 1 月 9 日（星期六）、2016 年 1 月 10 日（星期日）、2016 年 1 月 16 日（星期六）和 2016 年 1 月 17 日（星期日）安排临时加班来提高其能力。

2. 对安排在工作中心“001 贴片线”的生产任务进行调整，具体如表 A－32 所示。

表 A－32　M200 主板的生产任务调整方案

计划生产数量	计划开工日期	计划完工日期	1-4	1-5	1-6	1-7	1-8	1-9	1-10	1-11	1-12	1-13	1-14	1-15	1-16	1-17	1-18
日能力			16	16	16	16	16	16	16	16	16	16	16	16	16	16	16
日负荷			16	16	16	13	16	15	15	16	13	16	13	13	13	13	13
250	1-7	1-8				250											
500	1-12	1-13						210	290								
250	1-12	1-13									250						
2 000	1-8	1-14	320	320	320		320	80		320		320					
1 300	1-14	1-19											260	260	260	260	260

八、采购管理

（一）标准采购业务流程

（1）2016 年 1 月 4 日采购员杨真按照 MRP 采购计划向供应商宁波泰信订购 MAT 面板 2 000 件，单价为 3.5 元，要求到货日期为 1 月 8 日。

(2) 1月8日，收到所订购的 MAT 面板 2 000 件。填制到货单。

(3) 1月8日，将所收到的货物验收入材料库。填制外购入库单。

(4) 1月8日，当天收到该笔货物的销售增值税发票一张，金额与采购订单一致，增值税税率为 17%，发票号为 4001。

(5) 同时收到运费发票，由宁波泰信代付运费 200 元。

(二) 暂估入库业务

1月6日，收到德国 MOT 公司提供的 MAT 护镜 2 000 件，验收并入库材料库。由于到了月底发票仍未收到，故按暂估记账处理。

(三) 退料处理流程

(1) 1月10日，仓库保管员陈力发现之前向宁波泰信购买入库的 MAT 面板中有 10 件存在质量问题，采购人员杨真和供应商协商后决定退货。

(2) 1月11日采购人员杨真完成退货手续，并收到宁波泰信开具的 10 件 MAT 面板的红字发票一张。

九、生产任务管理

(一) 生产任务单的调整、确认和下达

根据 MPS/MRP 计算结果的建议，对物料 MAT 外壳计划 2016 年 1 月 7 日开工、2017 年 1 月 8 日完工的 250 件的生产任务单进行确认并下达。

(二) 生产领料管理

2016 年 1 月 7 日，为了加工 WORK000014 号生产任务单，一车间孙胜业到材料库领用所需物料，陈力发料。

(三) 产品完工管理

2016 年 1 月 8 日，一车间完成 WORK000014 号生产任务单后，孙胜业将加工完成的物料 MAT 外壳送回一车间现场库，陈力验收入库。

十、销售管理

(一) 标准销售业务流程

(1) 销售部周力于 2016 年 1 月 2 日和深圳天音签订订单，销售 M100 手机 200 件，不含税价 2 200 元；增值税税率为 17%，交货期为 2016 年 1 月 16 日，送货上门。

(2) 1月12日，周力通知仓库包装备货，准备寄送。

(3) 1月13日，从成品仓库向深圳天音发出其所订货物。同日，财务部会计李东平开出增值税发票一并寄送给客户。

(4) 委托快递公司运输，支付托运费200元，费用由深圳天音承担。

(二) 销售退货处理流程

(1) 1月20日，接到深圳天音的投诉，它购买的M100手机中部分产品有质量问题，准备退回2件，刘一江通知仓库准备接收退回货物。预计1月25日左右收到退货。

(2) 1月25日，仓库收到退货，收回成品库。客户决定不再继续购买该产品，要求退款。质检部确认是产品质量问题后通知财务部退款。财务部于当日开具相应的红字发票一张，作为办理退款的依据。商品的退款价格为原订货价格。

十一、库存和存货核算管理

(一) 库存管理

1. 其他入库

1月6日，在完成初始化正式启用系统后，仓管员发现系统录入初始数据时遗漏了部分数据。材料库遗漏了200件MAT面板，成本价为3.5元。现补录系统，该物料是中山电机供应的。

2. 其他出库

1月12日，销售部业务员刘一江因为洽谈业务的需要从成品库领用了M100手机、M200手机各1件，作为样品送给了客户陕西联通。

3. 盘点业务

1月28日，对材料库进行盘点，发现MAT面板比账面多出10件。经确认，该键盘的成本为3.5元/件。

4. 调拨业务

1月30日，将材料库中的10件MAT面板调拨到一车间现场仓库。

(二) 存货核算

1. 外购入库核算

(1) 对10.3.1节中的采购发票和外购入库单进行钩稽。

(2) 将10.3.1节中的采购费用分配到原材料的采购单位成本。

(3) 对10.3.1节中的采购业务进行外购入库成本核算。

2. 存货估价入账

10.2.2节暂估入库中采购的MAT护镜的价格经财务部门查询历史存货价值，估计为4元/件，据此登记入账。

3. 自制入库核算

财务部门对自制半成品和成品生产过程中耗用的直接材料、直接人工和制造费用进行归集并分配，计算得出11.2.3节中入库的半成品MAT外壳的成本价为10元/件。

参考文献

［1］陈启申．ERP——从内部集成起步．2版．北京：电子工业出版社，2005.

［2］陈庄，毛华扬，等．ERP原理与应用教程．2版．北京：电子工业出版社，2006.

［3］龚中华，何亮．金蝶ERP-K/3完全使用详解．北京：人民邮电出版社，2013.

［4］何亮，龚中华，付松广．金蝶ERP-K/3模拟实战——财务/供应链/生产制造．2版．北京：人民邮电出版社，2011.

［5］胡凌，钱莹．ERP生产供应链管理实践教程（金蝶K/3版）．北京：人民邮电出版社，2014.

［6］黄卫东，翟丹妮，洪小娟．企业资源规划（ERP）．北京：人民邮电出版社，2012.

［7］李湘琳，傅仕伟，张文．会计信息系统实验教程（金蝶ERP K/3 V12.1版）．北京：清华大学出版社，2010.

［8］刘金安，兰小毅，介彬，等．ERP原理及应用教程．北京：清华大学出版社，2013.

［9］吕东明．金蝶K/3生产制造实用教程．北京：清华大学出版社，2015.

［10］毛华扬．会计信息系统原理与应用——基于金蝶K/3 WISE．北京：中国人民大学出版社，2016.

［11］孙晶，赵颖．ERP应用实训教程——金蝶K/3版．南京：东南大学出版社，2015.

图书在版编目（CIP）数据

ERP原理与应用/陈丰，毛华扬，黄继平主编. —北京：中国人民大学出版社，2018.4
“十三五”普通高等教育应用型规划教材
ISBN 978-7-300-25627-6

Ⅰ. ①E… Ⅱ. ①陈… ②毛… ③黄… Ⅲ. ①企业管理-计算机管理系统-高等学校-教材 Ⅳ. ①F270.7

中国版本图书馆CIP数据核字（2018）第051931号

“十三五”普通高等教育应用型规划教材
ERP原理与应用
主编 陈 丰 毛华扬 黄继平
ERP Yuanli yu Yingyong

出版发行	中国人民大学出版社		
社　　址	北京中关村大街31号	**邮政编码**	100080
电　　话	010－62511242（总编室）		010－62511770（质管部）
	010－82501766（邮购部）		010－62514148（门市部）
	010－62515195（发行公司）		010－62515275（盗版举报）
网　　址	http://www.crup.com.cn		
	http://www.ttrnet.com（人大教研网）		
经　　销	新华书店		
印　　刷	北京鑫丰华彩印有限公司		
规　　格	185 mm×260 mm　16开本	**版　　次**	2018年4月第1版
印　　张	19.5 插页1	**印　　次**	2019年4月第2次印刷
字　　数	420 000	**定　　价**	42.00元

教师教学服务说明

中国人民大学出版社工商管理分社以出版经典、高品质的工商管理、财务会计、统计、市场营销、人力资源管理、运营管理、物流管理、旅游管理等领域的各层次教材为宗旨。

为了更好地为一线教师服务，近年来工商管理分社着力建设了一批数字化、立体化的网络教学资源。教师可以通过以下方式获得免费下载教学资源的权限：

在“人大经管图书在线”（www. rdjg. com. cn）注册，下载“教师服务登记表”，或直接填写下面的“教师服务登记表”，加盖院系公章，然后邮寄或传真给我们。我们收到表格后将在一个工作日内为您开通相关资源的下载权限。

如您需要帮助，请随时与我们联络：

中国人民大学出版社工商管理分社

联系电话：010-62515735，62515987，62515782，82501048

传　　真：010-62515732，62514775　　　　电子邮箱：rdcbsjg@crup. com. cn

通讯地址：北京市海淀区中关村大街甲 59 号文化大厦 1501 室（100872）

教师服务登记表

<table>
<tr><td>姓 名</td><td></td><td>□先生　□女士</td><td>职　　称</td><td colspan="2"></td></tr>
<tr><td>座机/手机</td><td colspan="2"></td><td>电子邮箱</td><td colspan="2"></td></tr>
<tr><td>通讯地址</td><td colspan="2"></td><td>邮　　编</td><td colspan="2"></td></tr>
<tr><td>任教学校</td><td colspan="2"></td><td>所在院系</td><td colspan="2"></td></tr>
<tr><td rowspan="3">所授课程</td><td>课程名称</td><td>现用教材名称</td><td>出版社</td><td>对象（本科生/研究生/MBA/其他）</td><td>学生人数</td></tr>
<tr><td></td><td></td><td></td><td></td><td></td></tr>
<tr><td></td><td></td><td></td><td></td><td></td></tr>
<tr><td colspan="2">需要哪本教材的配套资源</td><td colspan="4"></td></tr>
<tr><td colspan="2">人大经管图书在线用户名</td><td colspan="4"></td></tr>
<tr><td colspan="6">院/系领导（签字）：
院/系办公室盖章</td></tr>
</table>